U0922209

2010

CHINA COUNTY STATISTICAL YEARBOOK

中国县(市)社会经济统计年鉴

国家统计局农村社会经济调查司 编

中国统计出版社
China Statistics Press

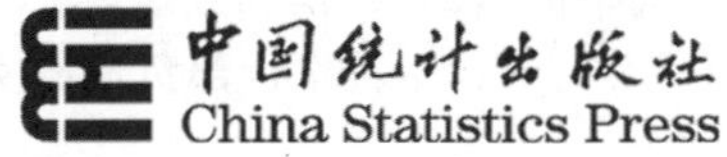

（京）新登字 041 号

图书在版编目（CIP）数据

中国县（市）社会经济统计年鉴. 2010 / 国家统计局农村社会经济调查司编. -- 北京 : 中国统计出版社, 2010. 12
ISBN 978-7-5037-6165-2

Ⅰ. ①中… Ⅱ. ①国… Ⅲ. ①县－社会经济统计－统计资料－中国－2010－年鉴 Ⅳ. ①C832-54

中国版本图书馆 CIP 数据核字（2010）第 237882 号

中国县(市)社会经济统计年鉴—2010

作　　者 / 国家统计局农村社会经济调查司
责任编辑 / 许立舫
出版发行 / 中国统计出版社
通信地址 / 北京市西城区月坛南街 57 号
邮政编码 / 100826
办公地址 / 北京市丰台区西三环南路甲 6 号
网　　址 / www.stats.gov.cn/tjshujia
电　　话 / 邮购(010) 63376907　书店(010)68783172
印　　刷 / 河北天普润印刷厂
经　　销 / 新华书店
开　　本 / 880 × 1230 毫米　1/16
字　　数 / 1050 千字
印　　张 / 33.5
版　　别 / 2010 年 12 月第 1 版
版　　次 / 2010 年 12 月第 1 次印刷
书　　号 / ISBN 978-7-5037-6165-2/C · 2462
定　　价 / 200. 00 元

版权所有。未经许可，本书的任何部分不准以任何方式在世界任何地区以任何文字翻印、拷贝、仿制或转载。
中国统计版图书，如有印装错误，本社发行部负责调换。

《中国县(市)社会经济统计年鉴—2010》
编辑委员会

顾　　问　张为民

主　　编　张淑英

副 主 编　万东华　赵建华　徐志全　王萍萍

编　　委　（以姓氏笔画为序）

王明华　关　冰　李永强　阳俊雄　余新华

张　毅　郝安民　侯　锐　浦　捍　钱春林

黄加才

执行编辑　尚　东

编辑人员　李永强　郝安民　且淑芬　尚　东

编者说明

一、《中国县（市）社会经济统计年鉴-2010》是一部全面反映我国县域社会经济发展状况的资料性年鉴，收录了2009年全国2000多个县域单位基本情况、综合经济、农业、工业、基本建设、教育、卫生、社会保障等方面的资料。

二、本年鉴的资料范围包括全国除香港特别行政区、澳门特别行政区和台湾省以外的县（旗）、县级市和上报资料完整的市辖区，行政区划截止到2009年12月31日。

三、全书主要内容包括四个部分：一是县（市）社会经济主要指标；二是分区域社会经济基本情况，包括山区、丘陵、平原、民族地区、陆地边境县、牧区、半牧区、九大农区、粮棉生产大县、扶贫工作重点县等（分区域名单为统计时使用，不做其他用途）；三是按主要经济指标分组资料，包括按地方财政一般预算收入、农民人均纯收入和粮食产量等分组；四是主要类型区域县（市）名单。篇末另附主要指标解释。

四、本年鉴所列指标的计量单位均采用公制。

五、本年鉴的资料来自2009年县（市）社会经济统计年报。

六、本书空栏有如下情况：

（1）该项数据较小，不够规定单位。

（2）该项指标在当年没有统计任务，没有统计数据。

（3）该项指标未掌握确切数据。

编　者

2010年9月

目录

一、县（市）社会经济主要指标

二、分区域社会经济基本情况

三、按主要经济指标分组资料

四、主要类型区域县（市）名单

附录：主要指标解释

1

县（市）社会经济主要指标

2009年县(市)社会经济主要指标

北京市

指　　标	单位	大兴区	怀柔区	平谷区	密云县	延庆县
一、基本情况						
行政区域土地面积	平方公里	1036	2123	950	2230	1994
乡(镇)个数	个	14	14	16	18	15
村民委员会个数	个	527	284	272	330	376
年末总户数	户	237645	132459	166203	201557	132672
其中:乡村户数	户	190619	86735	107388	121747	85135
年末总人口	万人	116	38	43	46	29
乡村人口	万人	67	22	31	30	21
年末单位从业人员数	人	333428	78174	92335	92970	56400
乡村从业人员数	人	417715	116683	175943	176484	117780
其中:农林牧渔业	人	102549	37774	61054	75896	49988
农业机械总动力	万千瓦特	46	15	31	28	24
本地电话年末用户	户	291267	178495	143320	136300	90000
二、综合经济						
第一产业增加值	万元	174135	65004	112022	152896	83699
第二产业增加值	万元	1008730	802134	469537	539971	157353
地方财政一般预算收入	万元	230857	164675	122765	129269	63500
地方财政一般预算支出	万元	771533	490399	497780	569028	432695
城乡居民储蓄存款余额	万元	5182538	1289211	1191182	1379261	826617
年末金融机构各项贷款余额	万元	5580753	827506	1042558	1006637	510427
三、农业、工业及投资						
粮食总产量	吨	244083	52752	76442	105129	116057
棉花产量	吨	76		152		
油料产量	吨	9347	1694	384	3554	165
肉类总产量	吨	75380	29636	39351	70335	31035
规模以上工业企业个数	个	872	230	171	241	70
规模以上工业总产值(现价)	万元	3656475	3946935	1488890	1456324	408237
城镇固定资产投资完成额	万元	2414691	275791	251635	549212	195031
四、教育、卫生和社会保障						
普通中学在校学生数	人	29331	14661	18465	20703	13272
小学在校学生数	人	40432	15185	16749	20404	13990
医院、卫生院床位数	床	4116	1303	1797	845	860
各种社会福利收养性单位数	个	29	20	24	22	23
各种社会福利收养性单位床位数	床	4311	1741	2474	1829	2354

2009 年县(市)社会经济主要指标

天津市、河北省

指　　标	单位	宝坻区	宁河县	静海县	蓟　县	井陉县
一、基本情况						
行政区域土地面积	平方公里	1450	1031	1415	1590	1381
乡(镇)个数	个	21	14	18	26	17
村民委员会个数	个	765	283	383	949	318
年末总户数	户	214615	124385	191147	256952	106040
其中:乡村户数	户	174236	82563	147411	192415	80617
年末总人口	万人	67	38	56	84	33
乡村人口	万人	58	29	47	69	28
年末单位从业人员数	人	26902	21701	28184	43886	27164
乡村从业人员数	人	281477	118085	190704	332767	141892
其中:农林牧渔业	人	135792	65111	82954	154329	60181
农业机械总动力	万千瓦特	82	55	72	73	45
本地电话年末用户	户	140187	105967	151500	162834	70008
二、综合经济						
第一产业增加值	万元	184261	194717	136552	193028	77666
第二产业增加值	万元	810700	668644	1274745	478100	560930
地方财政一般预算收入	万元	167103	56629	96182	79040	35294
地方财政一般预算支出	万元	274405	117717	234019	156461	74293
城乡居民储蓄存款余额	万元	1317904	842815	1490173	1609981	564372
年末金融机构各项贷款余额	万元	890916	405515	994354	1082097	267119
三、农业、工业及投资						
粮食总产量	吨	583372	142899	325391	486180	111164
棉花产量	吨	10361	15594	15869	501	96
油料产量	吨	738	81	869	3571	6090
肉类总产量	吨	73557	79930	60840	79569	23083
规模以上工业企业个数	个	342	180	514	148	84
规模以上工业总产值(现价)	万元	2089666	2187654	7300707	483754	1779036
城镇固定资产投资完成额	万元	843616	1602594	1039931	1409468	1054642
四、教育、卫生和社会保障						
普通中学在校学生数	人	49648	22315	36370	53605	18170
小学在校学生数	人	29209	23567	50040	46988	21294
医院、卫生院床位数	床	1415	684	1270	1569	902
各种社会福利收养性单位数	个	18	8	18	29	16
各种社会福利收养性单位床位数	床	670	405	511	1131	1220

2009年县(市)社会经济主要指标

河北省

指　　标	单位	正定县	栾城县	行唐县	灵寿县	高邑县
一、基本情况						
行政区域土地面积	平方公里	468	345	1025	1066	222
乡(镇)个数	个	9	8	15	15	5
村民委员会个数	个	174	182	330	279	107
年末总户数	户	124945	91177	136073	97901	50628
其中:乡村户数	户	98653	73378	106580	72853	40914
年末总人口	万人	46	34	44	33	18
乡村人口	万人	38	31	38	28	16
年末单位从业人员数	人	24612	19125	12988	13994	9162
乡村从业人员数	人	223598	175566	187671	133413	91674
其中:农林牧渔业	人	70013	50210	88868	83650	45814
农业机械总动力	万千瓦特	144	63	125	50	32
本地电话年末用户	户	234241	70163	28399	30233	24212
二、综合经济						
第一产业增加值	万元	222422	236011	150541	92864	68961
第二产业增加值	万元	611472	647003	532578	347901	191871
地方财政一般预算收入	万元	38077	31096	15961	11231	9027
地方财政一般预算支出	万元	73437	60499	71431	58834	38431
城乡居民储蓄存款余额	万元	1120600	480253	441452	427193	257563
年末金融机构各项贷款余额	万元	678300	262050	125929	148897	108653
三、农业、工业及投资						
粮食总产量	吨	334383	248905	306617	144568	134025
棉花产量	吨	541	9	450	170	386
油料产量	吨	19077	511	20206	4954	4246
肉类总产量	吨	72005	56138	36828	23663	11057
规模以上工业企业个数	个	149	170	92	68	61
规模以上工业总产值(现价)	万元	3263570	1443768	1697842	871807	498626
城镇固定资产投资完成额	万元	933450	712872	631534	863127	226099
四、教育、卫生和社会保障						
普通中学在校学生数	人	55929	19416	25034	22382	10595
小学在校学生数	人	30344	19117	36736	25221	9694
医院、卫生院床位数	床	1406	944	1013	764	428
各种社会福利收养性单位数	个	13	9	9	6	3
各种社会福利收养性单位床位数	床	1107	596	770	760	680

2009年县(市)社会经济主要指标

河北省

指　　标	单位	深泽县	赞皇县	无极县	平山县	元氏县
一、基本情况						
行政区域土地面积	平方公里	296	1210	524	2648	668
乡(镇)个数	个	6	11	11	23	15
村民委员会个数	个	125	212	213	717	208
年末总户数	户	75474	77524	136451	147835	96081
其中:乡村户数	户	59788	61287	115453	114833	94378
年末总人口	万人	26	25	50	48	41
乡村人口	万人	22	22	45	42	38
年末单位从业人员数	人	6976	14125	15839	18905	15449
乡村从业人员数	人	126053	116965	248128	230525	232621
其中:农林牧渔业	人	50455	48190	117587	157916	154733
农业机械总动力	万千瓦特	63	44	97	92	60
本地电话年末用户	户	28833	21388	62000	48421	49384
二、综合经济						
第一产业增加值	万元	84293	99780	173805	151995	148934
第二产业增加值	万元	283417	251879	558331	945659	434989
地方财政一般预算收入	万元	14467	9888	14453	52697	18688
地方财政一般预算支出	万元	40528	42126	57837	129951	60412
城乡居民储蓄存款余额	万元	437578	250941	631828	613920	476693
年末金融机构各项贷款余额	万元	116809	106962	186955	218361	210053
三、农业、工业及投资						
粮食总产量	吨	181801	117847	330098	208697	308540
棉花产量	吨	614	238	165	522	700
油料产量	吨	6603	14058	14190	8557	7604
肉类总产量	吨	20104	25736	52370	18812	40167
规模以上工业企业个数	个	50	60	78	69	67
规模以上工业总产值(现价)	万元	756474	850954	1584388	3361638	1146334
城镇固定资产投资完成额	万元	251598	478909	408252	565102	692675
四、教育、卫生和社会保障						
普通中学在校学生数	人	12158	10408	26217	30566	22298
小学在校学生数	人	13973	20108	30033	31236	37846
医院、卫生院床位数	床	607	579	706	923	1474
各种社会福利收养性单位数	个	8	6	13	9	4
各种社会福利收养性单位床位数	床	476	630	1032	1095	710

2009年县(市)社会经济主要指标

河北省

指　　标	单位	赵　县	辛集市	藁城市	晋州市	新乐市
一、基本情况						
行政区域土地面积	平方公里	674	951	836	619	525
乡(镇)个数	个	11	15	14	10	11
村民委员会个数	个	281	344	239	224	160
年末总户数	户	161003	195761	206343	149557	128020
其中:乡村户数	户	122774	152976	176506	122761	97890
年末总人口	万人	58	62	77	53	49
乡村人口	万人	49	55	71	48	39
年末单位从业人员数	人	15924	26143	29665	17602	16225
乡村从业人员数	人	285104	299509	391261	259038	195498
其中:农林牧渔业	人	104864	99003	81059	101149	54100
农业机械总动力	万千瓦特	262	201	217	135	228
本地电话年末用户	户	63855	120248	103918	79863	101600
二、综合经济						
第一产业增加值	万元	227158	325451	418321	176544	190167
第二产业增加值	万元	645597	1212065	1506231	679826	615698
地方财政一般预算收入	万元	16687	49482	63598	28199	20946
地方财政一般预算支出	万元	75342	116439	129663	81191	60982
城乡居民储蓄存款余额	万元	470748	1448975	1034815	958566	514730
年末金融机构各项贷款余额	万元	230460	446132	478186	336320	265734
三、农业、工业及投资						
粮食总产量	吨	509333	457262	557834	383623	333078
棉花产量	吨	148	8940	673	188	198
油料产量	吨	3898	35141	11499	9664	37440
肉类总产量	吨	42001	77350	74207	50740	51459
规模以上工业企业个数	个	116	230	318	186	128
规模以上工业总产值(现价)	万元	2194530	3424808	4725549	2081325	1899564
城镇固定资产投资完成额	万元	662736	1069391	1279298	869877	774530
四、教育、卫生和社会保障						
普通中学在校学生数	人	48868	41087	43992	25853	38092
小学在校学生数	人	40607	36560	42239	31634	33888
医院、卫生院床位数	床	1337	1472	1483	827	1356
各种社会福利收养性单位数	个	19	15	9	8	11
各种社会福利收养性单位床位数	床	796	790	780	676	994

2009 年县(市)社会经济主要指标

河北省

指　　标	单位	鹿泉市	丰南区	丰润区	滦　县	滦南县
一、基本情况						
行政区域土地面积	平方公里	603	1255	1319	1027	1270
乡(镇)个数	个	12	15	23	12	17
村民委员会个数	个	208	474	586	504	594
年末总户数	户	112717	155335	276760	164376	172935
其中:乡村户数	户	90620	136563	212777	145584	157580
年末总人口	万人	38	54	92	55	58
乡村人口	万人	33	47	72	49	54
年末单位从业人员数	人	23505	50667	72967	35052	28333
乡村从业人员数	人	165828	262365	429035	275952	288634
其中:农林牧渔业	人	73345	104215	240036	133606	190835
农业机械总动力	万千瓦特	63	74	110	84	113
本地电话年末用户	户	54516	226289	222722	132558	77900
二、综合经济						
第一产业增加值	万元	152387	307127	394522	247746	495891
第二产业增加值	万元	1176684	2420599	2365436	1119084	1025709
地方财政一般预算收入	万元	57270	98639	79180	53000	56984
地方财政一般预算支出	万元	100385	216002	183987	113044	130307
城乡居民储蓄存款余额	万元	871114	1431190	2193082	827836	739628
年末金融机构各项贷款余额	万元	647678	1026304	1164295	620729	334309
三、农业、工业及投资						
粮食总产量	吨	207481	250844	424276	282495	418466
棉花产量	吨	273	12651	1868	283	1172
油料产量	吨	3964	17269	39144	50988	55192
肉类总产量	吨	26916	41428	78496	50073	104768
规模以上工业企业个数	个	236	143	216	70	76
规模以上工业总产值(现价)	万元	3678187	9276737	7166619	1788823	1516122
城镇固定资产投资完成额	万元	1176346	608299	379242	608484	399246
四、教育、卫生和社会保障						
普通中学在校学生数	人	20621	27976	39996	30213	35436
小学在校学生数	人	23977	33429	53382	35016	34473
医院、卫生院床位数	床	1023	1488	2618	1397	1143
各种社会福利收养性单位数	个	12	14	13	12	7
各种社会福利收养性单位床位数	床	795	1391	1328	2437	2302

2009年县(市)社会经济主要指标

河北省

指　　标	单位	乐亭县	迁西县	玉田县	唐海县	遵化市
一、基本情况						
行政区域土地面积	平方公里	1417	1439	1165	732	1513
乡(镇)个数	个	14	17	20	1	25
村民委员会个数	个	533	417	420		648
年末总户数	户	163823	105857	202130	47781	228456
其中:乡村户数	户	141893	97177	163989	37776	189256
年末总人口	万人	50	38	67	14	72
乡村人口	万人	44	33	56	11	65
年末单位从业人员数	人	23923	27405	28889	45149	28457
乡村从业人员数	人	265001	171498	325989	68128	318887
其中:农林牧渔业	人	119136	75877	87585	35718	107398
农业机械总动力	万千瓦特	105	36	109	31	123
本地电话年末用户	户	68735	115760	139657	52535	145237
二、综合经济						
第一产业增加值	万元	498119	150111	415022	122674	270370
第二产业增加值	万元	942788	1843864	1053082	258728	2252149
地方财政一般预算收入	万元	47618	61983	40680	36978	89885
地方财政一般预算支出	万元	139898	125472	123554	84308	168433
城乡居民储蓄存款余额	万元	837520	1072937	1155356	463579	1766477
年末金融机构各项贷款余额	万元	697902	730315	618385	2609154	893494
三、农业、工业及投资						
粮食总产量	吨	317121	79976	465294	198205	260828
棉花产量	吨	1630	238	3098	1034	74
油料产量	吨	13945	5456	4232	1075	43337
肉类总产量	吨	34301	20050	93716	22368	71573
规模以上工业企业个数	个	52	197	158	68	157
规模以上工业总产值(现价)	万元	2638162	3081011	1744700	587923	2805006
城镇固定资产投资完成额	万元	995031	448817	408162	656553	625931
四、教育、卫生和社会保障						
普通中学在校学生数	人	25683	19654	28733	7446	35337
小学在校学生数	人	27024	28528	41631	7402	51749
医院、卫生院床位数	床	1041	1423	1903	602	1623
各种社会福利收养性单位数	个	4	8	8	3	8
各种社会福利收养性单位床位数	床	3076	1190	1548	430	1451

2009年县(市)社会经济主要指标

河北省

指　　标	单位	迁安市	青龙满族自治县	昌黎县	抚宁县	卢龙县
一、基本情况						
行政区域土地面积	平方公里	1208	3510	1212	1618	961
乡(镇)个数	个	17	25	16	11	12
村民委员会个数	个	459	396	446	613	548
年末总户数	户	223056	167952	202184	185846	145509
其中:乡村户数	户	150648	132812	162848	143068	120872
年末总人口	万人	72	54	56	53	42
乡村人口	万人	52	50	49	46	38
年末单位从业人员数	人	61176	15930	22230	32394	17130
乡村从业人员数	人	285214	271841	280314	244881	225174
其中:农林牧渔业	人	73902	151205	179717	168937	157479
农业机械总动力	万千瓦特	196	26	89	71	94
本地电话年末用户	户	136584	53716	90417	86198	57549
二、综合经济						
第一产业增加值	万元	232441	148995	351557	306129	158575
第二产业增加值	万元	3294574	264309	392149	463778	168262
地方财政一般预算收入	万元	223852	29199	37821	41088	15515
地方财政一般预算支出	万元	323904	106189	112890	102005	81241
城乡居民储蓄存款余额	万元	2366647	452177	851089	835787	504470
年末金融机构各项贷款余额	万元	2458236	255388	320586	386838	168195
三、农业、工业及投资						
粮食总产量	吨	221701	118120	315150	150082	214302
棉花产量	吨	164		268	680	1626
油料产量	吨	35013	1661	42031	16792	15829
肉类总产量	吨	77439	55539	57167	108244	50863
规模以上工业企业个数	个	177	70	81	83	46
规模以上工业总产值(现价)	万元	9147783	214069	952051	1422832	238054
城镇固定资产投资完成额	万元	1090674	238650	316681	330729	92688
四、教育、卫生和社会保障						
普通中学在校学生数	人	44450	14905	28332	23882	22809
小学在校学生数	人	42271	26560	31600	29275	26722
医院、卫生院床位数	床	2470	1164	1550	1444	658
各种社会福利收养性单位数	个	6	3	7	17	2
各种社会福利收养性单位床位数	床	1950	698	1316	1030	740

2009年县(市)社会经济主要指标

河北省

指　　标	单位	邯郸县	临漳县	成安县	大名县	涉　县
一、基本情况						
行政区域土地面积	平方公里	463	744	482	1053	1509
乡(镇)个数	个	10	14	9	20	17
村民委员会个数	个	240	425	234	651	308
年末总户数	户	102056	164108	115806	206205	143047
其中:乡村户数	户	84876	147355	85113	155842	111627
年末总人口	万人	40	65	41	83	40
乡村人口	万人	35	62	35	68	35
年末单位从业人员数	人	13699	13863	14967	19400	23640
乡村从业人员数	人	190556	347220	195374	350069	185314
其中:农林牧渔业	人	85360	245403	79015	290615	72528
农业机械总动力	万千瓦特	65	104	68	87	46
本地电话年末用户	户	86611	40154	197903	61634	173050
二、综合经济						
第一产业增加值	万元	93187	214404	163554	204042	65728
第二产业增加值	万元	780715	187016	222867	253813	1385960
地方财政一般预算收入	万元	39289	8258	10063	7586	81482
地方财政一般预算支出	万元	94818	77138	67079	100152	125659
城乡居民储蓄存款余额	万元	559675	330884	214827	323870	945723
年末金融机构各项贷款余额	万元	514647	164721	114854	289380	749617
三、农业、工业及投资						
粮食总产量	吨	214325	535122	253220	560366	75378
棉花产量	吨	3416	4715	24680	2397	42
油料产量	吨	2529	5607	4141	87235	559
肉类总产量	吨	26917	49028	29726	64404	18043
规模以上工业企业个数	个	41	32	50	43	45
规模以上工业总产值(现价)	万元	1762900	135347	562166	806869	3685354
城镇固定资产投资完成额	万元	618714	419183	456137	512666	993807
四、教育、卫生和社会保障						
普通中学在校学生数	人	28605	25014	16803	29190	26094
小学在校学生数	人	36573	47369	32066	80245	29843
医院、卫生院床位数	床	1098	739	485	1423	1296
各种社会福利收养性单位数	个	11	7	10	21	7
各种社会福利收养性单位床位数	床	105	1373	476	650	435

2009年县(市)社会经济主要指标

河北省

指　　标	单位	磁　县	肥乡县	永年县	邱　县	鸡泽县
一、基本情况						
行政区域土地面积	平方公里	1015	503	898	448	336
乡(镇)个数	个	19	9	20	7	7
村民委员会个数	个	358	263	450	218	169
年末总户数	户	162940	86350	241624	59514	64217
其中:乡村户数	户	136738	75106	193436	49659	55934
年末总人口	万人	63	36	98	24	28
乡村人口	万人	55	32	80	20	28
年末单位从业人员数	人	26743	10994	29063	11399	7899
乡村从业人员数	人	280444	171976	416071	102628	117516
其中:农林牧渔业	人	103261	95126	139565	58253	33181
农业机械总动力	万千瓦特	170	67	152	38	31
本地电话年末用户	户	69478	15300	103912	13723	35586
二、综合经济						
第一产业增加值	万元	132174	134056	479899	117475	119890
第二产业增加值	万元	777225	137027	699519	160400	197204
地方财政一般预算收入	万元	69124	7600	57174	5678	3639
地方财政一般预算支出	万元	123346	53110	143738	46770	46323
城乡居民储蓄存款余额	万元	782190	195314	740993	145539	166284
年末金融机构各项贷款余额	万元	396520	138523	446407	104145	96686
三、农业、工业及投资						
粮食总产量	吨	309896	294891	496248	46685	154778
棉花产量	吨	3842	17748	3751	38751	9152
油料产量	吨	4963	3582	8325	2803	1138
肉类总产量	吨	32460	32135	61397	18879	23216
规模以上工业企业个数	个	61	27	88	25	29
规模以上工业总产值(现价)	万元	904352	338512	1762600	232200	402413
城镇固定资产投资完成额	万元	664753	281520	711398	123478	335309
四、教育、卫生和社会保障						
普通中学在校学生数	人	37898	15110	52516	12195	13729
小学在校学生数	人	46267	31845	88100	21090	27830
医院、卫生院床位数	床	1186	564	1461	420	558
各种社会福利收养性单位数	个	72	9	22	9	9
各种社会福利收养性单位床位数	床	2446	1230	725	282	294

2009年县(市)社会经济主要指标

河北省

指　　标	单位	广平县	馆陶县	魏　县	曲周县	武安市
一、基本情况						
行政区域土地面积	平方公里	320	456	864	677	1806
乡(镇)个数	个	7	8	21	10	22
村民委员会个数	个	169	277	542	338	502
年末总户数	户	69493	75908	222457	112278	231183
其中:乡村户数	户	53092	68540	182168	89820	196394
年末总人口	万人	28	33	90	45	76
乡村人口	万人	24	27	83	40	66
年末单位从业人员数	人	10344	12254	16930	13046	33341
乡村从业人员数	人	130523	146108	349187	237638	345792
其中:农林牧渔业	人	70785	81267	262763	92931	130767
农业机械总动力	万千瓦特	32	68	111	87	184
本地电话年末用户	户	13882	33255	150433	38064	602360
二、综合经济						
第一产业增加值	万元	76983	150175	151643	176261	107718
第二产业增加值	万元	168074	174739	245337	245759	2779527
地方财政一般预算收入	万元	6960	7988	13496	6028	137889
地方财政一般预算支出	万元	45510	66505	108290	69443	230185
城乡居民储蓄存款余额	万元	166872	182298	366133	262372	2019616
年末金融机构各项贷款余额	万元	103488	113215	168646	158281	1413603
三、农业、工业及投资						
粮食总产量	吨	176940	247819	484090	313761	280153
棉花产量	吨	7504	8412	2523	17838	3275
油料产量	吨	5123	15464	6731	3573	2296
肉类总产量	吨	13680	45330	62118	41245	59909
规模以上工业企业个数	个	16	32	39	29	131
规模以上工业总产值(现价)	万元	468600	417909	524115	767760	8037654
城镇固定资产投资完成额	万元	474021	320470	515641	414163	1246547
四、教育、卫生和社会保障						
普通中学在校学生数	人	13462	14669	52306	28411	51249
小学在校学生数	人	19550	34618	67828	47086	68768
医院、卫生院床位数	床	410	657	1431	574	2078
各种社会福利收养性单位数	个	11	9	23	12	24
各种社会福利收养性单位床位数	床	1036	1685	928	775	1398

2009年县(市)社会经济主要指标

河北省

指　　标	单位	邢台县	临城县	内丘县	柏乡县	隆尧县
一、基本情况						
行政区域土地面积	平方公里	1918	797	788	268	749
乡(镇)个数	个	17	8	9	6	12
村民委员会个数	个	567	220	309	121	276
年末总户数	户	151455	67021	78939	59660	144027
其中:乡村户数	户	102761	46618	60712	43349	111175
年末总人口	万人	47	21	27	19	52
乡村人口	万人	37	18	24	18	48
年末单位从业人员数	人	14879	6958	9388	7836	14630
乡村从业人员数	人	188560	85882	113857	85380	223167
其中:农林牧渔业	人	57942	63492	68528	46569	86224
农业机械总动力	万千瓦特	37	23	25	32	87
本地电话年末用户	户	60156	21062	48000	20699	76000
二、综合经济						
第一产业增加值	万元	80444	48963	53186	48110	155569
第二产业增加值	万元	630250	168701	409849	84154	368534
地方财政一般预算收入	万元	31535	7140	21610	3511	15241
地方财政一般预算支出	万元	79279	46877	53691	33683	73387
城乡居民储蓄存款余额	万元	378983	295931	359250	143500	413917
年末金融机构各项贷款余额	万元	275913	110492	138292	64562	225187
三、农业、工业及投资						
粮食总产量	吨	178604	100890	168326	195576	538391
棉花产量	吨	1248	689	1078	406	7529
油料产量	吨	12511	4950	13470	4972	14173
肉类总产量	吨	16877	16131	22277	12583	33200
规模以上工业企业个数	个	41	26	27	23	43
规模以上工业总产值(现价)	万元	1681500	356500	1121900	74000	788600
城镇固定资产投资完成额	万元	354254	308672	382495	75252	392982
四、教育、卫生和社会保障						
普通中学在校学生数	人	19980	13424	17720	6262	19865
小学在校学生数	人	21171	15404	20063	15619	34154
医院、卫生院床位数	床	1449	514	643	311	851
各种社会福利收养性单位数	个	29	5	12	8	17
各种社会福利收养性单位床位数	床	1516	515	1035	474	1035

2009年县（市）社会经济主要指标

河北省

指　　标	单位	任　县	南和县	宁晋县	巨鹿县	新河县
一、基本情况						
行政区域土地面积	平方公里	431	406	1029	630	366
乡(镇)个数	个	8	8	14	10	6
村民委员会个数	个	195	218	346	291	169
年末总户数	户	91541	102573	224666	112378	55250
其中:乡村户数	户	71826	78663	161420	97846	42474
年末总人口	万人	34	35	73	39	17
乡村人口	万人	30	32	66	36	15
年末单位从业人员数	人	8042	6571	26991	9592	5166
乡村从业人员数	人	148256	156036	329775	190651	69944
其中:农林牧渔业	人	59900	76733	169446	119832	42308
农业机械总动力	万千瓦特	50	53	97	56	29
本地电话年末用户	户	35310	21142	121026	69097	28336
二、综合经济						
第一产业增加值	万元	68548	83963	191588	70100	40745
第二产业增加值	万元	69476	73770	760460	156987	63832
地方财政一般预算收入	万元	4193	4796	35159	5266	2132
地方财政一般预算支出	万元	48341	45001	107161	56491	31189
城乡居民储蓄存款余额	万元	216806	260420	734805	343225	199559
年末金融机构各项贷款余额	万元	77892	144590	419554	179823	67940
三、农业、工业及投资						
粮食总产量	吨	327912	274212	576284	173365	153059
棉花产量	吨	4229	1474	7315	17805	6528
油料产量	吨	967	2368	7266	7060	2784
肉类总产量	吨	9367	17173	33352	10659	6124
规模以上工业企业个数	个	27	27	142	31	33
规模以上工业总产值(现价)	万元	87658	100431	2087800	289512	91425
城镇固定资产投资完成额	万元	155009	141383	531713	350662	105557
四、教育、卫生和社会保障						
普通中学在校学生数	人	14679	16540	32405	23166	13892
小学在校学生数	人	25835	26023	47925	26553	13202
医院、卫生院床位数	床	636	651	1025	793	415
各种社会福利收养性单位数	个	19	10	19	71	3
各种社会福利收养性单位床位数	床	740	439	874	931	545

2009年县(市)社会经济主要指标

河北省

指　　标	单位	广宗县	平乡县	威　县	清河县	临西县
一、基本情况						
行政区域土地面积	平方公里	503	412	994	502	542
乡(镇)个数	个	8	7	16	6	9
村民委员会个数	个	213	253	522	305	299
年末总户数	户	86465	81629	166233	107859	104730
其中:乡村户数	户	69342	64033	129646	80266	74450
年末总人口	万人	30	32	58	39	37
乡村人口	万人	28	28	52	34	29
年末单位从业人员数	人	6653	10408	11916	12908	10662
乡村从业人员数	人	138234	132367	272272	146499	141708
其中:农林牧渔业	人	74186	61403	171827	34685	72888
农业机械总动力	万千瓦特	27	35	75	49	55
本地电话年末用户	户	15715	41271	30714	57867	35591
二、综合经济						
第一产业增加值	万元	84331	48371	135844	50108	76515
第二产业增加值	万元	76301	92180	80206	652826	114522
地方财政一般预算收入	万元	2664	4656	5533	14275	5799
地方财政一般预算支出	万元	44722	44704	67753	64211	43325
城乡居民储蓄存款余额	万元	118506	315163	327364	544779	236686
年末金融机构各项贷款余额	万元	48782	91906	91605	266477	97861
三、农业、工业及投资						
粮食总产量	吨	41039	193141	183370	160119	278160
棉花产量	吨	29450	7085	57340	12436	14039
油料产量	吨	4351	2671	3960	1875	1597
肉类总产量	吨	14037	9283	22732	4660	13115
规模以上工业企业个数	个	27	33	23	164	31
规模以上工业总产值(现价)	万元	78003	109500	79434	1201670	126580
城镇固定资产投资完成额	万元	150020	167232	154515	359995	165230
四、教育、卫生和社会保障						
普通中学在校学生数	人	8335	10193	24673	19125	17674
小学在校学生数	人	28985	31636	40424	21651	35806
医院、卫生院床位数	床	538	650	1077	871	960
各种社会福利收养性单位数	个	24	37	17	27	10
各种社会福利收养性单位床位数	床	665	849	1096	662	790

2009年县(市)社会经济主要指标

河北省

指　　标	单位	南宫市	沙河市	满城县	清苑县	涞水县
一、基本情况						
行政区域土地面积	平方公里	854	999	658	867	1658
乡(镇)个数	个	11	10	11	18	15
村民委员会个数	个	456	282	183	266	284
年末总户数	户	124828	136261	120191	156045	123005
其中:乡村户数	户	102757	99627	85208	145688	84343
年末总人口	万人	47	47	41	65	35
乡村人口	万人	42	41	33	58	31
年末单位从业人员数	人	13044	22328	18056	23543	15176
乡村从业人员数	人	202915	187770	182916	338950	171458
其中:农林牧渔业	人	118489	87341	112050	199212	120121
农业机械总动力	万千瓦特	82	66	47	75	27
本地电话年末用户	户	71650	118437	55440	52230	46247
二、综合经济						
第一产业增加值	万元	104825	55883	124899	173566	69497
第二产业增加值	万元	259510	793241	270260	303835	79292
地方财政一般预算收入	万元	8194	41336	14583	16387	10556
地方财政一般预算支出	万元	62649	98197	59437	75912	56557
城乡居民储蓄存款余额	万元	496621	943335	585997	613877	348209
年末金融机构各项贷款余额	万元	248405	486063	234965	250826	174123
三、农业、工业及投资						
粮食总产量	吨	198634	167514	170253	425593	130134
棉花产量	吨	41666	393	472	2389	52
油料产量	吨	4031	6854	2656	22759	9544
肉类总产量	吨	21160	18034	19850	18404	20573
规模以上工业企业个数	个	71	137	68	55	35
规模以上工业总产值(现价)	万元	474677	1609573	641710	677300	118537
城镇固定资产投资完成额	万元	280086	722022	185457	366392	270076
四、教育、卫生和社会保障						
普通中学在校学生数	人	25181	40625	11606	28223	19983
小学在校学生数	人	30257	44528	27341	37118	17650
医院、卫生院床位数	床	810	1069	1214	595	630
各种社会福利收养性单位数	个	16	21	12	10	2
各种社会福利收养性单位床位数	床	975	1385	314	235	520

2009 年县(市)社会经济主要指标

河北省

指　　标	单位	阜平县	徐水县	定兴县	唐　县	高阳县
一、基本情况						
行政区域土地面积	平方公里	2495	723	714	1417	498
乡(镇)个数	个	13	14	16	20	9
村民委员会个数	个	209	304	274	345	170
年末总户数	户	74286	170317	155004	164764	96234
其中:乡村户数	户	53940	135047	127373	130280	73168
年末总人口	万人	22	58	58	59	34
乡村人口	万人	19	53	53	52	29
年末单位从业人员数	人	9236	19586	22205	48511	10688
乡村从业人员数	人	84618	288787	287492	259708	168119
其中:农林牧渔业	人	58829	160762	161113	168149	70424
农业机械总动力	万千瓦特	18	84	55	49	20
本地电话年末用户	户	40618	63331	58402	61860	52576
二、综合经济						
第一产业增加值	万元	48485	179831	177445	99494	60201
第二产业增加值	万元	42214	348168	165133	126328	403764
地方财政一般预算收入	万元	8402	24048	12687	7922	17645
地方财政一般预算支出	万元	47635	89018	73459	76338	55050
城乡居民储蓄存款余额	万元	302610	762553	478975	564911	520758
年末金融机构各项贷款余额	万元	135885	304868	213621	262515	221697
三、农业、工业及投资						
粮食总产量	吨	57757	385691	427575	184692	149708
棉花产量	吨		78	802	1001	7667
油料产量	吨	1165	5517	27787	3888	8102
肉类总产量	吨	5827	46179	53291	24831	5716
规模以上工业企业个数	个	13	77	39	34	74
规模以上工业总产值(现价)	万元	47243	879128	394762	186100	768671
城镇固定资产投资完成额	万元	207300	370879	326658	206933	281916
四、教育、卫生和社会保障						
普通中学在校学生数	人	9985	29151	31037	27534	12096
小学在校学生数	人	14184	34078	33840	46799	23621
医院、卫生院床位数	床	466	1169	838	1464	556
各种社会福利收养性单位数	个	6	2	6	2	4
各种社会福利收养性单位床位数	床	152	120	170	110	336

2009年县(市)社会经济主要指标

河北省

指　　标	单位	容城县	涞源县	望都县	安新县	易　县
一、基本情况						
行政区域土地面积	平方公里	314	2448	370	724	2534
乡(镇)个数	个	8	17	8	12	27
村民委员会个数	个	127	285	143	207	469
年末总户数	户	74745	93695	74699	132074	182732
其中:乡村户数	户	52654	68864	59045	110589	138238
年末总人口	万人	27	28	27	43	57
乡村人口	万人	22	23	23	40	51
年末单位从业人员数	人	8923	11772	9741	11398	20412
乡村从业人员数	人	127731	123436	128017	234929	255295
其中:农林牧渔业	人	47062	85786	88913	135689	162078
农业机械总动力	万千瓦特	45	19	37	46	26
本地电话年末用户	户	29000	39700	31817	55472	65261
二、综合经济						
第一产业增加值	万元	67093	26973	91016	64615	147254
第二产业增加值	万元	244723	217442	121022	240606	213255
地方财政一般预算收入	万元	11035	38782	9261	12079	13309
地方财政一般预算支出	万元	45483	82919	45313	59982	86408
城乡居民储蓄存款余额	万元	407745	299170	355044	510572	561618
年末金融机构各项贷款余额	万元	140642	180531	141851	207538	255400
三、农业、工业及投资						
粮食总产量	吨	202706	80404	253496	220835	215328
棉花产量	吨	168		331	6279	283
油料产量	吨	5991	308	6895	740	12678
肉类总产量	吨	24431	6375	15131	7116	51134
规模以上工业企业个数	个	70	28	32	60	83
规模以上工业总产值(现价)	万元	368810	561132	193338	659249	451049
城镇固定资产投资完成额	万元	122185	134780	140057	237548	350547
四、教育、卫生和社会保障						
普通中学在校学生数	人	8383	14400	11497	13927	30071
小学在校学生数	人	16358	19000	15550	26736	43316
医院、卫生院床位数	床	506	699	644	551	1158
各种社会福利收养性单位数	个	9	1	3	13	3
各种社会福利收养性单位床位数	床	93	116	218	460	168

2009年县(市)社会经济主要指标

河北省

指　　标	单位	曲阳县	蠡　县	顺平县	博野县	雄　县
一、基本情况						
行政区域土地面积	平方公里	1084	652	708	331	524
乡(镇)个数	个	18	13	10	7	9
村民委员会个数	个	367	232	237	133	223
年末总户数	户	158236	136214	92763	69604	104438
其中:乡村户数	户	127772	104697	72686	69589	77803
年末总人口	万人	61	52	32	27	37
乡村人口	万人	53	46	28	27	32
年末单位从业人员数	人	21354	15086	11951	7607	10230
乡村从业人员数	人	258725	254809	154313	145245	188651
其中:农林牧渔业	人	162703	139113	108232	61820	101982
农业机械总动力	万千瓦特	51	59	39	36	29
本地电话年末用户	户	124136	57147	29300	22161	72513
二、综合经济						
第一产业增加值	万元	72603	98207	92165	81701	62619
第二产业增加值	万元	180172	240611	131364	95639	297679
地方财政一般预算收入	万元	10490	11451	7568	5360	14349
地方财政一般预算支出	万元	66874	63591	52032	33706	44627
城乡居民储蓄存款余额	万元	508785	667923	308122	249834	429195
年末金融机构各项贷款余额	万元	166531	130249	149877	82217	172924
三、农业、工业及投资						
粮食总产量	吨	189621	222153	125414	176276	238652
棉花产量	吨	328	5377	143	1624	461
油料产量	吨	7311	18451	4428	11851	4820
肉类总产量	吨	24232	6915	11288	11905	9773
规模以上工业企业个数	个	38	94	61	36	123
规模以上工业总产值(现价)	万元	124657	575947	245135	220118	622015
城镇固定资产投资完成额	万元	162401	157554	250310	170149	237858
四、教育、卫生和社会保障						
普通中学在校学生数	人	24412	20212	11566	9809	12316
小学在校学生数	人	49458	41088	19907	16498	25895
医院、卫生院床位数	床	1619	629	697	572	684
各种社会福利收养性单位数	个	2	15	7	5	6
各种社会福利收养性单位床位数	床	172	1100	696	529	200

2009年县(市)社会经济主要指标

河北省

指　　标	单位	涿州市	定州市	安国市	高碑店市	宣化县
一、基本情况						
行政区域土地面积	平方公里	742	1274	486	618	2057
乡(镇)个数	个	11	22	10	9	13
村民委员会个数	个	404	486	198	409	305
年末总户数	户	217516	324432	127010	155307	106971
其中:乡村户数	户	108145	256785	89664	96009	90458
年末总人口	万人	64	121	41	55	28
乡村人口	万人	42	105	35	41	27
年末单位从业人员数	人	47847	39625	13548	28880	13022
乡村从业人员数	人	244128	618247	209867	234207	145020
其中:农林牧渔业	人	153992	348096	101824	134171	92333
农业机械总动力	万千瓦特	50	203	66	40	16
本地电话年末用户	户	179045	714398	43815	93436	54068
二、综合经济						
第一产业增加值	万元	144354	450648	152542	100058	109873
第二产业增加值	万元	547690	664765	274585	402218	125962
地方财政一般预算收入	万元	88831	47879	17072	20429	13359
地方财政一般预算支出	万元	134540	148721	58924	62582	53243
城乡居民储蓄存款余额	万元	1338952	1330142	558660	1193583	446001
年末金融机构各项贷款余额	万元	595970	670328	156692	568217	334013
三、农业、工业及投资						
粮食总产量	吨	323988	697260	271703	306731	137375
棉花产量	吨		877	678	597	
油料产量	吨	13737	63167	18593	29087	2250
肉类总产量	吨	38146	90748	21570	31313	33974
规模以上工业企业个数	个	110	52	69	117	37
规模以上工业总产值(现价)	万元	1149480	1710161	652111	671890	148949
城镇固定资产投资完成额	万元	800524	619270	458600	246924	168315
四、教育、卫生和社会保障						
普通中学在校学生数	人	24341	61348	20927	22807	13025
小学在校学生数	人	32238	92068	24633	28360	17465
医院、卫生院床位数	床	2066	1732	935	1096	834
各种社会福利收养性单位数	个	2	33	4	8	6
各种社会福利收养性单位床位数	床	111	2493	320	290	900

2009 年县(市)社会经济主要指标

河北省

指　　标	单位	张北县	康保县	沽源县	尚义县	蔚　县
一、基本情况						
行政区域土地面积	平方公里	3863	3365	3388	2633	3220
乡(镇)个数	个	18	15	14	14	22
村民委员会个数	个	366	326	233	172	547
年末总户数	户	142656	104501	76898	74808	165258
其中:乡村户数	户	107008	86044	61238	53147	148820
年末总人口	万人	36	28	22	20	48
乡村人口	万人	30	25	20	16	43
年末单位从业人员数	人	10423	9614	7635	7365	23825
乡村从业人员数	人	182314	140150	125627	97856	185985
其中:农林牧渔业	人	117979	107707	97176	70009	127515
农业机械总动力	万千瓦特	33	30	44	8	29
本地电话年末用户	户	24006	17284	12795	11542	46572
二、综合经济						
第一产业增加值	万元	129403	85507	80479	54398	85112
第二产业增加值	万元	165073	51724	26488	50651	186392
地方财政一般预算收入	万元	17178	4708	4991	4689	15608
地方财政一般预算支出	万元	95661	55173	57215	49109	84171
城乡居民储蓄存款余额	万元	239498	122113	104092	109776	712007
年末金融机构各项贷款余额	万元	390764	72365	81834	70266	380791
三、农业、工业及投资						
粮食总产量	吨	21164	27138	26776	8369	55624
棉花产量	吨					
油料产量	吨	3906	3272	4839	1000	2166
肉类总产量	吨	36553	23126	8660	7402	28132
规模以上工业企业个数	个	22	7	10	7	22
规模以上工业总产值(现价)	万元	154332	38868	13499	40099	205504
城镇固定资产投资完成额	万元	687018	232074	204049	280757	219182
四、教育、卫生和社会保障						
普通中学在校学生数	人	18490	9867	6254	8609	20375
小学在校学生数	人	20034	12623	10281	11079	38251
医院、卫生院床位数	床	815	404	428	388	911
各种社会福利收养性单位数	个	19	7	5	17	24
各种社会福利收养性单位床位数	床	1391	936	1015	811	1797

2009年县(市)社会经济主要指标

河北省

指　　标	单位	阳原县	怀安县	万全县	怀来县	涿鹿县
一、基本情况						
行政区域土地面积	平方公里	1849	1706	1162	1801	2802
乡(镇)个数	个	14	11	11	17	17
村民委员会个数	个	301	273	172	279	373
年末总户数	户	101245	91758	81077	125886	125233
其中:乡村户数	户	82198	70489	65274	89819	93110
年末总人口	万人	28	25	22	35	34
乡村人口	万人	24	21	19	27	29
年末单位从业人员数	人	14060	12559	10987	17802	19915
乡村从业人员数	人	118414	110345	106420	154369	151049
其中:农林牧渔业	人	76385	72734	70691	106189	111324
农业机械总动力	万千瓦特	11	10	11	24	19
本地电话年末用户	户	72786	30679	22434	73205	49000
二、综合经济						
第一产业增加值	万元	58602	48474	70126	94966	142087
第二产业增加值	万元	87847	112377	101708	228912	133645
地方财政一般预算收入	万元	8608	13289	12302	38286	11556
地方财政一般预算支出	万元	56166	63486	55506	89189	64653
城乡居民储蓄存款余额	万元	267790	252344	232975	547073	372200
年末金融机构各项贷款余额	万元	171784	124279	283595	305024	182000
三、农业、工业及投资						
粮食总产量	吨	24421	56589	95112	70396	158571
棉花产量	吨					
油料产量	吨	1335	633	438	858	2064
肉类总产量	吨	17542	16492	13744	23228	32094
规模以上工业企业个数	个	18	11	34	30	27
规模以上工业总产值(现价)	万元	51607	150396	182025	302611	220819
城镇固定资产投资完成额	万元	96065	292760	280706	271609	335095
四、教育、卫生和社会保障						
普通中学在校学生数	人	12803	9096	10441	19338	16629
小学在校学生数	人	23676	14117	14791	21709	20248
医院、卫生院床位数	床	483	463	850	915	682
各种社会福利收养性单位数	个	8	11	10	7	13
各种社会福利收养性单位床位数	床	965	820	839	606	1574

2009年县(市)社会经济主要指标

河北省

指　　　标	单位	赤城县	崇礼县	承德县	兴隆县	平泉县
一、基本情况						
行政区域土地面积	平方公里	5287	2324	3844	3123	3296
乡(镇)个数	个	18	10	24	20	19
村民委员会个数	个	440	211	401	290	291
年末总户数	户	111278	47762	150411	110373	152031
其中:乡村户数	户	87505	39418	116702	80933	116883
年末总人口	万人	29	13	46	32	48
乡村人口	万人	26	11	41	29	41
年末单位从业人员数	人	11684	8609	21398	18345	22586
乡村从业人员数	人	112188	58323	223571	149593	226508
其中:农林牧渔业	人	79161	41061	139999	98619	110455
农业机械总动力	万千瓦特	22	8	25	24	35
本地电话年末用户	户	21718	9001	46310	47629	54154
二、综合经济						
第一产业增加值	万元	101050	41242	161263	110280	184898
第二产业增加值	万元	156138	80325	353691	288074	283493
地方财政一般预算收入	万元	20662	13013	34938	17631	31389
地方财政一般预算支出	万元	69931	47911	102871	74829	122370
城乡居民储蓄存款余额	万元	281421	111088	425697	417831	512251
年末金融机构各项贷款余额	万元	186830	65846	260725	298778	320554
三、农业、工业及投资						
粮食总产量	吨	42667	7031	143981	39841	159185
棉花产量	吨					
油料产量	吨	1407	204	315	429	162
肉类总产量	吨	24259	5043	79685	18593	19773
规模以上工业企业个数	个	36	14	81	63	71
规模以上工业总产值(现价)	万元	198750	88947	805155	632522	656487
城镇固定资产投资完成额	万元	233060	174879	495484	490870	533657
四、教育、卫生和社会保障						
普通中学在校学生数	人	10843	5370	14117	14117	26174
小学在校学生数	人	16164	8134	22005	20698	30429
医院、卫生院床位数	床	802	347	925	1058	1192
各种社会福利收养性单位数	个	7	3	2	11	6
各种社会福利收养性单位床位数	床	1444	748	1270	840	2230

2009 年县(市)社会经济主要指标

河北省

指　　标	单位	滦平县	隆化县	丰宁满族自治县	宽城满族自治县	围场满族蒙古族自治县
一、基本情况						
行政区域土地面积	平方公里	2993	5475	8765	1936	9220
乡(镇)个数	个	20	25	26	18	37
村民委员会个数	个	200	362	309	205	312
年末总户数	户	108513	139373	139442	76572	172589
其中:乡村户数	户	80451	108679	101843	60329	127818
年末总人口	万人	31	43	40	25	53
乡村人口	万人	28	38	34	21	46
年末单位从业人员数	人	11964	17102	17722	20233	19283
乡村从业人员数	人	149071	223581	179210	106986	236606
其中:农林牧渔业	人	70158	145962	101783	60507	179021
农业机械总动力	万千瓦特	29	40	39	16	50
本地电话年末用户	户	35177	40812	38043	32355	54403
二、综合经济						
第一产业增加值	万元	122279	145006	125378	77909	159694
第二产业增加值	万元	438013	262651	170500	965700	102204
地方财政一般预算收入	万元	31632	25597	26042	36978	9688
地方财政一般预算支出	万元	96819	111883	115620	112360	115629
城乡居民储蓄存款余额	万元	365066	339449	331576	533152	346332
年末金融机构各项贷款余额	万元	254165	219274	230420	355049	300947
三、农业、工业及投资						
粮食总产量	吨	82077	203264	68717	65000	89630
棉花产量	吨					
油料产量	吨	137	3420	1237	400	480
肉类总产量	吨	62482	56417	42169	16636	43837
规模以上工业企业个数	个	50	61	40	52	40
规模以上工业总产值(现价)	万元	908557	477584	297109	2173354	103889
城镇固定资产投资完成额	万元	425425	412897	480502	527337	348420
四、教育、卫生和社会保障						
普通中学在校学生数	人	15850	20427	21331	10188	31723
小学在校学生数	人	19563	28413	24826	14386	35234
医院、卫生院床位数	床	823	1089	1121	773	1033
各种社会福利收养性单位数	个	21	17	11	19	20
各种社会福利收养性单位床位数	床	3087	3200	2011	1722	1830

2009年县(市)社会经济主要指标

河北省

指　　标	单位	沧　县	青　县	东光县	海兴县	盐山县
一、基本情况						
行政区域土地面积	平方公里	1520	968	711	920	795
乡(镇)个数	个	19	10	9	7	12
村民委员会个数	个	515	345	447	197	450
年末总户数	户	184154	126486	115465	73813	127086
其中:乡村户数	户	169975	91647	91094	51991	96833
年末总人口	万人	68	41	36	23	44
乡村人口	万人	65	33	32	19	38
年末单位从业人员数	人	21804	21906	14990	11069	17315
乡村从业人员数	人	365444	199662	160094	102832	205307
其中:农林牧渔业	人	92088	66146	67815	61082	96230
农业机械总动力	万千瓦特	138	89	49	31	51
本地电话年末用户	户	178187	104351	59948	40000	66569
二、综合经济						
第一产业增加值	万元	207867	250750	156625	44156	95556
第二产业增加值	万元	693198	529564	262397	80525	441819
地方财政一般预算收入	万元	32901	21897	19091	6679	19243
地方财政一般预算支出	万元	98979	74282	70410	49955	80298
城乡居民储蓄存款余额	万元	774317	631087	528962	184306	385869
年末金融机构各项贷款余额	万元	414086	229122	170759	72215	209984
三、农业、工业及投资						
粮食总产量	吨	551751	294469	254895	145495	289388
棉花产量	吨	6188	3716	24935	5808	4799
油料产量	吨	1952	2485	2187	3704	2048
肉类总产量	吨	38357	22218	16450	5708	37291
规模以上工业企业个数	个	157	112	95	31	74
规模以上工业总产值(现价)	万元	1542935	1611300	483135	87225	1284670
城镇固定资产投资完成额	万元	446428	274395	305990	113746	508702
四、教育、卫生和社会保障						
普通中学在校学生数	人	30060	17087	16479	11059	22117
小学在校学生数	人	41139	24627	20046	16856	30664
医院、卫生院床位数	床	805	841	750	430	745
各种社会福利收养性单位数	个	20	3	10	8	4
各种社会福利收养性单位床位数	床	412	502	521	132	229

2009年县(市)社会经济主要指标

河北省

指　　标	单位	肃宁县	南皮县	吴桥县	献　县	孟村回族自治县
一、基本情况						
行政区域土地面积	平方公里	515	790	583	1173	387
乡(镇)个数	个	9	9	10	18	6
村民委员会个数	个	253	312	473	500	126
年末总户数	户	130115	109775	100280	164077	64581
其中:乡村户数	户	78401	83654	70200	135056	43190
年末总人口	万人	34	37	29	59	21
乡村人口	万人	30	31	24	53	18
年末单位从业人员数	人	11271	13098	13371	13962	9187
乡村从业人员数	人	189879	162231	151487	270574	87745
其中:农林牧渔业	人	71143	105363	86185	116868	44188
农业机械总动力	万千瓦特	57	79	58	75	27
本地电话年末用户	户	42774	45181	73031	82612	39814
二、综合经济						
第一产业增加值	万元	136415	117397	136330	225470	39273
第二产业增加值	万元	293023	203559	97833	479385	272655
地方财政一般预算收入	万元	31912	13981	10103	16025	10216
地方财政一般预算支出	万元	65721	59762	50612	85951	54709
城乡居民储蓄存款余额	万元	490101	379874	368930	576057	226096
年末金融机构各项贷款余额	万元	178215	176483	110435	183183	107799
三、农业、工业及投资						
粮食总产量	吨	245697	243714	232154	388540	126293
棉花产量	吨	1858	15808	21738	15686	1144
油料产量	吨	10671	2768	1221	24761	3164
肉类总产量	吨	21375	15287	26625	47324	12153
规模以上工业企业个数	个	56	82	41	124	98
规模以上工业总产值(现价)	万元	764065	270440	261900	985648	511000
城镇固定资产投资完成额	万元	417688	322163	142570	473611	208005
四、教育、卫生和社会保障						
普通中学在校学生数	人	16933	16404	11301	28964	10185
小学在校学生数	人	17330	23369	15769	39857	15942
医院、卫生院床位数	床	836	795	597	1136	285
各种社会福利收养性单位数	个	2	10	11	10	7
各种社会福利收养性单位床位数	床	490	505	566	899	180

2009年县(市)社会经济主要指标

河北省

指　　标	单位	泊头市	任丘市	黄骅市	河间市	固安县
一、基本情况						
行政区域土地面积	平方公里	1007	1012	1545	1333	697
乡(镇)个数	个	12	15	10	20	9
村民委员会个数	个	657	413	327	615	421
年末总户数	户	182347	272634	123051	229897	122436
其中:乡村户数	户	136733	152726	95681	185043	88988
年末总人口	万人	59	82	44	80	43
乡村人口	万人	48	59	36	71	36
年末单位从业人员数	人	23964	79897	30702	25834	14627
乡村从业人员数	人	257424	284133	170824	398276	177821
其中:农林牧渔业	人	73964	62323	39886	96168	140102
农业机械总动力	万千瓦特	129	100	99	133	103
本地电话年末用户	户	88021	227384	110365	139518	73994
二、综合经济						
第一产业增加值	万元	140023	131440	145605	154274	214885
第二产业增加值	万元	501373	2075856	516598	640649	179209
地方财政一般预算收入	万元	25677	93648	45558	34453	24840
地方财政一般预算支出	万元	83425	140087	95733	110985	81586
城乡居民储蓄存款余额	万元	918527	2057063	827847	1154458	517084
年末金融机构各项贷款余额	万元	292288	408146	455501	240376	363578
三、农业、工业及投资						
粮食总产量	吨	392466	443196	290693	516000	271181
棉花产量	吨	2300	9832	5281	16933	1087
油料产量	吨	276	5510	4072	37416	9260
肉类总产量	吨	31051	37175	29524	27806	42240
规模以上工业企业个数	个	242	204	97	191	96
规模以上工业总产值(现价)	万元	1066012	4872258	1093987	1167187	382969
城镇固定资产投资完成额	万元	276065	577141	451033	191398	699413
四、教育、卫生和社会保障						
普通中学在校学生数	人	23273	31949	25806	25356	18846
小学在校学生数	人	34771	54297	34315	46792	20706
医院、卫生院床位数	床	838	2807	1903	1494	587
各种社会福利收养性单位数	个	13	9	12	6	9
各种社会福利收养性单位床位数	床	510	750	796	840	913

2009 年县(市)社会经济主要指标

河北省

指　　标	单位	永清县	香河县	大城县	文安县	大厂回族自治县
一、基本情况						
行政区域土地面积	平方公里	774	458	910	1038	176
乡(镇)个数	个	10	9	10	13	5
村民委员会个数	个	386	300	394	383	105
年末总户数	户	103712	103420	132812	141487	42753
其中:乡村户数	户	82624	75974	108589	112141	25621
年末总人口	万人	38	31	48	48	12
乡村人口	万人	33	28	42	43	9
年末单位从业人员数	人	12899	22723	16419	18264	9425
乡村从业人员数	人	174834	132960	206953	214557	44109
其中:农林牧渔业	人	117958	63648	109563	76646	17895
农业机械总动力	万千瓦特	110	45	73	76	27
本地电话年末用户	户	61000	94005	93930	118333	33710
二、综合经济						
第一产业增加值	万元	208169	150376	106837	93657	70495
第二产业增加值	万元	195918	429393	397455	617480	210335
地方财政一般预算收入	万元	13329	45720	15697	25978	18382
地方财政一般预算支出	万元	68853	93356	78240	86174	41201
城乡居民储蓄存款余额	万元	318487	823288	778059	878351	306840
年末金融机构各项贷款余额	万元	192272	708945	274498	438642	254393
三、农业、工业及投资						
粮食总产量	吨	164367	201021	249710	239865	91604
棉花产量	吨	4336	89	4990	19284	51
油料产量	吨	10523	357	3739	967	321
肉类总产量	吨	60037	21809	35464	16952	27923
规模以上工业企业个数	个	80	117	77	119	54
规模以上工业总产值(现价)	万元	485997	1266765	609603	1402292	556017
城镇固定资产投资完成额	万元	1109368	2059506	650032	1161634	402967
四、教育、卫生和社会保障						
普通中学在校学生数	人	27370	17189	26308	26119	6652
小学在校学生数	人	23681	16753	36523	39130	5726
医院、卫生院床位数	床	561	1269	970	1120	377
各种社会福利收养性单位数	个	10	5	5	6	3
各种社会福利收养性单位床位数	床	634	697	958	1011	248

2009 年县(市)社会经济主要指标

河北省

指　　标	单位	霸州市	三河市	枣强县	武邑县	武强县
一、基本情况						
行政区域土地面积	平方公里	784	643	905	832	443
乡(镇)个数	个	12	10	11	9	6
村民委员会个数	个	373	395	553	545	238
年末总户数	户	168980	146779	117043	94279	65472
其中:乡村户数	户	116779	88384	91312	73113	52208
年末总人口	万人	60	53	40	33	22
乡村人口	万人	48	35	34	30	20
年末单位从业人员数	人	21523	37133	11123	8521	8354
乡村从业人员数	人	247022	162654	166711	148491	100225
其中:农林牧渔业	人	69624	60360	90501	75086	58881
农业机械总动力	万千瓦特	109	83	34	46	51
本地电话年末用户	户	164896	133078	80854	44507	34225
二、综合经济						
第一产业增加值	万元	121836	222208	117045	141685	69685
第二产业增加值	万元	1411916	1348002	212794	132256	147446
地方财政一般预算收入	万元	86372	178140	10027	10409	5817
地方财政一般预算支出	万元	169850	231642	55708	65800	45809
城乡居民储蓄存款余额	万元	1326275	1822725	717355	371457	257858
年末金融机构各项贷款余额	万元	1144630	3531948	251347	133967	113904
三、农业、工业及投资						
粮食总产量	吨	230446	251465	330225	288195	244876
棉花产量	吨	9895	164	26608	10998	4883
油料产量	吨	6724	457	6962	8641	4032
肉类总产量	吨	24626	77147	17343	31099	12201
规模以上工业企业个数	个	176	188	93	46	43
规模以上工业总产值(现价)	万元	4677259	3400144	314445	254086	198004
城镇固定资产投资完成额	万元	1736122	2235742	164083	144380	33416
四、教育、卫生和社会保障						
普通中学在校学生数	人	42904	32269	20681	28332	9569
小学在校学生数	人	45719	34403	25575	22845	14311
医院、卫生院床位数	床	1555	2476	552	664	491
各种社会福利收养性单位数	个	11	5	11	10	4
各种社会福利收养性单位床位数	床	1720	620	523	913	610

2009年县(市)社会经济主要指标

河北省

指　　标	单位	饶阳县	安平县	故城县	景　县	阜城县
一、基本情况						
行政区域土地面积	平方公里	572	496	941	1188	695
乡(镇)个数	个	7	8	13	16	10
村民委员会个数	个	197	230	538	848	610
年末总户数	户	81423	96010	149264	154328	111838
其中:乡村户数	户	70122	80740	106471	118246	92245
年末总人口	万人	29	33	50	53	35
乡村人口	万人	26	28	42	46	32
年末单位从业人员数	人	9268	12754	13276	15147	11263
乡村从业人员数	人	152304	146063	204803	223861	162710
其中:农林牧渔业	人	61064	47337	114517	102563	71890
农业机械总动力	万千瓦特	70	45	145	98	62
本地电话年末用户	户	45235	79114	94143	96291	53337
二、综合经济						
第一产业增加值	万元	103129	88510	172908	156342	82140
第二产业增加值	万元	121639	365591	201395	398282	195464
地方财政一般预算收入	万元	6075	13611	10785	15869	6609
地方财政一般预算支出	万元	51601	61712	69900	83532	55801
城乡居民储蓄存款余额	万元	315222	519933	518674	803604	398943
年末金融机构各项贷款余额	万元	116632	285602	238575	293052	106841
三、农业、工业及投资						
粮食总产量	吨	212700	224726	318159	558683	287989
棉花产量	吨	2959	2129	29320	21041	6516
油料产量	吨	15952	10349	10055	9490	1777
肉类总产量	吨	23035	62129	42593	32517	14301
规模以上工业企业个数	个	55	66	75	109	64
规模以上工业总产值(现价)	万元	173358	372886	246718	870871	227712
城镇固定资产投资完成额	万元	94916	121078	193433	385481	67304
四、教育、卫生和社会保障						
普通中学在校学生数	人	13268	12489	26158	28506	18365
小学在校学生数	人	12252	20639	36864	34837	29212
医院、卫生院床位数	床	736	990	1211	1022	478
各种社会福利收养性单位数	个	8	9	12	19	11
各种社会福利收养性单位床位数	床	785	927	507	961	1554

2009 年县(市)社会经济主要指标

河北省、山西省

指　　标	单位	冀州市	深州市	清徐县	阳曲县	娄烦县
一、基本情况						
行政区域土地面积	平方公里	917	1245	609	2059	1276
乡(镇)个数	个	11	17	9	10	8
村民委员会个数	个	410	465	192	124	143
年末总户数	户	123554	174709	102232	55792	42110
其中:乡村户数	户	97344	144863	82100	40053	25977
年末总人口	万人	37	57	31	15	13
乡村人口	万人	31	52	25	11	11
年末单位从业人员数	人	16166	19836	11647	7237	5588
乡村从业人员数	人	158123	270280	116662	51388	49312
其中:农林牧渔业	人	76540	106686	68890	29918	32756
农业机械总动力	万千瓦特	68	189	31	14	10
本地电话年末用户	户	84014	101774	71649	21838	20463
二、综合经济						
第一产业增加值	万元	93810	168417	110628	27625	8220
第二产业增加值	万元	314402	345395	405657	68622	22382
地方财政一般预算收入	万元	17522	12966	45727	15386	24712
地方财政一般预算支出	万元	88218	80859	87361	48076	52488
城乡居民储蓄存款余额	万元	670675	626358	683155	181909	152142
年末金融机构各项贷款余额	万元	215835	225608	519775	65087	38385
三、农业、工业及投资						
粮食总产量	吨	206785	544657	117938	64233	11828
棉花产量	吨	23762	16468	131		
油料产量	吨	7335	34851	160	602	1174
肉类总产量	吨	12643	49920	19906	6476	1234
规模以上工业企业个数	个	81	100	51	25	10
规模以上工业总产值(现价)	万元	644001	732276	1046510	291023	57271
城镇固定资产投资完成额	万元	220201	214123	205163	33576	14864
四、教育、卫生和社会保障						
普通中学在校学生数	人	24609	28010	25726	8865	8080
小学在校学生数	人	23333	27487	29077	10280	11836
医院、卫生院床位数	床	750	954	572	780	229
各种社会福利收养性单位数	个	11	15	4	10	4
各种社会福利收养性单位床位数	床	809	391	320	1269	1004

2009年县(市)社会经济主要指标

山西省

指　　标	单位	古交市	阳高县	天镇县	广灵县	灵丘县
一、基本情况						
行政区域土地面积	平方公里	1584	1668	1635	1284	2730
乡(镇)个数	个	14	13	11	9	12
村民委员会个数	个	146	256	221	180	254
年末总户数	户	78819	113139	82659	64393	85929
其中:乡村户数	户	34752	76131	56797	44848	60618
年末总人口	万人	22	29	22	19	24
乡村人口	万人	10	24	18	16	21
年末单位从业人员数	人	12125	9647	7679	8969	9092
乡村从业人员数	人	36159	85894	67874	54386	90572
其中:农林牧渔业	人	17454	58451	50401	39980	57311
农业机械总动力	万千瓦特	18	18	11	9	16
本地电话年末用户	户	43635	39631	32739	17339	41053
二、综合经济						
第一产业增加值	万元	10748	44177	31039	31561	20209
第二产业增加值	万元	135904	11637	20399	37912	99809
地方财政一般预算收入	万元	53261	5083	3420	3479	17649
地方财政一般预算支出	万元	77894	71190	65366	54052	70184
城乡居民储蓄存款余额	万元	844276	220975	151248	160828	290780
年末金融机构各项贷款余额	万元	296649	77248	65940	75683	78000
三、农业、工业及投资						
粮食总产量	吨	9046	131491	65418	52106	45217
棉花产量	吨					
油料产量	吨	668	482	342	1134	681
肉类总产量	吨	1548	24815	15795	7931	9637
规模以上工业企业个数	个	24	15	8	17	22
规模以上工业总产值(现价)	万元	352061	31300	26714	51919	169058
城镇固定资产投资完成额	万元	191195	109817	41253	61023	52472
四、教育、卫生和社会保障						
普通中学在校学生数	人	16101	15631	21873	14805	19385
小学在校学生数	人	23205	22833	19525	18383	24703
医院、卫生院床位数	床	1190	714	421	486	477
各种社会福利收养性单位数	个	2	13	16	12	6
各种社会福利收养性单位床位数	床	558	290	150	170	326

2009年县(市)社会经济主要指标

山西省

指　　标	单位	浑源县	左云县	大同县	平定县	盂　县
一、基本情况						
行政区域土地面积	平方公里	1966	1314	1503	1361	2523
乡(镇)个数	个	18	9	10	10	14
村民委员会个数	个	315	228	177	318	453
年末总户数	户	128851	64028	73825	126538	119375
其中:乡村户数	户	84917	40104	47537	93440	90378
年末总人口	万人	36	15	18	32	30
乡村人口	万人	30	11	15	26	25
年末单位从业人员数	人	10526	15586	10577	24411	26988
乡村从业人员数	人	132604	43459	53527	130475	114724
其中:农林牧渔业	人	79326	28742	34035	54017	69549
农业机械总动力	万千瓦特	15	9	15	51	51
本地电话年末用户	户	32587	20010	62156	55988	54668
二、综合经济						
第一产业增加值	万元	69515	15550	38051	20970	22917
第二产业增加值	万元	91841	97433	24481	246420	429506
地方财政一般预算收入	万元	10857	23149	9988	23875	57592
地方财政一般预算支出	万元	84646	61045	54660	76238	102618
城乡居民储蓄存款余额	万元	286585	508867	136903	623463	962466
年末金融机构各项贷款余额	万元	68073	80212	50731	288018	353174
三、农业、工业及投资						
粮食总产量	吨	90792	20006	44193	95534	102286
棉花产量	吨					
油料产量	吨	1134	2191	222	305	287
肉类总产量	吨	20250	6348	12646	4007	3904
规模以上工业企业个数	个	10	69	27	56	32
规模以上工业总产值(现价)	万元	173528	74624	44079	422372	744263
城镇固定资产投资完成额	万元	67555	208273	78288	244663	337459
四、教育、卫生和社会保障						
普通中学在校学生数	人	18541	12989	12098	23202	24901
小学在校学生数	人	26947	15527	16666	23687	22592
医院、卫生院床位数	床	570	348	180	653	1282
各种社会福利收养性单位数	个	24	8	11	16	18
各种社会福利收养性单位床位数	床	404	222	326	296	1500

2009年县(市)社会经济主要指标

山西省

指　　标	单位	长治县	襄垣县	屯留县	平顺县	黎城县
一、基本情况						
行政区域土地面积	平方公里	483	1160	1142	1550	1101
乡(镇)个数	个	11	11	14	12	9
村民委员会个数	个	254	323	294	263	250
年末总户数	户	108522	77292	78502	53247	59437
其中:乡村户数	户	82402	55217	60322	42406	43428
年末总人口	万人	34	26	26	16	17
乡村人口	万人	30	19	23	14	14
年末单位从业人员数	人	19895	62180	19543	8413	8428
乡村从业人员数	人	153263	84977	101966	66351	65466
其中:农林牧渔业	人	71916	51128	65744	44359	38207
农业机械总动力	万千瓦特	17	17	21	10	10
本地电话年末用户	户	28827	31694	31040	14821	21522
二、综合经济						
第一产业增加值	万元	28675	38768	44430	18569	20503
第二产业增加值	万元	493639	1189014	423834	49553	87855
地方财政一般预算收入	万元	67466	80419	36870	5454	10382
地方财政一般预算支出	万元	90476	100247	67906	47027	40068
城乡居民储蓄存款余额	万元	484236	726987	189105	113096	203885
年末金融机构各项贷款余额	万元	197338	541536	98337	68010	89540
三、农业、工业及投资						
粮食总产量	吨	84698	143839	210259	30126	50404
棉花产量	吨					12
油料产量	吨	74	1476	36	132	242
肉类总产量	吨	8111	3696	7207	1876	2128
规模以上工业企业个数	个	65	64	39	17	14
规模以上工业总产值(现价)	万元	893787	2378825	915224	114199	299866
城镇固定资产投资完成额	万元	293372	699936	403766	89592	115367
四、教育、卫生和社会保障						
普通中学在校学生数	人	19253	14631	18753	9016	10196
小学在校学生数	人	23219	19133	19989	10109	14676
医院、卫生院床位数	床	572	423	580	389	541
各种社会福利收养性单位数	个	3	22	7	10	15
各种社会福利收养性单位床位数	床	219	372	270	876	890

2009 年县(市)社会经济主要指标

山西省

指　　标	单位	壶关县	长子县	武乡县	沁　县	沁源县
一、基本情况						
行政区域土地面积	平方公里	990	1029	1610	1297	2550
乡(镇)个数	个	13	12	14	13	14
村民委员会个数	个	390	399	377	306	254
年末总户数	户	94439	110837	69095	56196	52959
其中:乡村户数	户	73076	82243	51069	37947	40942
年末总人口	万人	29	35	21	17	16
乡村人口	万人	26	31	17	14	14
年末单位从业人员数	人	18493	16752	13252	6698	18641
乡村从业人员数	人	121684	150962	80021	53276	55942
其中:农林牧渔业	人	66958	110553	55097	36277	31150
农业机械总动力	万千瓦特	11	17	14	8	7
本地电话年末用户	户	42014	40007	23900	24315	32000
二、综合经济						
第一产业增加值	万元	19220	71161	19871	24966	16948
第二产业增加值	万元	140212	219033	201419	16231	372133
地方财政一般预算收入	万元	9492	27013	32219	4874	71611
地方财政一般预算支出	万元	64782	74017	70810	44527	96648
城乡居民储蓄存款余额	万元	255792	307500	207708	144398	158841
年末金融机构各项贷款余额	万元	188218	187319	352901	88994	124848
三、农业、工业及投资						
粮食总产量	吨	44182	200030	83360	133213	66500
棉花产量	吨					
油料产量	吨	52	84	421	105	616
肉类总产量	吨	4233	10598	2000	2689	1346
规模以上工业企业个数	个	13	24	24	4	17
规模以上工业总产值(现价)	万元	512216	416987	426897	8479	889229
城镇固定资产投资完成额	万元	65623	357094	163040	88911	239451
四、教育、卫生和社会保障						
普通中学在校学生数	人	20443	19503	11192	14885	11451
小学在校学生数	人	23626	23264	16046	14257	11375
医院、卫生院床位数	床	544	518	364	378	569
各种社会福利收养性单位数	个	27	23	13	13	16
各种社会福利收养性单位床位数	床	1884	1520	590	857	520

2009年县(市)社会经济主要指标

山西省

指　　标	单位	潞城市	沁水县	阳城县	陵川县	泽州县
一、基本情况						
行政区域土地面积	平方公里	630	2658	1968	1751	2023
乡(镇)个数	个	9	14	18	12	17
村民委员会个数	个	191	251	467	378	632
年末总户数	户	71817	78115	154876	79869	157747
其中:乡村户数	户	47607	57096	115003	65707	129846
年末总人口	万人	22	21	38	26	50
乡村人口	万人	18	18	31	23	45
年末单位从业人员数	人	23573	18838	35603	12977	30479
乡村从业人员数	人	76020	84889	162492	108115	213217
其中:农林牧渔业	人	43958	51025	84240	64304	120307
农业机械总动力	万千瓦特	20	30	37	27	67
本地电话年末用户	户	36877	47000	85303	46504	65120
二、综合经济						
第一产业增加值	万元	22548	28037	49990	26601	63562
第二产业增加值	万元	510148	650480	803314	69693	919450
地方财政一般预算收入	万元	36006	52703	55099	9063	81168
地方财政一般预算支出	万元	59751	79868	105462	64850	120262
城乡居民储蓄存款余额	万元	368363	296123	627106	276359	491177
年末金融机构各项贷款余额	万元	366416	164258	434084	107889	491479
三、农业、工业及投资						
粮食总产量	吨	85042	67592	124684	110174	206237
棉花产量	吨	22	123	35		26
油料产量	吨	266	651	720	789	2331
肉类总产量	吨	4059	5421	13149	4507	18235
规模以上工业企业个数	个	52	32	74	21	80
规模以上工业总产值(现价)	万元	1324257	461642	1387576	83471	1388383
城镇固定资产投资完成额	万元	357253	453535	389898	99911	549815
四、教育、卫生和社会保障						
普通中学在校学生数	人	12784	14507	29723	16341	34147
小学在校学生数	人	17621	15230	32880	19023	39413
医院、卫生院床位数	床	425	516	1479	799	1628
各种社会福利收养性单位数	个	12	10	12	10	8
各种社会福利收养性单位床位数	床	545	315	676	229	490

2009年县(市)社会经济主要指标

山西省

指　标	单位	高平市	山阴县	应　县	右玉县	怀仁县
一、基本情况						
行政区域土地面积	平方公里	946	1651	1708	1967	1287
乡(镇)个数	个	16	13	11	9	9
村民委员会个数	个	445	256	298	321	162
年末总户数	户	139705	97239	105224	42150	104819
其中:乡村户数	户	115928	49053	68490	25352	54904
年末总人口	万人	48	24	31	11	28
乡村人口	万人	41	16	25	9	18
年末单位从业人员数	人	41697	19671	13034	7662	37452
乡村从业人员数	人	213628	58681	101620	40554	81722
其中:农林牧渔业	人	115541	44237	76651	25001	44438
农业机械总动力	万千瓦特	46	38	38	17	38
本地电话年末用户	户	149356	38491	35663	13363	57225
二、综合经济						
第一产业增加值	万元	80090	73314	65129	20558	43164
第二产业增加值	万元	981170	473815	91994	84886	478082
地方财政一般预算收入	万元	73457	78836	8144	10532	41102
地方财政一般预算支出	万元	127688	112901	76295	53859	83680
城乡居民储蓄存款余额	万元	1151835	800638	296451	158734	609496
年末金融机构各项贷款余额	万元	548280	290488	135330	37157	154473
三、农业、工业及投资						
粮食总产量	吨	179230	147519	200651	20863	76979
棉花产量	吨					
油料产量	吨	280	2841	3132	1936	526
肉类总产量	吨	46528	9183	7103	7039	15942
规模以上工业企业个数	个	66	45	22	13	56
规模以上工业总产值(现价)	万元	1318209	1023200	162300	120000	1003800
城镇固定资产投资完成额	万元	372543	317089	162707	154006	398410
四、教育、卫生和社会保障						
普通中学在校学生数	人	37712	19344	19544	6348	41854
小学在校学生数	人	38605	25359	28101	8978	52954
医院、卫生院床位数	床	1295	557	706	282	856
各种社会福利收养性单位数	个	8	4	7	10	10
各种社会福利收养性单位床位数	床	600	662	730	561	480

2009 年县(市)社会经济主要指标

山西省

指　　标	单位	榆社县	左权县	和顺县	昔阳县	寿阳县
一、基本情况						
行政区域土地面积	平方公里	1655	2028	2250	1944	2110
乡(镇)个数	个	9	10	10	12	14
村民委员会个数	个	272	204	294	335	206
年末总户数	户	49921	58760	52826	93414	80879
其中:乡村户数	户	36412	42241	35215	72158	59996
年末总人口	万人	14	16	14	24	21
乡村人口	万人	12	14	11	20	17
年末单位从业人员数	人	11285	17720	14134	18220	28731
乡村从业人员数	人	50309	63630	48982	98808	79661
其中:农林牧渔业	人	32044	40789	36127	62019	61319
农业机械总动力	万千瓦特	11	14	14	21	27
本地电话年末用户	户	25947	36429	28318	52994	49308
二、综合经济						
第一产业增加值	万元	16838	19625	13734	29753	54969
第二产业增加值	万元	94654	113879	75768	103079	312591
地方财政一般预算收入	万元	12191	24032	20169	26658	49399
地方财政一般预算支出	万元	38596	59256	51842	68871	85042
城乡居民储蓄存款余额	万元	129842	302092	256693	395930	403733
年末金融机构各项贷款余额	万元	186771	135535	54707	122817	142254
三、农业、工业及投资						
粮食总产量	吨	45893	49627	50599	123434	213260
棉花产量	吨					
油料产量	吨	271	616	963	275	124
肉类总产量	吨	3763	2572	2650	12537	5205
规模以上工业企业个数	个	5	23	16	16	40
规模以上工业总产值(现价)	万元	278601	199771	134107	167177	594923
城镇固定资产投资完成额	万元	55059	226458	181579	267515	317517
四、教育、卫生和社会保障						
普通中学在校学生数	人	9480	9388	6891	13166	10351
小学在校学生数	人	13324	12134	8976	14613	12919
医院、卫生院床位数	床	232	410	410	721	722
各种社会福利收养性单位数	个	5	11	6	5	9
各种社会福利收养性单位床位数	床	118	458	60	480	465

2009 年县(市)社会经济主要指标

山西省

指　　标	单位	太谷县	祁　县	平遥县	灵石县	介休市
一、基本情况						
行政区域土地面积	平方公里	1034	854	1260	1206	757
乡(镇)个数	个	9	8	14	12	10
村民委员会个数	个	198	160	273	291	231
年末总户数	户	106006	101272	169953	96367	149484
其中:乡村户数	户	69993	69089	127110	63380	92596
年末总人口	万人	29	27	50	25	40
乡村人口	万人	21	21	42	18	28
年末单位从业人员数	人	23419	18817	28763	28572	64920
乡村从业人员数	人	101788	103983	196555	85376	131531
其中:农林牧渔业	人	62777	58047	99221	40720	50673
农业机械总动力	万千瓦特	42	34	24	32	28
本地电话年末用户	户	71944	56834	94759	57481	106101
二、综合经济						
第一产业增加值	万元	87036	72353	84375	24059	27923
第二产业增加值	万元	117482	107126	220260	746594	1053549
地方财政一般预算收入	万元	17216	12573	29171	101409	87449
地方财政一般预算支出	万元	63794	60120	97569	98090	119785
城乡居民储蓄存款余额	万元	556789	428531	532618	858090	1035341
年末金融机构各项贷款余额	万元	180563	197142	222948	245101	734291
三、农业、工业及投资						
粮食总产量	吨	175840	180248	212720	58577	94521
棉花产量	吨	41	142	17		
油料产量	吨	183	1289	6145	257	68
肉类总产量	吨	28378	18592	14216	3065	15288
规模以上工业企业个数	个	57	48	46	143	41
规模以上工业总产值(现价)	万元	255250	190509	448980	1407783	3033284
城镇固定资产投资完成额	万元	112887	168704	329444	660223	576125
四、教育、卫生和社会保障						
普通中学在校学生数	人	25177	15538	35152	15589	26448
小学在校学生数	人	24243	21904	39826	22488	31505
医院、卫生院床位数	床	1719	462	977	984	1432
各种社会福利收养性单位数	个	8	7	8	4	9
各种社会福利收养性单位床位数	床	226	206	84	180	308

2009年县(市)社会经济主要指标

山西省

指　　标	单位	临猗县	万荣县	闻喜县	稷山县	新绛县
一、基本情况						
行政区域土地面积	平方公里	1339	1082	1167	686	593
乡(镇)个数	个	15	14	13	7	9
村民委员会个数	个	375	281	343	200	220
年末总户数	户	157532	123289	116912	96733	89015
其中:乡村户数	户	121751	96172	81158	70692	64862
年末总人口	万人	55	45	40	34	33
乡村人口	万人	50	41	34	31	29
年末单位从业人员数	人	23098	16211	21886	13618	16307
乡村从业人员数	人	233377	175513	173119	156683	148164
其中:农林牧渔业	人	170622	121370	80082	75046	100543
农业机械总动力	万千瓦特	82	73	30	51	29
本地电话年末用户	户	70100	72855	80366	53268	100796
二、综合经济						
第一产业增加值	万元	238252	100180	61663	61144	110888
第二产业增加值	万元	157611	91478	365692	201726	168209
地方财政一般预算收入	万元	8804	7760	14879	10952	8827
地方财政一般预算支出	万元	78830	71646	68412	62149	63108
城乡居民储蓄存款余额	万元	408772	319212	479020	291371	277933
年末金融机构各项贷款余额	万元	283529	193927	393425	153668	195263
三、农业、工业及投资						
粮食总产量	吨	258706	127541	162877	151038	175964
棉花产量	吨	25024	782	883	602	1974
油料产量	吨	2131	2584	3925	1093	2166
肉类总产量	吨	11078	11722	16940	10993	16574
规模以上工业企业个数	个	49	23	50	31	29
规模以上工业总产值(现价)	万元	433490	163513	1286100	424800	337900
城镇固定资产投资完成额	万元	266796	167637	392570	304588	217208
四、教育、卫生和社会保障						
普通中学在校学生数	人	36801	30606	27638	26923	34276
小学在校学生数	人	37325	29562	29380	30446	31992
医院、卫生院床位数	床	960	792	1388	1789	899
各种社会福利收养性单位数	个	7	4	1		4
各种社会福利收养性单位床位数	床	260	260	45		130

2009年县(市)社会经济主要指标

山西省

指　　标	单位	绛　县	垣曲县	夏　县	平陆县	芮城县
一、基本情况						
行政区域土地面积	平方公里	994	1620	1349	1174	1179
乡(镇)个数	个	10	10	11	10	10
村民委员会个数	个	205	189	257	224	173
年末总户数	户	81891	76400	96950	78396	125899
其中:乡村户数	户	57943	41262	73890	55730	92207
年末总人口	万人	29	23	36	25	39
乡村人口	万人	23	16	31	22	35
年末单位从业人员数	人	23620	20977	14497	13817	19811
乡村从业人员数	人	135879	78699	183992	111107	194092
其中:农林牧渔业	人	74546	45855	132675	83776	132365
农业机械总动力	万千瓦特	24	26	31	45	46
本地电话年末用户	户	32000	46480	42054	30078	43200
二、综合经济						
第一产业增加值	万元	47805	25048	90211	33209	100445
第二产业增加值	万元	166131	54275	38264	67960	171459
地方财政一般预算收入	万元	5334	7281	4945	5175	9730
地方财政一般预算支出	万元	60165	60781	59863	58850	73266
城乡居民储蓄存款余额	万元	288313	298854	191665	224375	288021
年末金融机构各项贷款余额	万元	112059	107467	126231	77104	238462
三、农业、工业及投资						
粮食总产量	吨	135262	35512	194572	79553	237227
棉花产量	吨	121	377	6500	224	5130
油料产量	吨	264	312	1121	1130	2708
肉类总产量	吨	7500	4476	7459	5857	17879
规模以上工业企业个数	个	27	16	28	25	36
规模以上工业总产值(现价)	万元	349530	342900	86500	182825	339647
城镇固定资产投资完成额	万元	174000	55527	106583	164312	176136
四、教育、卫生和社会保障						
普通中学在校学生数	人	16472	15924	18691	19510	32439
小学在校学生数	人	22472	22856	29505	19788	26506
医院、卫生院床位数	床	876	1387	974	866	1060
各种社会福利收养性单位数	个	4	2	5	7	5
各种社会福利收养性单位床位数	床	196	33	48	120	160

2009年县(市)社会经济主要指标

山西省

指　　标	单位	永济市	河津市	定襄县	五台县	代　县
一、基本情况						
行政区域土地面积	平方公里	1221	593	865	2865	1696
乡(镇)个数	个	10	9	9	19	11
村民委员会个数	个	265	148	155	573	377
年末总户数	户	131579	118835	85767	125432	77382
其中:乡村户数	户	87355	69216	59583	88060	52069
年末总人口	万人	44	39	21	32	20
乡村人口	万人	35	30	18	28	17
年末单位从业人员数	人	28061	39931	8413	14035	9298
乡村从业人员数	人	194693	134247	79855	88683	74910
其中:农林牧渔业	人	117552	65914	40740	50212	52138
农业机械总动力	万千瓦特	51	36	8	11	15
本地电话年末用户	户	80280	89876	47867	53460	38000
二、综合经济						
第一产业增加值	万元	103625	47304	34998	34226	15846
第二产业增加值	万元	352221	1078486	158562	45025	105504
地方财政一般预算收入	万元	17981	61337	9706	13408	16359
地方财政一般预算支出	万元	76678	76345	53471	81663	53658
城乡居民储蓄存款余额	万元	409339	845269	345018	467766	428039
年末金融机构各项贷款余额	万元	499122	740133	200096	332486	94200
三、农业、工业及投资						
粮食总产量	吨	303560	140862	163998	100940	60402
棉花产量	吨	18270	334	102		
油料产量	吨	1134	797	1327	976	714
肉类总产量	吨	5466	9030	2933	9048	4134
规模以上工业企业个数	个	56	74	58	14	37
规模以上工业总产值(现价)	万元	1234969	2700700	230500	66897	103900
城镇固定资产投资完成额	万元	215489	781720	95503	141426	100352
四、教育、卫生和社会保障						
普通中学在校学生数	人	20955	34981	13927	16869	15906
小学在校学生数	人	35165	36149	19357	33029	20047
医院、卫生院床位数	床	396	1880	281	580	485
各种社会福利收养性单位数	个	6	10	6		7
各种社会福利收养性单位床位数	床	210	818	50		71

2009 年县(市)社会经济主要指标

山西省

指　　标	单位	繁峙县	宁武县	静乐县	神池县	五寨县
一、基本情况						
行政区域土地面积	平方公里	2367	1967	2058	1472	1391
乡(镇)个数	个	13	14	14	10	12
村民委员会个数	个	402	464	381	241	250
年末总户数	户	96165	65067	51565	40861	49420
其中:乡村户数	户	69532	31944	35438	23173	25913
年末总人口	万人	27	16	16	11	12
乡村人口	万人	23	12	14	8	9
年末单位从业人员数	人	13272	15290	12674	6280	6311
乡村从业人员数	人	73826	45941	57187	27986	39763
其中:农林牧渔业	人	53168	28517	36100	22714	30507
农业机械总动力	万千瓦特	14	7	7	15	12
本地电话年末用户	户	34683	21300	16110	14800	10900
二、综合经济						
第一产业增加值	万元	22118	6873	17274	35349	19946
第二产业增加值	万元	94480	83592	42329	5941	17590
地方财政一般预算收入	万元	11695	13843	6213	6383	6703
地方财政一般预算支出	万元	66381	54965	48976	41190	47586
城乡居民储蓄存款余额	万元	365779	367282	101252	125977	179054
年末金融机构各项贷款余额	万元	134892	106789	31646	53899	63807
三、农业、工业及投资						
粮食总产量	吨	57027	16600	34643	97230	97502
棉花产量	吨					
油料产量	吨	831	3425	4398	8581	810
肉类总产量	吨	10606	2551	2641	6915	3173
规模以上工业企业个数	个	48	21	13	5	7
规模以上工业总产值(现价)	万元	112097	128233	38519	3719	19518
城镇固定资产投资完成额	万元	189789	71336	160090	90665	84545
四、教育、卫生和社会保障						
普通中学在校学生数	人	20501	9377	10300	4520	8922
小学在校学生数	人	34326	19382	23607	21705	10227
医院、卫生院床位数	床	610	710	472	260	380
各种社会福利收养性单位数	个	4		3	2	
各种社会福利收养性单位床位数	床	128		24	100	

2009年县(市)社会经济主要指标

山西省

指标	单位	岢岚县	河曲县	保德县	偏关县	原平市
一、基本情况						
行政区域土地面积	平方公里	1984	1328	998	1685	2556
乡(镇)个数	个	12	13	13	10	18
村民委员会个数	个	202	340	340	248	520
年末总户数	户	30494	61597	60204	42762	174521
其中:乡村户数	户	18050	38494	36748	24419	112135
年末总人口	万人	8	15	16	11	48
乡村人口	万人	7	12	14	9	35
年末单位从业人员数	人	4988	11763	12417	7182	39032
乡村从业人员数	人	28858	44057	61100	35392	139967
其中:农林牧渔业	人	19794	30030	30148	23839	77991
农业机械总动力	万千瓦特	10	7	13	12	36
本地电话年末用户	户	7814	22680	20835	12490	72900
二、综合经济						
第一产业增加值	万元	16992	20020	14237	23313	66592
第二产业增加值	万元	12177	245874	276281	44150	238400
地方财政一般预算收入	万元	3952	31985	42773	9357	42268
地方财政一般预算支出	万元	36980	62602	71889	49557	105138
城乡居民储蓄存款余额	万元	89934	343440	262410	162670	856760
年末金融机构各项贷款余额	万元	46327	395193	49007	41137	577805
三、农业、工业及投资						
粮食总产量	吨	28013	53171	34849	42464	251724
棉花产量	吨		2			
油料产量	吨	4022	6045	803	4867	1216
肉类总产量	吨	3977	2947	2908	7528	16198
规模以上工业企业个数	个	9	40	17	7	32
规模以上工业总产值(现价)	万元	17873	351362	511368	22036	377000
城镇固定资产投资完成额	万元	113336	430054	106397	55299	563128
四、教育、卫生和社会保障						
普通中学在校学生数	人	5660	10353	11356	9034	29031
小学在校学生数	人	9889	13670	24650	12442	41162
医院、卫生院床位数	床	232	475	750	312	1385
各种社会福利收养性单位数	个	6	5	1		11
各种社会福利收养性单位床位数	床	170	30	42		216

2009 年县(市)社会经济主要指标

山西省

指　　标	单位	曲沃县	翼城县	襄汾县	洪洞县	古　县
一、基本情况						
行政区域土地面积	平方公里	437	1149	1028	1494	1191
乡(镇)个数	个	7	10	13	16	7
村民委员会个数	个	158	212	348	463	111
年末总户数	户	61387	99326	140180	229426	34185
其中:乡村户数	户	47283	67073	107232	156725	17708
年末总人口	万人	24	32	50	76	9
乡村人口	万人	20	26	44	65	7
年末单位从业人员数	人	10542	16038	15983	42748	7956
乡村从业人员数	人	105113	108678	220769	311311	23134
其中:农林牧渔业	人	65609	56403	132758	159295	14943
农业机械总动力	万千瓦特	29	29	46	97	9
本地电话年末用户	户	43083	60322	67386	117831	12510
二、综合经济						
第一产业增加值	万元	74610	42934	66121	71626	14077
第二产业增加值	万元	314606	242102	555014	815379	358771
地方财政一般预算收入	万元	15098	40582	32197	72581	35735
地方财政一般预算支出	万元	56594	83801	103629	135385	56447
城乡居民储蓄存款余额	万元	273094	444053	535250	723562	132212
年末金融机构各项贷款余额	万元	141410	301744	240649	586726	60283
三、农业、工业及投资						
粮食总产量	吨	128832	148791	289252	299456	40826
棉花产量	吨	2680	160	2316	28	
油料产量	吨	3781	813	3407	1144	556
肉类总产量	吨	10214	12586	11455	19480	1234
规模以上工业企业个数	个	31	40	32	74	25
规模以上工业总产值(现价)	万元	889652	891489	1253972	1700152	767873
城镇固定资产投资完成额	万元	241641	174308	261763	492173	124125
四、教育、卫生和社会保障						
普通中学在校学生数	人	17050	24333	34283	45882	6157
小学在校学生数	人	16031	24901	37403	65718	9238
医院、卫生院床位数	床	811	895	867	1114	221
各种社会福利收养性单位数	个	5	5	6	11	7
各种社会福利收养性单位床位数	床	60	87	177	742	58

2009年县(市)社会经济主要指标

山西省

指　　标	单位	安泽县	浮山县	吉　县	乡宁县	大宁县
一、基本情况						
行政区域土地面积	平方公里	1959	938	1780	2025	963
乡(镇)个数	个	7	9	8	10	6
村民委员会个数	个	103	185	79	182	84
年末总户数	户	32040	44622	33153	68395	21450
其中:乡村户数	户	18210	27824	22715	46768	12117
年末总人口	万人	8	14	11	24	7
乡村人口	万人	7	11	9	20	5
年末单位从业人员数	人	7634	7539	6509	18670	6922
乡村从业人员数	人	23476	39465	33019	79940	21808
其中:农林牧渔业	人	16091	22978	23596	58408	16127
农业机械总动力	万千瓦特	12	15	6	26	4
本地电话年末用户	户	14065	15651	11022	30199	6780
二、综合经济						
第一产业增加值	万元	25138	22392	20834	15856	6918
第二产业增加值	万元	235147	109385	48267	286661	16639
地方财政一般预算收入	万元	18307	9288	2971	66473	1802
地方财政一般预算支出	万元	44243	34930	41107	91753	36300
城乡居民储蓄存款余额	万元	87569	122261	79071	436740	39480
年末金融机构各项贷款余额	万元	52656	129559	31981	199232	20435
三、农业、工业及投资						
粮食总产量	吨	70320	79855	35256	64759	19004
棉花产量	吨		15	4		63
油料产量	吨	634	653	1798	2012	889
肉类总产量	吨	4754	4694	1907	5109	727
规模以上工业企业个数	个	15	20	2	23	2
规模以上工业总产值(现价)	万元	469949	190271	64555	472465	26715
城镇固定资产投资完成额	万元	137213	84200	78298	151654	25255
四、教育、卫生和社会保障						
普通中学在校学生数	人	5726	6901	6532	15251	3432
小学在校学生数	人	7488	10055	11422	24145	6527
医院、卫生院床位数	床	291	254	330	748	205
各种社会福利收养性单位数	个	9	6	2	1	3
各种社会福利收养性单位床位数	床	106	142	72	15	38

2009 年县(市)社会经济主要指标

山西省

指　　　标	单位	隰　县	永和县	蒲　县	汾西县	侯马市
一、基本情况						
行政区域土地面积	平方公里	1413	1213	1509	875	221
乡(镇)个数	个	8	7	9	8	5
村民委员会个数	个	97	79	99	120	77
年末总户数	户	36239	20705	31450	47536	82129
其中:乡村户数	户	17958	12656	18921	30524	28827
年末总人口	万人	11	7	11	15	25
乡村人口	万人	8	5	8	13	11
年末单位从业人员数	人	7841	3809	11445	7821	31885
乡村从业人员数	人	33117	16093	34901	56117	54171
其中:农林牧渔业	人	25247	12805	20968	39580	29543
农业机械总动力	万千瓦特	8	2	4	9	16
本地电话年末用户	户	9402	6206	17311	15470	84577
二、综合经济						
第一产业增加值	万元	14303	14691	8660	13649	27576
第二产业增加值	万元	10619	2731	94774	29244	269849
地方财政一般预算收入	万元	3349	735	45955	9550	28892
地方财政一般预算支出	万元	44314	29000	66678	48588	65890
城乡居民储蓄存款余额	万元	80636	35275	194339	84723	678026
年末金融机构各项贷款余额	万元	43333	17006	107446	3083	301998
三、农业、工业及投资						
粮食总产量	吨	47495	29440	37912	52794	53013
棉花产量	吨		181		9	920
油料产量	吨	400	3407	616	268	1293
肉类总产量	吨	1980	2084	2475	2280	2487
规模以上工业企业个数	个	2		38	18	36
规模以上工业总产值(现价)	万元	6120		155063	28356	903340
城镇固定资产投资完成额	万元	50234	18135	90644	79450	303900
四、教育、卫生和社会保障						
普通中学在校学生数	人	6535	3130	5661	9302	14257
小学在校学生数	人	11426	4782	10332	12825	17492
医院、卫生院床位数	床	285	190	342	342	1360
各种社会福利收养性单位数	个	1	2	3	7	6
各种社会福利收养性单位床位数	床	32	34	28	70	315

2009年县(市)社会经济主要指标

山西省

指　　标	单位	霍州市	离石区	文水县	交城县	兴　县
一、基本情况						
行政区域土地面积	平方公里	764	1339	1068	1822	3165
乡(镇)个数	个	12	12	12	10	17
村民委员会个数	个	192	193	199	148	372
年末总户数	户	115367	104876	132413	75955	105220
其中:乡村户数	户	50393	43425	100644	52942	62691
年末总人口	万人	31	28	44	22	33
乡村人口	万人	20	15	39	19	25
年末单位从业人员数	人	41066	43718	15580	24052	16949
乡村从业人员数	人	90871	62497	183205	83925	104305
其中:农林牧渔业	人	53429	24729	97856	35854	73416
农业机械总动力	万千瓦特	18	20	30	18	12
本地电话年末用户	户	49605	28213	79865	48546	21247
二、综合经济						
第一产业增加值	万元	20865	12096	72845	19246	29660
第二产业增加值	万元	414132	209972	167794	303261	108359
地方财政一般预算收入	万元	43068	68531	15052	35048	14766
地方财政一般预算支出	万元	62868	91459	70793	72898	73482
城乡居民储蓄存款余额	万元	496472	81224	443719	382474	176280
年末金融机构各项贷款余额	万元	340316	540857	173971	212520	22612
三、农业、工业及投资						
粮食总产量	吨	67799	20012	211035	45223	66638
棉花产量	吨	23		42	8	
油料产量	吨	246	752	2377	315	8229
肉类总产量	吨	3934	1987	21340	5527	4430
规模以上工业企业个数	个	17	18	29	36	7
规模以上工业总产值(现价)	万元	702736	524993	597224	952570	163752
城镇固定资产投资完成额	万元	415477	235514	191970	112506	254378
四、教育、卫生和社会保障						
普通中学在校学生数	人	21749	17474	38776	20508	18530
小学在校学生数	人	30094	37992	46591	22431	32515
医院、卫生院床位数	床	1177	1692	602	439	469
各种社会福利收养性单位数	个	5	2	33	1	4
各种社会福利收养性单位床位数	床	68	90	493	69	23

2009年县(市)社会经济主要指标

山西省

指　　　　标	单位	临　县	柳林县	石楼县	岚　县	方山县
一、基本情况						
行政区域土地面积	平方公里	2979	1289	1808	1514	1434
乡(镇)个数	个	23	15	9	12	7
村民委员会个数	个	631	257	134	167	169
年末总户数	户	193839	107542	34019	47900	52096
其中:乡村户数	户	150787	71210	23105	38106	33961
年末总人口	万人	62	33	12	18	15
乡村人口	万人	56	28	9	16	12
年末单位从业人员数	人	20609	28097	5403	7870	13519
乡村从业人员数	人	210630	97913	34265	65376	46956
其中:农林牧渔业	人	139454	42296	28001	42603	31686
农业机械总动力	万千瓦特	9	15	5	6	10
本地电话年末用户	户	38540	40027	6899	18576	19651
二、综合经济						
第一产业增加值	万元	53651	17836	12567	18769	9096
第二产业增加值	万元	86828	1108534	4005	37470	109031
地方财政一般预算收入	万元	17342	110536	1889	8441	13554
地方财政一般预算支出	万元	113861	121103	38156	45051	46902
城乡居民储蓄存款余额	万元	216975	395937	44119	136875	58620
年末金融机构各项贷款余额	万元	95356	288273	15532	25288	20062
三、农业、工业及投资						
粮食总产量	吨	95108	35694	26331	49086	23636
棉花产量	吨	20	34	14		
油料产量	吨	8690	1666	2493	2071	1067
肉类总产量	吨	8209	2963	2764	440	1726
规模以上工业企业个数	个	14	45	2	12	9
规模以上工业总产值(现价)	万元	119267	1777888	3317	68811	235833
城镇固定资产投资完成额	万元	120722	311920	20466	87453	35141
四、教育、卫生和社会保障						
普通中学在校学生数	人	38044	28572	8654	9838	9501
小学在校学生数	人	55198	36031	12134	14264	16017
医院、卫生院床位数	床	968	415	279	380	305
各种社会福利收养性单位数	个	5	17	4	6	2
各种社会福利收养性单位床位数	床	80	48	20	85	42

2009年县(市)社会经济主要指标

山西省、内蒙古自治区

指　　标	单位	中阳县	交口县	孝义市	汾阳市	土默特左旗
一、基本情况						
行政区域土地面积	平方公里	1441	1260	946	1175	2712
乡(镇)个数	个	7	7	17	14	9
村民委员会个数	个	93	90	379	289	321
年末总户数	户	47754	38686	169416	139809	113851
其中:乡村户数	户	28760	24887	90951	93242	77607
年末总人口	万人	15	12	47	42	36
乡村人口	万人	10	9	31	33	31
年末单位从业人员数	人	21697	6887	55796	27560	17218
乡村从业人员数	人	36191	36473	128097	150822	159444
其中:农林牧渔业	人	15456	22925	51878	78588	117099
农业机械总动力	万千瓦特	10	12	41	39	48
本地电话年末用户	户	29641	25220	187156	96621	27582
二、综合经济						
第一产业增加值	万元	10605	8327	59876	52963	237427
第二产业增加值	万元	261235	73211	1094128	342234	542739
地方财政一般预算收入	万元	26923	11795	130858	45254	91516
地方财政一般预算支出	万元	52079	37863	172504	89634	155744
城乡居民储蓄存款余额	万元	318704	305595	1770671	674795	221676
年末金融机构各项贷款余额	万元	217418	81336	597849	343448	93273
三、农业、工业及投资						
粮食总产量	吨	21660	27955	96990	166351	418621
棉花产量	吨	15			5	
油料产量	吨	420	533	496	2022	11910
肉类总产量	吨	2267	1222	22655	18060	24484
规模以上工业企业个数	个	33	12	124	33	37
规模以上工业总产值(现价)	万元	748920	172247	2395300	714425	654473
城镇固定资产投资完成额	万元	158855	64282	765715	166728	710800
四、教育、卫生和社会保障						
普通中学在校学生数	人	13772	6230	41013	33114	14349
小学在校学生数	人	14174	13179	45957	43744	19737
医院、卫生院床位数	床	337	315	2102	1425	471
各种社会福利收养性单位数	个	1	1	14	21	7
各种社会福利收养性单位床位数	床	60	42	322	451	200

2009年县(市)社会经济主要指标

内蒙古自治区

指　　标	单位	托克托县	和林格尔县	清水河县	武川县	土默特右旗
一、基本情况						
行政区域土地面积	平方公里	1320	3401	2859	4708	2368
乡(镇)个数	个	5	7	6	8	9
村民委员会个数	个	120	145	103	93	289
年末总户数	户	71231	68274	47367	56977	135618
其中:乡村户数	户	40203	39012	25058	35083	57949
年末总人口	万人	21	20	15	18	37
乡村人口	万人	15	15	10	13	21
年末单位从业人员数	人	14071	18835	7493		14655
乡村从业人员数	人	85393	77049	51445	73984	146461
其中:农林牧渔业	人	57648	62252	36025	59779	101000
农业机械总动力	万千瓦特	36	34	12	27	46
本地电话年末用户	户	27000	18926	7896	15741	13366
二、综合经济						
第一产业增加值	万元	125138	143976	44044	49103	221200
第二产业增加值	万元	1096094	711805	142661	218586	615606
地方财政一般预算收入	万元	93348	58114	18786	17191	73353
地方财政一般预算支出	万元	133583	109429	65653	83810	138289
城乡居民储蓄存款余额	万元	175709	143668	120954	115107	312075
年末金融机构各项贷款余额	万元	351920	121805	54141	97857	202022
三、农业、工业及投资						
粮食总产量	吨	221563	196072	60044	124050	744854
棉花产量	吨					
油料产量	吨	6429	2840	10224	13287	18563
肉类总产量	吨	12267	22091	9974	6674	60998
规模以上工业企业个数	个	29	27	16	36	46
规模以上工业总产值(现价)	万元	2371406	1828950	131000	227462	670600
城镇固定资产投资完成额	万元	501021	681296	130934	370100	929317
四、教育、卫生和社会保障						
普通中学在校学生数	人	12147	11642	4610	6167	12789
小学在校学生数	人	13525	9393	7729	9937	16627
医院、卫生院床位数	床	241	237	277	341	403
各种社会福利收养性单位数	个	6	8	6	8	11
各种社会福利收养性单位床位数	床	116	232	230	240	400

2009年县(市)社会经济主要指标

内蒙古自治区

指　　标	单位	固阳县	达尔罕茂明安联合旗	阿鲁科尔沁旗	巴林左旗	巴林右旗
一、基本情况						
行政区域土地面积	平方公里	5025	17410	14555	6702	10256
乡(镇)个数	个	6	8	11	9	8
村民委员会个数	个	104	77	245	165	162
年末总户数	户	76834	40400	115388	121416	69093
其中:乡村户数	户	32158	17002	76314	82437	36138
年末总人口	万人	22	12	30	36	18
乡村人口	万人	11	6	25	30	13
年末单位从业人员数	人	9829	5384	18416	19572	18769
乡村从业人员数	人	64487	35083	141898	146238	53166
其中:农林牧渔业	人	49874	22432	113125	105788	46914
农业机械总动力	万千瓦特	32	24	48	34	28
本地电话年末用户	户	9950	13090	28837	59636	18915
二、综合经济						
第一产业增加值	万元	78520	87130	98410	118870	60990
第二产业增加值	万元	442717	741718	172922	264169	171557
地方财政一般预算收入	万元	46253	80077	11190	21694	20094
地方财政一般预算支出	万元	94310	138748	127280	115003	118699
城乡居民储蓄存款余额	万元	106507	90498	130803	183714	122242
年末金融机构各项贷款余额	万元	121190	72119	92948	115592	78950
三、农业、工业及投资						
粮食总产量	吨	69062	69188	250803	261881	73332
棉花产量	吨					
油料产量	吨	13809	1660	5174	1700	3396
肉类总产量	吨	34462	19325	39498	23738	31699
规模以上工业企业个数	个	34	45	36	48	16
规模以上工业总产值(现价)	万元	484400	906900	288833	536185	292641
城镇固定资产投资完成额	万元	721498	1084261	308846	359404	422134
四、教育、卫生和社会保障						
普通中学在校学生数	人	6452	3844	16749	23396	10345
小学在校学生数	人	6454	5523	20194	21753	12729
医院、卫生院床位数	床	360	277	781	741	488
各种社会福利收养性单位数	个	7	3	14	19	8
各种社会福利收养性单位床位数	床	576	340	319	672	238

2009年县(市)社会经济主要指标

内蒙古自治区

指　　标	单位	林西县	克什克腾旗	翁牛特旗	喀喇沁旗	宁城县
一、基本情况						
行政区域土地面积	平方公里	3933	20673	11886	3050	4305
乡(镇)个数	个	8	11	12	8	13
村民委员会个数	个	101	125	226	161	305
年末总户数	户	91251	84343	146485	118939	200509
其中:乡村户数	户	53031	57589	110554	81713	140862
年末总人口	万人	24	26	48	35	60
乡村人口	万人	19	20	43	31	52
年末单位从业人员数	人	19304	18021	23825	18952	28874
乡村从业人员数	人	90439	110561	203865	146353	240638
其中:农林牧渔业	人	62421	84467	154657	99373	151174
农业机械总动力	万千瓦特	25	26	55	26	41
本地电话年末用户	户	20981	139892	43088	29356	54662
二、综合经济						
第一产业增加值	万元	64695	96770	223280	69883	177855
第二产业增加值	万元	131099	460534	283901	410818	356076
地方财政一般预算收入	万元	15250	44743	18825	29855	27660
地方财政一般预算支出	万元	98468	135295	149568	127462	162428
城乡居民储蓄存款余额	万元	154274	153761	209027	222087	448216
年末金融机构各项贷款余额	万元	100718	253725	184787	142499	285813
三、农业、工业及投资						
粮食总产量	吨	155022	113727	471551	129089	505976
棉花产量	吨					
油料产量	吨	8572	4607	34125	1465	439
肉类总产量	吨	20357	17158	49535	22328	71754
规模以上工业企业个数	个	32	32	46	41	58
规模以上工业总产值(现价)	万元	217461	831843	531718	1262940	813169
城镇固定资产投资完成额	万元	247129	633834	441970	445005	455232
四、教育、卫生和社会保障						
普通中学在校学生数	人	14863	12574	30523	17302	29241
小学在校学生数	人	16218	12895	28959	21378	32313
医院、卫生院床位数	床	759	1263	620	632	1833
各种社会福利收养性单位数	个	13	15	13	18	27
各种社会福利收养性单位床位数	床	516	450	505	896	260

2009年县(市)社会经济主要指标

内蒙古自治区

指标	单位	敖汉旗	科尔沁左翼中旗	科尔沁左翼后旗	开鲁县	库伦旗
一、基本情况						
行政区域土地面积	平方公里	8294	9569	11570	4488	4714
乡(镇)个数	个	16	15	12	10	6
村民委员会个数	个	228	488	262	217	187
年末总户数	户	187934	161581	128322	126901	53226
其中:乡村户数	户	147002	106322	86577	86057	35942
年末总人口	万人	60	54	41	40	17
乡村人口	万人	54	46	34	32	13
年末单位从业人员数	人	21624	27410	20629	21656	10406
乡村从业人员数	人	305454	227615	125371	176611	74585
其中:农林牧渔业	人	215067	181267	105388	143340	69225
农业机械总动力	万千瓦特	52	115	83	83	22
本地电话年末用户	户	221689	24527	27399	46521	80180
二、综合经济						
第一产业增加值	万元	221752	231290	179050	285351	103011
第二产业增加值	万元	342207	322585	322238	418460	159069
地方财政一般预算收入	万元	22398	13272	13108	23656	11116
地方财政一般预算支出	万元	150945	147053	124899	127302	88194
城乡居民储蓄存款余额	万元	278755	88313	104062	164958	60320
年末金融机构各项贷款余额	万元	150881	164503	188717	221345	55964
三、农业、工业及投资						
粮食总产量	吨	345684	1865102	830000	847500	300000
棉花产量	吨					
油料产量	吨	3762	15230		18269	10113
肉类总产量	吨	72004	71417	45535	108529	64339
规模以上工业企业个数	个	80	42	38	57	17
规模以上工业总产值(现价)	万元	628697	693486	671060	875156	260021
城镇固定资产投资完成额	万元	470292	427603	321531	565291	135746
四、教育、卫生和社会保障						
普通中学在校学生数	人	24452	19562	9247	25245	6604
小学在校学生数	人	37477	28937	25510	29640	12747
医院、卫生院床位数	床	1635	505	591	501	299
各种社会福利收养性单位数	个	18	10	17	14	11
各种社会福利收养性单位床位数	床	966	250	324	339	170

2009年县(市)社会经济主要指标

内蒙古自治区

指　　标	单位	奈曼旗	扎鲁特旗	霍林郭勒市	东胜区	达拉特旗
一、基本情况						
行政区域土地面积	平方公里	8130	17193	585	2512	8192
乡(镇)个数	个	21	11		3	8
村民委员会个数	个	355	206	7	26	111
年末总户数	户	160700	113753	26900	82102	144607
其中:乡村户数	户	97572	65005	3407	11337	53840
年末总人口	万人	44	32	8	25	36
乡村人口	万人	38	25	1	3	15
年末单位从业人员数	人	19033	22407	31504	50297	20176
乡村从业人员数	人	208051	119564	6792	19526	95636
其中:农林牧渔业	人	149343	92240	4623	12832	68910
农业机械总动力	万千瓦特	68	49	2	11	78
本地电话年末用户	户	28689	25198	9274	81428	38678
二、综合经济						
第一产业增加值	万元	165006	180450	17300	16444	208137
第二产业增加值	万元	363499	452096	995618	2004700	1703709
地方财政一般预算收入	万元	24000	31981	108223	452769	97861
地方财政一般预算支出	万元	150620	136828	144302	399503	164108
城乡居民储蓄存款余额	万元	167083	138792	193596	2265643	355794
年末金融机构各项贷款余额	万元	165312	206643	659829	7697743	887570
三、农业、工业及投资						
粮食总产量	吨	500000	320000	24947	25000	576736
棉花产量	吨					
油料产量	吨	10302	10169	1573	377	16772
肉类总产量	吨	93876	78529	6235	3239	35996
规模以上工业企业个数	个	50	55	51	131	50
规模以上工业总产值(现价)	万元	885400	772454	1989400	3179700	3106783
城镇固定资产投资完成额	万元	369257	305341	653078	3970033	1520643
四、教育、卫生和社会保障						
普通中学在校学生数	人	22994	14127	6633	28653	19986
小学在校学生数	人	28354	20966	6591	29506	18852
医院、卫生院床位数	床	642	392	495	2640	692
各种社会福利收养性单位数	个	15	6	1	7	9
各种社会福利收养性单位床位数	床	160	250	159	1029	393

2009年县(市)社会经济主要指标

内蒙古自治区

指　　标	单位	准格尔旗	鄂托克前旗	鄂托克旗	杭锦旗	乌审旗
一、基本情况						
行政区域土地面积	平方公里	7539	12180	20383	18832	11645
乡(镇)个数	个	9	4	6	6	6
村民委员会个数	个	120	68	76	64	48
年末总户数	户	125140	27705	38072	56676	40464
其中:乡村户数	户	46111	11438	11277	21043	17351
年末总人口	万人	30	8	10	14	11
乡村人口	万人	13	4	4	6	5
年末单位从业人员数	人	21821	4330	18393	11173	6860
乡村从业人员数	人	82834	24912	25707	49610	37245
其中:农林牧渔业	人	44136	22913	21362	45044	28805
农业机械总动力	万千瓦特	27	20	15	39	44
本地电话年末用户	户	75084	6945	21459	9210	10322
二、综合经济						
第一产业增加值	万元	66493	61261	42138	96540	68125
第二产业增加值	万元	3352300	149100	1708800	147800	1105900
地方财政一般预算收入	万元	388100	30568	97549	27831	78984
地方财政一般预算支出	万元	355770	107467	132651	152402	165343
城乡居民储蓄存款余额	万元	808949	58720	26181	102476	134769
年末金融机构各项贷款余额	万元	1850448	37034	520758	183577	236940
三、农业、工业及投资						
粮食总产量	吨	115500	105000	81000	269500	114051
棉花产量	吨	1				
油料产量	吨	3041	1100	5100	39640	1445
肉类总产量	吨	16277	16034	10513	20430	34017
规模以上工业企业个数	个	126	12	72	17	19
规模以上工业总产值(现价)	万元	4599638	178448	3084800	94519	2043821
城镇固定资产投资完成额	万元	3204595	590441	1608542	803206	1679247
四、教育、卫生和社会保障						
普通中学在校学生数	人	17394	4667	4687	5563	4832
小学在校学生数	人	22407	4233	8676	5648	6326
医院、卫生院床位数	床	1598	293	370	365	292
各种社会福利收养性单位数	个	3		6	4	1
各种社会福利收养性单位床位数	床	690		280	317	60

2009 年县(市)社会经济主要指标

内蒙古自治区

指　　标	单位	伊金霍洛旗	海拉尔区	阿荣旗	莫力达瓦达斡	鄂伦春自治旗
一、基本情况						
行政区域土地面积	平方公里	5588	1440	12063	10383	54658
乡(镇)个数	个	6	1	9	10	4
村民委员会个数	个	138	17	148	220	82
年末总户数	户	67911	81600	108088	113856	100687
其中:乡村户数	户	22106	5967	58088	64906	16530
年末总人口	万人	16	27	33	34	28
乡村人口	万人	6	2	23	26	6
年末单位从业人员数	人	26675	43609	19411	21689	18443
乡村从业人员数	人	46775	8796	111420	114804	33411
其中:农林牧渔业	人	37332	6971	105185	103297	32300
农业机械总动力	万千瓦特	26	8	61	62	40
本地电话年末用户	户	10930	577000	27408	30821	39742
二、综合经济						
第一产业增加值	万元	51046	55100	284600	272400	116000
第二产业增加值	万元	2416000	540245	279359	127193	32204
地方财政一般预算收入	万元	316199	43653	19277	7425	6188
地方财政一般预算支出	万元	236339	100325	128443	118677	122395
城乡居民储蓄存款余额	万元	614992	929876	152433	134969	243806
年末金融机构各项贷款余额	万元	615433	1113059	101218	164545	51985
三、农业、工业及投资						
粮食总产量	吨	80000	64464	1210500	1264000	290678
棉花产量	吨					
油料产量	吨	124	5382	13185	7905	142
肉类总产量	吨	12037	5483	41170	29376	8671
规模以上工业企业个数	个	62	53	26	20	12
规模以上工业总产值(现价)	万元	4047700	1081489	464007	214774	48503
城镇固定资产投资完成额	万元	2199089	591621	552843	197378	71860
四、教育、卫生和社会保障						
普通中学在校学生数	人	7261	21789	6639	12483	14193
小学在校学生数	人	9863	15324	15112	17113	12010
医院、卫生院床位数	床	507	1769	504	591	884
各种社会福利收养性单位数	个	8	9	6	10	2
各种社会福利收养性单位床位数	床	301	825	516	362	100

2009年县（市）社会经济主要指标

内蒙古自治区

指　　标	单位	鄂温克族自治旗	陈巴尔虎旗	新巴尔虎左旗	新巴尔虎右旗	满洲里市
一、基本情况						
行政区域土地面积	平方公里	19111	18600	22000	25122	732
乡(镇)个数	个	7	5	5	5	
村民委员会个数	个	44	29	53	51	
年末总户数	户	54392	23456	16404	12942	68630
其中:乡村户数	户	8301	3604	5929	4977	
年末总人口	万人	14	6	4	3	30
乡村人口	万人	3	1	2	2	
年末单位从业人员数	人	30351	15646	5077	6067	31741
乡村从业人员数	人	17074	5937	13337	11581	
其中:农林牧渔业	人	14173	5801	10581	10342	
农业机械总动力	万千瓦特	15	16	10	6	2
本地电话年末用户	户	45947	12471	7835	8463	37665
二、综合经济						
第一产业增加值	万元	54500	66773	42100	32700	25100
第二产业增加值	万元	332273	222872	75685	298662	332690
地方财政一般预算收入	万元	39351	21321	13676	23481	105532
地方财政一般预算支出	万元	96742	62241	56823	52793	252698
城乡居民储蓄存款余额	万元	196451	60758	23640	33717	815168
年末金融机构各项贷款余额	万元	864780	50773	12123	8422	
三、农业、工业及投资						
粮食总产量	吨	50509	165178	40814	403	890
棉花产量	吨					
油料产量	吨	7255	32095	10001		
肉类总产量	吨	15674	17000	18694	18357	2814
规模以上工业企业个数	个	17	16	9	16	78
规模以上工业总产值(现价)	万元	654881	314830	60319	411169	602253
城镇固定资产投资完成额	万元	604314	555307	365165	283966	626632
四、教育、卫生和社会保障						
普通中学在校学生数	人	3441	1922	1025	998	13263
小学在校学生数	人	6502	2888	1956	1803	9858
医院、卫生院床位数	床	559	210	121	192	748
各种社会福利收养性单位数	个	2	1	2	1	10
各种社会福利收养性单位床位数	床	110	120	92	98	310

2009 年县(市)社会经济主要指标

内蒙古自治区

指　　标	单位	牙克石市	扎兰屯市	额尔古纳市	根河市	临河区
一、基本情况						
行政区域土地面积	平方公里	27830	16800	28958	20012	2354
乡(镇)个数	个	6	9	4	4	7
村民委员会个数	个	5	126	4		151
年末总户数	户	151820	151245	33923	56077	163013
其中:乡村户数	户	1596	94730	1609		61390
年末总人口	万人	38	43	9	16	54
乡村人口	万人	1	30	1		25
年末单位从业人员数	人	27764	24097	17197	12440	66345
乡村从业人员数	人	3247	135908	2578		132709
其中:农林牧渔业	人	2937	114705	2149		113004
农业机械总动力	万千瓦特	36	62	19	2	67
本地电话年末用户	户	264318	30977	14837	19399	94260
二、综合经济						
第一产业增加值	万元	198200	244600	92600	62200	260171
第二产业增加值	万元	335376	379754	53625	54942	780800
地方财政一般预算收入	万元	26738	13280	9456	6468	72862
地方财政一般预算支出	万元	142794	140252	66709	86736	143136
城乡居民储蓄存款余额	万元	603616	326464	127589	251226	1144247
年末金融机构各项贷款余额	万元	189292	163998	60361	56284	1563565
三、农业、工业及投资						
粮食总产量	吨	408013	758017	245500	6374	580100
棉花产量	吨					
油料产量	吨	50563	40370	72687	901	155100
肉类总产量	吨	21328	45595	4814	2377	68285
规模以上工业企业个数	个	57	53	11	14	86
规模以上工业总产值(现价)	万元	562200	745197	107079	66628	1815800
城镇固定资产投资完成额	万元	425510	555021	89909	85342	701642
四、教育、卫生和社会保障						
普通中学在校学生数	人	18734	13846	4037	6254	36361
小学在校学生数	人	13306	18768	4693	5147	36087
医院、卫生院床位数	床	2266	1267	419	653	3128
各种社会福利收养性单位数	个	9	32	1	3	6
各种社会福利收养性单位床位数	床	517	1850	60	69	420

2009年县(市)社会经济主要指标

内蒙古自治区

指　　标	单位	五原县	磴口县	乌拉特前旗	乌拉特中旗	乌拉特后旗
一、基本情况						
行政区域土地面积	平方公里	2493	4167	7476	23096	24985
乡(镇)个数	个	7	4	9	8	5
村民委员会个数	个	117	46	93	84	50
年末总户数	户	84000	40743	113069	51354	19217
其中:乡村户数	户	49029	15680	58789	23432	6643
年末总人口	万人	28	12	33	14	5
乡村人口	万人	21	6	23	9	2
年末单位从业人员数	人	11056	11683	25248	9080	11039
乡村从业人员数	人	120038	33879	111342	44808	16934
其中:农林牧渔业	人	108835	32456	91151	41995	15469
农业机械总动力	万千瓦特	80	26	78	25	6
本地电话年末用户	户	41677	40230	54982	22003	5000
二、综合经济						
第一产业增加值	万元	174341	55931	192555	97680	20928
第二产业增加值	万元	228400	216200	389200	347100	428200
地方财政一般预算收入	万元	14949	8843	52919	33232	62182
地方财政一般预算支出	万元	92948	55613	124725	115358	94727
城乡居民储蓄存款余额	万元	240272	148479	329225	135343	70613
年末金融机构各项贷款余额	万元	193918	107147	494920	137948	29797
三、农业、工业及投资						
粮食总产量	吨	444100	126100	515200	266700	46700
棉花产量	吨					
油料产量	吨	168540	27542	127269	60012	4230
肉类总产量	吨	26815	8987	37404	13015	4371
规模以上工业企业个数	个	28	16	33	40	26
规模以上工业总产值(现价)	万元	404800	457600	855600	676700	997800
城镇固定资产投资完成额	万元	349375	359847	824826	1344254	702431
四、教育、卫生和社会保障						
普通中学在校学生数	人	14341	5771	16050	3458	2049
小学在校学生数	人	17303	6601	19197	6589	2972
医院、卫生院床位数	床	946	458	859	348	235
各种社会福利收养性单位数	个	6	2	9	3	1
各种社会福利收养性单位床位数	床	237	85	607	135	30

2009 年县(市)社会经济主要指标

内蒙古自治区

指　　标	单位	杭锦后旗	集宁区	卓资县	化德县	商都县
一、基本情况						
行政区域土地面积	平方公里	1707	405	3119	2527	4304
乡(镇)个数	个	8	2	7	5	9
村民委员会个数	个	107	22	110	93	211
年末总户数	户	100869	116800	85530	70063	68877
其中:乡村户数	户	52065	11136	31950	24886	47450
年末总人口	万人	29	30	23	18	35
乡村人口	万人	21	4	9	8	15
年末单位从业人员数	人	13998	56970	6523	6255	9221
乡村从业人员数	人	111502	29580	65127	51795	98119
其中:农林牧渔业	人	92994	19820	46327	46631	63082
农业机械总动力	万千瓦特	76	2	10	12	20
本地电话年末用户	户	66288	171974	13325	7748	8680
二、综合经济						
第一产业增加值	万元	192040	26480	55620	44260	83650
第二产业增加值	万元	389100	421894	181235	119012	125436
地方财政一般预算收入	万元	20227	26423	7910	3445	3142
地方财政一般预算支出	万元	100068	116790	66062	71285	95449
城乡居民储蓄存款余额	万元	256488	959180	118200	92442	121130
年末金融机构各项贷款余额	万元	259853	792286	63086	47160	95083
三、农业、工业及投资						
粮食总产量	吨	467900	3298	38876	32985	38454
棉花产量	吨					
油料产量	吨	33275		765	205	811
肉类总产量	吨	44664	3005	16489	16760	23993
规模以上工业企业个数	个	29	58	34	32	29
规模以上工业总产值(现价)	万元	807500	849543	367319		271486
城镇固定资产投资完成额	万元	607370	430500	105006	112166	30833
四、教育、卫生和社会保障						
普通中学在校学生数	人	15152	38447	8500	7132	10786
小学在校学生数	人	13972	25342	8072	6686	12769
医院、卫生院床位数	床	854	1901	239	220	440
各种社会福利收养性单位数	个	4	7	9	5	10
各种社会福利收养性单位床位数	床	200	744	295	300	350

2009 年县(市)社会经济主要指标

内蒙古自治区

指　　标	单位	兴和县	凉城县	察哈尔右翼前旗	察哈尔右翼中旗	察哈尔右翼后旗
一、基本情况						
行政区域土地面积	平方公里	3512	3451	2429	4200	3910
乡(镇)个数	个	7	7	8	10	7
村民委员会个数	个	161	132	131	176	120
年末总户数	户	116467	94766	100654	87628	81770
其中:乡村户数	户	48912	49621	36810	42672	27159
年末总人口	万人	33	25	25	22	22
乡村人口	万人	19	20	13	17	9
年末单位从业人员数	人	9695	9597	7626	6651	9733
乡村从业人员数	人	106572	96935	83141	95947	57232
其中:农林牧渔业	人	70249	63770	58921	74665	41689
农业机械总动力	万千瓦特	15	22	15	21	13
本地电话年末用户	户	17387	14392	9799	23714	15110
二、综合经济						
第一产业增加值	万元	76598	103600	85160	67015	65556
第二产业增加值	万元	138535	363324	313780	81904	255227
地方财政一般预算收入	万元	4849	12927	7133	4090	8663
地方财政一般预算支出	万元	71975	81160	73574	83842	81991
城乡居民储蓄存款余额	万元	138144	154892	116160	78153	117280
年末金融机构各项贷款余额	万元	78414	239238	63839	200485	76329
三、农业、工业及投资						
粮食总产量	吨	46500	153945	31760	37826	22016
棉花产量	吨					
油料产量	吨	9	2485	925	70	450
肉类总产量	吨	32394	26215	30731	19219	15928
规模以上工业企业个数	个	19	27	44	23	46
规模以上工业总产值(现价)	万元	312668	788513	824618	156474	597572
城镇固定资产投资完成额	万元	211465	240619	185000	204000	172592
四、教育、卫生和社会保障						
普通中学在校学生数	人	8516	10426	7116	7108	5778
小学在校学生数	人	13310	10527	9406	6611	8743
医院、卫生院床位数	床	286	282	226	295	222
各种社会福利收养性单位数	个	8	13	8	12	8
各种社会福利收养性单位床位数	床	518	810		861	580

2009年县(市)社会经济主要指标

内蒙古自治区

指　　标	单位	四子王旗	丰镇市	乌兰浩特市	阿尔山市	科尔沁右翼前旗
一、基本情况						
行政区域土地面积	平方公里	24036	2704	2332	7409	16985
乡(镇)个数	个	11	7	2	3	11
村民委员会个数	个	120	91	68	18	229
年末总户数	户	76716	130777	110549	20024	108026
其中:乡村户数	户	38636	47300	20232	3368	83072
年末总人口	万人	22	34	32	5	35
乡村人口	万人	15	16	8	1	29
年末单位从业人员数	人	6477	14810	38138	6224	18665
乡村从业人员数	人	95272	80002	41746	3990	119082
其中:农林牧渔业	人	84328	47413	29351	3192	104723
农业机械总动力	万千瓦特	31	19	24	5	79
本地电话年末用户	户	8627	23000	92685	13722	21512
二、综合经济						
第一产业增加值	万元	72458	101484	50598	16136	193338
第二产业增加值	万元	111825	488997	331080	14942	98845
地方财政一般预算收入	万元	3483	24326	19156	3859	10565
地方财政一般预算支出	万元	97779	94980	112882	34657	125800
城乡居民储蓄存款余额	万元	118649	276674	614120	62638	47262
年末金融机构各项贷款余额	万元	103413	347590	652044	31924	4273
三、农业、工业及投资						
粮食总产量	吨	62910	41430	89742	45149	546200
棉花产量	吨					
油料产量	吨	718	762	1378	3101	20522
肉类总产量	吨	23336	23465	6370	2124	43650
规模以上工业企业个数	个	36	42	52	2	25
规模以上工业总产值(现价)	万元	218742	1077375	745350	1537	186514
城镇固定资产投资完成额	万元	62859	145870	344218	142765	374000
四、教育、卫生和社会保障						
普通中学在校学生数	人	7969	10284	25282	1364	17210
小学在校学生数	人	9294	13221	19670	1932	15802
医院、卫生院床位数	床	288	443	1727	381	400
各种社会福利收养性单位数	个	8	10	1	1	19
各种社会福利收养性单位床位数	床	432	600	148	4	356

2009年县(市)社会经济主要指标

内蒙古自治区

指标	单位	科尔沁右翼中旗	扎赉特旗	突泉县	二连浩特市	锡林浩特市
一、基本情况						
行政区域土地面积	平方公里	15613	11155	4890	4015	14592
乡(镇)个数	个	8	9	6	1	3
村民委员会个数	个	173	192	188	4	22
年末总户数	户	68883	130568	100509	43018	60823
其中:乡村户数	户	43755	79659	60701	676	2083
年末总人口	万人	26	40	32	9	17
乡村人口	万人	18	32	25		1
年末单位从业人员数	人	16686	20756	11580	6489	47514
乡村从业人员数	人	90794	166063	132025	1162	5833
其中:农林牧渔业	人	82067	151268	108618	1121	5288
农业机械总动力	万千瓦特	49	130	45		14
本地电话年末用户	户	10287	55990	2130	14800	68442
二、综合经济						
第一产业增加值	万元	107065	194859	133204	3598	60098
第二产业增加值	万元	58292	73508	112192	133736	824021
地方财政一般预算收入	万元	8354	8482	4022	19978	87665
地方财政一般预算支出	万元	124149	156020	114560	79664	120630
城乡居民储蓄存款余额	万元	68103	132107	108989	266440	566730
年末金融机构各项贷款余额	万元	83087	121112	148558	157263	1006666
三、农业、工业及投资						
粮食总产量	吨	415288	639160	419527	889	19806
棉花产量	吨					
油料产量	吨	16129	16086	3113		100
肉类总产量	吨	31125	55503	17240	1449	15536
规模以上工业企业个数	个	12	22	21	21	87
规模以上工业总产值(现价)	万元	59042	152059	119657	236747	1115700
城镇固定资产投资完成额	万元	348376	329734	249559	260188	1228262
四、教育、卫生和社会保障						
普通中学在校学生数	人	7349	11706	13238	3969	19833
小学在校学生数	人	16503	18218	15350	6202	16761
医院、卫生院床位数	床	919	583	434	219	784
各种社会福利收养性单位数	个	3	18	12	1	5
各种社会福利收养性单位床位数	床	70	354	358	108	160

2009 年县(市)社会经济主要指标

内蒙古自治区

指　　标	单位	阿巴嘎旗	苏尼特左旗	苏尼特右旗	东乌珠穆沁旗	西乌珠穆沁旗
一、基本情况						
行政区域土地面积	平方公里	27495	34251	22340	52321	22435
乡(镇)个数	个	6	5	6	8	6
村民委员会个数	个	71	49	56	66	93
年末总户数	户	15569	10726	25662	25230	25241
其中:乡村户数	户	5106	5267	6506	9959	9145
年末总人口	万人	5	3	7	8	8
乡村人口	万人	2	2	2	4	4
年末单位从业人员数	人	3157	3041	8123	10522	6484
乡村从业人员数	人	12423	11555	15228	22769	22543
其中:农林牧渔业	人	11281	10130	13901	21219	22185
农业机械总动力	万千瓦特	4	6	5	16	8
本地电话年末用户	户	4863	3617	66000	14400	6800
二、综合经济						
第一产业增加值	万元	37300	25988	21866	94203	68634
第二产业增加值	万元	151083	177181	193702	376145	440488
地方财政一般预算收入	万元	13996	11831	18171	29383	57616
地方财政一般预算支出	万元	63911	60275	66407	69180	75844
城乡居民储蓄存款余额	万元	49546	36356	90639	123814	83021
年末金融机构各项贷款余额	万元	40078	24000	75649	52242	202424
三、农业、工业及投资						
粮食总产量	吨			110	55818	
棉花产量	吨					
油料产量	吨				5836	
肉类总产量	吨	21709	17140	12574	42769	36867
规模以上工业企业个数	个	23	16	40	48	27
规模以上工业总产值(现价)	万元	214477	267147	310695	507557	631473
城镇固定资产投资完成额	万元	408287	182293	301982	644048	1052370
四、教育、卫生和社会保障						
普通中学在校学生数	人	1090	1191	4435	3879	3182
小学在校学生数	人	2603	2070	4917	6731	4575
医院、卫生院床位数	床	162	99	161	243	188
各种社会福利收养性单位数	个	1	1	3	2	2
各种社会福利收养性单位床位数	床	20	50	70	41	54

2009年县(市)社会经济主要指标

内蒙古自治区

指　　标	单位	太仆寺旗	镶黄旗	正镶白旗	正蓝旗	多伦县
一、基本情况						
行政区域土地面积	平方公里	3479	5144	6215	10182	3870
乡(镇)个数	个	6	3	4	6	4
村民委员会个数	个	174	60	76	102	64
年末总户数	户	74755	11310	26485	30988	40249
其中:乡村户数	户	36251	4383	13978	13232	19238
年末总人口	万人	21	3	7	8	11
乡村人口	万人	13	2	5	5	7
年末单位从业人员数	人	6675	2965	4247	7829	5324
乡村从业人员数	人	72748	11281	26188	29577	42491
其中:农林牧渔业	人	61231	8901	25623	21572	31724
农业机械总动力	万千瓦特	19	3	9	13	17
本地电话年末用户	户	19400	3720	6193	6620	7000
二、综合经济						
第一产业增加值	万元	68098	20985	31928	45045	55682
第二产业增加值	万元	81640	188356	77297	314295	228702
地方财政一般预算收入	万元	5170	13264	3503	26781	14217
地方财政一般预算支出	万元	90800	37589	41932	59085	70082
城乡居民储蓄存款余额	万元	115971	31107	71346	74020	81372
年末金融机构各项贷款余额	万元	81167	16984	27665	526817	99787
三、农业、工业及投资						
粮食总产量	吨	97479	275	4611	35149	43245
棉花产量	吨					
油料产量	吨	945	6	144	490	340
肉类总产量	吨	5885	7188	11619	19412	16296
规模以上工业企业个数	个	25	28	22	17	22
规模以上工业总产值(现价)	万元	90014	308336	76438	573707	376024
城镇固定资产投资完成额	万元	201850	183000	126159	286765	530481
四、教育、卫生和社会保障						
普通中学在校学生数	人	7191	1089	1872	1825	5109
小学在校学生数	人	7468	1716	3147	3525	5401
医院、卫生院床位数	床	211	116	143	204	178
各种社会福利收养性单位数	个	9	2	2	3	2
各种社会福利收养性单位床位数	床	200	55	180	80	114

2009年县(市)社会经济主要指标

内蒙古自治区、辽宁省

指　　标	单位	阿拉善左旗	阿拉善右旗	额济纳旗	辽中县	康平县
一、基本情况						
行政区域土地面积	平方公里	80412	73443	114606	1470	2175
乡(镇)个数	个	13	5	5	17	15
村民委员会个数	个	139	39	13	186	168
年末总户数	户	56680	9369	8000	164120	116798
其中:乡村户数	户	15965	2351	1583	124373	83533
年末总人口	万人	14	3	2	48	35
乡村人口	万人	5	1		40	28
年末单位从业人员数	人	34198	4622	4803	17772	14152
乡村从业人员数	人	32030	4557	3192	212392	116616
其中:农林牧渔业	人	29538	3644	2966	129605	72182
农业机械总动力	万千瓦特	11	4	2	31	29
本地电话年末用户	户	71360	7438	4430	131337	78000
二、综合经济						
第一产业增加值	万元	47674	15425	10526	448667	210878
第二产业增加值	万元	1561811	171482	167744	1019370	510598
地方财政一般预算收入	万元	65712	7660	11359	63678	47913
地方财政一般预算支出	万元	178902	59706	57923	130989	112497
城乡居民储蓄存款余额	万元	485364	56243	59445	626411	265887
年末金融机构各项贷款余额	万元	942365	23045	59117	326709	266600
三、农业、工业及投资						
粮食总产量	吨	137172	16286	3028	524135	418889
棉花产量	吨	133	94	2836		
油料产量	吨	24362	1805	52	12534	34633
肉类总产量	吨	10459	2881	1931	148617	111992
规模以上工业企业个数	个	85	18	15	308	315
规模以上工业总产值(现价)	万元	3100800	321200	258100	3652937	1831776
城镇固定资产投资完成额	万元	1176044	80568	152276	864727	725856
四、教育、卫生和社会保障						
普通中学在校学生数	人	13150	1286	946	18058	17866
小学在校学生数	人	10982	1330	1122	26900	19652
医院、卫生院床位数	床	500	102	155	1045	910
各种社会福利收养性单位数	个	3	1	1	19	14
各种社会福利收养性单位床位数	床	160	55	34	1648	1200

2009年县(市)社会经济主要指标

辽宁省

指　　标	单位	法库县	新民市	长海县	瓦房店市	普兰店市
一、基本情况						
行政区域土地面积	平方公里	2290	3315	119	3794	2922
乡(镇)个数	个	19	24	5	21	17
村民委员会个数	个	233	338	23	285	160
年末总户数	户	138245	238182	26403	341023	279039
其中:乡村户数	户	113950	172032	19916	232310	205458
年末总人口	万人	45	70	7	103	82
乡村人口	万人	39	57	6	66	64
年末单位从业人员数	人	14156	22907	8427	40121	38535
乡村从业人员数	人	221621	244231	31335	374223	308534
其中:农林牧渔业	人	142862	178232	20874	184759	184397
农业机械总动力	万千瓦特	44	82	5	102	62
本地电话年末用户	户	77652	167331	22500	454005	238096
二、综合经济						
第一产业增加值	万元	266087	459031	286500	645300	587369
第二产业增加值	万元	768588	1021126	51775	2855866	2412597
地方财政一般预算收入	万元	57397	81003	20547	250788	140615
地方财政一般预算支出	万元	146989	173630	43355	325412	194179
城乡居民储蓄存款余额	万元	350910	601211	207934	2304142	1531497
年末金融机构各项贷款余额	万元	370327	362000	101131	1358394	685028
三、农业、工业及投资						
粮食总产量	吨	645465	891810	2584	435790	352638
棉花产量	吨	11	316		31	
油料产量	吨	23903	16328		3400	5987
肉类总产量	吨	112362	143657	739	157182	183605
规模以上工业企业个数	个	222	361	16	801	537
规模以上工业总产值(现价)	万元	3102224	3559831	95757	7035897	5071345
城镇固定资产投资完成额	万元	718824	1107975	156550	3994478	2086044
四、教育、卫生和社会保障						
普通中学在校学生数	人	17311	26744	4412	43873	33196
小学在校学生数	人	29455	36756	5032	40733	39447
医院、卫生院床位数	床	835	1943	196	3626	2030
各种社会福利收养性单位数	个	19	27	4	35	17
各种社会福利收养性单位床位数	床	1272	1220	434	3759	2010

2009年县(市)社会经济主要指标

辽宁省

指　　标	单位	庄河市	台安县	岫岩满族自治县	海城市	抚顺县
一、基本情况						
行政区域土地面积	平方公里	4086	1394	4502	2732	2350
乡(镇)个数	个	21	11	22	23	12
村民委员会个数	个	223	153	196	394	143
年末总户数	户	284627	129315	148544	368672	65338
其中:乡村户数	户	214198	88751	115565	268189	58320
年末总人口	万人	91	38	52	115	19
乡村人口	万人	71	32	43	90	18
年末单位从业人员数	人	37855	19630	22570	46538	8531
乡村从业人员数	人	349430	184838	217492	426349	118654
其中:农林牧渔业	人	154194	118478	131817	193065	73379
农业机械总动力	万千瓦特	59	30	25	52	125
本地电话年末用户	户	227357	90800	131100	337500	48162
二、综合经济						
第一产业增加值	万元	737559	241997	160104	361700	120007
第二产业增加值	万元	2092733	650289	632560	2533270	314631
地方财政一般预算收入	万元	181168	35088	45588	212016	40038
地方财政一般预算支出	万元	248145	92239	122739	317745	84767
城乡居民储蓄存款余额	万元	1588773	383840	644302	2404065	78656
年末金融机构各项贷款余额	万元	1052819	300508	471683	987675	97409
三、农业、工业及投资						
粮食总产量	吨	581330	476578	240060	625880	139067
棉花产量	吨				1	
油料产量	吨	2720	7414	4695	1246	1101
肉类总产量	吨	161746	126475	91573	115525	33619
规模以上工业企业个数	个	601	238	207	702	214
规模以上工业总产值(现价)	万元	4762500	1926976	1726933	5820568	981169
城镇固定资产投资完成额	万元	2231585	472101	522188	2008407	573734
四、教育、卫生和社会保障						
普通中学在校学生数	人	57085	14431	17237	56973	7823
小学在校学生数	人	39233	26948	32358	81411	8261
医院、卫生院床位数	床	2790	1103	1334	3500	561
各种社会福利收养性单位数	个	28	15	25	44	12
各种社会福利收养性单位床位数	床	4336	1550	1746	4940	665

2009年县(市)社会经济主要指标

辽宁省

指　　标	单位	新宾满族自治县	清原满族自治县	本溪满族自治县	桓仁满族自治县	宽甸满族自治县
一、基本情况						
行政区域土地面积	平方公里	4287	3921	3343	3551	6115
乡(镇)个数	个	15	14	11	12	22
村民委员会个数	个	180	188	98	107	179
年末总户数	户	100564	119551	99882	104132	139454
其中:乡村户数	户	70570	82152	56756	57597	97198
年末总人口	万人	31	34	30	30	44
乡村人口	万人	25	26	19	21	34
年末单位从业人员数	人	11912	19300	14189	14482	15893
乡村从业人员数	人	137269	149852	89293	111112	183334
其中:农林牧渔业	人	95146	100287	46530	62051	118928
农业机械总动力	万千瓦特	20	15	15	14	44
本地电话年末用户	户	73530	94592	77962	60836	127984
二、综合经济						
第一产业增加值	万元	129820	129390	135035	144678	160536
第二产业增加值	万元	164645	304006	483273	449195	614236
地方财政一般预算收入	万元	33388	41528	13048	38063	60067
地方财政一般预算支出	万元	103658	111969	33326	110236	145204
城乡居民储蓄存款余额	万元	379781	389156	259058	425340	579806
年末金融机构各项贷款余额	万元	177493	162860	174456	161670	270864
三、农业、工业及投资						
粮食总产量	吨	164651	160209	81557	113658	123538
棉花产量	吨					
油料产量	吨	65	170	204	182	435
肉类总产量	吨	31491	22031	35842	32386	40639
规模以上工业企业个数	个	205	184	100	82	163
规模以上工业总产值(现价)	万元	428005	888984	855033	361593	988300
城镇固定资产投资完成额	万元	203250	550904	490063	270126	603623
四、教育、卫生和社会保障						
普通中学在校学生数	人	6942	9254	15507	14999	14546
小学在校学生数	人	13625	15069	15113	13897	27230
医院、卫生院床位数	床	737	878	1042	950	1736
各种社会福利收养性单位数	个	16	14	9	16	26
各种社会福利收养性单位床位数	床	895	887	540	1420	1398

2009年县(市)社会经济主要指标

辽宁省

指　　标	单位	东港市	凤城市	黑山县	义　县	凌海市
一、基本情况						
行政区域土地面积	平方公里	2396	5513	2487	2476	2586
乡(镇)个数	个	15	18	21	18	20
村民委员会个数	个	206	201	278	239	257
年末总户数	户	192343	197647	215903	132907	176488
其中:乡村户数	户	154414	122661	151433	104025	136828
年末总人口	万人	61	59	63	44	53
乡村人口	万人	50	42	50	37	44
年末单位从业人员数	人	25939	21713	16867	12070	20425
乡村从业人员数	人	264261	226095	270510	175279	225502
其中:农林牧渔业	人	151617	135771	178583	113014	140934
农业机械总动力	万千瓦特	49	48	67	28	62
本地电话年末用户	户	159928	137000	153575	96820	135686
二、综合经济						
第一产业增加值	万元	420054	189461	337205	146509	342283
第二产业增加值	万元	1317356	1087967	262495	283754	703729
地方财政一般预算收入	万元	100588	101377	33170	30338	81555
地方财政一般预算支出	万元	194143	198639	131392	108936	156554
城乡居民储蓄存款余额	万元	1128705	906288	590761	335696	597179
年末金融机构各项贷款余额	万元	601280	459860	365192	252948	503917
三、农业、工业及投资						
粮食总产量	吨	473250	223587	752245	227432	430346
棉花产量	吨			4	4	1
油料产量	吨	7285	2752	42865	7154	9907
肉类总产量	吨	68542	77991	175707	94238	139084
规模以上工业企业个数	个	263	282	230	126	203
规模以上工业总产值(现价)	万元	2234960	1217266	1053600	877273	2866350
城镇固定资产投资完成额	万元	880639	657245	362486	336496	332204
四、教育、卫生和社会保障						
普通中学在校学生数	人	25919	29625	30777	17922	26423
小学在校学生数	人	36794	36300	35896	21570	31772
医院、卫生院床位数	床	2073	2067	792	896	1237
各种社会福利收养性单位数	个	19	33	23	18	21
各种社会福利收养性单位床位数	床	1583	1418	1062	1645	1582

2009年县(市)社会经济主要指标

辽宁省

指　　　标	单位	北镇市	盖州市	大石桥市	阜新蒙古族自治县	彰武县
一、基本情况						
行政区域土地面积	平方公里	1694	2946	1598	6246	3641
乡(镇)个数	个	17	19	13	35	24
村民委员会个数	个	224	283	253	382	184
年末总户数	户	158528	249580	226798	219664	138837
其中:乡村户数	户	129832	188146	170384	196340	101831
年末总人口	万人	53	73	73	73	42
乡村人口	万人	44	62	56	69	35
年末单位从业人员数	人	14728	16308	22899	23391	15505
乡村从业人员数	人	213829	320440	290112	380193	199907
其中:农林牧渔业	人	159036	184735	115705	209949	141314
农业机械总动力	万千瓦特	64	35	37	116	55
本地电话年末用户	户	125288		270905	152200	96839
二、综合经济						
第一产业增加值	万元	306074	227421	271227	328398	265636
第二产业增加值	万元	223163	549387	2036749	172592	62854
地方财政一般预算收入	万元	31000	43950	136540	26284	21288
地方财政一般预算支出	万元	108005	141765	205811	40780	102033
城乡居民储蓄存款余额	万元	664736	772580	1253365	461389	270849
年末金融机构各项贷款余额	万元	451225	399727	895350	404562	346377
三、农业、工业及投资						
粮食总产量	吨	445441	158373	468550	776585	558856
棉花产量	吨		10			
油料产量	吨	11961	469	17	111982	80544
肉类总产量	吨	117653	53843	84943	248627	135957
规模以上工业企业个数	个	103	235	371	80	42
规模以上工业总产值(现价)	万元	864524	1235550	5161513	220874	211475
城镇固定资产投资完成额	万元	301258	687868	1526083	449900	651824
四、教育、卫生和社会保障						
普通中学在校学生数	人	26674	32110	45876	27629	18969
小学在校学生数	人	28304	41177	45489	41938	23678
医院、卫生院床位数	床	985	1625	3253	963	804
各种社会福利收养性单位数	个	18	22	17	33	23
各种社会福利收养性单位床位数	床	1500	1000	2185	918	688

2009年县(市)社会经济主要指标

辽宁省

指　　标	单位	辽阳县	灯塔市	大洼县	盘山县	铁岭县
一、基本情况						
行政区域土地面积	平方公里	2835	1333	1683	2065	2249
乡(镇)个数	个	17	13	15	14	14
村民委员会个数	个	242	225	126	155	216
年末总户数	户	197573	184995	149476	97710	133405
其中:乡村户数	户	161708	127186	95297	94118	113018
年末总人口	万人	59	52	40	30	39
乡村人口	万人	52	41	31	29	37
年末单位从业人员数	人	23553	13760	183805	70579	13764
乡村从业人员数	人	244530	214749	168605	166254	161745
其中:农林牧渔业	人	134912	136237	106355	110780	100354
农业机械总动力	万千瓦特	25	27	30	32	33
本地电话年末用户	户	126018	154133	136356	77973	66000
二、综合经济						
第一产业增加值	万元	179877	175502	408206	306070	218598
第二产业增加值	万元	970736	762479	733615	371754	1058158
地方财政一般预算收入	万元	68900	75700	71600	40903	68000
地方财政一般预算支出	万元	121800	131005	168680	125833	127750
城乡居民储蓄存款余额	万元	684366	758822	462908	464292	169609
年末金融机构各项贷款余额	万元	659600	457050	380123	242290	135363
三、农业、工业及投资						
粮食总产量	吨	402132	438739	608810	474334	489000
棉花产量	吨					
油料产量	吨	1685	1181		236	366
肉类总产量	吨	77788	65679	77994	52417	118858
规模以上工业企业个数	个	360	247	341	202	389
规模以上工业总产值(现价)	万元	3073800	2429231	2981500	1543372	3019835
城镇固定资产投资完成额	万元	531707	603379	1687970	534685	838270
四、教育、卫生和社会保障						
普通中学在校学生数	人	26151	17288	21876	8205	14099
小学在校学生数	人	34021	33064	24617	14734	17104
医院、卫生院床位数	床	1140	654	694	767	553
各种社会福利收养性单位数	个	16	15	14	15	4
各种社会福利收养性单位床位数	床	664	833	887	1020	640

2009年县(市)社会经济主要指标

辽宁省

指标	单位	西丰县	昌图县	调兵山市	开原市	朝阳县
一、基本情况						
行政区域土地面积	平方公里	2685	4317	262	2838	3762
乡(镇)个数	个	18	33	3	18	27
村民委员会个数	个	175	425	34	273	298
年末总户数	户	119112	342190	89574	198178	170800
其中:乡村户数	户	81135	245092	22101	122618	158000
年末总人口	万人	35	104	24	59	57
乡村人口	万人	28	84	7	29	56
年末单位从业人员数	人	13363	39893	60476	120323	22322
乡村从业人员数	人	115875	330375	33306	206792	302116
其中:农林牧渔业	人	77032	202436	17421	128625	182653
农业机械总动力	万千瓦特	35	77	6	38	31
本地电话年末用户	户	58100	152531	29471	114732	90120
二、综合经济						
第一产业增加值	万元	150597	455579	44971	329228	173627
第二产业增加值	万元	198808	473438	729670	1550416	331229
地方财政一般预算收入	万元	20226	32097	50000	122085	53968
地方财政一般预算支出	万元	76592	159347	72733	190359	138415
城乡居民储蓄存款余额	万元	233726	537839	573703	625502	124230
年末金融机构各项贷款余额	万元	266865	714832	425720	508242	150950
三、农业、工业及投资						
粮食总产量	吨	306571	1122826	67722	478633	55236
棉花产量	吨					335
油料产量	吨	163	86446	5	4857	557
肉类总产量	吨	42821	252184	22867	199035	66704
规模以上工业企业个数	个	76	298	85	473	90
规模以上工业总产值(现价)	万元	336900	1581046	1486608	4720876	762268
城镇固定资产投资完成额	万元	170032	370127	624252	1474924	507604
四、教育、卫生和社会保障						
普通中学在校学生数	人	14518	46741	7678	26783	29751
小学在校学生数	人	15729	61518	10815	30641	38402
医院、卫生院床位数	床	569	1477	832	1992	1125
各种社会福利收养性单位数	个	20	33	3	6	29
各种社会福利收养性单位床位数	床	850	1932	160	2000	2300

2009 年县(市)社会经济主要指标

辽宁省

指　　标	单位	建平县	喀喇沁左翼蒙古族自治县	北票市	凌源市	绥中县
一、基本情况						
行政区域土地面积	平方公里	4865	2236	4469	3278	2763
乡(镇)个数	个	24	21	27	22	25
村民委员会个数	个	260	186	252	239	280
年末总户数	户	196946	134814	216000	207777	216637
其中:乡村户数	户	141439	110900	124654	145602	158665
年末总人口	万人	59	43	60	65	65
乡村人口	万人	49	37	40	51	54
年末单位从业人员数	人	23287	22277	30982	33750	15612
乡村从业人员数	人	259630	202239	206754	270933	270556
其中:农林牧渔业	人	152385	104434	112311	152343	192339
农业机械总动力	万千瓦特	51	20	32	20	54
本地电话年末用户	户	140000	95970	120495	136080	132000
二、综合经济						
第一产业增加值	万元	177300	163600	216207	201605	240720
第二产业增加值	万元	561759	297557	664673	498487	202734
地方财政一般预算收入	万元	71540	31958	63600	53318	38099
地方财政一般预算支出	万元	159785	104729	169761	145922	122666
城乡居民储蓄存款余额	万元	721521	337430	574373	722626	697799
年末金融机构各项贷款余额	万元	340897	186894	324768	486401	932023
三、农业、工业及投资						
粮食总产量	吨	217443	103427	126679	119473	315191
棉花产量	吨		29	145		
油料产量	吨	1412	2520	501	163	10461
肉类总产量	吨	59301	62784	121240	85949	157166
规模以上工业企业个数	个	251	130	209	115	107
规模以上工业总产值(现价)	万元	1004277	929755	1401723	456814	213750
城镇固定资产投资完成额	万元	589000	635717	715689	382333	618941
四、教育、卫生和社会保障						
普通中学在校学生数	人	35302	16981	32404	40189	32500
小学在校学生数	人	36305	26089	31213	46754	41147
医院、卫生院床位数	床	1832	981	1817	2650	960
各种社会福利收养性单位数	个	24	6	66	25	22
各种社会福利收养性单位床位数	床	1335	900	1995	521	859

2009年县(市)社会经济主要指标

辽宁省、吉林省

指　　标	单位	建昌县	兴城市	农安县	九台市	榆树市
一、基本情况						
行政区域土地面积	平方公里	3195	2116	5415	3375	4712
乡(镇)个数	个	28	20	22	15	24
村民委员会个数	个	276	239	377	310	388
年末总户数	户	185440	194163	329200	235654	414921
其中:乡村户数	户	149574	128680	259047	175082	293945
年末总人口	万人	63	56	110	71	130
乡村人口	万人	54	42	99	64	110
年末单位从业人员数	人	15171	18025	31632	38042	34006
乡村从业人员数	人	279462	190220	473458	324928	455707
其中:农林牧渔业	人	148272	120220	314066	206581	275420
农业机械总动力	万千瓦特	32	16	114	53	87
本地电话年末用户	户	134617	125400	209968	181035	137993
二、综合经济						
第一产业增加值	万元	92804	110195	602444	274960	618788
第二产业增加值	万元	167480	152946	593009	837640	428475
地方财政一般预算收入	万元	32855	30093	48305	64666	40050
地方财政一般预算支出	万元	120866	105142	212019	265666	242265
城乡居民储蓄存款余额	万元	349018	725817	722512	663894	676928
年末金融机构各项贷款余额	万元	258467	365385	925322	621146	936269
三、农业、工业及投资						
粮食总产量	吨	71455	222713	2065105	799486	2719687
棉花产量	吨	36				
油料产量	吨	371	32265	29157	56	
肉类总产量	吨	50859	33793	513761	151549	364324
规模以上工业企业个数	个	39	136	138	188	81
规模以上工业总产值(现价)	万元	447285	585246	753415	1377630	458511
城镇固定资产投资完成额	万元	178110	400841	849395	1121728	810823
四、教育、卫生和社会保障						
普通中学在校学生数	人	33112	28729	68663	40960	63703
小学在校学生数	人	40579	35746	68327	55488	77281
医院、卫生院床位数	床	1371	1355	1715	2612	1266
各种社会福利收养性单位数	个	7	22	26	18	27
各种社会福利收养性单位床位数	床	400	1820	2395	3700	4230

2009 年县(市)社会经济主要指标

吉林省

指　　标	单位	德惠市	永吉县	蛟河市	桦甸市	舒兰市
一、基本情况						
行政区域土地面积	平方公里	3435	2625	6364	6625	4557
乡(镇)个数	个	16	7	10	11	15
村民委员会个数	个	308	140	256	172	210
年末总户数	户	252409	129697	146289	163964	232082
其中:乡村户数	户	196086	78988	77803	58885	115208
年末总人口	万人	83	39	45	46	66
乡村人口	万人	81	30	27	22	44
年末单位从业人员数	人	40590	12737	26418	26136	35002
乡村从业人员数	人	360458	146121	148531	119275	202435
其中:农林牧渔业	人	219157	111147	87805	89852	146321
农业机械总动力	万千瓦特	86	34	31	30	64
本地电话年末用户	户	132810	60025	129528	76565	100502
二、综合经济						
第一产业增加值	万元	492372	139649	258844	296297	349596
第二产业增加值	万元	758036	285446	450622	777127	288677
地方财政一般预算收入	万元	41078	32279	36469	54114	27135
地方财政一般预算支出	万元	192970	117271	157157	155980	172142
城乡居民储蓄存款余额	万元	765246	324664	474564	515436	540696
年末金融机构各项贷款余额	万元	655618	423242	344307	349578	412352
三、农业、工业及投资						
粮食总产量	吨	1160880	552157	500304	554532	769130
棉花产量	吨					
油料产量	吨	4396	897	1261	4234	317
肉类总产量	吨	375618	43105	103126	99250	160770
规模以上工业企业个数	个	151	75	115	149	73
规模以上工业总产值(现价)	万元	1539120	490066	724730	1153189	490091
城镇固定资产投资完成额	万元	1071309	524170	625742	1107000	999981
四、教育、卫生和社会保障						
普通中学在校学生数	人	54288	18888	21100	25827	27277
小学在校学生数	人	55503	19942	26357	32262	33849
医院、卫生院床位数	床	948	859	1143	1514	2120
各种社会福利收养性单位数	个	19	13	22	29	19
各种社会福利收养性单位床位数	床	3180	1250	398	2462	1034

2009年县(市)社会经济主要指标

吉林省

指　　标	单位	磐石市	梨树县	伊通满族自治县	公主岭市	双辽市
一、基本情况						
行政区域土地面积	平方公里	3867	3757	2524	4028	3121
乡(镇)个数	个	14	21	15	20	12
村民委员会个数	个	268	313	187	404	190
年末总户数	户	178221	256773	157132	339227	138273
其中:乡村户数	户	84506	162739	106270	191598	70940
年末总人口	万人	54	80	48	109	42
乡村人口	万人	33	59	39	72	26
年末单位从业人员数	人	31753	34347	18121	40885	22273
乡村从业人员数	人	175307	287485	173995	323285	135973
其中:农林牧渔业	人	108752	211627	111994	237610	96054
农业机械总动力	万千瓦特	33	37	19	78	52
本地电话年末用户	户	139250	86580	45963	243130	44551
二、综合经济						
第一产业增加值	万元	335445	600742	266866	630878	196636
第二产业增加值	万元	1248150	618622	209015	745143	520333
地方财政一般预算收入	万元	63922	25700	17548	58438	28189
地方财政一般预算支出	万元	169625	173082	120032	210387	127322
城乡居民储蓄存款余额	万元	498940	483444	295200	957750	264032
年末金融机构各项贷款余额	万元	598013	587362	231743	646000	397294
三、农业、工业及投资						
粮食总产量	吨	627680	1828135	701073	2100519	609000
棉花产量	吨					
油料产量	吨	511	17462		528	70035
肉类总产量	吨	168290	298260	91189	299593	131326
规模以上工业企业个数	个	167	59	35	120	73
规模以上工业总产值(现价)	万元	2528797	1143624	410471	1481978	1107317
城镇固定资产投资完成额	万元	1008683	382779	236780	1380090	529185
四、教育、卫生和社会保障						
普通中学在校学生数	人	30197	26886	20420	47693	16903
小学在校学生数	人	27490	41782	27630	47531	23308
医院、卫生院床位数	床	1884	1880	947	2554	662
各种社会福利收养性单位数	个	15	26	21	35	15
各种社会福利收养性单位床位数	床	1965	1800	1453	3015	1240

2009年县(市)社会经济主要指标

吉林省

指　　标	单位	东丰县	东辽县	通化县	辉南县	柳河县
一、基本情况						
行政区域土地面积	平方公里	2522	2396	3726	2272	3346
乡(镇)个数	个	14	13	15	11	15
村民委员会个数	个	229	234	160	140	219
年末总户数	户	126542	118713	84203	118773	122669
其中:乡村户数	户	84468	79210	50781	59918	67577
年末总人口	万人	41	36	25	36	38
乡村人口	万人	30	27	16	22	26
年末单位从业人员数	人	16895	13516	21735	22647	18777
乡村从业人员数	人	167414	122889	92613	122349	132222
其中:农林牧渔业	人	97479	75187	58379	89220	96078
农业机械总动力	万千瓦特	34	33	17	34	28
本地电话年末用户	户	58484	39943	41917	71446	51718
二、综合经济						
第一产业增加值	万元	166511	165212	65055	109679	146054
第二产业增加值	万元	372099	317419	421627	264180	226538
地方财政一般预算收入	万元	20655	20032	37589	23158	20964
地方财政一般预算支出	万元	118777	114718	120068	112157	121336
城乡居民储蓄存款余额	万元	338622	238464	435003	395574	337954
年末金融机构各项贷款余额	万元	355923	295224	388171	272073	223804
三、农业、工业及投资						
粮食总产量	吨	525149	474654	145627	386648	510816
棉花产量	吨					
油料产量	吨			871	263	424
肉类总产量	吨	83770	66750	12522	47613	83355
规模以上工业企业个数	个	102	81	80	86	91
规模以上工业总产值(现价)	万元	921208	688420	478031	511873	452765
城镇固定资产投资完成额	万元	507316	556420	690533	765428	281141
四、教育、卫生和社会保障						
普通中学在校学生数	人	18522	16652	8749	19551	16721
小学在校学生数	人	20916	17318	13745	20493	18454
医院、卫生院床位数	床	1046	688	1166	1257	1139
各种社会福利收养性单位数	个	24	13	16	20	14
各种社会福利收养性单位床位数	床	1605	1470	1520	1856	1120

2009年县(市)社会经济主要指标

吉林省

指　标	单位	梅河口市	集安市	江源区	抚松县	靖宇县
一、基本情况						
行政区域土地面积	平方公里	2174	3342	1348	6530	3094
乡(镇)个数	个	19	11	6	14	8
村民委员会个数	个	303	126	60	128	111
年末总户数	户	201896	82860	109109	116637	60039
其中:乡村户数	户	95704	42233	18509	30562	21146
年末总人口	万人	62	23	25	30	15
乡村人口	万人	36	14	6	10	7
年末单位从业人员数	人	38849	19188	30807	29502	11105
乡村从业人员数	人	168221	80193	32211	50304	36172
其中:农林牧渔业	人	113235	64702	18732	39710	26981
农业机械总动力	万千瓦特	28	13	8	10	7
本地电话年末用户	户	131694	45270	56875	76986	126462
二、综合经济						
第一产业增加值	万元	162551	62338	59297	142646	42107
第二产业增加值	万元	732330	340558	455897	357062	134779
地方财政一般预算收入	万元	66100	26938	31362	41468	12579
地方财政一般预算支出	万元	190140	111786	100147	152501	88536
城乡居民储蓄存款余额	万元	772391	343515	370419	426153	148779
年末金融机构各项贷款余额	万元	545963	200144	210468	450685	108609
三、农业、工业及投资						
粮食总产量	吨	501034	51887	19758	50843	39539
棉花产量	吨					
油料产量	吨	24	342	279	349	423
肉类总产量	吨	92624	9467	8728	6005	9585
规模以上工业企业个数	个	141	72	92	88	30
规模以上工业总产值(现价)	万元	1280752	248329	1246042	1002679	346314
城镇固定资产投资完成额	万元	1316801	655931	574960	687780	227621
四、教育、卫生和社会保障						
普通中学在校学生数	人	33325	11098	8900	21386	6121
小学在校学生数	人	43825	12622	8558	18618	7667
医院、卫生院床位数	床	2060	699	1285	1250	569
各种社会福利收养性单位数	个	32	12	9	14	10
各种社会福利收养性单位床位数	床	1894	415	348	929	387

2009年县(市)社会经济主要指标

吉林省

指　　标	单位	长白朝鲜族自治县	临江市	前郭尔罗斯蒙古族自治县	长岭县	乾安县
一、基本情况						
行政区域土地面积	平方公里	2498	3008	6979	5728	3617
乡(镇)个数	个	8	7	22	22	10
村民委员会个数	个	77	70	235	232	164
年末总户数	户	35482	71009	180042	171466	109686
其中:乡村户数	户	10459	19730	119097	120652	54544
年末总人口	万人	8	17	59	64	31
乡村人口	万人	3	6	45	50	20
年末单位从业人员数	人	10871	15725	47865	25100	17320
乡村从业人员数	人	16553	42849	199415	213621	117450
其中:农林牧渔业	人	12697	31216	150419	179610	105483
农业机械总动力	万千瓦特	5	8	122	88	62
本地电话年末用户	户	20459	32490	177873	104439	33429
二、综合经济						
第一产业增加值	万元	37092	52753	505270	418144	125220
第二产业增加值	万元	67091	237010	1319482	446656	626492
地方财政一般预算收入	万元	11900	22822	70515	16014	34206
地方财政一般预算支出	万元	67467	100552	207240	139270	114092
城乡居民储蓄存款余额	万元	149146	252572	590482	119836	205515
年末金融机构各项贷款余额	万元	93447	146350	556953	359467	265404
三、农业、工业及投资						
粮食总产量	吨	15344	34128	1631048	1062865	601000
棉花产量	吨					
油料产量	吨	40	820	74426	35854	5831
肉类总产量	吨	3306	9460	155982	110016	37380
规模以上工业企业个数	个	34	62	141	88	77
规模以上工业总产值(现价)	万元	150086	540794	1587664	1140562	1345922
城镇固定资产投资完成额	万元	281505	351299	795505	654572	237299
四、教育、卫生和社会保障						
普通中学在校学生数	人	4480	8355	28204	32888	8251
小学在校学生数	人	3893	7034	34378	32536	17220
医院、卫生院床位数	床	310	940	2800	1152	969
各种社会福利收养性单位数	个	8	12	23	23	13
各种社会福利收养性单位床位数	床	260	260	2800	578	1610

2009年县(市)社会经济主要指标

吉林省

指　　标	单位	扶余县	镇赉县	通榆县	洮南市	大安市
一、基本情况						
行政区域土地面积	平方公里	4933	4717	8496	5031	4879
乡(镇)个数	个	18	11	16	18	18
村民委员会个数	个	398	140	172	221	223
年末总户数	户	227305	116666	140307	174908	152492
其中:乡村户数	户	170506	53158	66370	77999	74080
年末总人口	万人	79	30	37	44	42
乡村人口	万人	67	18	24	28	28
年末单位从业人员数	人	21056	21751	21340	24938	23327
乡村从业人员数	人	296580	99546	123981	126446	129450
其中:农林牧渔业	人	226234	82072	101340	106665	100227
农业机械总动力	万千瓦特	108	62	72	78	56
本地电话年末用户	户	68119	39612	33699	31058	64210
二、综合经济						
第一产业增加值	万元	436966	154431	130000	166995	114050
第二产业增加值	万元	667581	336019	153209	260845	391288
地方财政一般预算收入	万元	21526	25116	15056	14641	29238
地方财政一般预算支出	万元	153879	134575	121003	140765	146199
城乡居民储蓄存款余额	万元	305488	199035	141891	237314	266000
年末金融机构各项贷款余额	万元	431513	299668	431498	241535	266000
三、农业、工业及投资						
粮食总产量	吨	1874000	608182	258470	606841	500680
棉花产量	吨		4	1875	78	1
油料产量	吨	79907	8105	50670	51083	13355
肉类总产量	吨	92585	47928	16909	33636	57256
规模以上工业企业个数	个	109	50	41	52	54
规模以上工业总产值(现价)	万元	1460493	261319	231428	476183	450260
城镇固定资产投资完成额	万元	398144	216608	134537	497416	328580
四、教育、卫生和社会保障						
普通中学在校学生数	人	26098	14743	11670	17489	10424
小学在校学生数	人	46033	18787	23933	22605	21320
医院、卫生院床位数	床	966	614	884	1841	1440
各种社会福利收养性单位数	个	19	11	17	22	19
各种社会福利收养性单位床位数	床	1520	864	765	970	1088

2009年县(市)社会经济主要指标

吉林省

指　　标	单位	延吉市	图们市	敦化市	珲春市	龙井市
一、基本情况						
行政区域土地面积	平方公里	1748	1142	11957	5145	2208
乡(镇)个数	个	4	4	16	9	7
村民委员会个数	个	54	49	299	121	65
年末总户数	户	171213	45822	168718	69711	68031
其中:乡村户数	户	23046	9401	63385	27635	20298
年末总人口	万人	50	13	48	22	18
乡村人口	万人	7	3	21	8	7
年末单位从业人员数	人	78519	10050	47142	26893	10035
乡村从业人员数	人	37319	17610	114954	53002	36637
其中:农林牧渔业	人	22282	10599	88794	35815	25970
农业机械总动力	万千瓦特	12	4	48	12	10
本地电话年末用户	户	268738	31539	116834	81621	59610
二、综合经济						
第一产业增加值	万元	35895	11252	185020	33894	30497
第二产业增加值	万元	760545	111680	374408	433508	61938
地方财政一般预算收入	万元	113827	14079	59658	43972	14820
地方财政一般预算支出	万元	203666	76053	211387	131636	97287
城乡居民储蓄存款余额	万元	1956252	238678	808733	463873	282511
年末金融机构各项贷款余额	万元	1435150	113818	491184	404528	117635
三、农业、工业及投资						
粮食总产量	吨	72497	27434	350789	64487	88503
棉花产量	吨					
油料产量	吨	690	73	3085	189	648
肉类总产量	吨	6433	2794	22487	6194	9025
规模以上工业企业个数	个	121	52	100	78	26
规模以上工业总产值(现价)	万元	1432274	246583	829684	1016482	116758
城镇固定资产投资完成额	万元	1376278	209156	761106	535207	156560
四、教育、卫生和社会保障						
普通中学在校学生数	人	28139	4666	24170	10909	5138
小学在校学生数	人	26522	3630	20211	10160	4693
医院、卫生院床位数	床	3570	462	1846	453	409
各种社会福利收养性单位数	个	56	3	19	16	14
各种社会福利收养性单位床位数	床	5298	122	986	551	445

2009年县(市)社会经济主要指标

吉林省、黑龙江省

指标	单位	和龙市	汪清县	安图县	呼兰区	阿城区
一、基本情况						
行政区域土地面积	平方公里	5069	8994	7438	2197	2452
乡(镇)个数	个	8	9	9	13	10
村民委员会个数	个	76	200	181	168	108
年末总户数	户	74860	83638	72323	204948	209935
其中:乡村户数	户	24588	33072	25672	128490	78953
年末总人口	万人	20	24	22	62	58
乡村人口	万人	7	11	9	46	28
年末单位从业人员数	人	20995	22621	22022	35592	60120
乡村从业人员数	人	39889	66386	45813	221060	121342
其中:农林牧渔业	人	27202	51646	32367	112686	41190
农业机械总动力	万千瓦特	9	26	11	36	41
本地电话年末用户	户	70351	47372	57247	155760	100000
二、综合经济						
第一产业增加值	万元	39436	68181	49139	346112	224678
第二产业增加值	万元	127399	123296	115473	734044	589217
地方财政一般预算收入	万元	19933	16700	14974	33034	55571
地方财政一般预算支出	万元	109563	112617	86960	132373	82834
城乡居民储蓄存款余额	万元	259427	344809	305681	580430	669471
年末金融机构各项贷款余额	万元	151855	156787	193193	508631	435273
三、农业、工业及投资						
粮食总产量	吨	67054	92135	65527	937756	501309
棉花产量	吨					
油料产量	吨	851	4221	3217		79
肉类总产量	吨	8691	7326	9744	113955	31336
规模以上工业企业个数	个	23	45	48	70	77
规模以上工业总产值(现价)	万元	261927	255268	183164	631110	656401
城镇固定资产投资完成额	万元	395810	550594	450205	754244	1259953
四、教育、卫生和社会保障						
普通中学在校学生数	人	5744	9130	6458	21529	23833
小学在校学生数	人	6591	9238	7144	29742	27205
医院、卫生院床位数	床	568	705	711	2220	1345
各种社会福利收养性单位数	个	9	10	12	15	10
各种社会福利收养性单位床位数	床	506	268	374	980	895

2009 年县(市)社会经济主要指标

黑龙江省

指　　标	单位	依兰县	方正县	宾　县	巴彦县	木兰县
一、基本情况						
行政区域土地面积	平方公里	4616	2969	3845	3138	3600
乡(镇)个数	个	9	8	17	18	8
村民委员会个数	个	132	67	143	116	86
年末总户数	户	138043	81586	208102	218035	93168
其中:乡村户数	户	63292	30917	114291	145281	56566
年末总人口	万人	40	22	63	71	28
乡村人口	万人	23	12	45	58	22
年末单位从业人员数	人	28696	17590	23977	319480	13953
乡村从业人员数	人	140129	70897	259461	277433	107021
其中:农林牧渔业	人	97578	55040	155972	168233	67317
农业机械总动力	万千瓦特	43	48	50	61	49
本地电话年末用户	户	68524	36000	64109	89948	33149
二、综合经济						
第一产业增加值	万元	191917	98062	275200	401506	118830
第二产业增加值	万元	174087	69300	557073	103496	68672
地方财政一般预算收入	万元	31180	10695	28007	18754	8241
地方财政一般预算支出	万元	111666	63589	118399	124169	63394
城乡居民储蓄存款余额	万元	288747	358837	357398	351101	139831
年末金融机构各项贷款余额	万元	204997	201884	272226	300107	137196
三、农业、工业及投资						
粮食总产量	吨	1030656	476033	778515	2078052	463220
棉花产量	吨					
油料产量	吨	219	944	440		166
肉类总产量	吨	24633	10652	73553	149103	18508
规模以上工业企业个数	个	31	34	53	31	19
规模以上工业总产值(现价)	万元	218775	76737	476544	398822	69538
城镇固定资产投资完成额	万元	433000	191926	600296	447562	162121
四、教育、卫生和社会保障						
普通中学在校学生数	人	17344	10217	20728	28400	13958
小学在校学生数	人	26152	11975	25563	38454	16152
医院、卫生院床位数	床	787	714	932	1076	672
各种社会福利收养性单位数	个	9	4	19	11	10
各种社会福利收养性单位床位数	床	425	516	1285	1190	612

2009 年县(市)社会经济主要指标

黑龙江省

指　　标	单位	通河县	延寿县	双城市	尚志市	五常市
一、基本情况						
行政区域土地面积	平方公里	5676	3150	3112	8825	7512
乡(镇)个数	个	8	9	24	17	24
村民委员会个数	个	82	106	246	162	260
年末总户数	户	93249	92424	265149	203135	322631
其中:乡村户数	户	35945	43782	164158	88162	185993
年末总人口	万人	24	27	82	62	98
乡村人口	万人	13	17	64	34	72
年末单位从业人员数	人	17175	31109	25897	34493	41495
乡村从业人员数	人	58516	86600	338923	159562	343250
其中:农林牧渔业	人	41764	61658	142952	109083	265600
农业机械总动力	万千瓦特	54	29	61	39	91
本地电话年末用户	户	40858	45004	139270	132286	129300
二、综合经济						
第一产业增加值	万元	112232	92608	636448	252127	589780
第二产业增加值	万元	65700	72581	700556	629184	381612
地方财政一般预算收入	万元	8279	13053	54067	28306	30000
地方财政一般预算支出	万元	71037	80857	145854	121485	161515
城乡居民储蓄存款余额	万元	197341	159652	501621	646830	617478
年末金融机构各项贷款余额	万元	152037	173447	371309	292685	302291
三、农业、工业及投资						
粮食总产量	吨	562027	514105	2025623	914812	2325260
棉花产量	吨					
油料产量	吨	66	55	253	7079	292
肉类总产量	吨	13926	13843	87265	38588	58285
规模以上工业企业个数	个	22	23	65	112	58
规模以上工业总产值(现价)	万元	81436	75119	804436	749378	248113
城镇固定资产投资完成额	万元	225709	152365	769691	638911	491413
四、教育、卫生和社会保障						
普通中学在校学生数	人	15174	9681	36586	31234	26730
小学在校学生数	人	21332	16057	43970	33079	46953
医院、卫生院床位数	床	568	460	1414	979	1446
各种社会福利收养性单位数	个	5	6	24	21	20
各种社会福利收养性单位床位数	床	530	708	650	398	1520

2009 年县(市)社会经济主要指标

黑龙江省

指标	单位	龙江县	依安县	泰来县	甘南县	富裕县
一、基本情况						
行政区域土地面积	平方公里	6200	3678	3922	4792	4060
乡(镇)个数	个	14	15	10	10	10
村民委员会个数	个	158	148	83	95	90
年末总户数	户	202102	159044	107736	108795	106311
其中:乡村户数	户	111243	100082	62569	74562	54187
年末总人口	万人	62	50	33	34	30
乡村人口	万人	43	38	23	27	20
年末单位从业人员数	人	16399	12952	11901	9495	12558
乡村从业人员数	人	230111	210323	117765	162584	104631
其中:农林牧渔业	人	180024	172618	86744	136889	78428
农业机械总动力	万千瓦特	114	44	60	41	40
本地电话年末用户	户	49271	114786	57415	30453	44400
二、综合经济						
第一产业增加值	万元	221882	191836	86683	120277	111954
第二产业增加值	万元	103611	77419	60217	66619	107496
地方财政一般预算收入	万元	11089	8485	8875	7465	9533
地方财政一般预算支出	万元	103811	58771	75059	79692	65423
城乡居民储蓄存款余额	万元	213397	212361	137647	226737	204725
年末金融机构各项贷款余额	万元	216636	191376	157191	171780	124809
三、农业、工业及投资						
粮食总产量	吨	2244529	929976	506925	719691	404059
棉花产量	吨					
油料产量	吨	10982	9758	25181	11499	1781
肉类总产量	吨	92779	68122	27933	36291	24094
规模以上工业企业个数	个	15	17	11	11	21
规模以上工业总产值(现价)	万元	247335	285699	112460	201000	257531
城镇固定资产投资完成额	万元	135317	210413	169101	145866	149998
四、教育、卫生和社会保障						
普通中学在校学生数	人	25766	20547	14455	9092	12961
小学在校学生数	人	32835	20530	12308	16422	14747
医院、卫生院床位数	床	865	682	602	510	1240
各种社会福利收养性单位数	个	4	15	13	3	4
各种社会福利收养性单位床位数	床	670	1450	750	500	280

2009年县(市)社会经济主要指标

黑龙江省

指　　标	单位	克山县	克东县	拜泉县	讷河市	鸡东县
一、基本情况						
行政区域土地面积	平方公里	3320	2083	3599	6648	3243
乡(镇)个数	个	14	7	16	15	11
村民委员会个数	个	122	98	187	171	123
年末总户数	户	158843	97668	182436	204456	100596
其中:乡村户数	户	106031	58123	110743	165437	57691
年末总人口	万人	48	30	61	74	28
乡村人口	万人	39	21	47	61	21
年末单位从业人员数	人	15735	9427	12711	28016	16564
乡村从业人员数	人	196877	119998	221784	339615	116229
其中:农林牧渔业	人	116583	92761	196142	219641	85496
农业机械总动力	万千瓦特	35	35	31	75	38
本地电话年末用户	户	52780	20323	42601	118297	56720
二、综合经济						
第一产业增加值	万元	167880	68165	163043	194144	135644
第二产业增加值	万元	56556	88587	89713	200161	261919
地方财政一般预算收入	万元	5496	8816	6863	10618	19389
地方财政一般预算支出	万元	77661	77661	50416	111044	48970
城乡居民储蓄存款余额	万元	282613	147296	201399	381233	346528
年末金融机构各项贷款余额	万元	151589	162209	127200	420613	198279
三、农业、工业及投资						
粮食总产量	吨	622027	226655	553557	1466914	503776
棉花产量	吨					
油料产量	吨	1166	68	12707	11430	3539
肉类总产量	吨	28470	6597	36987	122694	19330
规模以上工业企业个数	个	12	12	7	29	21
规模以上工业总产值(现价)	万元	115373	253800	141679	282048	106960
城镇固定资产投资完成额	万元	146538	159649	81081	363213	122999
四、教育、卫生和社会保障						
普通中学在校学生数	人	20833	10747	18686	15565	14317
小学在校学生数	人	20901	17629	19954	32012	15204
医院、卫生院床位数	床	766	500	830	716	814
各种社会福利收养性单位数	个	15	2	11	1	10
各种社会福利收养性单位床位数	床	620	310	1100	250	470

2009 年县(市)社会经济主要指标

黑龙江省

指　　标	单位	虎林市	密山市	萝北县	绥滨县	集贤县
一、基本情况						
行政区域土地面积	平方公里	9334	7843	2167	3344	2258
乡(镇)个数	个	11	16	8	9	8
村民委员会个数	个	85	154	63	109	153
年末总户数	户	63590	124000	30888	47290	97925
其中:乡村户数	户	26826	62035	14894	30191	51358
年末总人口	万人	16	36	9	14	29
乡村人口	万人	9	21	5	11	20
年末单位从业人员数	人	21605	15984	8466	8059	24918
乡村从业人员数	人	53031	103866	31080	56843	107278
其中:农林牧渔业	人	46799	85360	25047	46937	74495
农业机械总动力	万千瓦特	53	47	17	23	31
本地电话年末用户	户	65548	86870	40568	20168	53238
二、综合经济						
第一产业增加值	万元	158923	143639	49003	48008	175124
第二产业增加值	万元	62329	102624	37612	9211	224418
地方财政一般预算收入	万元	12002	15797	10529	4167	19534
地方财政一般预算支出	万元	76062	103251	54033	27527	78935
城乡居民储蓄存款余额	万元	558313	634136	231138	147595	313768
年末金融机构各项贷款余额	万元	411229	294782	358740	178930	276291
三、农业、工业及投资						
粮食总产量	吨	762179	753003	263668	260010	705390
棉花产量	吨					
油料产量	吨	746	2507	65	271	3549
肉类总产量	吨	7562	30053	12247	7677	71995
规模以上工业企业个数	个	11	24	11	3	29
规模以上工业总产值(现价)	万元	205220	149444	62732	9774	493016
城镇固定资产投资完成额	万元	114499	115737	100742	72418	465000
四、教育、卫生和社会保障						
普通中学在校学生数	人	13155	20032	3031	6991	16783
小学在校学生数	人	16956	22636	5419	9370	19217
医院、卫生院床位数	床	832	1024	287	348	1024
各种社会福利收养性单位数	个	1	21	1	2	13
各种社会福利收养性单位床位数	床	212	482	107	260	375

2009 年县(市)社会经济主要指标

黑龙江省

指　　标	单位	友谊县	宝清县	饶河县	肇州县	肇源县
一、基本情况						
行政区域土地面积	平方公里	1647	10001	6765	2445	4120
乡(镇)个数	个		10	9	12	16
村民委员会个数	个		145	79	104	135
年末总户数	户	11400	105291	26458	152195	164091
其中:乡村户数	户		60188	14131	80066	101045
年末总人口	万人	3	31	8	47	48
乡村人口	万人		19	5	31	38
年末单位从业人员数	人	4963	17342	6865	25774	13897
乡村从业人员数	人		110107	28264	177660	192773
其中:农林牧渔业	人		71138	24471	124204	129217
农业机械总动力	万千瓦特		52	16	45	38
本地电话年末用户	户	11039	59980	20242	48231	106000
二、综合经济						
第一产业增加值	万元	4466	235175	50133	173119	185610
第二产业增加值	万元	28793	167663	6394	234314	266049
地方财政一般预算收入	万元	6216	23492	5258	33417	28014
地方财政一般预算支出	万元	36812	104599	50646	66107	60858
城乡居民储蓄存款余额	万元	202835	421333	156636	242931	257852
年末金融机构各项贷款余额	万元	190457	295856	137270	180545	164699
三、农业、工业及投资						
粮食总产量	吨	40069	786297	319104	1010012	1023333
棉花产量	吨					
油料产量	吨	280	11975	5547	1933	23378
肉类总产量	吨	1458	86642	2900	82911	73631
规模以上工业企业个数	个	9	42	4	21	28
规模以上工业总产值(现价)	万元	112037	284276	9162	309716	479576
城镇固定资产投资完成额	万元	125893	409509	73024	104940	354325
四、教育、卫生和社会保障						
普通中学在校学生数	人	7650	17003	7386	24591	27692
小学在校学生数	人	6400	20030	7642	17378	19558
医院、卫生院床位数	床	950	1110	281	1031	784
各种社会福利收养性单位数	个	8	4	1	7	8
各种社会福利收养性单位床位数	床	1400	444	110	670	1450

2009年县(市)社会经济主要指标

黑龙江省

指标	单位	林甸县	杜尔伯特蒙古族自治县	嘉荫县	铁力市	桦南县
一、基本情况						
行政区域土地面积	平方公里	3493	6054	6739	6730	4415
乡(镇)个数	个	8	11	9	7	10
村民委员会个数	个	83	79	73	76	192
年末总户数	户	99028	95064	28029	151506	147954
其中:乡村户数	户	58701	49857	14091	24489	102667
年末总人口	万人	28	26	8	39	47
乡村人口	万人	20	1	5	9	32
年末单位从业人员数	人	10180	11093	32905	27164	25961
乡村从业人员数	人	119231	97451	25798	49420	168853
其中:农林牧渔业	人	90733	80446	21513	31932	128753
农业机械总动力	万千瓦特	63	57	13	26	27
本地电话年末用户	户	32184	50505	23107	77183	49112
二、综合经济						
第一产业增加值	万元	128377	133585	76319	167026	189089
第二产业增加值	万元	136154	147251	31897	106336	100414
地方财政一般预算收入	万元	15819	20170	5739	7287	9765
地方财政一般预算支出	万元	42429	52428	58404	79349	90624
城乡居民储蓄存款余额	万元	179871	171139	95828	473090	285743
年末金融机构各项贷款余额	万元	147190	179712	66392	167538	155550
三、农业、工业及投资						
粮食总产量	吨	1000738	650010	160662	422323	861975
棉花产量	吨					
油料产量	吨	1489	5887	55	366	266
肉类总产量	吨	41017	22314	5354	44117	54817
规模以上工业企业个数	个	12	22	6	30	41
规模以上工业总产值(现价)	万元	196886	267945	34079	144446	198362
城镇固定资产投资完成额	万元	136509	199388	95266	267142	287925
四、教育、卫生和社会保障						
普通中学在校学生数	人	11631	12489	3607	18338	22987
小学在校学生数	人	15359	13861	5343	19049	31312
医院、卫生院床位数	床	368	487	217	1254	992
各种社会福利收养性单位数	个	6	4	2		22
各种社会福利收养性单位床位数	床	440	340	33		723

2009 年县(市)社会经济主要指标

黑龙江省

指　　标	单位	桦川县	汤原县	抚远县	同江市	富锦市
一、基本情况						
行政区域土地面积	平方公里	2268	3416	6263	6300	8227
乡(镇)个数	个	9	10	9	10	11
村民委员会个数	个	105	137	68	85	266
年末总户数	户	63249	94616	36240	47195	136698
其中:乡村户数	户	43540	41069	22054	20672	71163
年末总人口	万人	22	27	12	13	39
乡村人口	万人	16	15	8	7	24
年末单位从业人员数	人	10117	13393	6510	9161	17417
乡村从业人员数	人	75816	85216	48748	37759	154922
其中:农林牧渔业	人	62682	62573	44602	34547	131346
农业机械总动力	万千瓦特	30	29	20	16	69
本地电话年末用户	户	31718	157495	12398	19500	68005
二、综合经济						
第一产业增加值	万元	50921	133110	89320	90344	305896
第二产业增加值	万元	31038	73304	13948	40830	126792
地方财政一般预算收入	万元	5558	7012	9274	9612	16418
地方财政一般预算支出	万元	72039	76375	72004	91174	120995
城乡居民储蓄存款余额	万元	131843	193988	101764	154112	361297
年末金融机构各项贷款余额	万元	262825	141695	129606	168842	544088
三、农业、工业及投资						
粮食总产量	吨	636134	615713	274900	430436	1535610
棉花产量	吨					
油料产量	吨	351	1789		245	11347
肉类总产量	吨	31916	39522	10884	8446	37186
规模以上工业企业个数	个	28	21	7	15	36
规模以上工业总产值(现价)	万元	157828	145218	27889	56307	237567
城镇固定资产投资完成额	万元	127240	157580	157197	192410	256176
四、教育、卫生和社会保障						
普通中学在校学生数	人	12347	13736	5564	10583	25910
小学在校学生数	人	13165	20118	9717	11549	33685
医院、卫生院床位数	床	420	711	79	227	892
各种社会福利收养性单位数	个	10	3	1	3	4
各种社会福利收养性单位床位数	床	317	400	9	454	680

2009年县(市)社会经济主要指标

黑龙江省

指　　标	单位	勃利县	东宁县	林口县	绥芬河市	海林市
一、基本情况						
行政区域土地面积	平方公里	4455	7139	7185	422	8814
乡(镇)个数	个	11	6	12	2	9
村民委员会个数	个	145	102	200	11	123
年末总户数	户	124705	78298	146964	24524	162293
其中:乡村户数	户	60010	31216	71428	2962	38687
年末总人口	万人	37	21	44	6	43
乡村人口	万人	22	11	27	1	14
年末单位从业人员数	人	31852	19934	17506	10072	36002
乡村从业人员数	人	83721	61311	165293	5723	86509
其中:农林牧渔业	人	70265	46417	117084	1311	58252
农业机械总动力	万千瓦特	24	25	23	3	21
本地电话年末用户	户	67794	49370	76762	56438	95679
二、综合经济						
第一产业增加值	万元	94550	173662	195362	4651	160235
第二产业增加值	万元	229425	151730	124918	110818	387048
地方财政一般预算收入	万元	24543	25904	18448	35863	31767
地方财政一般预算支出	万元	102292	92509	84098	124838	102405
城乡居民储蓄存款余额	万元	309183	504042	308158	754885	496901
年末金融机构各项贷款余额	万元	220999	260618	177219	307042	227230
三、农业、工业及投资						
粮食总产量	吨	525881	158843	466941	5000	298824
棉花产量	吨					
油料产量	吨	1091	6811	16386	1822	9095
肉类总产量	吨	32152	7285	19643	2054	13796
规模以上工业企业个数	个	27	53	35	23	67
规模以上工业总产值(现价)	万元	463300	279327	118871	94872	421566
城镇固定资产投资完成额	万元	164465	254756	174250	361447	614449
四、教育、卫生和社会保障						
普通中学在校学生数	人	12545	11562	13527	6684	18972
小学在校学生数	人	19381	13310	17777	8056	17741
医院、卫生院床位数	床	525	527	612	280	1008
各种社会福利收养性单位数	个	1	1	1	2	4
各种社会福利收养性单位床位数	床	455	233	872	70	400

2009年县(市)社会经济主要指标

黑龙江省

指　　标	单位	宁安市	穆棱市	嫩江县	逊克县	孙吴县
一、基本情况						
行政区域土地面积	平方公里	7924	6673	15109	17344	4319
乡(镇)个数	个	12	9	14	9	11
村民委员会个数	个	243	141	171	74	94
年末总户数	户	155652	114309	184528	30994	38504
其中:乡村户数	户	81801	40217	68705	17750	16198
年末总人口	万人	44	33	50	8	10
乡村人口	万人	29	14	24	6	5
年末单位从业人员数	人	28125	25481	20909	5770	7152
乡村从业人员数	人	164273	102076	95386	35414	29920
其中:农林牧渔业	人	118004	72015	83053	32197	24346
农业机械总动力	万千瓦特	52	19	68	35	26
本地电话年末用户	户	90030	81790	84453	26897	24279
二、综合经济						
第一产业增加值	万元	219619	144577	243113	52821	16223
第二产业增加值	万元	234482	428666	185346	19320	7242
地方财政一般预算收入	万元	23347	27480	25650	11173	2543
地方财政一般预算支出	万元	101827	107919	104937	53027	46479
城乡居民储蓄存款余额	万元	454606	330396	416341	123687	108375
年末金融机构各项贷款余额	万元	218990	186008	473171	80396	64893
三、农业、工业及投资						
粮食总产量	吨	795591	361951	911388	302051	135432
棉花产量	吨					
油料产量	吨	1550	15620	50	142	168
肉类总产量	吨	40583	27653	23721	3704	3793
规模以上工业企业个数	个	50	68	18	8	11
规模以上工业总产值(现价)	万元	251511	479534	104765	33015	35920
城镇固定资产投资完成额	万元	599958	364008	330477	84341	32880
四、教育、卫生和社会保障						
普通中学在校学生数	人	25230	11817	19224	4023	6187
小学在校学生数	人	26409	15218	30466	6732	8653
医院、卫生院床位数	床	1011	676	1300	186	190
各种社会福利收养性单位数	个	10	11	3		
各种社会福利收养性单位床位数	床	897	685	465		

2009年县(市)社会经济主要指标

黑龙江省

指　　标	单位	北安市	五大连池市	望奎县	兰西县	青冈县
一、基本情况						
行政区域土地面积	平方公里	7194	9874	2314	2499	2685
乡(镇)个数	个	9	11	15	15	15
村民委员会个数	个	62	108	109	105	165
年末总户数	户	147348	136187	147783	144543	152485
其中:乡村户数	户	37277	51934	89281	91141	107669
年末总人口	万人	40	37	48	49	47
乡村人口	万人	13	17	35	40	37
年末单位从业人员数	人	24567	27318	15790	16150	14729
乡村从业人员数	人	78984	72963	175641	182990	168920
其中:农林牧渔业	人	63386	57930	137773	127106	138067
农业机械总动力	万千瓦特	34	25	22	35	39
本地电话年末用户	户	76139	47756	53000	46499	49828
二、综合经济						
第一产业增加值	万元	93024	116278	156610	104545	101225
第二产业增加值	万元	64347	32490	60908	31500	66049
地方财政一般预算收入	万元	14122	4888	6296	5134	4680
地方财政一般预算支出	万元	103898	92059	50799	98268	94083
城乡居民储蓄存款余额	万元	535186	328607	224753	182000	187065
年末金融机构各项贷款余额	万元	277835	163866	146588	168231	135600
三、农业、工业及投资						
粮食总产量	吨	288466	356810	1073940	834675	1069115
棉花产量	吨					
油料产量	吨	15		242	108	4416
肉类总产量	吨	4475	9958	130390	53358	59670
规模以上工业企业个数	个	23	9	11	12	9
规模以上工业总产值(现价)	万元	143744	20411	162308	58100	160952
城镇固定资产投资完成额	万元	104733	130084	253083	137308	134410
四、教育、卫生和社会保障						
普通中学在校学生数	人	17602	16705	24759	23636	25039
小学在校学生数	人	18675	21420	18698	25169	17292
医院、卫生院床位数	床	1869	422	1045	489	966
各种社会福利收养性单位数	个	3	3	10	2	9
各种社会福利收养性单位床位数	床	260	446	1074	910	649

2009 年县（市）社会经济主要指标

黑龙江省

指　　标	单位	庆安县	明水县	绥棱县	安达市	肇东市
一、基本情况						
行政区域土地面积	平方公里	5469	2308	4238	3586	3905
乡(镇)个数	个	14	12	11	14	21
村民委员会个数	个	93	99	76	112	186
年末总户数	户	126550	115248	117573	181544	333873
其中:乡村户数	户	73946	52094	51941	72837	152413
年末总人口	万人	40	37	33	52	93
乡村人口	万人	30	20	19	26	61
年末单位从业人员数	人	20251	18958	34713	19226	39927
乡村从业人员数	人	161699	170053	91880	152321	310140
其中:农林牧渔业	人	129273	124998	69325	110279	233007
农业机械总动力	万千瓦特	25	17	22	30	37
本地电话年末用户	户	120549	43926	43588	58883	168534
二、综合经济						
第一产业增加值	万元	126888	72774	100340	300221	500171
第二产业增加值	万元	81749	67676	29374	512719	835289
地方财政一般预算收入	万元	7618	4998	3766	46392	58305
地方财政一般预算支出	万元	104881	79061	84045	89191	114112
城乡居民储蓄存款余额	万元	279903	149040	258345	405636	556310
年末金融机构各项贷款余额	万元	188118	109828	122437	200398	530191
三、农业、工业及投资						
粮食总产量	吨	1069115	655780	408638	793905	2508060
棉花产量	吨					
油料产量	吨		1330		354	52
肉类总产量	吨	26095	18371	13490	69547	206752
规模以上工业企业个数	个	16	7	13	32	44
规模以上工业总产值(现价)	万元	102668	164037	50917	349339	652905
城镇固定资产投资完成额	万元	153202	80597	31082	439720	425513
四、教育、卫生和社会保障						
普通中学在校学生数	人	19067	13035	18395	22893	59074
小学在校学生数	人	24491	16813	24349	23358	44182
医院、卫生院床位数	床	712	378	562	1193	1701
各种社会福利收养性单位数	个	5	15	20	33	32
各种社会福利收养性单位床位数	床	626	800	528	1210	1730

2009年县(市)社会经济主要指标

黑龙江省、上海市

指　　标	单位	海伦市	呼玛县	塔河县	漠河县	奉贤区
一、基本情况						
行政区域土地面积	平方公里	4667	14335	14059	18432	720
乡(镇)个数	个	23	8	3	3	8
村民委员会个数	个	243	54	11	7	178
年末总户数	户	236756	20371	37213	32373	207258
其中:乡村户数	户	158971	9244	3211	1907	134436
年末总人口	万人	85	5	10	9	52
乡村人口	万人	65	3	1	1	32
年末单位从业人员数	人	25002	7415	14081	18262	83592
乡村从业人员数	人	339416	12072	5164	3237	206804
其中:农林牧渔业	人	252442	10088	4111	2005	43233
农业机械总动力	万千瓦特	25	9	2	2	9
本地电话年末用户	户	136010	7900	30222	15920	308370
二、综合经济						
第一产业增加值	万元	241005	45749	57439	70469	145260
第二产业增加值	万元	98292	6455	20620	60699	2800781
地方财政一般预算收入	万元	9368	3537	4163	10019	319597
地方财政一般预算支出	万元	130200	34620	22141	38056	650314
城乡居民储蓄存款余额	万元	400227	81367	167080	147013	3245504
年末金融机构各项贷款余额	万元	296055	19350	19094	39615	4406805
三、农业、工业及投资						
粮食总产量	吨	1575995	146980	12993	5839	114929
棉花产量	吨					171
油料产量	吨	235	1283			4391
肉类总产量	吨	77376	1757	1727	2951	73060
规模以上工业企业个数	个	21	4	6	11	1872
规模以上工业总产值(现价)	万元	153510	8412	22532	95496	10958798
城镇固定资产投资完成额	万元	182950	41249	45108	119796	1628039
四、教育、卫生和社会保障						
普通中学在校学生数	人	51342	2899	5626	2378	30009
小学在校学生数	人	45310	3214	4075	3837	44066
医院、卫生院床位数	床	967	220	585	316	4493
各种社会福利收养性单位数	个	5	1	2	1	27
各种社会福利收养性单位床位数	床	1235	30	68	120	3708

2009年县(市)社会经济主要指标

上海市、江苏省

指标	单位	崇明县	六合区	溧水县	高淳县	江阴市
一、基本情况						
行政区域土地面积	平方公里	1411	1467	1067	792	988
乡(镇)个数	个	18	12	8	8	11
村民委员会个数	个	271	133	91	134	243
年末总户数	户	294206	287386	140438	143747	365363
其中:乡村户数	户	234849	150100	102500	112100	247900
年末总人口	万人	69	89	41	42	120
乡村人口	万人	49	52	31	36	75
年末单位从业人员数	人	25056	111353	36285	34676	141430
乡村从业人员数	人	320726	296000	175000	224000	436000
其中:农林牧渔业	人	131212	79000	45000	60000	68000
农业机械总动力	万千瓦特	23	50	28	49	25
本地电话年末用户	户	227476	205478	117291	108707	580053
二、综合经济						
第一产业增加值	万元	179075	232827	146562	164260	322186
第二产业增加值	万元	940620	3820700	1226000	1131000	10284000
地方财政一般预算收入	万元	369836	276605	144188	106702	1107679
地方财政一般预算支出	万元	698357	351780	198434	170858	1016983
城乡居民储蓄存款余额	万元	2472965	2158444	626616	601644	5662946
年末金融机构各项贷款余额	万元	2393318	3295111	751480	706775	12923110
三、农业、工业及投资						
粮食总产量	吨	341262	318670	223521	185127	198916
棉花产量	吨	1010	808	789	440	
油料产量	吨	12885	34454	26413	29290	2076
肉类总产量	吨	31138	37318	19678	16966	51015
规模以上工业企业个数	个	297	456	471	254	1653
规模以上工业总产值(现价)	万元	2802193	16384153	3648571	2969070	43452725
城镇固定资产投资完成额	万元	471640	2738672	1018096	431056	2252018
四、教育、卫生和社会保障						
普通中学在校学生数	人	27372	37265	21527	20535	67257
小学在校学生数	人	19211	38214	18333	18260	83872
医院、卫生院床位数	床	3345	2232	1035	1319	5000
各种社会福利收养性单位数	个	46	19	10	11	26
各种社会福利收养性单位床位数	床	6446	2413	1174	2495	4440

2009年县(市)社会经济主要指标

江苏省

指　　标	单位	宜兴市	丰　县	沛　县	铜山县	睢宁县
一、基本情况						
行政区域土地面积	平方公里	2177	1446	1349	1877	1767
乡(镇)个数	个	14	14	15	20	16
村民委员会个数	个	217	360	312	299	362
年末总户数	户	379559	317851	383697	378196	344927
其中:乡村户数	户	249400	255886	241356	283135	288800
年末总人口	万人	107	115	126	124	133
乡村人口	万人	74	99	94	103	115
年末单位从业人员数	人	75340	41069	45030	56856	42280
乡村从业人员数	人	412000	520000	476000	526000	636000
其中:农林牧渔业	人	116000	326000	182000	245000	278000
农业机械总动力	万千瓦特	54	69	84	94	86
本地电话年末用户	户	460433	145540	167392	180008	199079
二、综合经济						
第一产业增加值	万元	319830	295708	440840	340934	368543
第二产业增加值	万元	3825500	527700	1194100	1882800	617000
地方财政一般预算收入	万元	450208	90180	151056	196016	82169
地方财政一般预算支出	万元	486991	208700	271959	285893	217116
城乡居民储蓄存款余额	万元	4409675	764610	1222173	1509486	85790
年末金融机构各项贷款余额	万元	6669875	466892	520922	1471172	593081
三、农业、工业及投资						
粮食总产量	吨	437131	494279	556240	713725	842948
棉花产量	吨		16142	4200	8012	1353
油料产量	吨	14744	6074	4028	6812	20572
肉类总产量	吨	35746	105708	126650	87431	92360
规模以上工业企业个数	个	1189	266	475	649	195
规模以上工业总产值(现价)	万元	15688559	1011529	3214291	8880865	1466246
城镇固定资产投资完成额	万元	1538719	591299	1298379	2080961	690760
四、教育、卫生和社会保障						
普通中学在校学生数	人	56125	89884	85659	70092	99984
小学在校学生数	人	62116	64258	63711	52180	76023
医院、卫生院床位数	床	3057	1749	2621	1707	1534
各种社会福利收养性单位数	个	26	29	28	78	24
各种社会福利收养性单位床位数	床	5305	3323	5015	4910	4380

2009 年县(市)社会经济主要指标

江苏省

指　　标	单位	新沂市	邳州市	武进区	溧阳市	金坛市
一、基本情况						
行政区域土地面积	平方公里	1571	2088	1247	1536	976
乡(镇)个数	个	16	24	14	10	7
村民委员会个数	个	253	451	398	175	157
年末总户数	户	336078	448705	345593	263841	212244
其中:乡村户数	户	214718	369800	253446	197096	148029
年末总人口	万人	102	172	99	78	55
乡村人口	万人	81	140	80	59	37
年末单位从业人员数	人	51585	63400	64341	52403	52701
乡村从业人员数	人	417000	697000	453000	313000	211000
其中:农林牧渔业	人	193000	255000	100000	94000	60000
农业机械总动力	万千瓦特	66	101	49	48	38
本地电话年末用户	户	160805	202749	747562	278603	256799
二、综合经济						
第一产业增加值	万元	338489	540596	342032	274092	202336
第二产业增加值	万元	817000	1292100	6314100	2071400	1471000
地方财政一般预算收入	万元	105910	192134	678800	231688	140822
地方财政一般预算支出	万元	221451	311689	557669	284866	186989
城乡居民储蓄存款余额	万元	611631	1030206	4949351	2303800	1531200
年末金融机构各项贷款余额	万元	842694	975664	7316052	2560200	1577100
三、农业、工业及投资						
粮食总产量	吨	599265	737532	213783	497776	280273
棉花产量	吨		7650		332	120
油料产量	吨	70400	14933	2876	36561	10534
肉类总产量	吨	98802	174837	49930	19792	31965
规模以上工业企业个数	个	335	608	3343	506	495
规模以上工业总产值(现价)	万元	2381825	4590858	23980866	7283391	4533991
城镇固定资产投资完成额	万元	1166938	1384630	2633900	1242006	896560
四、教育、卫生和社会保障						
普通中学在校学生数	人	57777	100189	61529	43359	27996
小学在校学生数	人	48828	111655	77867	37910	25803
医院、卫生院床位数	床	1793	2074	4690	2105	1655
各种社会福利收养性单位数	个	24	36	27	18	18
各种社会福利收养性单位床位数	床	4362	5712	4251	3006	2048

2009 年县(市)社会经济主要指标

江苏省

指　　标	单位	常熟市	张家港市	昆山市	吴江市	太仓市
一、基本情况						
行政区域土地面积	平方公里	1094	772	865	1093	620
乡(镇)个数	个	10	8	10	9	7
村民委员会个数	个	223	178	174	250	89
年末总户数	户	336867	341565	233599	254863	148545
其中:乡村户数	户	223697	209097	110747	164340	72154
年末总人口	万人	107	90	70	80	47
乡村人口	万人	77	62	39	54	26
年末单位从业人员数	人	114293	125066	169846	93090	112352
乡村从业人员数	人	429000	335000	225000	323000	164000
其中:农林牧渔业	人	47000	47000	23000	44000	40000
农业机械总动力	万千瓦特	34	31	23	41	13
本地电话年末用户	户	615373	535940	624032	468663	266235
二、综合经济						
第一产业增加值	万元	269282	199821	178470	247414	246614
第二产业增加值	万元	6917700	8703200	11371500	5193900	3553500
地方财政一般预算收入	万元	780778	1050018	1331331	702000	588003
地方财政一般预算支出	万元	678286	988444	1143625	638326	547262
城乡居民储蓄存款余额	万元	6522628	5208800	4921289	4414443	2402385
年末金融机构各项贷款余额	万元	9262362	10296447	11061133	8560882	5297703
三、农业、工业及投资						
粮食总产量	吨	303019	279937	125516	143606	208394
棉花产量	吨	1377	181	42		535
油料产量	吨	13128	7231	2541	12498	7856
肉类总产量	吨	21319	16050	9299	20781	68625
规模以上工业企业个数	个	2053	1647	2413	2275	1441
规模以上工业总产值(现价)	万元	23265394	34320650	53820320	21021826	11665591
城镇固定资产投资完成额	万元	2403751	2146388	3253715	2369871	2129926
四、教育、卫生和社会保障						
普通中学在校学生数	人	45957	38875	33305	39793	20974
小学在校学生数	人	63028	52385	47699	42024	30252
医院、卫生院床位数	床	4727	4916	4089	4528	2480
各种社会福利收养性单位数	个	26	22	15	22	10
各种社会福利收养性单位床位数	床	3655	3455	2300	3370	2711

2009年县(市)社会经济主要指标

江苏省

指　　标	单位	通州区	海安县	如东县	启东市	如皋市
一、基本情况						
行政区域土地面积	平方公里	1166	1108	1733	1208	1492
乡(镇)个数	个	19	14	14	12	20
村民委员会个数	个	207	210	216	323	172
年末总户数	户	486177	343557	378029	460244	454555
其中:乡村户数	户	406914	251800	312600	393626	358276
年末总人口	万人	124	94	105	112	141
乡村人口	万人	108	71	87	92	120
年末单位从业人员数	人	70486	67002	64207	59360	62735
乡村从业人员数	人	589000	398000	494000	566000	626000
其中:农林牧渔业	人	140000	86000	100000	168000	169000
农业机械总动力	万千瓦特	39	54	75	46	66
本地电话年末用户	户	402773	345453	314021	379755	406085
二、综合经济						
第一产业增加值	万元	362160	347027	407667	492882	369685
第二产业增加值	万元	2522800	1630000	1570700	1884800	1982800
地方财政一般预算收入	万元	241912	155797	153346	213132	216529
地方财政一般预算支出	万元	298661	231221	274427	258473	338918
城乡居民储蓄存款余额	万元	3350207	2581913	2147728	2986883	2626252
年末金融机构各项贷款余额	万元	2530856	2359994	1422004	2149536	1749175
三、农业、工业及投资						
粮食总产量	吨	506278	624649	880764	232439	676600
棉花产量	吨	8242	405	17136	15203	330
油料产量	吨	96254	18562	58462	101544	39862
肉类总产量	吨	65477	91954	88850	54058	100472
规模以上工业企业个数	个	1130	905	939	810	1061
规模以上工业总产值(现价)	万元	10587200	6749500	6353000	6695000	7650100
城镇固定资产投资完成额	万元	1141323	1427320	894415	845597	902531
四、教育、卫生和社会保障						
普通中学在校学生数	人	58810	43766	49561	47926	72858
小学在校学生数	人	52051	36412	40696	41549	60479
医院、卫生院床位数	床	3387	3031	2393	2285	3200
各种社会福利收养性单位数	个	32	29	44	22	24
各种社会福利收养性单位床位数	床	3515	4391	3377	2963	4353

2009 年县(市)社会经济主要指标

江苏省

指　　标	单位	海门市	赣榆县	东海县	灌云县	灌南县
一、基本情况						
行政区域土地面积	平方公里	939	1427	2037	1853	1027
乡(镇)个数	个	22	18	21	19	14
村民委员会个数	个	234	446	346	302	225
年末总户数	户	353555	340544	290441	273345	211400
其中:乡村户数	户	305200	232469	240700	195735	155400
年末总人口	万人	100	111	113	102	77
乡村人口	万人	80	88	96	81	62
年末单位从业人员数	人	68548	37813	41107	42284	33118
乡村从业人员数	人	504000	420000	461000	375000	314000
其中:农林牧渔业	人	134000	203000	246000	206000	183000
农业机械总动力	万千瓦特	30	86	91	84	61
本地电话年末用户	户	349075	252196	235352	205869	146382
二、综合经济						
第一产业增加值	万元	334285	407543	361463	355922	243578
第二产业增加值	万元	2479700	842200	695700	529600	406300
地方财政一般预算收入	万元	227155	117132	113479	105029	116004
地方财政一般预算支出	万元	247726	222959	220576	197007	220949
城乡居民储蓄存款余额	万元	3068206	686965	690472	548350	356277
年末金融机构各项贷款余额	万元	2228570	770707	619135	441392	294568
三、农业、工业及投资						
粮食总产量	吨	188484	504028	1015937	857345	604866
棉花产量	吨	11711	761	80	2293	51
油料产量	吨	96270	69243	40656	2078	2368
肉类总产量	吨	39781	60045	62541	57912	37388
规模以上工业企业个数	个	912	351	321	271	260
规模以上工业总产值(现价)	万元	9570300	1988749	1529110	1455243	1626534
城镇固定资产投资完成额	万元	1120516	1095413	1002684	1163541	1155285
四、教育、卫生和社会保障						
普通中学在校学生数	人	51186	85752	81523	63152	45264
小学在校学生数	人	45207	73906	69477	70928	53065
医院、卫生院床位数	床	3080	1980	1373	1515	1265
各种社会福利收养性单位数	个	33	20	39	19	17
各种社会福利收养性单位床位数	床	3467	2168	3302	1859	1180

2009年县(市)社会经济主要指标

江苏省

指　　标	单位	涟水县	洪泽县	盱眙县	金湖县	盐都区
一、基本情况						
行政区域土地面积	平方公里	1670	1394	2493	1344	1047
乡(镇)个数	个	19	12	19	11	13
村民委员会个数	个	366	88	242	98	254
年末总户数	户	273195	125105	217285	130862	269596
其中:乡村户数	户	216300	81180	151600	81950	186500
年末总人口	万人	109	39	76	36	75
乡村人口	万人	94	30	59	26	59
年末单位从业人员数	人	45843	30713	38324	28286	41039
乡村从业人员数	人	493800	183700	331500	140300	293000
其中:农林牧渔业	人	234000	73000	126000	59000	110000
农业机械总动力	万千瓦特	67	54	79	49	46
本地电话年末用户	户	218600	100334	163261	111512	6670
二、综合经济						
第一产业增加值	万元	377147	167396	268093	152224	301918
第二产业增加值	万元	557700	397100	610500	372100	1183300
地方财政一般预算收入	万元	76088	75217	88115	55010	175550
地方财政一般预算支出	万元	189082	121532	163653	110765	199878
城乡居民储蓄存款余额	万元	613158	331395	492258	433723	
年末金融机构各项贷款余额	万元	506302	450612	563135	488732	
三、农业、工业及投资						
粮食总产量	吨	881217	402219	908667	480327	628611
棉花产量	吨	336		90	126	2801
油料产量	吨	34381	3466	32363	8784	13738
肉类总产量	吨	58766	19421	60826	12378	66725
规模以上工业企业个数	个	219	188	276	254	419
规模以上工业总产值(现价)	万元	1939772	1487978	1650440	1418159	3576062
城镇固定资产投资完成额	万元	716602	484485	1038139	427791	963601
四、教育、卫生和社会保障						
普通中学在校学生数	人	69481	17790	49402	17212	35095
小学在校学生数	人	69501	19192	44360	14803	31937
医院、卫生院床位数	床	1645	594	1430	590	1669
各种社会福利收养性单位数	个	32	13	21	11	21
各种社会福利收养性单位床位数	床	2575	1074	1860	543	1963

2009 年县(市)社会经济主要指标

江苏省

指　　标	单位	响水县	滨海县	阜宁县	射阳县	建湖县
一、基本情况						
行政区域土地面积	平方公里	1461	1915	1439	2855	1160
乡(镇)个数	个	12	15	20	17	15
村民委员会个数	个	144	270	330	155	201
年末总户数	户	176932	347531	354550	327032	306232
其中:乡村户数	户	112313	250900	216800	233011	196322
年末总人口	万人	61	116	109	97	81
乡村人口	万人	44	90	78	77	60
年末单位从业人员数	人	30481	37529	50260	61238	53651
乡村从业人员数	人	211000	414000	370000	341000	295000
其中:农林牧渔业	人	82000	178000	167000	140000	104000
农业机械总动力	万千瓦特	50	71	57	70	39
本地电话年末用户	户	126537	217800	220623	260849	210666
二、综合经济						
第一产业增加值	万元	242900	353103	327070	487010	316318
第二产业增加值	万元	509100	690900	801100	825400	968500
地方财政一般预算收入	万元	68008	90290	100666	100088	131278
地方财政一般预算支出	万元	133820	202815	221589	193189	212736
城乡居民储蓄存款余额	万元	393249	616213	904319	944037	1075384
年末金融机构各项贷款余额	万元	510342	550327	684598	820877	874148
三、农业、工业及投资						
粮食总产量	吨	518946	805450	879672	936287	685194
棉花产量	吨	7944	4274	701	42595	2890
油料产量	吨	27075	52536	19180	47712	17838
肉类总产量	吨	32671	90176	148080	64097	51021
规模以上工业企业个数	个	178	254	331	300	411
规模以上工业总产值(现价)	万元	2156137	2299360	2747082	2770006	3574113
城镇固定资产投资完成额	万元	629333	677605	697702	616902	704293
四、教育、卫生和社会保障						
普通中学在校学生数	人	26470	48409	45041	44152	35153
小学在校学生数	人	31747	47003	47068	42911	35671
医院、卫生院床位数	床	1233	1511	1389	1681	2097
各种社会福利收养性单位数	个	13	14	21	19	15
各种社会福利收养性单位床位数	床	1275	2788	3013	1398	2335

2009年县(市)社会经济主要指标

江苏省

指　　标	单位	东台市	大丰市	宝应县	仪征市	高邮市
一、基本情况						
行政区域土地面积	平方公里	3221	3059	1461	857	1962
乡(镇)个数	个	23	14	14	10	20
村民委员会个数	个	397	214	224	140	281
年末总户数	户	414149	287079	299781	195093	268757
其中:乡村户数	户	331500	212740	199400	107128	173800
年末总人口	万人	114	72	92	57	82
乡村人口	万人	91	54	68	36	61
年末单位从业人员数	人	65094	57002	73113	54905	52180
乡村从业人员数	人	478000	314000	400000	205000	312000
其中:农林牧渔业	人	211000	117000	124000	42000	93000
农业机械总动力	万千瓦特	74	64	41	27	56
本地电话年末用户	户	368774	279997	229960	193777	240147
二、综合经济						
第一产业增加值	万元	574217	474385	387594	130495	406022
第二产业增加值	万元	1467600	1098200	930400	1372700	1062500
地方财政一般预算收入	万元	176600	132880	97410	147873	102889
地方财政一般预算支出	万元	278253	213925	192926	156263	186202
城乡居民储蓄存款余额	万元	1943611	1226087	1107390	1173990	1330995
年末金融机构各项贷款余额	万元	1325527	1056252	802560	1186903	883927
三、农业、工业及投资						
粮食总产量	吨	820935	680382	819918	298121	792938
棉花产量	吨	14186	41194	43	80	3294
油料产量	吨	97641	68683	16039	10859	20936
肉类总产量	吨	130488	99588	42211	22180	42931
规模以上工业企业个数	个	768	537	432	460	575
规模以上工业总产值(现价)	万元	4519238	3153528	4032762	6408839	4430833
城镇固定资产投资完成额	万元	973847	962210	612974	893455	873094
四、教育、卫生和社会保障						
普通中学在校学生数	人	49639	31662	47548	29401	43370
小学在校学生数	人	41756	30862	42947	25377	38408
医院、卫生院床位数	床	2772	1755	1583	1652	1451
各种社会福利收养性单位数	个	28	18	16	14	25
各种社会福利收养性单位床位数	床	3315	1380	3470	2320	3813

2009年县(市)社会经济主要指标

江苏省

指　　标	单位	江都市	丹徒区	丹阳市	扬中市	句容市
一、基本情况						
行政区域土地面积	平方公里	1330	749	1047	331	1387
乡(镇)个数	个	13	7	13	5	10
村民委员会个数	个	263	83	224	87	160
年末总户数	户	375851	101431	281355	109689	218595
其中:乡村户数	户	248834	91966	197179	74241	151900
年末总人口	万人	107	28	81	28	58
乡村人口	万人	78	27	59	21	44
年末单位从业人员数	人	57556	32410	79470	39870	56967
乡村从业人员数	人	373000	164000	354000	117000	246000
其中:农林牧渔业	人	87000	43000	97000	26000	88000
农业机械总动力	万千瓦特	56	19	47	12	47
本地电话年末用户	户	385954		314460	156207	134390
二、综合经济						
第一产业增加值	万元	326333	105600	293800	75558	216047
第二产业增加值	万元	2280400	963300	2853700	1258400	1192500
地方财政一般预算收入	万元	193820	84800	230015	113403	112122
地方财政一般预算支出	万元	240983	99035	247206	129564	192986
城乡居民储蓄存款余额	万元	2780899		2456564	1286533	995025
年末金融机构各项贷款余额	万元	2002406		3516514	1521020	1008087
三、农业、工业及投资						
粮食总产量	吨	593861	185346	477024	106771	324460
棉花产量	吨	475	40	26		1473
油料产量	吨	24354	8659	11997	1530	36389
肉类总产量	吨	36508	11854	22312	9285	14997
规模以上工业企业个数	个	806	355	1204	482	473
规模以上工业总产值(现价)	万元	11135349	3650065	9960999	4319286	4657675
城镇固定资产投资完成额	万元	1447570	702478	911180	389782	508610
四、教育、卫生和社会保障						
普通中学在校学生数	人	46733	14512	46142	13685	27607
小学在校学生数	人	51081	10975	44238	13067	22656
医院、卫生院床位数	床	3275	852	1992	564	1121
各种社会福利收养性单位数	个	17	10	18	7	11
各种社会福利收养性单位床位数	床	2354	531	2387	706	2191

2009年县(市)社会经济主要指标

江苏省

指　　标	单位	兴化市	靖江市	泰兴市	姜堰市	宿豫区
一、基本情况						
行政区域土地面积	平方公里	2394	665	1172	927	1254
乡(镇)个数	个	34	9	21	15	16
村民委员会个数	个	614	188	319	262	129
年末总户数	户	539903	221469	402118	275101	190827
其中:乡村户数	户	394600	147300	304700	194600	137632
年末总人口	万人	156	67	120	80	71
乡村人口	万人	127	49	102	61	56
年末单位从业人员数	人	55031	65553	64499	52206	31100
乡村从业人员数	人	597000	267000	547000	345000	302000
其中:农林牧渔业	人	218000	61000	124000	70000	108000
农业机械总动力	万千瓦特	93	26	51	34	55
本地电话年末用户	户	358246	270271	391014	252825	
二、综合经济						
第一产业增加值	万元	574230	129268	297034	218609	208974
第二产业增加值	万元	1549500	2146900	1932300	1433000	738900
地方财政一般预算收入	万元	158000	271158	188300	144753	66599
地方财政一般预算支出	万元	305377	238937	271220	200145	154511
城乡居民储蓄存款余额	万元	1820258	2031982	1875061	1765079	
年末金融机构各项贷款余额	万元	1615667	2274481	1467583	1708840	
三、农业、工业及投资						
粮食总产量	吨	1324979	330950	659403	508230	466104
棉花产量	吨	13375			2600	180
油料产量	吨	36740	5318	38817	26460	4074
肉类总产量	吨	46942	28106	73184	50876	48441
规模以上工业企业个数	个	774	671	736	655	326
规模以上工业总产值(现价)	万元	5169000	9088200	6875700	5582500	1683773
城镇固定资产投资完成额	万元	656884	1237939	847307	643334	589741
四、教育、卫生和社会保障						
普通中学在校学生数	人	67122	32772	74761	42836	45173
小学在校学生数	人	59193	31925	57631	35771	38130
医院、卫生院床位数	床	3131	2410	2908	2133	939
各种社会福利收养性单位数	个	173	20	23	19	17
各种社会福利收养性单位床位数	床	8480	2125	2972	2592	2551

2009年县(市)社会经济主要指标

江苏省、浙江省

指　　标	单位	沭阳县	泗阳县	泗洪县	萧山区	余杭区
一、基本情况						
行政区域土地面积	平方公里	2298	1418	2731	1163	1222
乡(镇)个数	个	34	16	23	17	15
村民委员会个数	个	343	155	250	411	189
年末总户数	户	482923	269842	280303	376700	238200
其中:乡村户数	户	369451	201815	197300	354000	178600
年末总人口	万人	179	100	101	121	85
乡村人口	万人	157	83	78	115	69
年末单位从业人员数	人	58032	35794	36829	403984	152591
乡村从业人员数	人	848000	391000	392000	654400	437100
其中:农林牧渔业	人	329000	168000	254000	127000	93900
农业机械总动力	万千瓦特	195	70	171	68	49
本地电话年末用户	户	254865	135413	137856	695510	412961
二、综合经济						
第一产业增加值	万元	515547	327640	376153	434100	355552
第二产业增加值	万元	1005300	740400	602500	6376972	2818638
地方财政一般预算收入	万元	175471	85593	96634	695281	596701
地方财政一般预算支出	万元	345898	225090	227196	650678	580629
城乡居民储蓄存款余额	万元	1017876	639334	612911	7035886	3735637
年末金融机构各项贷款余额	万元	1074105	722880	718676	16332204	7704354
三、农业、工业及投资						
粮食总产量	吨	1207720	554657	928105	265544	202515
棉花产量	吨	68	54	1720	524	100
油料产量	吨	19442	14452	27662	13830	10035
肉类总产量	吨	96299	40637	57169	107735	53534
规模以上工业企业个数	个	577	431	338	2419	2054
规模以上工业总产值(现价)	万元	2198206	1431402	918385	34358907	10523385
城镇固定资产投资完成额	万元	1195366	814534	660074	2075777	2291360
四、教育、卫生和社会保障						
普通中学在校学生数	人	151591	64977	64717	72905	42856
小学在校学生数	人	108769	68277	76361	101939	63489
医院、卫生院床位数	床	2899	1703	2204	4335	1966
各种社会福利收养性单位数	个	43	26	29	30	23
各种社会福利收养性单位床位数	床	4222	1755	3041	3916	2302

2009年县(市)社会经济主要指标

浙江省

指　　标	单位	桐庐县	淳安县	建德市	富阳市	临安市
一、基本情况						
行政区域土地面积	平方公里	1780	4452	2364	1808	3124
乡(镇)个数	个	11	23	13	21	22
村民委员会个数	个	183	425	232	287	287
年末总户数	户	150700	150600	174900	218800	188600
其中:乡村户数	户	104000	118300	125500	168500	156700
年末总人口	万人	40	45	51	65	53
乡村人口	万人	31	37	40	53	46
年末单位从业人员数	人	43574	27624	37606	84414	68013
乡村从业人员数	人	207400	230000	241900	328000	287200
其中:农林牧渔业	人	70600	122500	106900	109200	90600
农业机械总动力	万千瓦特	25	26	27	41	42
本地电话年末用户	户	135012	116562	147021	227562	206713
二、综合经济						
第一产业增加值	万元	144525	196305	191383	250004	247889
第二产业增加值	万元	1006091	419806	901608	2114104	1308668
地方财政一般预算收入	万元	95011	55893	105736	275699	140369
地方财政一般预算支出	万元	142678	151915	146030	273521	189515
城乡居民储蓄存款余额	万元	864375	548408	931597	1669456	1017538
年末金融机构各项贷款余额	万元	1339181	886847	1343813	3956108	2133526
三、农业、工业及投资						
粮食总产量	吨	101449	112448	105867	163993	96698
棉花产量	吨		157	172		4
油料产量	吨	12997	13707	12645	19630	6962
肉类总产量	吨	21069	15648	28830	47264	31738
规模以上工业企业个数	个	694	160	714	1125	862
规模以上工业总产值(现价)	万元	3028327	1244100	2698974	9055392	3820787
城镇固定资产投资完成额	万元	460554	435215	338486	874603	519491
四、教育、卫生和社会保障						
普通中学在校学生数	人	21700	23264	28372	40057	28095
小学在校学生数	人	22682	21715	25506	43349	28616
医院、卫生院床位数	床	832	809	1546	1527	1528
各种社会福利收养性单位数	个	12	21	15	23	26
各种社会福利收养性单位床位数	床	1281	1034	1523	1428	2107

2009年县(市)社会经济主要指标

浙江省

指　　标	单位	鄞州区	象山县	宁海县	余姚市	慈溪市
一、基本情况						
行政区域土地面积	平方公里	1346	1382	1843	1501	1361
乡(镇)个数	个	18	15	14	15	15
村民委员会个数	个	440	490	369	265	297
年末总户数	户	326621	190806	224094	311421	427496
其中:乡村户数	户	354000	140100	176900	265000	461800
年末总人口	万人	80	54	61	83	104
乡村人口	万人	90	40	51	74	118
年末单位从业人员数	人	111652	266396	53261	66371	86130
乡村从业人员数	人	423300	295400	231000	463300	773000
其中:农林牧渔业	人	65700	115800	99000	99400	112000
农业机械总动力	万千瓦特	36	80	28	55	42
本地电话年末用户	户	461000	197262	223244	520000	710000
二、综合经济						
第一产业增加值	万元	260104	367910	252525	295319	313719
第二产业增加值	万元	4356677	1140146	1321200	2889840	3711013
地方财政一般预算收入	万元	832959	167067	179067	390273	491037
地方财政一般预算支出	万元	802947	231628	235775	392416	500721
城乡居民储蓄存款余额	万元	4560340	876100	899390	3433483	5074578
年末金融机构各项贷款余额	万元	8894319	2852035	2949792	6796887	8525471
三、农业、工业及投资						
粮食总产量	吨	184322	100102	106079	211236	110580
棉花产量	吨	49	75	1014	2209	3994
油料产量	吨	4350	3536	3174	11721	18562
肉类总产量	吨	25684	20774	21709	47388	21880
规模以上工业企业个数	个	3111	698	904	1679	1863
规模以上工业总产值(现价)	万元	14537932	3496671	3713439	8390986	10442455
城镇固定资产投资完成额	万元	1868791	549421	560566	974753	834264
四、教育、卫生和社会保障						
普通中学在校学生数	人	53224	23975	30368	49703	62500
小学在校学生数	人	78008	32547	41535	63964	84987
医院、卫生院床位数	床	3151	1314	1382	2291	2546
各种社会福利收养性单位数	个	66	20	14	24	
各种社会福利收养性单位床位数	床	4430	1597	2057	2950	

2009年县(市)社会经济主要指标

浙江省

指　　标	单位	奉化市	洞头县	永嘉县	平阳县	苍南县
一、基本情况						
行政区域土地面积	平方公里	1268	104	2674	1051	1272
乡(镇)个数	个	6	6	38	31	36
村民委员会个数	个	356	84	906	600	776
年末总户数	户	182700	38562	280607	244368	343703
其中:乡村户数	户	145600	25700	215400	178800	307538
年末总人口	万人	48	13	94	86	128
乡村人口	万人	40	8	72	64	112
年末单位从业人员数	人	60674	8179	100031	71203	89394
乡村从业人员数	人	262100	53100	464800	388100	657400
其中:农林牧渔业	人	76300	16200	139000	126800	178200
农业机械总动力	万千瓦特	43	15	18	29	51
本地电话年末用户	户	210200	42027	287637	262746	415226
二、综合经济						
第一产业增加值	万元	187824	33975	62874	93056	171506
第二产业增加值	万元	934402	113223	1078745	840772	1030529
地方财政一般预算收入	万元	144213	22707	115877	99451	129345
地方财政一般预算支出	万元	204380	63901	193730	183085	217714
城乡居民储蓄存款余额	万元	1157047	108482	1571514	1356140	1598152
年末金融机构各项贷款余额	万元	2345238	222183	1877943	1420889	2621610
三、农业、工业及投资						
粮食总产量	吨	74573	2755	106211	143088	190717
棉花产量	吨			19		
油料产量	吨	976	183	5745	2846	1454
肉类总产量	吨	21518	471	20126	14971	16970
规模以上工业企业个数	个	1000	40	639	534	549
规模以上工业总产值(现价)	万元	3110797	348873	3046382	1834811	2047470
城镇固定资产投资完成额	万元	501285	146944	318513	219568	575287
四、教育、卫生和社会保障						
普通中学在校学生数	人	26861	10618	51433	47596	84820
小学在校学生数	人	31963	5667	62964	49375	80252
医院、卫生院床位数	床	1700	149	941	1255	1772
各种社会福利收养性单位数	个	16	5	25	32	51
各种社会福利收养性单位床位数	床	2040	373	1172	4480	4648

2009年县(市)社会经济主要指标

浙江省

指　　标	单位	文成县	泰顺县	瑞安市	乐清市	嘉善县
一、基本情况						
行政区域土地面积	平方公里	1294	1762	1271	1174	507
乡(镇)个数	个	33	36	31	31	6
村民委员会个数	个	384	295	908	911	104
年末总户数	户	125200	114104	320157	381516	124390
其中:乡村户数	户	76300	87200	279872	340193	100800
年末总人口	万人	37	36	119	123	38
乡村人口	万人	24	29	107	117	32
年末单位从业人员数	人	17980	44518	129162	221671	103366
乡村从业人员数	人	151900	170600	632900	666000	198100
其中:农林牧渔业	人	64300	78200	163500	163100	50300
农业机械总动力	万千瓦特	7	5	40	27	25
本地电话年末用户	户	79873		601140	269664	211400
二、综合经济						
第一产业增加值	万元	36380	41026	124394	146210	175540
第二产业增加值	万元	116368	120484	1927390	2559541	1327052
地方财政一般预算收入	万元	26770	26327	274038	272332	159700
地方财政一般预算支出	万元	109191	105202	270205	325164	181264
城乡居民储蓄存款余额	万元	700220	326269	3622952	3414558	1522990
年末金融机构各项贷款余额	万元	410073	338374	5797023	5448388	2250425
三、农业、工业及投资						
粮食总产量	吨	58024	63639	145368	165609	189863
棉花产量	吨		2	6	55	
油料产量	吨	1116	1783	4615	3885	2251
肉类总产量	吨	9734	6459	13207	18283	59568
规模以上工业企业个数	个	54	37	1465	1791	930
规模以上工业总产值(现价)	万元	224965	138272	5694629	8578938	5005937
城镇固定资产投资完成额	万元	56891	64725	679401	628335	447415
四、教育、卫生和社会保障						
普通中学在校学生数	人	11477	18590	57740	70345	24326
小学在校学生数	人	13991	19657	92715	94833	24861
医院、卫生院床位数	床	403	445	2485	2408	1297
各种社会福利收养性单位数	个	20	13	137	30	12
各种社会福利收养性单位床位数	床	682	850	14619	1073	1807

2009年县(市)社会经济主要指标

浙江省

指　　标	单位	海盐县	海宁市	平湖市	桐乡市	德清县
一、基本情况						
行政区域土地面积	平方公里	508	668	537	727	936
乡(镇)个数	个	8	8	6	9	11
村民委员会个数	个	105	161	124	178	166
年末总户数	户	120506	182675	146522	182925	135659
其中:乡村户数	户	98545	137100	92596	129095	101000
年末总人口	万人	37	66	49	67	43
乡村人口	万人	34	53	34	52	35
年末单位从业人员数	人	65428	127322	134437	249458	57321
乡村从业人员数	人	210000	312600	217000	315100	210200
其中:农林牧渔业	人	47900	64100	40500	62900	45400
农业机械总动力	万千瓦特	15	26	28	32	34
本地电话年末用户	户	167100	314500	227600	284300	181515
二、综合经济						
第一产业增加值	万元	151909	178143	138738	202214	159950
第二产业增加值	万元	1363951	2268766	1805482	1869065	1195543
地方财政一般预算收入	万元	108816	239510	208229	225734	148235
地方财政一般预算支出	万元	136006	262957	224908	250918	189125
城乡居民储蓄存款余额	万元	1373035	2641204	1730993	2493733	1216799
年末金融机构各项贷款余额	万元	2451018	3739938	2923476	3293679	1781976
三、农业、工业及投资						
粮食总产量	吨	195575	189166	248499	186282	103788
棉花产量	吨	1124	261	660	904	212
油料产量	吨	14499	14463	25415	10170	2608
肉类总产量	吨	46083	47716	30944	55893	56836
规模以上工业企业个数	个	687	1636	820	1367	697
规模以上工业总产值(现价)	万元	3789273	7368349	6357175	6908557	4581797
城镇固定资产投资完成额	万元	1161697	873540	1420997	810591	554707
四、教育、卫生和社会保障						
普通中学在校学生数	人	24694	35916	30399	43100	25127
小学在校学生数	人	24375	42237	29259	46800	27287
医院、卫生院床位数	床	850	2033	1367	2242	1096
各种社会福利收养性单位数	个	9	19	12	16	14
各种社会福利收养性单位床位数	床	930	2209	1434	1892	1885

2009年县(市)社会经济主要指标

浙江省

指　　标	单位	长兴县	安吉县	绍兴县	新昌县	诸暨市
一、基本情况						
行政区域土地面积	平方公里	1430	1886	1177	1213	2311
乡(镇)个数	个	16	15	15	13	24
村民委员会个数	个	222	169	291	415	468
年末总户数	户	213807	155680	256612	165085	401538
其中:乡村户数	户	168262	121300	268300	123900	348600
年末总人口	万人	62	46	72	44	107
乡村人口	万人	52	40	77	33	93
年末单位从业人员数	人	69897	47333	179313	47528	248335
乡村从业人员数	人	311900	234700	465600	215100	593100
其中:农林牧渔业	人	76000	68400	62300	80100	116300
农业机械总动力	万千瓦特	35	34	34	15	81
本地电话年末用户	户	215018	179805	475354	190830	501324
二、综合经济						
第一产业增加值	万元	221080	184806	240505	131012	315177
第二产业增加值	万元	1342343	805165	4056179	1045440	3151384
地方财政一般预算收入	万元	184703	105432	435832	106438	295666
地方财政一般预算支出	万元	226974	172492	420590	132729	322913
城乡居民储蓄存款余额	万元	1095164	811223	4231018	922032	2896654
年末金融机构各项贷款余额	万元	2181436	1458759	7949431	1219489	5080411
三、农业、工业及投资						
粮食总产量	吨	274982	155028	209332	76936	376150
棉花产量	吨	27	6	41	169	34
油料产量	吨	32754	7614	6425	10126	11134
肉类总产量	吨	18507	9136	33773	5755	46979
规模以上工业企业个数	个	760	561	1438	330	1155
规模以上工业总产值(现价)	万元	4619009	2599854	20461657	2910094	12945029
城镇固定资产投资完成额	万元	812078	200027	1818857	397119	950400
四、教育、卫生和社会保障						
普通中学在校学生数	人	37904	25861	50984	21112	81266
小学在校学生数	人	39917	26158	60185	25660	74266
医院、卫生院床位数	床	2212	1298	2820	1376	2838
各种社会福利收养性单位数	个	19	19	23	11	33
各种社会福利收养性单位床位数	床	2065	1060	2687	923	3633

2009年县(市)社会经济主要指标

浙江省

指　　标	单位	上虞市	嵊州市	武义县	浦江县	磐安县
一、基本情况						
行政区域土地面积	平方公里	1403	1790	1577	915	1199
乡(镇)个数	个	18	17	15	12	19
村民委员会个数	个	342	463	541	409	363
年末总户数	户	292858	268999	133239	149206	79997
其中:乡村户数	户	228400	227200	90250	159200	59500
年末总人口	万人	77	73	34	39	21
乡村人口	万人	63	64	26	42	17
年末单位从业人员数	人	126445	55720	18378	25618	24744
乡村从业人员数	人	373000	402700	174400	239400	114300
其中:农林牧渔业	人	121200	107100	50200	81400	71300
农业机械总动力	万千瓦特	52	39	19	13	20
本地电话年末用户	户	366412	295958	124203	156300	56700
二、综合经济						
第一产业增加值	万元	261784	232834	97125	59865	61309
第二产业增加值	万元	2169438	1259350	619074	688263	220447
地方财政一般预算收入	万元	227646	108594	73445	72146	27200
地方财政一般预算支出	万元	267468	145856	127353	100922	79030
城乡居民储蓄存款余额	万元	2603040	1430119	665912	806601	275244
年末金融机构各项贷款余额	万元	4386881	1793816	1318181	1345723	318383
三、农业、工业及投资						
粮食总产量	吨	285814	172925	110146	77243	39457
棉花产量	吨	2080	155	14	120	
油料产量	吨	17655	7747	4548	3800	906
肉类总产量	吨	40301	25840	24177	14099	4670
规模以上工业企业个数	个	882	674	576	492	204
规模以上工业总产值(现价)	万元	7758145	2888509	2303423	2254117	422601
城镇固定资产投资完成额	万元	727564	639281	272329	307997	163057
四、教育、卫生和社会保障						
普通中学在校学生数	人	46441	37591	15773	23127	10203
小学在校学生数	人	47579	40220	23036	30137	12324
医院、卫生院床位数	床	1864	1883	821	1018	528
各种社会福利收养性单位数	个	27	51	6	4	5
各种社会福利收养性单位床位数	床	3734	3646	1222	1170	351

2009 年县(市)社会经济主要指标

浙江省

指　　标	单位	兰溪市	义乌市	东阳市	永康市	衢江区
一、基本情况						
行政区域土地面积	平方公里	1313	1105	1739	1049	1749
乡(镇)个数	个	10	6	12	10	19
村民委员会个数	个	646	718	349	712	506
年末总户数	户	230800	313461	321400	219275	134354
其中:乡村户数	户	181600	261700	305700	199100	109500
年末总人口	万人	66	73	82	57	40
乡村人口	万人	54	111	79	59	36
年末单位从业人员数	人	45808	78840	94816	40161	11659
乡村从业人员数	人	333900	752400	455000	306500	217400
其中:农林牧渔业	人	143400	87500	175600	85500	126600
农业机械总动力	万千瓦特	28	27	46	31	30
本地电话年末用户	户	208873	556500	282209	262239	
二、综合经济						
第一产业增加值	万元	149879	145686	117780	69012	135062
第二产业增加值	万元	863737	2279597	1279836	1691644	303148
地方财政一般预算收入	万元	90218	386255	151531	177160	25564
地方财政一般预算支出	万元	148558	356885	188226	192351	100075
城乡居民储蓄存款余额	万元	855015	7332362	2067562	2318079	
年末金融机构各项贷款余额	万元	1360977	8672034	2462671	3932969	
三、农业、工业及投资						
粮食总产量	吨	131917	110561	181036	74039	167287
棉花产量	吨	7187	38	134	1	12
油料产量	吨	17939	3520	3918	1377	9088
肉类总产量	吨	36962	39467	18508	9678	80027
规模以上工业企业个数	个	558	1185	742	760	143
规模以上工业总产值(现价)	万元	3719644	4858012	2570590	5679027	531076
城镇固定资产投资完成额	万元	302856	1489092	284247	381935	267457
四、教育、卫生和社会保障						
普通中学在校学生数	人	37265	48195	45240	31688	18560
小学在校学生数	人	34872	71658	55506	52217	22200
医院、卫生院床位数	床	1322	2696	2013	1620	615
各种社会福利收养性单位数	个	18	1	18	10	20
各种社会福利收养性单位床位数	床	2197	55	3718	1190	1316

2009年县(市)社会经济主要指标

浙江省

指标	单位	常山县	开化县	龙游县	江山市	岱山县
一、基本情况						
行政区域土地面积	平方公里	1096	2228	1143	2019	324
乡(镇)个数	个	14	18	13	19	7
村民委员会个数	个	342	449	262	294	85
年末总户数	户	102994	109361	152457	195227	81361
其中:乡村户数	户	79000	86200	111100	143000	60458
年末总人口	万人	33	35	40	59	19
乡村人口	万人	27	29	33	47	14
年末单位从业人员数	人	12451	11851	27271	26503	18439
乡村从业人员数	人	173900	190800	208700	294000	85500
其中:农林牧渔业	人	69500	91600	103000	103500	29200
农业机械总动力	万千瓦特	16	16	32	35	53
本地电话年末用户	户	73700	74000	119000	125100	86856
二、综合经济						
第一产业增加值	万元	57267	89733	96332	149871	149214
第二产业增加值	万元	332392	288597	558685	801513	580576
地方财政一般预算收入	万元	38056	32513	50011	65879	51058
地方财政一般预算支出	万元	119805	134077	129428	166118	123931
城乡居民储蓄存款余额	万元	334351	379918	577914	836229	465521
年末金融机构各项贷款余额	万元	433248	439379	847158	1309907	708593
三、农业、工业及投资						
粮食总产量	吨	76759	93491	176511	219317	11320
棉花产量	吨	80	65	1710	735	
油料产量	吨	5693	12286	14478	16352	1207
肉类总产量	吨	13037	9701	55024	68470	3139
规模以上工业企业个数	个	137	118	256	374	86
规模以上工业总产值(现价)	万元	605959	576125	1267349	2040088	1963732
城镇固定资产投资完成额	万元	298857	193595	512914	564320	257178
四、教育、卫生和社会保障						
普通中学在校学生数	人	13647	14897	20865	30578	6691
小学在校学生数	人	18012	18555	22394	36753	7696
医院、卫生院床位数	床	546	668	993	1302	470
各种社会福利收养性单位数	个	17	17	10	21	8
各种社会福利收养性单位床位数	床	2259	1510	1102	2955	440

2009 年县(市)社会经济主要指标

浙江省

指　　　标	单位	嵊泗县	玉环县	三门县	天台县	仙居县
一、基本情况						
行政区域土地面积	平方公里	86	378	1072	1426	1992
乡(镇)个数	个	7	8	14	12	17
村民委员会个数	个	38	276	511	597	723
年末总户数	户	30156	140745	132031	195679	149781
其中:乡村户数	户	17409	182100	105900	149833	128024
年末总人口	万人	8	42	43	58	49
乡村人口	万人	5	55	34	45	41
年末单位从业人员数	人	9443	46787	26910	41320	46765
乡村从业人员数	人	27100	340900	220200	285600	258000
其中:农林牧渔业	人	12500	39600	69000	103900	73000
农业机械总动力	万千瓦特	25	30	29	15	19
本地电话年末用户	户	36436	235121	92527	118326	97633
二、综合经济						
第一产业增加值	万元	93234	165812	134107	76876	87727
第二产业增加值	万元	233200	1503720	399790	450910	372193
地方财政一般预算收入	万元	36928	165568	66069	65442	49377
地方财政一般预算支出	万元	81169	191298	140965	129441	123298
城乡居民储蓄存款余额	万元	202603	1267486	415598	654292	692983
年末金融机构各项贷款余额	万元	297014	2587329	1323471	1070372	802018
三、农业、工业及投资						
粮食总产量	吨	168	27995	86440	121970	105550
棉花产量	吨		286	208	37	2
油料产量	吨		363	3050	1930	8826
肉类总产量	吨	639	6012	6814	11354	13330
规模以上工业企业个数	个	23	1105	223	306	313
规模以上工业总产值(现价)	万元	62347	4118209	1212711	1248797	853848
城镇固定资产投资完成额	万元	905919	283123	777707	185739	155216
四、教育、卫生和社会保障						
普通中学在校学生数	人	3153	18415	16981	28877	25780
小学在校学生数	人	3177	30765	23899	35262	36846
医院、卫生院床位数	床	326	1203	617	1240	908
各种社会福利收养性单位数	个	5	22	15	24	14
各种社会福利收养性单位床位数	床	217	1805	742	1570	1515

2009年县(市)社会经济主要指标

浙江省

指　　标	单位	温岭市	临海市	青田县	缙云县	遂昌县
一、基本情况						
行政区域土地面积	平方公里	836	2171	2484	1482	2539
乡(镇)个数	个	11	14	31	16	20
村民委员会个数	个	832	994	436	643	391
年末总户数	户	428955	384476	155585	177403	81004
其中:乡村户数	户	355806	282283	85135	130131	62934
年末总人口	万人	119	116	50	45	23
乡村人口	万人	101	88	29	36	19
年末单位从业人员数	人	86818	95358	19134	16973	17677
乡村从业人员数	人	651700	574600	166600	223400	120900
其中:农林牧渔业	人	156000	168600	78800	111400	72800
农业机械总动力	万千瓦特	111	61		16	9
本地电话年末用户	户	417837	257741	93005	84899	47441
二、综合经济						
第一产业增加值	万元	360766	236056	49767	64332	66075
第二产业增加值	万元	2692411	1477814	555685	532428	220665
地方财政一般预算收入	万元	250238	173388	73922	44467	31879
地方财政一般预算支出	万元	288982	248477	199950	125089	94957
城乡居民储蓄存款余额	万元	3518770	1725820	1721195	539076	258307
年末金融机构各项贷款余额	万元	4386928	2301885	1156636	708378	552959
三、农业、工业及投资						
粮食总产量	吨	170437	181250	68348	66649	72093
棉花产量	吨	89	93	7	13	
油料产量	吨	813	2513	1387	4179	4165
肉类总产量	吨	29711	19785	9202	14889	9204
规模以上工业企业个数	个	1727	650	191	321	95
规模以上工业总产值(现价)	万元	6405159	4110283	1695946	1925339	842468
城镇固定资产投资完成额	万元	741913	795440	356088	156620	138729
四、教育、卫生和社会保障						
普通中学在校学生数	人	55772	60806	22188	24255	10382
小学在校学生数	人	83527	78724	27936	26790	12604
医院、卫生院床位数	床	3465	3032	518	1156	551
各种社会福利收养性单位数	个	55	44	14	12	7
各种社会福利收养性单位床位数	床	3861	3965	1227	925	580

2009 年县(市)社会经济主要指标

浙江省

指　　标	单位	松阳县	云和县	庆元县	景宁畲族自治县	龙泉市
一、基本情况						
行政区域土地面积	平方公里	1406	978	1898	1950	3059
乡(镇)个数	个	20	14	20	21	16
村民委员会个数	个	401	170	345	254	444
年末总户数	户	84474	35425	73367	53549	89915
其中:乡村户数	户	66147	24778	35507	28378	57465
年末总人口	万人	24	11	20	17	29
乡村人口	万人	20	10	12	10	21
年末单位从业人员数	人	9121	10039	8303	9592	16176
乡村从业人员数	人	134800	57500	75900	71200	133100
其中:农林牧渔业	人	87500	27400	49200	40800	79900
农业机械总动力	万千瓦特	10	6	9	7	22
本地电话年末用户	户	48755	20861	25892	23009	47838
二、综合经济						
第一产业增加值	万元	85543	30607	46789	40422	88333
第二产业增加值	万元	149062	140576	109825	82975	218706
地方财政一般预算收入	万元	21933	19003	12941	17022	24870
地方财政一般预算支出	万元	88153	68854	72996	89554	98850
城乡居民储蓄存款余额	万元	239405	145847	176869	129519	298384
年末金融机构各项贷款余额	万元	346283	216905	200879	199148	482052
三、农业、工业及投资						
粮食总产量	吨	56288	26735	57333	50080	104228
棉花产量	吨	4				
油料产量	吨	3162	431	171	531	2898
肉类总产量	吨	13011	4055	3524	4507	10331
规模以上工业企业个数	个	134	94	95	66	211
规模以上工业总产值(现价)	万元	558966	324446	257971	114441	582661
城镇固定资产投资完成额	万元	142354	142132	113262	88522	226687
四、教育、卫生和社会保障						
普通中学在校学生数	人	10068	5609	8692	5703	14243
小学在校学生数	人	13426	7418	11590	8231	18725
医院、卫生院床位数	床	444	252	348	257	493
各种社会福利收养性单位数	个	6	2	5	6	10
各种社会福利收养性单位床位数	床	534	405	568	500	720

2009年县(市)社会经济主要指标

浙江省、安徽省

指　　标	单位	长丰县	肥东县	肥西县	芜湖县	繁昌县
一、基本情况						
行政区域土地面积	平方公里	1922	2216	1970	730	604
乡(镇)个数	个	15	18	14	6	6
村民委员会个数	个	255	279	274	124	81
年末总户数	户	244193	352012	292919	124710	110376
其中:乡村户数	户	179659	241739	183125	96037	74883
年末总人口	万人	81	109	90	38	32
乡村人口	万人	71	94	77	34	24
年末单位从业人员数	人	35539	33209	55957	9496	15760
乡村从业人员数	人	408054	597025	472450	189006	143003
其中:农林牧渔业	人	185649	246019	204033	93550	49762
农业机械总动力	万千瓦特	59	54	54	30	20
本地电话年末用户	户	137189	210124	198073	77292	68851
二、综合经济						
第一产业增加值	万元	324878	347930	325000	125549	66366
第二产业增加值	万元	676233	997323	1288199	486973	570692
地方财政一般预算收入	万元	62302	96180	102030	69938	74320
地方财政一般预算支出	万元	155479	208130	206220	127646	128501
城乡居民储蓄存款余额	万元	355521	719250	632820	372925	462023
年末金融机构各项贷款余额	万元	310697	514624	510504	468284	566203
三、农业、工业及投资						
粮食总产量	吨	606143	671716	551900	246221	94894
棉花产量	吨	5859	4784	7461	4185	1285
油料产量	吨	69279	139082	97146	23998	12488
肉类总产量	吨	116960	110129	120676	15695	12396
规模以上工业企业个数	个	245	271	305	380	272
规模以上工业总产值(现价)	万元	1648603	2352043	3681900	1215980	1447288
城镇固定资产投资完成额	万元	1278074	1632943	1722414	1184028	1048462
四、教育、卫生和社会保障						
普通中学在校学生数	人	53015	85598	47635	26903	18083
小学在校学生数	人	48336	72813	60937	20833	15634
医院、卫生院床位数	床	1359	3052	2016	708	786
各种社会福利收养性单位数	个	25	28	58	15	14
各种社会福利收养性单位床位数	床	3798	4449	4570	1420	1372

2009年县(市)社会经济主要指标

安徽省

指　　标	单位	南陵县	怀远县	五河县	固镇县	凤台县
一、基本情况						
行政区域土地面积	平方公里	1264	2396	1595	1360	894
乡(镇)个数	个	8	19	15	11	16
村民委员会个数	个	157	364	223	192	213
年末总户数	户	181810	353358	207639	177151	194271
其中:乡村户数	户	145933	277664	163530	131235	134015
年末总人口	万人	55	134	73	62	62
乡村人口	万人	49	120	66	55	51
年末单位从业人员数	人	17279	29557	16096	16540	42380
乡村从业人员数	人	309197	691373	391040	319060	318192
其中:农林牧渔业	人	147798	397111	222284	233531	141468
农业机械总动力	万千瓦特	32	239	92	89	74
本地电话年末用户	户	92434	174900	123000	72493	111847
二、综合经济						
第一产业增加值	万元	148776	392906	316208	265048	183021
第二产业增加值	万元	454460	409717	206952	189240	992462
地方财政一般预算收入	万元	51974	32106	23191	18518	100492
地方财政一般预算支出	万元	128803	161184	111519	102403	169020
城乡居民储蓄存款余额	万元	479382	539184	365793	362512	542509
年末金融机构各项贷款余额	万元	341283	434359	211518	173588	361119
三、农业、工业及投资						
粮食总产量	吨	406601	1208947	775193	478234	587686
棉花产量	吨	1700	6372	3405	19299	470
油料产量	吨	19776	72653	61061	161338	5069
肉类总产量	吨	39101	91802	67134	95117	39154
规模以上工业企业个数	个	224	100	106	102	94
规模以上工业总产值(现价)	万元	934281	888791	403476	412360	1870305
城镇固定资产投资完成额	万元	838100	473931	326089	193494	248849
四、教育、卫生和社会保障						
普通中学在校学生数	人	34924	87872	46964	40456	41793
小学在校学生数	人	33395	116613	53446	51194	50137
医院、卫生院床位数	床	1051	2852	1137	1040	930
各种社会福利收养性单位数	个	23	32	35	16	21
各种社会福利收养性单位床位数	床	1793	2798	2448	1926	2176

2009年县(市)社会经济主要指标

安徽省

指　　标	单位	当涂县	濉溪县	铜陵县	怀宁县	枞阳县
一、基本情况						
行政区域土地面积	平方公里	1346	1987	823	1276	1808
乡(镇)个数	个	14	11	8	19	21
村民委员会个数	个	167	215	111	204	235
年末总户数	户	196956	299817	102516	194704	275933
其中:乡村户数	户	150086	239905	75831	162382	239834
年末总人口	万人	65	109	29	69	97
乡村人口	万人	54	92	25	63	89
年末单位从业人员数	人	15653	26490	14920	18654	20246
乡村从业人员数	人	316600	481970	162461	351150	515278
其中:农林牧渔业	人	133576	295952	63579	139255	269620
农业机械总动力	万千瓦特	42	176	28	34	40
本地电话年末用户	户	173411	198965	66461	132735	208894
二、综合经济						
第一产业增加值	万元	227349	237682	64920	164772	230595
第二产业增加值	万元	917221	394808	364132	433494	429399
地方财政一般预算收入	万元	91900	50636	50663	59114	49621
地方财政一般预算支出	万元	169844	164870	94947	145200	155243
城乡居民储蓄存款余额	万元	661860	712370	393367	767929	815924
年末金融机构各项贷款余额	万元	591511	301759	322684	464751	347355
三、农业、工业及投资						
粮食总产量	吨	429109	986912	84880	365230	515906
棉花产量	吨	4602	3280	4718	5975	12958
油料产量	吨	40148	8491	19027	29520	44016
肉类总产量	吨	22505	48398	11088	26594	35638
规模以上工业企业个数	个	342	165	99	226	185
规模以上工业总产值(现价)	万元	2136875	1132700	810618	1025770	1034343
城镇固定资产投资完成额	万元	1471438	568596	974240	500655	713374
四、教育、卫生和社会保障						
普通中学在校学生数	人	40282	84247	15452	56481	73866
小学在校学生数	人	34137	106507	15275	40131	78106
医院、卫生院床位数	床	1561	1240	540	1409	1359
各种社会福利收养性单位数	个	21	20	11	28	37
各种社会福利收养性单位床位数	床	3640	1694	1124	1786	2105

2009 年县(市)社会经济主要指标

安徽省

指　　标	单位	潜山县	太湖县	宿松县	望江县	岳西县
一、基本情况						
行政区域土地面积	平方公里	1686	2031	2394	1357	2398
乡(镇)个数	个	15	14	21	9	23
村民委员会个数	个	175	174	205	120	182
年末总户数	户	160235	166449	226816	171412	116236
其中:乡村户数	户	139802	132218	185477	145375	106267
年末总人口	万人	58	56	83	63	41
乡村人口	万人	55	50	71	58	40
年末单位从业人员数	人	16923	16519	24897	13399	12150
乡村从业人员数	人	292657	279075	373907	330838	200591
其中:农林牧渔业	人	142290	150257	200865	157886	106298
农业机械总动力	万千瓦特	28	18	30	23	10
本地电话年末用户	户	122763	162466	221938	121680	107514
二、综合经济						
第一产业增加值	万元	121410	140643	261120	146341	91490
第二产业增加值	万元	247968	150146	227722	154760	164622
地方财政一般预算收入	万元	23762	15632	22221	17177	14129
地方财政一般预算支出	万元	128128	118647	134162	103883	93563
城乡居民储蓄存款余额	万元	401509	273306	479046	408643	118506
年末金融机构各项贷款余额	万元	312982	147112	223108	204640	75568
三、农业、工业及投资						
粮食总产量	吨	239078	208906	355633	396153	89418
棉花产量	吨	3100	4751	30779	25539	293
油料产量	吨	13987	17672	49154	54065	2567
肉类总产量	吨	23184	72665	31910	36040	16215
规模以上工业企业个数	个	107	82	98	97	88
规模以上工业总产值(现价)	万元	561521	413484	448057	478237	472578
城镇固定资产投资完成额	万元	226168	280532	441883	242453	381939
四、教育、卫生和社会保障						
普通中学在校学生数	人	48836	46509	69782	47140	26503
小学在校学生数	人	39031	30513	65978	39914	20495
医院、卫生院床位数	床	897	748	1124	988	1056
各种社会福利收养性单位数	个	28	16	24	17	30
各种社会福利收养性单位床位数	床	1393	1588	1140	582	1150

2009年县(市)社会经济主要指标

安徽省

指标	单位	桐城市	歙县	休宁县	黟县	祁门县
一、基本情况						
行政区域土地面积	平方公里	1546	2236	2125	847	2257
乡(镇)个数	个	12	28	21	8	18
村民委员会个数	个	198	297	190	66	152
年末总户数	户	209181	170656	86484	35193	61638
其中:乡村户数	户	175870	141058	71605	25512	42342
年末总人口	万人	75	49	28	10	19
乡村人口	万人	65	45	25	8	15
年末单位从业人员数	人	21717	13580	9836	4570	8022
乡村从业人员数	人	366899	275893	153224	55559	94742
其中:农林牧渔业	人	161862	157754	85629	30562	63095
农业机械总动力	万千瓦特	41	18	13	5	9
本地电话年末用户	户	203847	102621	58645	25794	44618
二、综合经济						
第一产业增加值	万元	171463	109033	79619	26773	39201
第二产业增加值	万元	554884	300222	129924	56097	102505
地方财政一般预算收入	万元	56463	26583	20901	9579	17130
地方财政一般预算支出	万元	152700	111747	73754	38626	64740
城乡居民储蓄存款余额	万元	886888	530966	276479	127109	230770
年末金融机构各项贷款余额	万元	567503	377202	168124	75492	94065
三、农业、工业及投资						
粮食总产量	吨	389780	80234	99408	27688	47766
棉花产量	吨	3728	74	212	38	265
油料产量	吨	38518	14097	10848	3715	4892
肉类总产量	吨	32596	26503	24143	4612	6032
规模以上工业企业个数	个	293	127	67	36	59
规模以上工业总产值(现价)	万元	1364577	603757	273535	105268	156276
城镇固定资产投资完成额	万元	805420	608434	405793	153268	236466
四、教育、卫生和社会保障						
普通中学在校学生数	人	65996	26659	12753	4287	9223
小学在校学生数	人	50627	19508	11723	4220	10106
医院、卫生院床位数	床	1888	939	532	246	682
各种社会福利收养性单位数	个	36	38	15	10	13
各种社会福利收养性单位床位数	床	2456	2793	1538	458	1130

2009年县(市)社会经济主要指标

安徽省

指　　标	单位	来安县	全椒县	定远县	凤阳县	天长市
一、基本情况						
行政区域土地面积	平方公里	1481	1568	2998	1944	1751
乡(镇)个数	个	12	10	22	15	14
村民委员会个数	个	130	94	251	229	119
年末总户数	户	158607	157697	274441	218076	192068
其中:乡村户数	户	102113	84118	193307	170628	151796
年末总人口	万人	50	47	97	75	63
乡村人口	万人	40	34	85	68	55
年末单位从业人员数	人	15009	19630	23711	22143	23368
乡村从业人员数	人	244612	188386	488785	381530	319710
其中:农林牧渔业	人	161424	124679	302337	222962	129399
农业机械总动力	万千瓦特	71	53	123	88	99
本地电话年末用户	户	85659	85954	112354	107618	152257
二、综合经济						
第一产业增加值	万元	132823	154669	310110	212479	202357
第二产业增加值	万元	272612	211088	182658	278905	677226
地方财政一般预算收入	万元	28554	35353	29217	42797	66699
地方财政一般预算支出	万元	94325	101799	152640	126720	158328
城乡居民储蓄存款余额	万元	317492	419711	444873	410942	612293
年末金融机构各项贷款余额	万元	221712	451520	335496	343235	637398
三、农业、工业及投资						
粮食总产量	吨	442991	431656	1116104	716424	689168
棉花产量	吨	268	5329	1258	608	16
油料产量	吨	38684	60657	39813	18944	24189
肉类总产量	吨	28895	43775	124746	43463	29500
规模以上工业企业个数	个	124	127	85	85	268
规模以上工业总产值(现价)	万元	690070	573393	358564	671899	1852440
城镇固定资产投资完成额	万元	552596	610418	471498	552260	909177
四、教育、卫生和社会保障						
普通中学在校学生数	人	26413	29056	64809	41132	37740
小学在校学生数	人	28306	26768	72099	61112	41308
医院、卫生院床位数	床	1114	813	1175	1044	1855
各种社会福利收养性单位数	个	14	20	24	29	41
各种社会福利收养性单位床位数	床	1258	1960	3122	2940	2007

2009年县(市)社会经济主要指标

安徽省

指　　标	单位	明光市	临泉县	太和县	阜南县	颍上县
一、基本情况						
行政区域土地面积	平方公里	2359	1818	1820	1768	1859
乡(镇)个数	个	13	31	30	28	29
村民委员会个数	个	139	382	305	324	282
年末总户数	户	210131	553287	527390	447149	468295
其中:乡村户数	户	136892	458564	390301	343611	349200
年末总人口	万人	66	217	169	164	167
乡村人口	万人	54	196	150	148	142
年末单位从业人员数	人	21218	30424	30775	24903	41505
乡村从业人员数	人	302826	1038317	914554	838006	789560
其中:农林牧渔业	人	191911	509182	455303	427637	384016
农业机械总动力	万千瓦特	64	130	128	100	89
本地电话年末用户	户	98973	170544	255688	150000	133460
二、综合经济						
第一产业增加值	万元	200639	384466	287878	283290	284456
第二产业增加值	万元	159877	125418	350344	196040	529083
地方财政一般预算收入	万元	26975	21828	28587	16127	58715
地方财政一般预算支出	万元	108892	197181	177024	166751	233543
城乡居民储蓄存款余额	万元	370589	1023066	1100142	766313	795945
年末金融机构各项贷款余额	万元	288712	337622	311537	294261	388998
三、农业、工业及投资						
粮食总产量	吨	537916	1056996	950466	846920	1043671
棉花产量	吨	505	5065	3038	1819	4159
油料产量	吨	26776	21436	9123	25247	8449
肉类总产量	吨	44293	127600	90958	86088	89320
规模以上工业企业个数	个	85	51	116	121	103
规模以上工业总产值(现价)	万元	277653	288865	874295	323786	876797
城镇固定资产投资完成额	万元	304691	121327	155337	267467	321195
四、教育、卫生和社会保障						
普通中学在校学生数	人	37303	119518	88246	101363	88584
小学在校学生数	人	44471	202030	139422	175182	149321
医院、卫生院床位数	床	1267	1799	2772	1785	1830
各种社会福利收养性单位数	个	26	38	34	46	76
各种社会福利收养性单位床位数	床	1631	2882	2025	1704	4390

2009年县(市)社会经济主要指标

安徽省

指　　标	单位	界首市	砀山县	萧　县	灵璧县	泗　县
一、基本情况						
行政区域土地面积	平方公里	666	1193	1885	2054	1787
乡(镇)个数	个	18	13	23	19	15
村民委员会个数	个	151	158	275	304	174
年末总户数	户	227193	266883	388278	299919	235930
其中:乡村户数	户	176060	212368	342162	246995	203476
年末总人口	万人	78	98	141	121	91
乡村人口	万人	65	84	129	108	83
年末单位从业人员数	人	22228	29544	33403	23565	23096
乡村从业人员数	人	379352	512049	664526	596885	491566
其中:农林牧渔业	人	160770	264500	412698	364513	316907
农业机械总动力	万千瓦特	36	98	140	142	137
本地电话年末用户	户	90423	138626	132671	155125	142030
二、综合经济						
第一产业增加值	万元	148529	228984	308432	345380	299454
第二产业增加值	万元	277407	246049	331265	176009	241075
地方财政一般预算收入	万元	25081	15330	24299	15863	16935
地方财政一般预算支出	万元	108781	135689	184928	147219	120426
城乡居民储蓄存款余额	万元	513650	550495	733771	543770	381523
年末金融机构各项贷款余额	万元	207328	167704	256216	205111	204398
三、农业、工业及投资						
粮食总产量	吨	373011	255805	696748	962925	787995
棉花产量	吨	2503	5306	13537	4365	7503
油料产量	吨	6384	36623	20273	60865	67232
肉类总产量	吨	33198	46559	88792	96951	101795
规模以上工业企业个数	个	104	143	102	94	108
规模以上工业总产值(现价)	万元	819823	671860	911890	494619	462362
城镇固定资产投资完成额	万元	109109	209178	294493	84247	168690
四、教育、卫生和社会保障						
普通中学在校学生数	人	45178	74159	96338	73372	55662
小学在校学生数	人	51973	72735	112148	99357	71505
医院、卫生院床位数	床	1410	1596	1502	1751	1183
各种社会福利收养性单位数	个	20	18	26	28	18
各种社会福利收养性单位床位数	床	790	1686	2384	1684	1250

2009 年县(市)社会经济主要指标

安徽省

指　　标	单位	庐江县	无为县	含山县	和　县	寿　县
一、基本情况						
行政区域土地面积	平方公里	2347	2433	1045	1412	2986
乡(镇)个数	个	17	23	8	10	25
村民委员会个数	个	194	262	96	103	235
年末总户数	户	355382	425581	149617	203905	426000
其中:乡村户数	户	283696	307121	96042	143368	319927
年末总人口	万人	117	142	44	66	136
乡村人口	万人	106	98	37	52	128
年末单位从业人员数	人	44352	38530	13161	26279	29035
乡村从业人员数	人	542400	674584	221951	310415	726886
其中:农林牧渔业	人	259756	298537	101153	142694	432115
农业机械总动力	万千瓦特	101	61	30	48	170
本地电话年末用户	户	201811	282765	89000	117626	165828
二、综合经济						
第一产业增加值	万元	255400	349257	124500	175147	360904
第二产业增加值	万元	284100	915181	219908	312428	304663
地方财政一般预算收入	万元	42831	77614	36035	39404	18738
地方财政一般预算支出	万元	184956	226736	97185	118421	167285
城乡居民储蓄存款余额	万元	884641	1066599	383264	745192	544995
年末金融机构各项贷款余额	万元	469595	669147	233294	328577	284125
三、农业、工业及投资						
粮食总产量	吨	854324	516564	254812	385686	1413689
棉花产量	吨	5307	40277	10287	2885	4162
油料产量	吨	40157	93024	46450	35720	55609
肉类总产量	吨	33400	49963	15286	34330	129161
规模以上工业企业个数	个	136	193	94	94	109
规模以上工业总产值(现价)	万元	492600	2556123	439146	677819	782274
城镇固定资产投资完成额	万元	553310	1298871	340740	552643	332093
四、教育、卫生和社会保障						
普通中学在校学生数	人	66001	92966	31892	37753	75003
小学在校学生数	人	70583	93383	31901	53800	87739
医院、卫生院床位数	床	2311	3178	881	1103	1558
各种社会福利收养性单位数	个	19	72	17	23	3
各种社会福利收养性单位床位数	床	3112	4825	2099	1819	98

2009年县(市)社会经济主要指标

安徽省

指　　标	单位	霍邱县	舒城县	金寨县	霍山县	涡阳县
一、基本情况						
行政区域土地面积	平方公里	3488	2100	3814	2043	2107
乡(镇)个数	个	32	21	22	16	24
村民委员会个数	个	680	393	277	133	378
年末总户数	户	522506	312591	206433	117850	350019
其中:乡村户数	户	396936	226449	143636	89501	340615
年末总人口	万人	165	100	67	37	149
乡村人口	万人	151	86	55	33	134
年末单位从业人员数	人	28845	28411	20470	51325	35808
乡村从业人员数	人	800638	501903	289699	168457	721559
其中:农林牧渔业	人	457959	174682	155369	97164	336872
农业机械总动力	万千瓦特	130	66	34	26	160
本地电话年末用户	户	191925	186931	149970	85808	157403
二、综合经济						
第一产业增加值	万元	282054	190650	133374	68672	291785
第二产业增加值	万元	475984	304170	183723	411508	387955
地方财政一般预算收入	万元	57639	31124	22673	43721	38236
地方财政一般预算支出	万元	235016	166851	134980	117897	188676
城乡居民储蓄存款余额	万元	649883	710359	338852	309757	725832
年末金融机构各项贷款余额	万元	492953	496498	228392	414382	495751
三、农业、工业及投资						
粮食总产量	吨	1487916	401701	150793	106625	1274167
棉花产量	吨	1094	2469	18	129	2019
油料产量	吨	34881	34878	7897	5161	7532
肉类总产量	吨	147733	44080	25135	18000	52997
规模以上工业企业个数	个	146	148	83	150	140
规模以上工业总产值(现价)	万元	946655	695015	414951	977700	792252
城镇固定资产投资完成额	万元	392877	262292	287736	483442	263862
四、教育、卫生和社会保障						
普通中学在校学生数	人	90968	62750	45880	22008	77792
小学在校学生数	人	102049	54330	53367	18785	114060
医院、卫生院床位数	床	3560	1948	855	1159	2225
各种社会福利收养性单位数	个	27	29	27	20	33
各种社会福利收养性单位床位数	床	506	1419	681	977	2916

2009年县(市)社会经济主要指标

安徽省

指　　标	单位	蒙城县	利辛县	东至县	石台县	青阳县
一、基本情况						
行政区域土地面积	平方公里	2091	1950	3256	1403	1181
乡(镇)个数	个	14	23	15	8	11
村民委员会个数	个	255	352	234	79	110
年末总户数	户	388172	453687	180423	35192	87978
其中:乡村户数	户	273566	344516	136828	27654	69485
年末总人口	万人	131	157	54	11	27
乡村人口	万人	113	142	49	10	24
年末单位从业人员数	人	37716	32160	16685	5503	11232
乡村从业人员数	人	641266	791188	287992	57417	134851
其中:农林牧渔业	人	390312	381319	156587	33231	68302
农业机械总动力	万千瓦特	201	133	34	10	21
本地电话年末用户	户	175178	135099	102358	31530	62413
二、综合经济						
第一产业增加值	万元	310164	291661	157645	21263	58421
第二产业增加值	万元	314669	179960	203891	41690	164784
地方财政一般预算收入	万元	37683	25131	34319	7389	36783
地方财政一般预算支出	万元	160967	170541	118343	46965	87026
城乡居民储蓄存款余额	万元	600138	669064	448887	108082	328401
年末金融机构各项贷款余额	万元	319310	239591	281634	56676	205633
三、农业、工业及投资						
粮食总产量	吨	1248927	1102437	221916	19531	129638
棉花产量	吨	4280	1338	20756	525	234
油料产量	吨	24396	7352	36551	4595	6913
肉类总产量	吨	68752	87460	30242	3012	10532
规模以上工业企业个数	个	134	58	112	41	103
规模以上工业总产值(现价)	万元	459410	118948	402170	98672	392454
城镇固定资产投资完成额	万元	240305	170060	334276	47589	207205
四、教育、卫生和社会保障						
普通中学在校学生数	人	86998	76073	37541	6601	19519
小学在校学生数	人	120026	123898	38609	5946	15792
医院、卫生院床位数	床	2061	1567	1071	239	550
各种社会福利收养性单位数	个	27	38	25	12	15
各种社会福利收养性单位床位数	床	2583	2801	1760	533	528

2009 年县(市)社会经济主要指标

安徽省

指　　　标	单位	郎溪县	广德县	泾　县	绩溪县	旌德县
一、基本情况						
行政区域土地面积	平方公里	1105	2165	2055	1116	905
乡(镇)个数	个	12	9	11	11	10
村民委员会个数	个	97	140	132	76	68
年末总户数	户	104101	160785	125322	66910	45736
其中:乡村户数	户	82019	140589	94826	45941	36493
年末总人口	万人	34	51	36	18	15
乡村人口	万人	28	44	30	15	13
年末单位从业人员数	人	14826	12322	12942	6964	8550
乡村从业人员数	人	169394	294794	184149	82108	72971
其中:农林牧渔业	人	109154	129095	93503	49217	41474
农业机械总动力	万千瓦特	24	51	14	7	7
本地电话年末用户	户	58362	113690	80895	45383	35300
二、综合经济						
第一产业增加值	万元	90936	125331	95139	64381	39740
第二产业增加值	万元	232514	350448	146307	125105	69606
地方财政一般预算收入	万元	25506	55708	27107	21271	11238
地方财政一般预算支出	万元	82193	131723	90139	63248	44892
城乡居民储蓄存款余额	万元	215096	372636	373281	214167	149769
年末金融机构各项贷款余额	万元	169097	492949	213033	161162	71581
三、农业、工业及投资						
粮食总产量	吨	285618	193635	150203	60435	62287
棉花产量	吨	1074	271	983	29	200
油料产量	吨	15537	20809	9824	9258	7500
肉类总产量	吨	11589	47383	21836	11139	8737
规模以上工业企业个数	个	113	223	130	100	73
规模以上工业总产值(现价)	万元	1179382	1755192	523621	500778	201139
城镇固定资产投资完成额	万元	713719	1107778	483496	568100	143543
四、教育、卫生和社会保障						
普通中学在校学生数	人	17699	25382	14681	6729	5044
小学在校学生数	人	19952	28231	14316	7078	5311
医院、卫生院床位数	床	785	1645	832	432	301
各种社会福利收养性单位数	个	13	18	14	12	11
各种社会福利收养性单位床位数	床	791	1864	988	810	320

2009年县(市)社会经济主要指标

福建省

指标	单位	宁国市	闽侯县	连江县	罗源县	闽清县
一、基本情况						
行政区域土地面积	平方公里	2487	2130	1186	1187	1467
乡(镇)个数	个	13	14	23	11	16
村民委员会个数	个	103	296	242	188	271
年末总户数	户	131687	198931	182929	75825	95094
其中:乡村户数	户	93350	165948	163373	62724	77495
年末总人口	万人	39	64	63	26	31
乡村人口	万人	31	58	57	23	26
年末单位从业人员数	人	26687	78988	36309	13916	20082
乡村从业人员数	人	198054	277700	293575	99816	122292
其中:农林牧渔业	人	96873	98381	146397	46616	62162
农业机械总动力	万千瓦特	20	14	36	8	13
本地电话年末用户	户	115800	109535	158537	44396	63993
二、综合经济						
第一产业增加值	万元	131134	205315	572338	162836	130424
第二产业增加值	万元	606158	1072819	498220	460785	411956
地方财政一般预算收入	万元	89603	163950	75050	37350	28900
地方财政一般预算支出	万元	148515	143000	95500	56500	61000
城乡居民储蓄存款余额	万元	410892	777979	888710	174392	383279
年末金融机构各项贷款余额	万元	636513	595953	549813	224515	199415
三、农业、工业及投资						
粮食总产量	吨	82222	81955	51626	45469	62029
棉花产量	吨	241				
油料产量	吨	14853	1074	1047	89	934
肉类总产量	吨	52662	37210	9870	7053	11428
规模以上工业企业个数	个	266	477	141	136	127
规模以上工业总产值(现价)	万元	1861072	3006344	1404400	1432000	868744
城镇固定资产投资完成额	万元	1224285	1364269	571230	467188	78089
四、教育、卫生和社会保障						
普通中学在校学生数	人	21224	30642	27266	13583	16317
小学在校学生数	人	18164	42117	31703	14322	19963
医院、卫生院床位数	床	1410	670	670	572	972
各种社会福利收养性单位数	个	23	3	1	13	10
各种社会福利收养性单位床位数	床	1340	166	45	150	158

2009 年县(市)社会经济主要指标

福建省

指　　标	单位	永泰县	平潭县	福清市	长乐市	仙游县
一、基本情况						
行政区域土地面积	平方公里	2243	372	1971	658	1835
乡(镇)个数	个	21	15	17	14	17
村民委员会个数	个	254	192	438	235	299
年末总户数	户	110063	110843	381660	212610	300879
其中:乡村户数	户	93051	97611	325987	182506	246989
年末总人口	万人	36	39	125	67	107
乡村人口	万人	33	36	113	62	100
年末单位从业人员数	人	12016	16020	194322	39076	41779
乡村从业人员数	人	180701	185168	543352	264334	491685
其中:农林牧渔业	人	80567	130105	242641	75878	223393
农业机械总动力	万千瓦特	6	29	27	20	27
本地电话年末用户	户	62745	79476	361638	220880	164000
二、综合经济						
第一产业增加值	万元	207036	226932	559156	243915	183084
第二产业增加值	万元	214580	134591	2004157	1588804	521404
地方财政一般预算收入	万元	15870	35495	210498	117100	56666
地方财政一般预算支出	万元	65500	57602	252000	139000	151182
城乡居民储蓄存款余额	万元	268311	320196	3814275	1542389	866011
年末金融机构各项贷款余额	万元	161848	438228	1844722	1753597	613381
三、农业、工业及投资						
粮食总产量	吨	115670	25101	128925	95773	145893
棉花产量	吨			136		
油料产量	吨	2742	9114	29266	1284	13265
肉类总产量	吨	18697	6662	113214	23998	28648
规模以上工业企业个数	个	55	21	423	369	213
规模以上工业总产值(现价)	万元	195382	139200	8504460	6768500	1184012
城镇固定资产投资完成额	万元	74272	97890	2275096	786993	368432
四、教育、卫生和社会保障						
普通中学在校学生数	人	14601	34162	90810	35773	76007
小学在校学生数	人	18607	31505	95629	41134	73209
医院、卫生院床位数	床	685	569	2225	1546	1461
各种社会福利收养性单位数	个	1	11	2	11	12
各种社会福利收养性单位床位数	床	25	157	150	670	165

2009年县(市)社会经济主要指标

福建省

指　标	单位	明溪县	清流县	宁化县	大田县	尤溪县
一、基本情况						
行政区域土地面积	平方公里	1704	1858	2407	2294	3463
乡(镇)个数	个	9	13	16	18	15
村民委员会个数	个	88	111	210	265	250
年末总户数	户	33964	42903	90490	100778	115026
其中:乡村户数	户	25380	31903	73196	79279	99789
年末总人口	万人	12	15	36	37	42
乡村人口	万人	9	13	31	32	38
年末单位从业人员数	人	6524	9794	11126	18975	15917
乡村从业人员数	人	53391	57515	136702	128868	183910
其中:农林牧渔业	人	26858	33904	78424	81995	107714
农业机械总动力	万千瓦特	6	8	13	14	17
本地电话年末用户	户	17568	33747	76294	35537	67993
二、综合经济						
第一产业增加值	万元	84283	85954	154441	157983	271194
第二产业增加值	万元	89884	138320	161630	308983	291906
地方财政一般预算收入	万元	7357	9389	17190	29940	26710
地方财政一般预算支出	万元	31234	27089	72305	65851	73575
城乡居民储蓄存款余额	万元	182048	129467	265895	257160	326412
年末金融机构各项贷款余额	万元	87846	142260	162526	232309	501263
三、农业、工业及投资						
粮食总产量	吨	91994	88246	190811	116060	172348
棉花产量	吨					36
油料产量	吨	2399	3380	5925	1558	1317
肉类总产量	吨	4973	7906	15264	21454	18113
规模以上工业企业个数	个	75	71	89	144	174
规模以上工业总产值(现价)	万元	207907	235900	267064	739930	624750
城镇固定资产投资完成额	万元	135828	159050	198584	339497	299282
四、教育、卫生和社会保障						
普通中学在校学生数	人	5150	7120	18632	29113	26814
小学在校学生数	人	6301	8505	17087	18573	22841
医院、卫生院床位数	床	312	362	880	395	1033
各种社会福利收养性单位数	个	8	1	14	17	15
各种社会福利收养性单位床位数	床	405	92	315	176	366

2009年县(市)社会经济主要指标

福建省

指　　标	单位	沙县	将乐县	泰宁县	建宁县	永安市
一、基本情况						
行政区域土地面积	平方公里	1815	2246	1535	1718	2932
乡(镇)个数	个	10	13	9	9	11
村民委员会个数	个	171	135	111	92	228
年末总户数	户	74436	46624	37197	40354	96798
其中:乡村户数	户	49316	38952	27764	31051	50031
年末总人口	万人	25	17	13	15	32
乡村人口	万人	19	15	11	13	19
年末单位从业人员数	人	20819	10469	8362	7786	31031
乡村从业人员数	人	87449	86694	55840	57017	108393
其中:农林牧渔业	人	36951	46144	31611	38006	60540
农业机械总动力	万千瓦特	9	6	5	11	16
本地电话年末用户	户	73266	23143	22361	37700	84335
二、综合经济						
第一产业增加值	万元	156380	96846	90291	99197	173119
第二产业增加值	万元	401373	204365	148967	148527	767893
地方财政一般预算收入	万元	38763	20268	10636	8098	74422
地方财政一般预算支出	万元	73189	43515	44013	35390	99581
城乡居民储蓄存款余额	万元	389623	204173	142161	141225	559102
年末金融机构各项贷款余额	万元	754741	300153	130136	89733	690735
三、农业、工业及投资						
粮食总产量	吨	87552	80829	64051	100484	110367
棉花产量	吨		2	70		5
油料产量	吨	1892	1225	2001	400	1774
肉类总产量	吨	26266	8080	6725	6717	23542
规模以上工业企业个数	个	172	86	70	78	258
规模以上工业总产值(现价)	万元	1503368	425047	258583	252200	2114246
城镇固定资产投资完成额	万元	642166	263950	222898	147804	547973
四、教育、卫生和社会保障						
普通中学在校学生数	人	13243	8565	5763	7076	17573
小学在校学生数	人	17878	9675	7424	8017	20251
医院、卫生院床位数	床	288	520	431	485	1692
各种社会福利收养性单位数	个	15	1	6	8	4
各种社会福利收养性单位床位数	床	315	50	162	81	40

2009 年县(市)社会经济主要指标

福建省

指　　标	单位	惠安县	安溪县	永春县	德化县	金门县
一、基本情况						
行政区域土地面积	平方公里	622	3057	1457	2232	
乡(镇)个数	个	16	24	22	18	
村民委员会个数	个	284	435	209	191	
年末总户数	户	253906	285343	161030	87124	
其中:乡村户数	户	227335	268291	128042	77426	
年末总人口	万人	95	108	56	32	
乡村人口	万人	87	104	46	28	
年末单位从业人员数	人	214818	73359	42012	27804	
乡村从业人员数	人	463838	482696	224522	157748	
其中:农林牧渔业	人	118218	215636	109162	59620	
农业机械总动力	万千瓦特	19	75	25	7	
本地电话年末用户	户	401943	200000	141533	100793	
二、综合经济						
第一产业增加值	万元	207987	208921	135512	68675	
第二产业增加值	万元	2016992	1348819	721235	480003	
地方财政一般预算收入	万元	157942	87229	53502	42970	
地方财政一般预算支出	万元	215564	156247	102565	79259	
城乡居民储蓄存款余额	万元	1255628	911900	586470	312279	
年末金融机构各项贷款余额	万元	1203068	892852	421597	360969	
三、农业、工业及投资						
粮食总产量	吨	118544	148579	127839	90559	
棉花产量	吨					
油料产量	吨	22309	1206	182	11	
肉类总产量	吨	34286	37574	22787	25747	
规模以上工业企业个数	个	624	300	165	220	
规模以上工业总产值(现价)	万元	4924636	2788533	1306625	924825	
城镇固定资产投资完成额	万元	1161100	350894	145811	175585	
四、教育、卫生和社会保障						
普通中学在校学生数	人	62530	69999	28295	10954	
小学在校学生数	人	56131	62811	31240	18127	
医院、卫生院床位数	床	1970	1571	1298	596	
各种社会福利收养性单位数	个	8	16	9	6	
各种社会福利收养性单位床位数	床	222	403	240	145	

2009年县(市)社会经济主要指标

福建省

指　　标	单位	石狮市	晋江市	南安市	云霄县	漳浦县
一、基本情况						
行政区域土地面积	平方公里	160	642	1985	1051	2145
乡(镇)个数	个	7	13	23	9	21
村民委员会个数	个	101	293	384	162	294
年末总户数	户	84052	284620	393510	111646	224512
其中:乡村户数	户	64622	268159	259588	87175	201555
年末总人口	万人	32	105	150	43	84
乡村人口	万人	24	104	113	35	79
年末单位从业人员数	人	74905	512854	84178	22215	56212
乡村从业人员数	人	125978	622912	775552	163526	427068
其中:农林牧渔业	人	28958	132842	121484	100892	258686
农业机械总动力	万千瓦特	30	35	32	17	28
本地电话年末用户	户	334287	662000	616753	68846	167902
二、综合经济						
第一产业增加值	万元	127092	132229	167411	182874	373086
第二产业增加值	万元	1766606	5108663	2563557	169373	380723
地方财政一般预算收入	万元	154143	370720	163508	23166	51369
地方财政一般预算支出	万元	181603	409134	234368	73481	143681
城乡居民储蓄存款余额	万元	2345239	4243544	2660270	172820	420279
年末金融机构各项贷款余额	万元	1946180	4206955	2699313	155482	398444
三、农业、工业及投资						
粮食总产量	吨	12285	67590	192193	99224	201345
棉花产量	吨					
油料产量	吨	1485	8333	12618	3567	17644
肉类总产量	吨	1820	23762	58885	11598	33563
规模以上工业企业个数	个	367	1431	882	134	174
规模以上工业总产值(现价)	万元	4592675	15152815	5924593	411681	768732
城镇固定资产投资完成额	万元	835287	1719331	809860	168573	919108
四、教育、卫生和社会保障						
普通中学在校学生数	人	23896	86618	97600	23755	40388
小学在校学生数	人	42624	146085	88033	33304	52898
医院、卫生院床位数	床	1344	3243	2782	699	1347
各种社会福利收养性单位数	个	1	6	8		10
各种社会福利收养性单位床位数	床	260	574	395		372

2009年县(市)社会经济主要指标

福建省

指　　标	单位	诏安县	长泰县	东山县	南靖县	平和县
一、基本情况						
行政区域土地面积	平方公里	1293	900	249	1962	2310
乡(镇)个数	个	15	5	7	11	15
村民委员会个数	个	217	57	61	185	240
年末总户数	户	152336	55505	59683	95684	162348
其中:乡村户数	户	135394	43844	35233	81719	138389
年末总人口	万人	59	20	21	35	58
乡村人口	万人	54	16	14	31	54
年末单位从业人员数	人	25280	27289	18181	25472	21562
乡村从业人员数	人	309733	89482	79324	160552	270405
其中:农林牧渔业	人	200506	37766	38991	91932	149172
农业机械总动力	万千瓦特	12	11	25	18	27
本地电话年末用户	户	124177	49200	65000	96000	93809
二、综合经济						
第一产业增加值	万元	255595	99936	171549	266597	306336
第二产业增加值	万元	281677	344987	231003	370757	152157
地方财政一般预算收入	万元	24480	31266	28916	46248	22440
地方财政一般预算支出	万元	74745	64357	67386	82539	79400
城乡居民储蓄存款余额	万元	291358	220254	208164	363527	322154
年末金融机构各项贷款余额	万元	164254	197813	304471	282970	172951
三、农业、工业及投资						
粮食总产量	吨	102822	31754	7343	44606	71103
棉花产量	吨					
油料产量	吨	4871	2037	2592	798	1795
肉类总产量	吨	12348	19534	3880	30033	22362
规模以上工业企业个数	个	157	204	125	200	92
规模以上工业总产值(现价)	万元	651051	991045	622100	1227665	306697
城镇固定资产投资完成额	万元	240574	393488	191057	276575	154188
四、教育、卫生和社会保障						
普通中学在校学生数	人	32414	9666	11830	16634	31441
小学在校学生数	人	42253	12361	13225	21816	52480
医院、卫生院床位数	床	661	349	393	582	556
各种社会福利收养性单位数	个	8	5	5	13	12
各种社会福利收养性单位床位数	床	224	80	60	265	500

2009年县(市)社会经济主要指标

福建省

指　　标	单位	华安县	龙海市	顺昌县	浦城县	光泽县
一、基本情况						
行政区域土地面积	平方公里	1278	1313	1992	3375	2240
乡(镇)个数	个	9	13	11	17	8
村民委员会个数	个	91	234	130	286	85
年末总户数	户	49823	218715	72489	125161	45470
其中:乡村户数	户	41514	176623	46458	102385	33538
年末总人口	万人	16	81	24	42	16
乡村人口	万人	14	69	18	35	13
年末单位从业人员数	人	13025	72006	17950	16935	16278
乡村从业人员数	人	76174	372518	103243	196171	67399
其中:农林牧渔业	人	48009	151599	75417	95712	52223
农业机械总动力	万千瓦特	7	39	10	16	7
本地电话年末用户	户	36450	270198	78162	66765	94671
二、综合经济						
第一产业增加值	万元	106813	338060	103403	163372	102650
第二产业增加值	万元	154383	1736639	154404	182233	98191
地方财政一般预算收入	万元	16900	174029	15448	21005	11148
地方财政一般预算支出	万元	43966	238632	38010	64195	40420
城乡居民储蓄存款余额	万元	136559	994615	268872	365394	148474
年末金融机构各项贷款余额	万元	180345	942685	229702	269505	121589
三、农业、工业及投资						
粮食总产量	吨	15816	104465	78515	237188	90663
棉花产量	吨			1		
油料产量	吨	355	2897	1012	10195	1440
肉类总产量	吨	11777	41127	7539	16476	80646
规模以上工业企业个数	个	60	390	79	135	40
规模以上工业总产值(现价)	万元	317899	5418156	370582	359092	247451
城镇固定资产投资完成额	万元	212423	1003749	126828	411381	69092
四、教育、卫生和社会保障						
普通中学在校学生数	人	7025	46855	15856	20511	9275
小学在校学生数	人	9489	56922	12032	26285	10309
医院、卫生院床位数	床	299	1409	702	749	443
各种社会福利收养性单位数	个	8	18	15	12	9
各种社会福利收养性单位床位数	床	250	276	305	789	226

2009年县(市)社会经济主要指标

福建省

指标	单位	松溪县	政和县	邵武市	武夷山市	建瓯市
一、基本情况						
行政区域土地面积	平方公里	1040	1735	2852	2814	4214
乡(镇)个数	个	8	9	15	7	14
村民委员会个数	个	102	124	132	115	217
年末总户数	户	47846	63022	93914	64873	159908
其中:乡村户数	户	40243	48959	55826	45643	125994
年末总人口	万人	16	22	30	23	53
乡村人口	万人	14	19	20	17	45
年末单位从业人员数	人	6561	7434	34727	21088	24274
乡村从业人员数	人	74191	93362	106194	101760	221152
其中:农林牧渔业	人	48941	70673	53961	67806	138573
农业机械总动力	万千瓦特	9	6	19	12	25
本地电话年末用户	户	29223	33526	64897	42523	74388
二、综合经济						
第一产业增加值	万元	70345	68768	168365	109647	244667
第二产业增加值	万元	59952	59455	379242	175282	286374
地方财政一般预算收入	万元	7923	8310	44049	34924	31362
地方财政一般预算支出	万元	31495	38909	77533	75579	84947
城乡居民储蓄存款余额	万元	141133	137394	486556	336834	442297
年末金融机构各项贷款余额	万元	138924	90155	517196	418119	559483
三、农业、工业及投资						
粮食总产量	吨	64567	89353	206767	139106	215311
棉花产量	吨			8		
油料产量	吨	1096	507	5240	2316	3487
肉类总产量	吨	4468	4429	18585	11451	15945
规模以上工业企业个数	个	49	57	196	80	197
规模以上工业总产值(现价)	万元	110760	105596	1076429	269300	719867
城镇固定资产投资完成额	万元	53877	31991	549559	787983	451265
四、教育、卫生和社会保障						
普通中学在校学生数	人	7803	13049	16577	10847	25020
小学在校学生数	人	10178	15323	17347	13775	31523
医院、卫生院床位数	床	436	585	1085	506	1076
各种社会福利收养性单位数	个	8	14	13	16	15
各种社会福利收养性单位床位数	床	204	274	400	313	495

2009年县（市）社会经济主要指标

福建省

指　　标	单位	建阳市	长汀县	永定县	上杭县	武平县
一、基本情况						
行政区域土地面积	平方公里	3378	3100	2223	2879	2635
乡(镇)个数	个	11	18	24	22	17
村民委员会个数	个	193	290	261	331	214
年末总户数	户	93993	140479	136100	131297	102706
其中:乡村户数	户	68476	99935	116225	114575	86344
年末总人口	万人	34	50	48	50	37
乡村人口	万人	27	39	44	45	35
年末单位从业人员数	人	18956	44682	22417	32264	17683
乡村从业人员数	人	134629	211719	249103	253424	167728
其中:农林牧渔业	人	86483	84973	106783	109741	72875
农业机械总动力	万千瓦特	27	13	18	14	11
本地电话年末用户	户	59514	99000	79527	110000	70777
二、综合经济						
第一产业增加值	万元	165570	170540	165486	191582	158009
第二产业增加值	万元	274909	260015	456960	611036	206991
地方财政一般预算收入	万元	31217	24405	56849	67050	20401
地方财政一般预算支出	万元	64606	88639	114445	117467	80666
城乡居民储蓄存款余额	万元	377020	301491	396284	592970	227466
年末金融机构各项贷款余额	万元	412992	421498	360609	600011	233892
三、农业、工业及投资						
粮食总产量	吨	219118	169127	109885	160331	205007
棉花产量	吨					
油料产量	吨	1169	5180	1281	1473	2791
肉类总产量	吨	9665	50134	66205	70979	53097
规模以上工业企业个数	个	119	110	146	102	115
规模以上工业总产值(现价)	万元	743041	542294	760047	884340	334924
城镇固定资产投资完成额	万元	421925	291111	256451	402545	274057
四、教育、卫生和社会保障						
普通中学在校学生数	人	17946	30092	23806	31702	21066
小学在校学生数	人	20476	30574	24518	23829	18724
医院、卫生院床位数	床	1235	1199	1253	1108	649
各种社会福利收养性单位数	个	18	17	22	20	19
各种社会福利收养性单位床位数	床	270	235	237	500	360

2009年县(市)社会经济主要指标

福建省

指　　标	单位	连城县	漳平市	霞浦县	古田县	屏南县
一、基本情况						
行政区域土地面积	平方公里	2579	2975	1678	2403	1498
乡(镇)个数	个	17	14	12	12	11
村民委员会个数	个	232	173	292	275	151
年末总户数	户	100582	80253	154134	128377	52403
其中:乡村户数	户	82223	63620	113806	109240	40619
年末总人口	万人	33	28	52	43	18
乡村人口	万人	29	23	44	37	16
年末单位从业人员数	人	16670	23490	17001	15293	8451
乡村从业人员数	人	149506	123412	219207	186783	78296
其中:农林牧渔业	人	70150	81511	118162	132640	57894
农业机械总动力	万千瓦特	10	11	26	15	6
本地电话年末用户	户	68390	59355	112204	126370	30862
二、综合经济						
第一产业增加值	万元	147682	127330	200733	194641	66986
第二产业增加值	万元	228923	295480	221137	246862	103411
地方财政一般预算收入	万元	20602	32253	23683	23567	10009
地方财政一般预算支出	万元	68562	72245	79715	73786	40043
城乡居民储蓄存款余额	万元	185314	281852	202633	371972	110900
年末金融机构各项贷款余额	万元	197785	412628	358607	257011	218780
三、农业、工业及投资						
粮食总产量	吨	161518	78067	80529	141632	59791
棉花产量	吨					
油料产量	吨	3480	492	1680	108	
肉类总产量	吨	35195	22618	7318	8543	6475
规模以上工业企业个数	个	139	153	82	69	57
规模以上工业总产值(现价)	万元	527792	604489	305282	490700	200954
城镇固定资产投资完成额	万元	232032	363040	186950	61777	76776
四、教育、卫生和社会保障						
普通中学在校学生数	人	22749	16450	25356	24400	9248
小学在校学生数	人	14513	15296	26106	18082	8384
医院、卫生院床位数	床	696	748	975	738	401
各种社会福利收养性单位数	个	15	20	15	18	10
各种社会福利收养性单位床位数	床	218	393	245	135	400

2009 年县(市)社会经济主要指标

福建省

指　　标	单位	寿宁县	周宁县	柘荣县	福安市	福鼎市
一、基本情况						
行政区域土地面积	平方公里	1424	1046	544	1880	1526
乡(镇)个数	个	14	9	9	18	13
村民委员会个数	个	196	140	112	439	251
年末总户数	户	71421	54621	32034	184831	163126
其中:乡村户数	户	58293	42679	19538	132474	129256
年末总人口	万人	27	20	10	64	58
乡村人口	万人	24	18	8	53	48
年末单位从业人员数	人	8724	7008	6233	27397	21820
乡村从业人员数	人	106935	77663	36037	198198	261684
其中:农林牧渔业	人	69219	46157	26724	93459	123572
农业机械总动力	万千瓦特	6	4	4	16	19
本地电话年末用户	户	35335	27816	11016	162500	158245
二、综合经济						
第一产业增加值	万元	82379	40925	40504	198334	155102
第二产业增加值	万元	105923	102676	118949	739248	504651
地方财政一般预算收入	万元	8509	8438	5722	55547	53058
地方财政一般预算支出	万元	48508	35067	32752	113037	103653
城乡居民储蓄存款余额	万元	131306	87412	61839	391200	434199
年末金融机构各项贷款余额	万元	161611	205843	110765	801235	1371776
三、农业、工业及投资						
粮食总产量	吨	60292	40285	33310	103104	79233
棉花产量	吨					
油料产量	吨	34	69	824	966	675
肉类总产量	吨	4979	4092	3719	18777	7003
规模以上工业企业个数	个	47	30	58	254	258
规模以上工业总产值(现价)	万元	236000	234300	305025	2188625	1272230
城镇固定资产投资完成额	万元	90340	55639	69947	334930	246395
四、教育、卫生和社会保障						
普通中学在校学生数	人	17148	12916	7367	44752	36043
小学在校学生数	人	19435	9932	6064	37297	31848
医院、卫生院床位数	床	351	475	398	1810	1096
各种社会福利收养性单位数	个	12	9	1	27	13
各种社会福利收养性单位床位数	床	170	130	20	258	550

2009年县(市)社会经济主要指标

福建省、江西省

指　　标	单位	南昌县	新建县	安义县	进贤县	浮梁县
一、基本情况						
行政区域土地面积	平方公里	1839	2338	656	1947	2854
乡(镇)个数	个	16	19	10	21	17
村民委员会个数	个	256	306	105	263	155
年末总户数	户	281543	191340	88028	235450	100051
其中:乡村户数	户	181638	125060	52749	164238	68744
年末总人口	万人	97	72	28	81	28
乡村人口	万人	74	55	20	67	25
年末单位从业人员数	人	69913	38134	17059	21491	18039
乡村从业人员数	人	373784	277674	82050	351073	116084
其中:农林牧渔业	人	212388	201528	31202	155556	54583
农业机械总动力	万千瓦特	123	91	16	88	45
本地电话年末用户	户	153000	141631	58775	102000	60977
二、综合经济						
第一产业增加值	万元	346691	305184	66529	300012	91859
第二产业增加值	万元	1684649	706550	229517	762037	282193
地方财政一般预算收入	万元	122051	66947	20248	34541	25930
地方财政一般预算支出	万元	239633	173494	70244	134285	88990
城乡居民储蓄存款余额	万元	961198	676127	348130	736970	201800
年末金融机构各项贷款余额	万元	991602	608448	302137	362491	138563
三、农业、工业及投资						
粮食总产量	吨	817062	645672	153777	483288	155916
棉花产量	吨		99	1600	243	161
油料产量	吨	10884	28421	13944	42973	5256
肉类总产量	吨	130359	74295	21550	72813	12409
规模以上工业企业个数	个	177	105	67	115	114
规模以上工业总产值(现价)	万元	2509888	1501012	462474	1146785	646372
城镇固定资产投资完成额	万元	1880429	873611	230519	288589	395841
四、教育、卫生和社会保障						
普通中学在校学生数	人	54313	48964	14291	43972	15090
小学在校学生数	人	82531	84607	23469	76889	19420
医院、卫生院床位数	床	1225	1392	388	1162	291
各种社会福利收养性单位数	个	12	15	19	16	18
各种社会福利收养性单位床位数	床	2416	2937	1540	2626	923

2009 年县（市）社会经济主要指标

江西省

指　　标	单位	乐平市	莲花县	上栗县	芦溪县	九江县
一、基本情况						
行政区域土地面积	平方公里	1975	1062	725	968	911
乡(镇)个数	个	16	13	9	10	11
村民委员会个数	个	299	157	154	138	96
年末总户数	户	255342	78426	132744	90615	115178
其中:乡村户数	户	169608	50408	98763	60501	63675
年末总人口	万人	86	26	47	29	32
乡村人口	万人	67	22	45	24	27
年末单位从业人员数	人	49869	12611	11371	8275	18336
乡村从业人员数	人	365398	99176	226210	115576	135434
其中:农林牧渔业	人	137053	54646	96226	37641	66416
农业机械总动力	万千瓦特	82	34	29	27	23
本地电话年末用户	户	80625	38052	34067	30848	50011
二、综合经济						
第一产业增加值	万元	202904	51101	91985	82967	68099
第二产业增加值	万元	700208	101610	516306	377768	224003
地方财政一般预算收入	万元	65907	14004	40416	25456	25094
地方财政一般预算支出	万元	175395	70899	106095	78180	69943
城乡居民储蓄存款余额	万元	659514	218050	219247	191347	267442
年末金融机构各项贷款余额	万元	403988	76907	108072	111036	189477
三、农业、工业及投资						
粮食总产量	吨	377336	129274	149748	123993	65846
棉花产量	吨	717	18		2	15816
油料产量	吨	18593	11847	1645	2358	18551
肉类总产量	吨	32422	14937	28587	39003	14751
规模以上工业企业个数	个	133	82	216	134	47
规模以上工业总产值(现价)	万元	1498259	379175	1555422	972062	432746
城镇固定资产投资完成额	万元	1064043	291529	776235	606817	281017
四、教育、卫生和社会保障						
普通中学在校学生数	人	40801	15960	30161	14384	22813
小学在校学生数	人	79990	21335	42142	23291	24709
医院、卫生院床位数	床	1348	471	735	464	671
各种社会福利收养性单位数	个	21	17	21	12	15
各种社会福利收养性单位床位数	床	2580	1038	1879	1158	2522

2009 年县(市)社会经济主要指标

江西省

指　　标	单位	武宁县	修水县	永修县	德安县	星子县
一、基本情况						
行政区域土地面积	平方公里	3507	4504	2035	927	719
乡(镇)个数	个	19	36	15	13	10
村民委员会个数	个	186	361	147	83	73
年末总户数	户	110124	212618	129941	86820	71599
其中:乡村户数	户	76224	163218	71015	28027	49448
年末总人口	万人	38	81	38	23	26
乡村人口	万人	30	71	28	11	21
年末单位从业人员数	人	13989	21580	26224	10638	11037
乡村从业人员数	人	149964	345108	139935	56495	101969
其中:农林牧渔业	人	82868	190758	92634	30721	43604
农业机械总动力	万千瓦特	31	44	25	15	19
本地电话年末用户	户	72154	70982	64044	34653	43334
二、综合经济						
第一产业增加值	万元	91452	110123	95152	31799	37277
第二产业增加值	万元	222677	219245	329998	171977	82230
地方财政一般预算收入	万元	27362	36873	35719	20621	17777
地方财政一般预算支出	万元	88646	142705	98442	59843	56100
城乡居民储蓄存款余额	万元	304263	385695	308646	267940	164399
年末金融机构各项贷款余额	万元	190030	280591	270941	225662	118726
三、农业、工业及投资						
粮食总产量	吨	155234	225434	233167	43718	80677
棉花产量	吨	2034	444	9774	6400	3367
油料产量	吨	11370	11526	13116	4710	7519
肉类总产量	吨	20010	30344	14991	8045	10609
规模以上工业企业个数	个	76	53	62	92	32
规模以上工业总产值(现价)	万元	617433	433089	1013889	1073750	247353
城镇固定资产投资完成额	万元	354198	318052	601649	305100	314120
四、教育、卫生和社会保障						
普通中学在校学生数	人	14481	42135	19881	10079	17395
小学在校学生数	人	22597	76489	29594	13743	30216
医院、卫生院床位数	床	610	1314	808	380	461
各种社会福利收养性单位数	个	20	45	27	13	13
各种社会福利收养性单位床位数	床	2248	4237	2526	768	1944

2009 年县(市)社会经济主要指标

江西省

指　　标	单位	都昌县	湖口县	彭泽县	瑞昌市	分宜县
一、基本情况						
行政区域土地面积	平方公里	1988	669	1542	1423	1389
乡(镇)个数	个	24	12	13	16	10
村民委员会个数	个	266	129	178	157	128
年末总户数	户	239315	87148	110108	145833	106127
其中:乡村户数	户	169052	54762	72913	83174	61969
年末总人口	万人	80	29	37	45	32
乡村人口	万人	69	22	31	33	22
年末单位从业人员数	人	26691	21524	15472	26297	15447
乡村从业人员数	人	337057	109059	166311	161051	125327
其中:农林牧渔业	人	156792	53706	82843	60700	68722
农业机械总动力	万千瓦特	51	31	41	22	29
本地电话年末用户	户	59915	42644	64814	76218	45016
二、综合经济						
第一产业增加值	万元	106335	58137	74224	74035	101678
第二产业增加值	万元	132649	360081	162093	341853	508927
地方财政一般预算收入	万元	23645	31768	20078	33100	73334
地方财政一般预算支出	万元	136516	77632	78943	96699	128211
城乡居民储蓄存款余额	万元	432297	218780	257837	330306	329499
年末金融机构各项贷款余额	万元	218245	187740	197919	335904	268337
三、农业、工业及投资						
粮食总产量	吨	384795	105825	104554	80033	145069
棉花产量	吨	4798	8973	27107	3543	19
油料产量	吨	20066	25861	35579	16674	3492
肉类总产量	吨	21682	8336	10065	26124	22168
规模以上工业企业个数	个	52	38	45	96	111
规模以上工业总产值(现价)	万元	302216	1100622	440364	1042605	1376582
城镇固定资产投资完成额	万元	208832	830409	410294	588555	878917
四、教育、卫生和社会保障						
普通中学在校学生数	人	57561	18648	24705	24856	12094
小学在校学生数	人	93076	24581	30406	27359	21394
医院、卫生院床位数	床	1031	381	421	763	670
各种社会福利收养性单位数	个	26	14	19	19	14
各种社会福利收养性单位床位数	床	3329	1244	1175	1296	1790

2009年县(市)社会经济主要指标

江西省

指　　标	单位	余江县	贵溪市	赣　县	信丰县	大余县
一、基本情况						
行政区域土地面积	平方公里	937	2480	2993	2878	1368
乡(镇)个数	个	11	18	19	16	11
村民委员会个数	个	122	191	276	260	106
年末总户数	户	101005	164386	169168	218741	109373
其中:乡村户数	户	73687	106547	120941	144341	54022
年末总人口	万人	38	60	61	72	30
乡村人口	万人	30	43	50	59	22
年末单位从业人员数	人	21802	37464	24855	35475	16115
乡村从业人员数	人	146258	217975	267016	302143	109004
其中:农林牧渔业	人	78252	124605	137150	127607	61117
农业机械总动力	万千瓦特	23	38	34	47	25
本地电话年末用户	户	34000	75287	64873	71539	42255
二、综合经济						
第一产业增加值	万元	115000	134858	111014	170473	75275
第二产业增加值	万元	137292	1098676	356049	289644	289810
地方财政一般预算收入	万元	24237	76795	44758	34240	35668
地方财政一般预算支出	万元	93071	150007	136763	116688	94253
城乡居民储蓄存款余额	万元	280888	543262	408836	503319	270854
年末金融机构各项贷款余额	万元	294384	904257	310136	320698	189398
三、农业、工业及投资						
粮食总产量	吨	238541	355289	192509	264601	86913
棉花产量	吨	60		2		
油料产量	吨	12313	6616	5214	12345	3505
肉类总产量	吨	82431	32554	39861	47988	27512
规模以上工业企业个数	个	37	76	49	60	37
规模以上工业总产值(现价)	万元	416985	5946331	1018324	521654	256288
城镇固定资产投资完成额	万元	105413	870786	374749	397546	321683
四、教育、卫生和社会保障						
普通中学在校学生数	人	13318	38546	27377	35912	13369
小学在校学生数	人	36588	42955	62512	63681	23946
医院、卫生院床位数	床	581	934	753	963	707
各种社会福利收养性单位数	个	21	24	29	18	12
各种社会福利收养性单位床位数	床	1260	1628	1078	2092	1477

2009年县(市)社会经济主要指标

江西省

指　　标	单位	上犹县	崇义县	安远县	龙南县	定南县
一、基本情况						
行政区域土地面积	平方公里	1544	2197	2375	1641	1317
乡(镇)个数	个	14	16	18	13	7
村民委员会个数	个	131	124	151	94	119
年末总户数	户	90695	62397	86744	91494	57445
其中:乡村户数	户	67425	42997	68979	63966	38065
年末总人口	万人	30	21	37	31	21
乡村人口	万人	26	17	31	26	17
年末单位从业人员数	人	12920	14633	14814	28894	14046
乡村从业人员数	人	142316	81963	154017	141081	86740
其中:农林牧渔业	人	66421	45921	74573	51989	54129
农业机械总动力	万千瓦特	20	11	13	25	17
本地电话年末用户	户	36426	28293	36438	42863	30863
二、综合经济						
第一产业增加值	万元	63580	57163	89499	77702	47509
第二产业增加值	万元	93404	179930	65411	262830	138509
地方财政一般预算收入	万元	16572	28439	14840	36033	23204
地方财政一般预算支出	万元	69990	68544	89819	77930	69517
城乡居民储蓄存款余额	万元	207609	176078	166489	287273	177157
年末金融机构各项贷款余额	万元	135846	209180	124375	221048	150197
三、农业、工业及投资						
粮食总产量	吨	88845	48172	109543	71026	56108
棉花产量	吨		14			
油料产量	吨	1711	1275	433	2382	161
肉类总产量	吨	16967	8765	15718	24996	57143
规模以上工业企业个数	个	24	28	19	74	26
规模以上工业总产值(现价)	万元	208097	333550	100737	727839	228650
城镇固定资产投资完成额	万元	125734	59916	89129	383666	159728
四、教育、卫生和社会保障						
普通中学在校学生数	人	14265	10330	21939	16633	14613
小学在校学生数	人	24796	14020	38556	22095	16888
医院、卫生院床位数	床	470	393	566	476	652
各种社会福利收养性单位数	个	19	6	20	7	1
各种社会福利收养性单位床位数	床	2851	1010	2728	830	683

2009年县(市)社会经济主要指标

江西省

指标	单位	全南县	宁都县	于都县	兴国县	会昌县
一、基本情况						
行政区域土地面积	平方公里	1521	4053	2893	3214	2722
乡(镇)个数	个	9	24	23	25	19
村民委员会个数	个	86	299	356	304	243
年末总户数	户	58247	258053	259425	224411	128861
其中:乡村户数	户	33919	161717	177998	146267	94917
年末总人口	万人	19	77	100	77	48
乡村人口	万人	14	69	77	62	43
年末单位从业人员数	人	12875	21118	35146	21466	13780
乡村从业人员数	人	69110	355972	367091	330721	234026
其中:农林牧渔业	人	31350	227472	182019	180290	131481
农业机械总动力	万千瓦特	17	43	35	42	15
本地电话年末用户	户	25951	64402	102235	83002	51537
二、综合经济						
第一产业增加值	万元	53663	168106	150249	182228	105611
第二产业增加值	万元	103522	245144	353337	281886	134875
地方财政一般预算收入	万元	19333	29638	36805	26141	25007
地方财政一般预算支出	万元	60699	131861	157600	125981	103000
城乡居民储蓄存款余额	万元	155601	607766	586578	425037	230075
年末金融机构各项贷款余额	万元	97534	352434	252718	346944	146828
三、农业、工业及投资						
粮食总产量	吨	65827	406955	248789	276672	161920
棉花产量	吨					
油料产量	吨	3233	8345	15691	5395	1340
肉类总产量	吨	11831	50409	36922	44832	30920
规模以上工业企业个数	个	27	44	50	39	29
规模以上工业总产值(现价)	万元	194674	232243	835994	451352	307872
城镇固定资产投资完成额	万元	79346	145231	404661	232872	102733
四、教育、卫生和社会保障						
普通中学在校学生数	人	7188	34681	65158	41900	29604
小学在校学生数	人	13442	79604	141320	91625	68548
医院、卫生院床位数	床	528	1008	1504	1197	885
各种社会福利收养性单位数	个	4	30	26	27	26
各种社会福利收养性单位床位数	床	268	5745	4335	2174	4479

2009年县(市)社会经济主要指标

江西省

指　标	单位	寻乌县	石城县	瑞金市	南康市	吉安县
一、基本情况						
行政区域土地面积	平方公里	2311	1582	2448	1845	2117
乡(镇)个数	个	15	10	17	18	19
村民委员会个数	个	173	131	226	274	315
年末总户数	户	92132	86205	171904	256644	138809
其中:乡村户数	户	62229	58807	120661	167087	90609
年末总人口	万人	31	31	65	80	46
乡村人口	万人	27	26	52	67	37
年末单位从业人员数	人	11424	10325	20902	20591	15796
乡村从业人员数	人	135873	124625	252426	362726	187062
其中:农林牧渔业	人	101939	81659	127524	168408	102448
农业机械总动力	万千瓦特	25	20	26	44	55
本地电话年末用户	户	35791	30339	66517	112571	78291
二、综合经济						
第一产业增加值	万元	84446	66767	93333	127283	136702
第二产业增加值	万元	73215	55153	181857	353745	307490
地方财政一般预算收入	万元	17044	12587	31334	48983	44064
地方财政一般预算支出	万元	75899	67691	122764	134045	120048
城乡居民储蓄存款余额	万元	137806	211012	432234	689936	423330
年末金融机构各项贷款余额	万元	115381	137607	348704	459875	192583
三、农业、工业及投资						
粮食总产量	吨	103044	101708	187354	233387	424256
棉花产量	吨		7	2		2
油料产量	吨	1717	1895	11188	15039	18442
肉类总产量	吨	26079	13058	41326	63478	67924
规模以上工业企业个数	个	16	12	32	72	142
规模以上工业总产值(现价)	万元	86256	37587	231404	1057817	2019644
城镇固定资产投资完成额	万元	81138	66096	153616	359517	399315
四、教育、卫生和社会保障						
普通中学在校学生数	人	20845	18909	36030	47503	27779
小学在校学生数	人	32513	33729	64571	80204	33365
医院、卫生院床位数	床	572	780	941	1760	733
各种社会福利收养性单位数	个	17	15	29	25	21
各种社会福利收养性单位床位数	床	1924	2132	4500	3862	1175

2009年县(市)社会经济主要指标

江西省

指　　标	单位	吉水县	峡江县	新干县	永丰县	泰和县
一、基本情况						
行政区域土地面积	平方公里	2509	1287	1252	2680	2666
乡(镇)个数	个	18	11	13	21	22
村民委员会个数	个	249	83	134	217	297
年末总户数	户	169811	54121	105907	126777	177636
其中:乡村户数	户	121231	31989	70652	78864	108172
年末总人口	万人	51	18	32	44	54
乡村人口	万人	38	13	25	36	43
年末单位从业人员数	人	16760	9664	11904	15201	17860
乡村从业人员数	人	203814	60546	128515	168191	208654
其中:农林牧渔业	人	87377	37476	81190	92636	85704
农业机械总动力	万千瓦特	60	22	38	44	62
本地电话年末用户	户	79997	39119	62287	56736	93041
二、综合经济						
第一产业增加值	万元	129890	68061	105482	122858	185781
第二产业增加值	万元	223101	106063	222524	243960	287889
地方财政一般预算收入	万元	25061	16952	25967	26026	41857
地方财政一般预算支出	万元	97093	63091	86013	100995	122926
城乡居民储蓄存款余额	万元	415779	176930	390242	333346	516128
年末金融机构各项贷款余额	万元	217599	146407	229071	182741	295525
三、农业、工业及投资						
粮食总产量	吨	545165	230281	329010	319908	500003
棉花产量	吨		61	148		
油料产量	吨	12277	11567	19737	4757	20417
肉类总产量	吨	41501	9919	78879	17206	64537
规模以上工业企业个数	个	64	30	67	67	69
规模以上工业总产值(现价)	万元	542127	315804	603159	564063	757453
城镇固定资产投资完成额	万元	437207	154641	616718	379923	477619
四、教育、卫生和社会保障						
普通中学在校学生数	人	25751	10812	18371	29317	30948
小学在校学生数	人	44065	17098	26269	38186	35994
医院、卫生院床位数	床	708	344	623	696	1188
各种社会福利收养性单位数	个	22	12	14	26	25
各种社会福利收养性单位床位数	床	2017	1181	1758	2271	2000

2009 年县(市)社会经济主要指标

江西省

指　　标	单位	遂川县	万安县	安福县	永新县	井冈山市
一、基本情况						
行政区域土地面积	平方公里	3102	2047	2796	2200	1276
乡(镇)个数	个	23	16	19	23	17
村民委员会个数	个	308	135	256	238	106
年末总户数	户	161511	95266	116964	143404	47679
其中:乡村户数	户	119745	58766	72316	91746	24232
年末总人口	万人	55	30	39	50	16
乡村人口	万人	49	25	31	40	12
年末单位从业人员数	人	16552	13125	14409	13284	18251
乡村从业人员数	人	260797	128692	147179	208735	57011
其中:农林牧渔业	人	136965	78126	98819	113291	32156
农业机械总动力	万千瓦特	24	32	36	41	8
本地电话年末用户	户	86174	53068	74780	79176	39964
二、综合经济						
第一产业增加值	万元	97102	74246	124537	101952	33189
第二产业增加值	万元	200636	112314	278710	163802	100598
地方财政一般预算收入	万元	27320	20510	36987	18110	19643
地方财政一般预算支出	万元	100639	75605	105057	96964	68588
城乡居民储蓄存款余额	万元	298034	253492	402120	395145	185870
年末金融机构各项贷款余额	万元	189420	127942	174390	101531	103757
三、农业、工业及投资						
粮食总产量	吨	228064	261015	318373	284200	70925
棉花产量	吨					
油料产量	吨	4798	9383	21641	22269	1597
肉类总产量	吨	26613	17573	39597	28782	5799
规模以上工业企业个数	个	63	36	47	38	26
规模以上工业总产值(现价)	万元	355290	254807	600389	331107	184186
城镇固定资产投资完成额	万元	498489	318270	319974	448373	417852
四、教育、卫生和社会保障						
普通中学在校学生数	人	28503	19375	18643	31318	8732
小学在校学生数	人	44429	20703	22356	37997	11228
医院、卫生院床位数	床	1069	588	810	967	422
各种社会福利收养性单位数	个	26	19	21	23	7
各种社会福利收养性单位床位数	床	2400	1897	1465	1334	696

2009年县(市)社会经济主要指标

江西省

指　　标	单位	奉新县	万载县	上高县	宜丰县	靖安县
一、基本情况						
行政区域土地面积	平方公里	1642	1714	1350	1935	1377
乡(镇)个数	个	13	16	13	12	11
村民委员会个数	个	146	181	186	210	75
年末总户数	户	98435	145506	114295	99108	46637
其中:乡村户数	户	60301	108422	67264	53371	27275
年末总人口	万人	31	51	35	28	15
乡村人口	万人	22	42	25	19	10
年末单位从业人员数	人	11272	14430	26868	11940	6381
乡村从业人员数	人	114932	207886	122891	92775	42798
其中:农林牧渔业	人	61966	107582	61356	57511	22944
农业机械总动力	万千瓦特	44	29	40	51	26
本地电话年末用户	户	44292	54832	46501	129000	18537
二、综合经济						
第一产业增加值	万元	89191	105930	103000	103000	37533
第二产业增加值	万元	331698	239228	319574	194900	89300
地方财政一般预算收入	万元	32078	30763	39175	22549	13082
地方财政一般预算支出	万元	91958	108390	106165	87873	54730
城乡居民储蓄存款余额	万元	302072	326849	425356	321231	162915
年末金融机构各项贷款余额	万元	198105	188883	396887	174458	95866
三、农业、工业及投资						
粮食总产量	吨	292787	258252	289714	251800	86714
棉花产量	吨	1432	36	528	366	1012
油料产量	吨	13041	6956	14359	1027	6491
肉类总产量	吨	17800	30546	64283	25068	6814
规模以上工业企业个数	个	73	88	100	73	27
规模以上工业总产值(现价)	万元	1003983	670503	1048603	362774	228906
城镇固定资产投资完成额	万元	437874	190239	462927	188388	75661
四、教育、卫生和社会保障						
普通中学在校学生数	人	12583	26677	23362	13781	5835
小学在校学生数	人	24014	49069	23573	20952	8988
医院、卫生院床位数	床	687	1131	932	716	415
各种社会福利收养性单位数	个	18	19	15	18	11
各种社会福利收养性单位床位数	床	1532	4460	2351	1714	1068

2009年县(市)社会经济主要指标

江西省

指　　标	单位	铜鼓县	丰城市	樟树市	高安市	南城县
一、基本情况						
行政区域土地面积	平方公里	1548	2845	1287	2439	1698
乡(镇)个数	个	9	27	14	20	12
村民委员会个数	个	103	514	239	296	150
年末总户数	户	49426	414014	161586	291852	85740
其中:乡村户数	户	25710	254045	106142	163524	60727
年末总人口	万人	14	136	54	82	31
乡村人口	万人	10	102	39	60	24
年末单位从业人员数	人	8045	58425	29691	23594	13720
乡村从业人员数	人	47809	480271	204928	307236	114241
其中:农林牧渔业	人	31781	202314	108747	180135	69563
农业机械总动力	万千瓦特	25	99	77	103	36
本地电话年末用户	户	23768	147585	77778	127502	35558
二、综合经济						
第一产业增加值	万元	34049	372950	199300	222584	89542
第二产业增加值	万元	61370	1038150	626829	430123	200357
地方财政一般预算收入	万元	13423	129063	60471	52875	30722
地方财政一般预算支出	万元	53250	269896	148500	163686	79573
城乡居民储蓄存款余额	万元	115092	1140955	784152	822590	294629
年末金融机构各项贷款余额	万元	57541	1012267	406767	563532	167300
三、农业、工业及投资						
粮食总产量	吨	43795	918989	541042	719152	263839
棉花产量	吨		378	286	8434	167
油料产量	吨	317	36893	35885	49061	3642
肉类总产量	吨	5906	71369	82068	113498	22541
规模以上工业企业个数	个	24	104	102	104	67
规模以上工业总产值(现价)	万元	123049	2055136	1259609	1260379	409940
城镇固定资产投资完成额	万元	35613	1036224	696185	431138	437862
四、教育、卫生和社会保障						
普通中学在校学生数	人	5645	84061	27770	54282	18169
小学在校学生数	人	9718	146114	43572	58834	32856
医院、卫生院床位数	床	282	3014	1034	1533	545
各种社会福利收养性单位数	个	10	32	18	25	14
各种社会福利收养性单位床位数	床	1614	5890	2488	3977	1301

2009 年县(市)社会经济主要指标

江西省

指　　标	单位	黎川县	南丰县	崇仁县	乐安县	宜黄县
一、基本情况						
行政区域土地面积	平方公里	1729	1911	1520	2413	1945
乡(镇)个数	个	14	12	15	15	12
村民委员会个数	个	108	170	149	175	139
年末总户数	户	77335	87122	92705	121979	64827
其中:乡村户数	户	49133	55980	66457	67761	47052
年末总人口	万人	24	29	35	36	22
乡村人口	万人	18	23	28	28	19
年末单位从业人员数	人	12968	10770	13458	15470	9118
乡村从业人员数	人	98677	120354	137736	138695	88787
其中:农林牧渔业	人	60683	86784	100791	86465	57902
农业机械总动力	万千瓦特	14	27	15	28	17
本地电话年末用户	户	32128	26500	36950	31226	18347
二、综合经济						
第一产业增加值	万元	62972	148640	93161	61012	53759
第二产业增加值	万元	125096	149262	264490	94427	117055
地方财政一般预算收入	万元	22366	26820	24790	18207	17593
地方财政一般预算支出	万元	64669	80843	79991	87136	63274
城乡居民储蓄存款余额	万元	197804	240059	271557	299059	170395
年末金融机构各项贷款余额	万元	120800	167477	136745	146531	115815
三、农业、工业及投资						
粮食总产量	吨	156166	206139	265806	237939	154726
棉花产量	吨			2106		24
油料产量	吨	3614	5648	16137	1576	2025
肉类总产量	吨	17412	11796	75295	9270	8847
规模以上工业企业个数	个	44	52	71	25	65
规模以上工业总产值(现价)	万元	309356	251255	670972	89760	250038
城镇固定资产投资完成额	万元	328585	207001	444886	86984	224163
四、教育、卫生和社会保障						
普通中学在校学生数	人	18337	16152	24050	13812	12275
小学在校学生数	人	21593	24849	34610	39252	20311
医院、卫生院床位数	床	405	600	450	780	426
各种社会福利收养性单位数	个	16	14	18	19	16
各种社会福利收养性单位床位数	床	1312	1155	920	1920	894

2009年县(市)社会经济主要指标

江西省

指　　　标	单位	金溪县	资溪县	东乡县	广昌县	上饶县
一、基本情况						
行政区域土地面积	平方公里	1358	1251	1262	1612	2246
乡(镇)个数	个	13	7	13	11	22
村民委员会个数	个	149	70	137	129	220
年末总户数	户	91288	36929	146207	72254	212150
其中:乡村户数	户	55592	20259	82036	46765	160325
年末总人口	万人	29	11	45	24	77
乡村人口	万人	24	8	32	20	69
年末单位从业人员数	人	10491	9948	31199	30566	18370
乡村从业人员数	人	126608	39287	156314	96924	318406
其中:农林牧渔业	人	79877	11786	97743	63555	128398
农业机械总动力	万千瓦特	32	6	54	10	35
本地电话年末用户	户	28183	10640	47488	26754	66700
二、综合经济						
第一产业增加值	万元	65950	23700	102115	35354	92408
第二产业增加值	万元	137125	67741	277293	70207	417649
地方财政一般预算收入	万元	21605	17102	41648	21888	37036
地方财政一般预算支出	万元	69615	48590	104186	71806	123818
城乡居民储蓄存款余额	万元	217645	154026	353997	105276	426017
年末金融机构各项贷款余额	万元	161059	65392	241346	143702	474527
三、农业、工业及投资						
粮食总产量	吨	323565	38500	292075	103245	178441
棉花产量	吨					28
油料产量	吨	4724	78	8732	360	4988
肉类总产量	吨	14208	2767	89981	4932	13167
规模以上工业企业个数	个	60	36	76	37	90
规模以上工业总产值(现价)	万元	252666	109935	676490	197670	1493078
城镇固定资产投资完成额	万元	233723	144087	562801	121593	450905
四、教育、卫生和社会保障						
普通中学在校学生数	人	14871	7762	25311	15761	51163
小学在校学生数	人	23533	10914	41060	24453	86166
医院、卫生院床位数	床	492	173	587	284	1100
各种社会福利收养性单位数	个	14	8	19	12	22
各种社会福利收养性单位床位数	床	1156	384	1120	425	1948

2009年县(市)社会经济主要指标

江西省

指　　标	单位	广丰县	玉山县	铅山县	横峰县	弋阳县
一、基本情况						
行政区域土地面积	平方公里	1378	1723	2178	655	1593
乡(镇)个数	个	20	16	17	9	16
村民委员会个数	个	155	189	186	63	139
年末总户数	户	227257	169940	121729	62341	108329
其中:乡村户数	户	179947	123355	90544	41001	75778
年末总人口	万人	88	59	44	21	39
乡村人口	万人	71	46	36	17	32
年末单位从业人员数	人	27520	23486	14281	8647	14464
乡村从业人员数	人	383104	207100	177225	82918	158747
其中:农林牧渔业	人	103509	75291	86003	43774	72130
农业机械总动力	万千瓦特	34	29	15	12	28
本地电话年末用户	户	120000	108350	44743	28521	34790
二、综合经济						
第一产业增加值	万元	153102	92898	103711	38433	85245
第二产业增加值	万元	682120	253790	180986	261024	166786
地方财政一般预算收入	万元	60548	34678	28288	23868	25105
地方财政一般预算支出	万元	139764	109218	104320	67222	90718
城乡居民储蓄存款余额	万元	470285	427018	367735	174071	291473
年末金融机构各项贷款余额	万元	399992	353398	189279	165002	251676
三、农业、工业及投资						
粮食总产量	吨	221640	219655	166526	76112	211229
棉花产量	吨	21	103	2	7	18
油料产量	吨	7205	12578	3005	4191	6545
肉类总产量	吨	45135	22016	13322	17378	23144
规模以上工业企业个数	个	136	77	36	48	55
规模以上工业总产值(现价)	万元	1535228	701097	319005	883930	432256
城镇固定资产投资完成额	万元	636683	536312	438409	251554	351593
四、教育、卫生和社会保障						
普通中学在校学生数	人	58730	31423	26319	10565	21272
小学在校学生数	人	78575	48632	45361	18191	36693
医院、卫生院床位数	床	909	1285	729	332	662
各种社会福利收养性单位数	个	23	21	23	1	22
各种社会福利收养性单位床位数	床	2159	2246	1698	120	1856

2009年县(市)社会经济主要指标

江西省

指　　　标	单位	余干县	鄱阳县	万年县	婺源县	德兴市
一、基本情况						
行政区域土地面积	平方公里	2331	4215	1136	2948	2082
乡(镇)个数	个	20	29	12	16	12
村民委员会个数	个	365	518	130	171	82
年末总户数	户	277154	411486	117739	114750	108427
其中:乡村户数	户	184870	318986	70698	82624	57210
年末总人口	万人	98	156	40	36	32
乡村人口	万人	85	134	32	30	22
年末单位从业人员数	人	32005	67454	13376	18560	18285
乡村从业人员数	人	453398	671050	158900	149803	112432
其中:农林牧渔业	人	178558	297605	78768	93213	50796
农业机械总动力	万千瓦特	71	115	9	25	28
本地电话年末用户	户	140100	97603	39846	67544	50992
二、综合经济						
第一产业增加值	万元	220628	243893	77359	66716	67106
第二产业增加值	万元	206492	210713	230040	169937	463320
地方财政一般预算收入	万元	25709	27881	24355	21143	74945
地方财政一般预算支出	万元	147232	215040	100371	75633	132333
城乡居民储蓄存款余额	万元	475623	664667	300517	332246	408614
年末金融机构各项贷款余额	万元	421299	377329	290000	261747	310267
三、农业、工业及投资						
粮食总产量	吨	627401	815588	224113	114971	108210
棉花产量	吨	44	8456	408	70	34
油料产量	吨	21223	94108	8341	8992	4135
肉类总产量	吨	33302	32942	41023	13105	10053
规模以上工业企业个数	个	25	44	66	32	66
规模以上工业总产值(现价)	万元	524705	259552	701177	174176	431819
城镇固定资产投资完成额	万元	397936	383916	251707	268285	432835
四、教育、卫生和社会保障						
普通中学在校学生数	人	67601	93764	30380	18660	13699
小学在校学生数	人	110001	165900	36990	29796	26388
医院、卫生院床位数	床	1022	1660	767	735	746
各种社会福利收养性单位数	个	20	35	24	17	16
各种社会福利收养性单位床位数	床	2571	4073	1106	840	1436

2009年县(市)社会经济主要指标

江西省、山东省

指　　标	单位	长清区	平阴县	济阳县	商河县	章丘市
一、基本情况						
行政区域土地面积	平方公里	1178	827	1076	1162	1855
乡(镇)个数	个	6	7	8	11	14
村民委员会个数	个	590	337	852	963	908
年末总户数	户	164430	132577	158114	173947	301612
其中:乡村户数	户	124643	84713	118157	132655	244346
年末总人口	万人	56	37	55	62	101
乡村人口	万人	44	29	48	52	82
年末单位从业人员数	人	87957	48688	49947	33387	145608
乡村从业人员数	人	213811	156583	269272	279126	474787
其中:农林牧渔业	人	93094	71903	104291	143378	128025
农业机械总动力	万千瓦特	47	42	98	86	114
本地电话年末用户	户	114485	122288	131288	97433	270135
二、综合经济						
第一产业增加值	万元	257882	184060	306130	283077	476649
第二产业增加值	万元	1185000	953641	935193	299571	2442001
地方财政一般预算收入	万元	44673	41970	50091	22637	230230
地方财政一般预算支出	万元	98720	81305	97191	89118	301788
城乡居民储蓄存款余额	万元		428748	368696	325730	1543060
年末金融机构各项贷款余额	万元		343587	236247	264803	1333261
三、农业、工业及投资						
粮食总产量	吨	341971	217778	516559	744610	659738
棉花产量	吨	375	4558	6403	11214	7995
油料产量	吨	16485	10599	17422	593	9729
肉类总产量	吨	35421	41631	53884	80458	100724
规模以上工业企业个数	个	203	154	249	139	445
规模以上工业总产值(现价)	万元	3755073	3001627	3073420	679171	6879265
城镇固定资产投资完成额	万元	1453110	475918	645345	155869	1929116
四、教育、卫生和社会保障						
普通中学在校学生数	人	26839	18846	24927	23480	58651
小学在校学生数	人	35735	22126	35634	41978	72104
医院、卫生院床位数	床	892	1156	891	900	4571
各种社会福利收养性单位数	个	14	7	8	12	33
各种社会福利收养性单位床位数	床	2860	915	3200	1967	2920

2009 年县(市)社会经济主要指标

山东省

指标	单位	胶州市	即墨市	平度市	胶南市	莱西市
一、基本情况						
行政区域土地面积	平方公里	1313	1780	3167	1802	1568
乡(镇)个数	个	18	23	30	17	15
村民委员会个数	个	811	1033	1785	961	861
年末总户数	户	244169	339863	426010	267005	248870
其中:乡村户数	户	190668	296646	367735	218039	204028
年末总人口	万人	80	113	138	84	74
乡村人口	万人	64	97	120	69	64
年末单位从业人员数	人	135428	129124	72724	192632	94577
乡村从业人员数	人	366120	567699	703071	353602	369755
其中:农林牧渔业	人	105108	170747	371250	134343	180454
农业机械总动力	万千瓦特	100	112	288	69	106
本地电话年末用户	户	211038	375386	290595	181787	359210
二、综合经济						
第一产业增加值	万元	329124	400970	643700	366300	364174
第二产业增加值	万元	2924700	2915700	2331000	2815200	1764400
地方财政一般预算收入	万元	208377	225849	165365	261567	141235
地方财政一般预算支出	万元	255129	277722	278568	327887	160154
城乡居民储蓄存款余额	万元	1514459	2036608	1677397	1228221	1051383
年末金融机构各项贷款余额	万元	1260835	1848434	1019251	1427086	828215
三、农业、工业及投资						
粮食总产量	吨	479972	574779	1478791	330321	628398
棉花产量	吨	94		4435		
油料产量	吨	36038	87496	167475	85765	88049
肉类总产量	吨	52872	67299	188709	60682	171009
规模以上工业企业个数	个	910	764	707	872	799
规模以上工业总产值(现价)	万元	10518250	12089046	7629099	9371337	5260334
城镇固定资产投资完成额	万元	1840991	2045398	1474816	1753316	1410127
四、教育、卫生和社会保障						
普通中学在校学生数	人	43655	64599	66939	42947	45789
小学在校学生数	人	56519	72281	84553	51123	33392
医院、卫生院床位数	床	2521	4320	2829	2155	2835
各种社会福利收养性单位数	个	19	29	56	24	46
各种社会福利收养性单位床位数	床	2750	3064	2368	1500	2858

2009年县(市)社会经济主要指标

山东省

指　　标	单位	桓台县	高青县	沂源县	滕州市	垦利县
一、基本情况						
行政区域土地面积	平方公里	499	831	1636	1496	2204
乡(镇)个数	个	11	9	13	21	7
村民委员会个数	个	335	759	626	1039	333
年末总户数	户	156345	103645	204577	536425	69499
其中:乡村户数	户	122762	88304	160938	343537	52860
年末总人口	万人	50	37	56	167	22
乡村人口	万人	42	32	48	127	18
年末单位从业人员数	人	64134	124687	58070	205849	24456
乡村从业人员数	人	231389	186123	317645	744168	82604
其中:农林牧渔业	人	100365	86521	194159	379246	43263
农业机械总动力	万千瓦特	60	59	38	123	43
本地电话年末用户	户	115429	93800	103370	298273	52981
二、综合经济						
第一产业增加值	万元	126646	148997	169270	495254	118903
第二产业增加值	万元	1994250	528033	763843	3050300	1364562
地方财政一般预算收入	万元	131462	48736	75516	226606	70117
地方财政一般预算支出	万元	176874	84327	130287	330943	107359
城乡居民储蓄存款余额	万元	963293	334891	577606	1692076	714989
年末金融机构各项贷款余额	万元	1794827	388939	633606	2740700	1310238
三、农业、工业及投资						
粮食总产量	吨	361814	477852	70844	816496	78412
棉花产量	吨	515	7394	490	1232	30533
油料产量	吨	107	2067	13542	36185	1257
肉类总产量	吨	13888	28593	31090	114897	22593
规模以上工业企业个数	个	360	140	170	578	164
规模以上工业总产值(现价)	万元	8984728	1559773	2449662	9554865	7041100
城镇固定资产投资完成额	万元	1394282	238910	282678	1516310	1210015
四、教育、卫生和社会保障						
普通中学在校学生数	人	34801	17690	42306	95983	14851
小学在校学生数	人	29247	21777	30455	97776	12072
医院、卫生院床位数	床	2533	794	1215	3827	798
各种社会福利收养性单位数	个	12	9	14	24	8
各种社会福利收养性单位床位数	床	885	869	930	5940	835

2009年县(市)社会经济主要指标

山东省

指　　标	单位	利津县	广饶县	长岛县	龙口市	莱阳市
一、基本情况						
行政区域土地面积	平方公里	1666	1138	56	893	1732
乡(镇)个数	个	9	10	8	10	18
村民委员会个数	个	510	557	40	611	784
年末总户数	户	84647	151123	15803	230508	282915
其中:乡村户数	户	76317	125553	9729	174267	237626
年末总人口	万人	30	50	4	63	88
乡村人口	万人	26	42	3	49	75
年末单位从业人员数	人	15521	60794	4913	70209	67218
乡村从业人员数	人	139664	257516	14227	266806	421996
其中:农林牧渔业	人	74638	102609	7851	123819	240894
农业机械总动力	万千瓦特	37	89	3	79	120
本地电话年末用户	户	40374	106978	21017	218578	243944
二、综合经济						
第一产业增加值	万元	177420	264544	240005	292270	284568
第二产业增加值	万元	705465	2795893	41281	4042488	1832473
地方财政一般预算收入	万元	36306	126856	10018	291660	70050
地方财政一般预算支出	万元	86443	181222	30483	321807	110116
城乡居民储蓄存款余额	万元	297811	902622	158070	2349859	1238980
年末金融机构各项贷款余额	万元	448951	3166181	79640	2414264	1023153
三、农业、工业及投资						
粮食总产量	吨	106385	510456	384	131142	509160
棉花产量	吨	44807	23699			42
油料产量	吨	1590	5		9656	78364
肉类总产量	吨	56725	72294	22	36851	70728
规模以上工业企业个数	个	144	253	20	373	317
规模以上工业总产值(现价)	万元	4149764	13725278	84188	15877187	6942962
城镇固定资产投资完成额	万元	493896	1845330	32893	3006597	748369
四、教育、卫生和社会保障						
普通中学在校学生数	人	10525	25725	3254	56212	49306
小学在校学生数	人	20052	34530	2140	31229	29974
医院、卫生院床位数	床	850	2321	203	3940	3199
各种社会福利收养性单位数	个	8	10	4	17	21
各种社会福利收养性单位床位数	床	847	1348	120	2488	2374

2009年县(市)社会经济主要指标

山东省

指　　标	单位	莱州市	蓬莱市	招远市	栖霞市	海阳市
一、基本情况						
行政区域土地面积	平方公里	1878	1129	1433	2016	1887
乡(镇)个数	个	16	12	14	15	14
村民委员会个数	个	998	584	724	953	732
年末总户数	户	269798	169464	207625	249944	248463
其中:乡村户数	户	241350	140441	160091	199331	217499
年末总人口	万人	86	45	57	63	67
乡村人口	万人	69	37	45	55	59
年末单位从业人员数	人	87159	63012	58054	34420	33754
乡村从业人员数	人	369669	202296	217374	294391	354646
其中:农林牧渔业	人	156422	108914	111956	240177	185730
农业机械总动力	万千瓦特	133	77	78	127	81
本地电话年末用户	户	309415	160308	147095	188868	187597
二、综合经济						
第一产业增加值	万元	417932	209185	220479	314332	400179
第二产业增加值	万元	2730003	2038184	2603834	687776	964237
地方财政一般预算收入	万元	191288	127730	180000	32029	100008
地方财政一般预算支出	万元	228040	159671	207830	87005	137384
城乡居民储蓄存款余额	万元	2238081	1284693	1472630	851308	978989
年末金融机构各项贷款余额	万元	997407	1352660	1033517	466223	700526
三、农业、工业及投资						
粮食总产量	吨	633677	142187	303714	271394	362112
棉花产量	吨	244				
油料产量	吨	53991	47643	68690	67416	77700
肉类总产量	吨	91036	47831	40806	19522	36692
规模以上工业企业个数	个	450	350	390	269	341
规模以上工业总产值(现价)	万元	9642457	9624400	10258641	1917691	2834230
城镇固定资产投资完成额	万元	1465053	1487115	1941472	229095	1391488
四、教育、卫生和社会保障						
普通中学在校学生数	人	48855	25804	35807	35831	37298
小学在校学生数	人	37826	18089	24436	22157	24167
医院、卫生院床位数	床	2931	2968	2515	1390	2388
各种社会福利收养性单位数	个	17	16	19	15	16
各种社会福利收养性单位床位数	床	2215	1730	2121	1400	2300

2009年县(市)社会经济主要指标

山东省

指　　标	单位	临朐县	昌乐县	青州市	诸城市	寿光市
一、基本情况						
行政区域土地面积	平方公里	1831	1101	1569	2183	2057
乡(镇)个数	个	10	9	12	13	14
村民委员会个数	个	877	453	1002	1329	968
年末总户数	户	291637	188065	271198	316714	310106
其中:乡村户数	户	219057	151319	170513	258534	246324
年末总人口	万人	87	61	91	107	103
乡村人口	万人	77	52	60	88	87
年末单位从业人员数	人	48980	44588	55615	89992	70102
乡村从业人员数	人	419487	266501	213069	442596	406985
其中:农林牧渔业	人	200807	132823	123152	179848	231250
农业机械总动力	万千瓦特	48	62	151	116	134
本地电话年末用户	户	172941	139681	191407	277580	248150
二、综合经济						
第一产业增加值	万元	229298	236624	304870	416887	606393
第二产业增加值	万元	612260	762694	1726648	2511325	2046970
地方财政一般预算收入	万元	32655	82200	147274	246166	251189
地方财政一般预算支出	万元	104969	104688	196308	267413	273717
城乡居民储蓄存款余额	万元	1007027	797443	2049287	1571712	2254984
年末金融机构各项贷款余额	万元	686411	950848	1754152	2106988	2620399
三、农业、工业及投资						
粮食总产量	吨	347058	300014	448590	847298	658162
棉花产量	吨	368	1521	261	2256	22787
油料产量	吨	11716	47532	38	57026	254
肉类总产量	吨	144035	95766	71184	309538	117198
规模以上工业企业个数	个	319	374	529	867	557
规模以上工业总产值(现价)	万元	2399903	3873597	6620596	10626928	7514896
城镇固定资产投资完成额	万元	734873	825059	1689278	1422291	1278860
四、教育、卫生和社会保障						
普通中学在校学生数	人	39555	36105	55922	65826	63058
小学在校学生数	人	45356	34843	62701	72853	72685
医院、卫生院床位数	床	1626	2170	4582	4218	3640
各种社会福利收养性单位数	个	18	12	19	24	4
各种社会福利收养性单位床位数	床	2000	747	2750	2788	2360

2009年县(市)社会经济主要指标

山东省

指　　标	单位	安丘市	高密市	昌邑市	微山县	鱼台县
一、基本情况						
行政区域土地面积	平方公里	1710	1527	1628	1780	654
乡(镇)个数	个	12	10	9	13	10
村民委员会个数	个	1231	883	691	523	392
年末总户数	户	281423	268635	181813	189709	129662
其中:乡村户数	户	228445	228260	151675	158506	97810
年末总人口	万人	94	86	58	72	47
乡村人口	万人	81	77	50	61	40
年末单位从业人员数	人	97214	70132	30561	51655	21651
乡村从业人员数	人	422448	412877	261922	358805	224758
其中:农林牧渔业	人	273213	179945	96855	168244	132531
农业机械总动力	万千瓦特	154	148	150	71	130
本地电话年末用户	户	165019	202978	169401	107150	84972
二、综合经济						
第一产业增加值	万元	315444	343140	254637	243769	199956
第二产业增加值	万元	806961	1821083	1176783	1076700	414800
地方财政一般预算收入	万元	50050	142800	95776	110606	32346
地方财政一般预算支出	万元	122735	183876	119073	141836	67273
城乡居民储蓄存款余额	万元	996409	1109668	1303152	632230	315849
年末金融机构各项贷款余额	万元	968424	1414300	1086147	526785	192801
三、农业、工业及投资						
粮食总产量	吨	424422	825012	492533	335243	361400
棉花产量	吨	5987	4101	10908	858	18387
油料产量	吨	51110	70876	18680	3522	
肉类总产量	吨	102980	174216	100934	53018	32393
规模以上工业企业个数	个	363	687	379	324	259
规模以上工业总产值(现价)	万元	2150027	7113470	5630670	2445498	927958
城镇固定资产投资完成额	万元	533424	986658	647173	686268	550313
四、教育、卫生和社会保障						
普通中学在校学生数	人	49877	46765	33677	27344	28880
小学在校学生数	人	54106	58041	35147	42785	30713
医院、卫生院床位数	床	2453	2266	1525	1980	1020
各种社会福利收养性单位数	个	14	16	11	16	10
各种社会福利收养性单位床位数	床	2484	2617	1303	2118	1329

2009年县(市)社会经济主要指标

山东省

指　　标	单位	金乡县	嘉祥县	汶上县	泗水县	梁山县
一、基本情况						
行政区域土地面积	平方公里	888	973	877	1119	961
乡(镇)个数	个	13	15	14	11	13
村民委员会个数	个	651	713	480	592	672
年末总户数	户	181829	232730	207283	190648	223233
其中:乡村户数	户	146439	195784	178687	156012	179119
年末总人口	万人	63	83	77	62	75
乡村人口	万人	56	72	70	55	66
年末单位从业人员数	人	18923	23624	29533	32749	24954
乡村从业人员数	人	346954	441869	404620	310617	371830
其中:农林牧渔业	人	213604	187323	124866	152284	194623
农业机械总动力	万千瓦特	80	84	81	32	96
本地电话年末用户	户	79500	213260	135522	87062	139331
二、综合经济						
第一产业增加值	万元	332959	195617	235080	215275	262678
第二产业增加值	万元	309000	809800	654100	394600	686100
地方财政一般预算收入	万元	21630	50336	43183	20868	24528
地方财政一般预算支出	万元	72821	115719	104933	70899	88069
城乡居民储蓄存款余额	万元	547123	656385	560900	394992	697746
年末金融机构各项贷款余额	万元	413799	396529	383700	307779	290298
三、农业、工业及投资						
粮食总产量	吨	149298	520039	442694	227915	394927
棉花产量	吨	53671	28657	10862	2309	20549
油料产量	吨	146	2383	59934	52091	24585
肉类总产量	吨	36821	60075	81533	68574	86669
规模以上工业企业个数	个	251	300	284	236	317
规模以上工业总产值(现价)	万元	743801	2080788	1677500	1115037	2218637
城镇固定资产投资完成额	万元	216275	376200	639412	173063	459473
四、教育、卫生和社会保障						
普通中学在校学生数	人	31512	68655	47039	26470	38048
小学在校学生数	人	42772	69396	59103	35226	54343
医院、卫生院床位数	床	1438	1810	1304	1495	1232
各种社会福利收养性单位数	个	13	15	14	14	16
各种社会福利收养性单位床位数	床	1272	1681	1280	1581	511

2009年县(市)社会经济主要指标

山东省

指　　标	单位	曲阜市	兖州市	邹城市	宁阳县	东平县
一、基本情况						
行政区域土地面积	平方公里	815	648	1616	1125	1340
乡(镇)个数	个	12	9	13	12	14
村民委员会个数	个	389	496	869	560	716
年末总户数	户	188671	192700	341421	242240	237826
其中:乡村户数	户	146860	121198	229169	186149	188488
年末总人口	万人	64	63	115	82	79
乡村人口	万人	53	45	83	68	69
年末单位从业人员数	人	62515	40461	153657	105205	53922
乡村从业人员数	人	300350	257633	454804	366765	383891
其中:农林牧渔业	人	153763	112819	230533	149479	203432
农业机械总动力	万千瓦特	64	62	67	82	85
本地电话年末用户	户	97940	287500	777572	123373	64000
二、综合经济						
第一产业增加值	万元	192983	289380	313900	314550	244215
第二产业增加值	万元	926900	2033600	2966100	858200	841200
地方财政一般预算收入	万元	86878	192259	245597	62056	53173
地方财政一般预算支出	万元	138875	202189	283615	122600	119367
城乡居民储蓄存款余额	万元	763850	1174721	1756098	604478	545528
年末金融机构各项贷款余额	万元	514556	1231874	1856358	465370	572774
三、农业、工业及投资						
粮食总产量	吨	505797	424351	586782	611785	675458
棉花产量	吨	1773	658	2189	926	5460
油料产量	吨	7054	9169	65955	70193	18155
肉类总产量	吨	77188	92851	87239	70036	42485
规模以上工业企业个数	个	289	385	480	230	278
规模以上工业总产值(现价)	万元	1949820	6201609	5959269	2522706	2828000
城镇固定资产投资完成额	万元	534368	1351828	1235136	1002287	578704
四、教育、卫生和社会保障						
普通中学在校学生数	人	27562	23865	62972	38351	28935
小学在校学生数	人	37279	32715	67105	49037	50810
医院、卫生院床位数	床	1346	3556	5653	2392	1647
各种社会福利收养性单位数	个	13	13	23	14	14
各种社会福利收养性单位床位数	床	1421	1418	4474	3100	2120

2009 年县(市)社会经济主要指标

山东省

指　　　标	单位	新泰市	肥城市	文登市	荣成市	乳山市
一、基本情况						
行政区域土地面积	平方公里	1933	1277	1780	1495	1654
乡(镇)个数	个	18	13	17	19	15
村民委员会个数	个	887	589	810	826	601
年末总户数	户	464760	311482	249373	245057	213240
其中:乡村户数	户	315068	208678	190567	178802	183838
年末总人口	万人	138	98	64	67	57
乡村人口	万人	106	71	48	43	48
年末单位从业人员数	人	162941	102296	64962	84812	40100
乡村从业人员数	人	637199	382763	271534	219565	278540
其中:农林牧渔业	人	115442	125812	110219	89883	150467
农业机械总动力	万千瓦特	86	83	187	182	125
本地电话年末用户	户	191200	268096	439011	346900	264690
二、综合经济						
第一产业增加值	万元	393900	333380	370941	541710	245627
第二产业增加值	万元	3019000	2522500	3233916	3603893	1920980
地方财政一般预算收入	万元	232909	183109	235945	277288	132867
地方财政一般预算支出	万元	308418	245216	275326	356266	178724
城乡居民储蓄存款余额	万元	1579717	1239181	1679023	2113155	1202576
年末金融机构各项贷款余额	万元	1876347	1433867	1305488	1960387	1343453
三、农业、工业及投资						
粮食总产量	吨	494485	615779	381604	305604	289078
棉花产量	吨	661	1928			
油料产量	吨	71907	8991	84560	68141	92758
肉类总产量	吨	133845	61088	49645	32789	28810
规模以上工业企业个数	个	348	302	560	609	424
规模以上工业总产值(现价)	万元	10584314	9735000	12222724	18470499	7390667
城镇固定资产投资完成额	万元	1782959	1912585	2138295	2914471	1372766
四、教育、卫生和社会保障						
普通中学在校学生数	人	100660	50921	53661	41835	29898
小学在校学生数	人	69550	46972	50161	28085	15075
医院、卫生院床位数	床	5922	3629	4288	5850	3088
各种社会福利收养性单位数	个	32	25	18	25	17
各种社会福利收养性单位床位数	床	4052	2063	5116	4890	3660

2009 年县(市)社会经济主要指标

山东省

指　　标	单位	五莲县	莒　县	沂南县	郯城县	沂水县
一、基本情况						
行政区域土地面积	平方公里	1496	1952	1784	1313	2414
乡(镇)个数	个	12	21	17	17	19
村民委员会个数	个	632	1260	600	674	1057
年末总户数	户	174706	391246	309957	273413	372892
其中:乡村户数	户	141268	334788	263355	242834	323655
年末总人口	万人	51	112	92	101	112
乡村人口	万人	43	100	83	91	99
年末单位从业人员数	人	53455	51600	37065	28471	44852
乡村从业人员数	人	245579	612060	500838	546367	564366
其中:农林牧渔业	人	152306	411880	260500	316030	358650
农业机械总动力	万千瓦特	44	104	64	75	82
本地电话年末用户	户	75498	115558	103617	112487	173670
二、综合经济						
第一产业增加值	万元	141400	314100	256400	220100	259800
第二产业增加值	万元	762500	977300	557600	901600	1053700
地方财政一般预算收入	万元	28863	36802	35127	48507	65000
地方财政一般预算支出	万元	80286	136962	117100	120045	147625
城乡居民储蓄存款余额	万元	623288	879060	725159	680749	1076295
年末金融机构各项贷款余额	万元	415063	728919	412579	472938	734151
三、农业、工业及投资						
粮食总产量	吨	236875	506965	437928	770457	432504
棉花产量	吨	636	517	3086	454	3415
油料产量	吨	46059	86250	72020	22642	78809
肉类总产量	吨	25448	77634	118465	50724	62804
规模以上工业企业个数	个	185	313	248	332	453
规模以上工业总产值(现价)	万元	2720700	2803500	1250000	2930000	3460000
城镇固定资产投资完成额	万元	448048	696747	414140	356485	761698
四、教育、卫生和社会保障						
普通中学在校学生数	人	27640	47445	47778	57784	45488
小学在校学生数	人	30718	68792	65002	58076	59883
医院、卫生院床位数	床	1094	2164	2224	2265	2909
各种社会福利收养性单位数	个	14	21	18	18	19
各种社会福利收养性单位床位数	床	1320	2500	2264	2064	2700

2009年县(市)社会经济主要指标

山东省

指　　标	单位	苍山县	费　县	平邑县	莒南县	蒙阴县
一、基本情况						
行政区域土地面积	平方公里	1800	1893	1823	1751	1602
乡(镇)个数	个	21	18	16	18	11
村民委员会个数	个	1056	563	738	736	464
年末总户数	户	322160	310432	301856	354699	178155
其中:乡村户数	户	307525	259179	253308	245522	147232
年末总人口	万人	122	95	100	100	54
乡村人口	万人	112	88	88	73	44
年末单位从业人员数	人	30738	34088	49987	36081	28630
乡村从业人员数	人	660057	541546	526645	433525	271030
其中:农林牧渔业	人	340664	237931	329733	291963	160700
农业机械总动力	万千瓦特	90	62	63	81	70
本地电话年末用户	户	128497	118660	144481	141063	84280
二、综合经济						
第一产业增加值	万元	397200	257500	250900	274900	218300
第二产业增加值	万元	676900	963100	743900	720800	476100
地方财政一般预算收入	万元	36077	46006	37119	38930	24066
地方财政一般预算支出	万元	134880	125930	123986	136404	90756
城乡居民储蓄存款余额	万元	745676	691617	628674	882625	470728
年末金融机构各项贷款余额	万元	517848	784785	498930	672837	360584
三、农业、工业及投资						
粮食总产量	吨	657747	400425	348198	456920	195323
棉花产量	吨	1616	1804	637	80	1878
油料产量	吨	61317	102246	82253	154078	37840
肉类总产量	吨	39298	59249	69844	104481	21204
规模以上工业企业个数	个	271	389	318	291	200
规模以上工业总产值(现价)	万元	1539000	3090000	1810000	1760000	1430000
城镇固定资产投资完成额	万元	439309	413377	459706	363803	400607
四、教育、卫生和社会保障						
普通中学在校学生数	人	55260	44104	54073	51877	28157
小学在校学生数	人	106127	52054	68828	66558	36411
医院、卫生院床位数	床	2980	2595	2259	2290	1097
各种社会福利收养性单位数	个	22	18	17	18	12
各种社会福利收养性单位床位数	床	4730	2570	1889	2167	1475

2009 年县(市)社会经济主要指标

山东省

指　　　标	单位	临沭县	陵　县	宁津县	庆云县	临邑县
一、基本情况						
行政区域土地面积	平方公里	1051	1213	833	502	1016
乡(镇)个数	个	12	13	11	9	12
村民委员会个数	个	300	402	856	183	182
年末总户数	户	199579	171391	138501	87603	149023
其中:乡村户数	户	175420	127203	110181	68531	108670
年末总人口	万人	65	59	47	31	54
乡村人口	万人	58	47	41	28	43
年末单位从业人员数	人	30494	28789	102357	22622	23916
乡村从业人员数	人	353180	241623	202106	132043	240168
其中:农林牧渔业	人	176216	157709	102179	98257	164528
农业机械总动力	万千瓦特	63	127	185	43	175
本地电话年末用户	户	96105	78248	90113	59900	70104
二、综合经济						
第一产业增加值	万元	148700	217000	172100	73300	204721
第二产业增加值	万元	691600	708000	612900	376000	792900
地方财政一般预算收入	万元	36853	22259	17500	11828	60400
地方财政一般预算支出	万元	99998	72808	62568	47871	102872
城乡居民储蓄存款余额	万元	525223	432982	643349	266152	526788
年末金融机构各项贷款余额	万元	528315	581283	435619	272002	481473
三、农业、工业及投资						
粮食总产量	吨	315659	986482	580637	291842	830796
棉花产量	吨	147	21458	17417	2117	2764
油料产量	吨	167472	2	1852		76
肉类总产量	吨	56918	76256	25898	10976	74601
规模以上工业企业个数	个	289	203	331	171	337
规模以上工业总产值(现价)	万元	2490000	2685363	2588416	1142376	3226600
城镇固定资产投资完成额	万元	594769	603211	714411	324721	856542
四、教育、卫生和社会保障						
普通中学在校学生数	人	34293	16258	22700	14113	19761
小学在校学生数	人	47240	40143	35147	26067	32985
医院、卫生院床位数	床	1495	1589	995	910	1194
各种社会福利收养性单位数	个	12	14	17	10	11
各种社会福利收养性单位床位数	床	1333	1302	1302	552	1001

2009年县(市)社会经济主要指标

山东省

指　　标	单位	齐河县	平原县	夏津县	武城县	乐陵市
一、基本情况						
行政区域土地面积	平方公里	1411	1047	872	750	1172
乡(镇)个数	个	14	12	14	7	16
村民委员会个数	个	381	180	310	267	1089
年末总户数	户	187108	134500	147320	108709	203257
其中:乡村户数	户	138810	104388	128211	89417	164167
年末总人口	万人	63	46	52	39	69
乡村人口	万人	52	37	45	32	61
年末单位从业人员数	人	52623	31346	17717	31143	29232
乡村从业人员数	人	280869	201294	244117	181110	299315
其中:农林牧渔业	人	205484	129876	166912	103325	216406
农业机械总动力	万千瓦特	217	118	94	56	89
本地电话年末用户	户	433000	112060	85443	60862	93096
二、综合经济						
第一产业增加值	万元	193100	176700	159082	129987	217900
第二产业增加值	万元	852800	635500	636107	583800	594300
地方财政一般预算收入	万元	63518	21353	17200	14344	15995
地方财政一般预算支出	万元	109066	69591	67805	55261	78580
城乡居民储蓄存款余额	万元	518630	553218	414111	470050	522548
年末金融机构各项贷款余额	万元	603462	506154	399075	357511	537558
三、农业、工业及投资						
粮食总产量	吨	1290187	812755	240790	358847	766891
棉花产量	吨	19446	17866	50360	32658	20898
油料产量	吨	7211	200	7519	355	365
肉类总产量	吨	90137	56073	31347	18813	68304
规模以上工业企业个数	个	405	262	342	354	302
规模以上工业总产值(现价)	万元	3338560	2565341	2455384	2495184	2604346
城镇固定资产投资完成额	万元	817296	778287	588807	500279	493590
四、教育、卫生和社会保障						
普通中学在校学生数	人	23505	21134	17198	11565	25697
小学在校学生数	人	42973	33615	41094	24944	49752
医院、卫生院床位数	床	1240	894	742	681	1318
各种社会福利收养性单位数	个	14	12	14	8	18
各种社会福利收养性单位床位数	床	1355	936	1025	1265	1286

2009年县(市)社会经济主要指标

山东省

指　　　标	单位	禹城市	阳谷县	莘　县	茌平县	东阿县
一、基本情况						
行政区域土地面积	平方公里	990	1065	1416	1120	799
乡(镇)个数	个	11	15	24	14	9
村民委员会个数	个	383	850	1154	814	559
年末总户数	户	151223	236383	293472	201878	147309
其中:乡村户数	户	110371	185481	236105	136129	102619
年末总人口	万人	52	80	101	60	44
乡村人口	万人	42	69	90	49	38
年末单位从业人员数	人	50237	27188	28128	48330	25042
乡村从业人员数	人	231143	396365	526800	288074	228275
其中:农林牧渔业	人	100638	159089	394895	151286	125200
农业机械总动力	万千瓦特	115	121	223	98	82
本地电话年末用户	户	71100	124570	97059	86295	72978
二、综合经济						
第一产业增加值	万元	235100	277877	375741	294749	111188
第二产业增加值	万元	717300	848700	704400	1437551	684500
地方财政一般预算收入	万元	38905	27266	24139	101098	28802
地方财政一般预算支出	万元	96019	103030	108897	161890	72136
城乡居民储蓄存款余额	万元	474343	825748	708134	589532	441878
年末金融机构各项贷款余额	万元	679974	830686	447358	1148843	418243
三、农业、工业及投资						
粮食总产量	吨	782691	611946	748556	650764	467345
棉花产量	吨	21610	4955	10795	10307	4689
油料产量	吨	1357	20707	32763	25412	698
肉类总产量	吨	70988	63773	142435	56015	22045
规模以上工业企业个数	个	281	189	205	326	175
规模以上工业总产值(现价)	万元	2960381	3482800	2723542	5499100	1837637
城镇固定资产投资完成额	万元	925608	340505	244664	422527	464468
四、教育、卫生和社会保障						
普通中学在校学生数	人	22288	40211	40943	25418	17452
小学在校学生数	人	36152	55594	71500	36358	23135
医院、卫生院床位数	床	1315	1288	1813	1660	1177
各种社会福利收养性单位数	个	12	11	17	8	6
各种社会福利收养性单位床位数	床	995	2182	2029	2900	1580

2009年县(市)社会经济主要指标

山东省

指 标	单位	冠 县	高唐县	临清市	惠民县	阳信县
一、基本情况						
行政区域土地面积	平方公里	1161	949	950	1363	799
乡(镇)个数	个	17	9	12	14	9
村民委员会个数	个	754	184	436	1165	857
年末总户数	户	236916	173002	230463	172259	136266
其中:乡村户数	户	184515	108478	153837	150705	111263
年末总人口	万人	78	49	75	64	45
乡村人口	万人	68	40	56	55	38
年末单位从业人员数	人	33650	51417	39828	26696	23408
乡村从业人员数	人	413200	218361	338115	338635	190579
其中:农林牧渔业	人	255533	142844	219847	185156	98627
农业机械总动力	万千瓦特	128	94	112	80	65
本地电话年末用户	户	86550	59766	156069	138567	109736
二、综合经济						
第一产业增加值	万元	280720	221871	155754	218043	145286
第二产业增加值	万元	729580	1410229	1252946	423557	333885
地方财政一般预算收入	万元	23177	71778	58535	30880	20237
地方财政一般预算支出	万元	91149	115042	102528	108798	69246
城乡居民储蓄存款余额	万元	567128	491533	935680	416567	278879
年末金融机构各项贷款余额	万元	548359	830049	1035842	433982	305390
三、农业、工业及投资						
粮食总产量	吨	583438	452022	484948	539595	468613
棉花产量	吨	15034	23108	19962	31150	6139
油料产量	吨	53133	18798	6711	7075	
肉类总产量	吨	72625	39266	20936	49478	74048
规模以上工业企业个数	个	215	323	409	255	172
规模以上工业总产值(现价)	万元	2959816	5818200	5660700	1440944	1269522
城镇固定资产投资完成额	万元	336582	741566	774800	433819	477637
四、教育、卫生和社会保障						
普通中学在校学生数	人	13144	18789	29611	25845	18350
小学在校学生数	人	44242	31090	48351	42347	30003
医院、卫生院床位数	床	1673	1108	2002	2182	663
各种社会福利收养性单位数	个	4	12	12	15	9
各种社会福利收养性单位床位数	床	1820	1340	1910	1500	900

2009年县(市)社会经济主要指标

山东省

指　　标	单位	无棣县	沾化县	博兴县	邹平县	曹　县
一、基本情况						
行政区域土地面积	平方公里	1984	2116	900	1250	1969
乡(镇)个数	个	11	11	12	16	27
村民委员会个数	个	593	438	448	858	1169
年末总户数	户	147666	129751	151844	201987	401666
其中:乡村户数	户	116052	102397	120529	178983	306519
年末总人口	万人	45	39	49	73	154
乡村人口	万人	38	35	40	64	129
年末单位从业人员数	人	28977	14600	50289	211427	34583
乡村从业人员数	人	246777	208710	217709	367676	678630
其中:农林牧渔业	人	116300	152280	119905	114773	375538
农业机械总动力	万千瓦特	73	40	125	86	199
本地电话年末用户	户	121024	82076	149990	230940	166059
二、综合经济						
第一产业增加值	万元	256164	225689	141692	229223	281240
第二产业增加值	万元	892214	409924	956582	3176841	597959
地方财政一般预算收入	万元	76112	41034	108744	283823	65296
地方财政一般预算支出	万元	120292	87560	148379	327956	166011
城乡居民储蓄存款余额	万元	440168	269421	737203	1048333	696966
年末金融机构各项贷款余额	万元	876436	463359	1288380	3132107	736024
三、农业、工业及投资						
粮食总产量	吨	310082	136646	448702	739591	1058809
棉花产量	吨	40593	37676	12747	11145	10444
油料产量	吨	858	1576	310	1909	12744
肉类总产量	吨	90710	46343	30739	65158	78940
规模以上工业企业个数	个	151	145	248	296	271
规模以上工业总产值(现价)	万元	3200661	1550682	4347369	13638774	2472477
城镇固定资产投资完成额	万元	704668	850565	813671	752829	178020
四、教育、卫生和社会保障						
普通中学在校学生数	人	18838	17756	27142	45768	85799
小学在校学生数	人	30459	23044	38646	55218	152178
医院、卫生院床位数	床	1223	1385	1745	1497	3318
各种社会福利收养性单位数	个	12	11	10	22	28
各种社会福利收养性单位床位数	床	1200	1300	1000	2500	4000

2009 年县(市)社会经济主要指标

山东省

指 标	单位	单 县	成武县	巨野县	郓城县	鄄城县
一、基本情况						
行政区域土地面积	平方公里	1702	949	1303	1643	1041
乡(镇)个数	个	22	12	16	21	16
村民委员会个数	个	502	473	885	1025	440
年末总户数	户	314349	196024	280837	332055	228989
其中:乡村户数	户	281869	152456	226339	277279	191461
年末总人口	万人	121	67	99	119	84
乡村人口	万人	108	55	82	98	71
年末单位从业人员数	人	31119	28055	30014	33848	25585
乡村从业人员数	人	548307	274233	443759	517046	393156
其中:农林牧渔业	人	267358	131300	240795	269174	215847
农业机械总动力	万千瓦特	209	93	196	146	111
本地电话年末用户	户	127860	70326	108678	159898	81898
二、综合经济						
第一产业增加值	万元	294219	180951	216025	283194	189929
第二产业增加值	万元	573942	417421	505199	651055	290405
地方财政一般预算收入	万元	63332	34696	62111	73006	32015
地方财政一般预算支出	万元	161385	90088	140117	158222	96144
城乡居民储蓄存款余额	万元	653993	402081	634784	912991	524478
年末金融机构各项贷款余额	万元	658649	354322	827524	754680	321840
三、农业、工业及投资						
粮食总产量	吨	666107	439688	405715	848693	486749
棉花产量	吨	29776	35123	69190	30089	9105
油料产量	吨	41131	588	8399	29528	61827
肉类总产量	吨	103489	47545	42771	77001	39151
规模以上工业企业个数	个	260	158	192	263	197
规模以上工业总产值(现价)	万元	2082067	1493935	1785670	2191263	1180966
城镇固定资产投资完成额	万元	408388	249054	563268	267575	246879
四、教育、卫生和社会保障						
普通中学在校学生数	人	73774	35837	52022	70667	48560
小学在校学生数	人	105149	56467	83640	123766	74724
医院、卫生院床位数	床	2762	1190	1991	2899	1858
各种社会福利收养性单位数	个	19	12	16	21	16
各种社会福利收养性单位床位数	床	3840	2100	3297	3688	3410

2009年县(市)社会经济主要指标

山东省、河南省

指　　标	单位	定陶县	东明县	中牟县	巩义市	荥阳市
一、基本情况						
行政区域土地面积	平方公里	846	1370	1417	1041	908
乡(镇)个数	个	11	13	17	15	12
村民委员会个数	个	360	400	420	292	283
年末总户数	户	174689	216876	161874	208909	166066
其中:乡村户数	户	143904	160877	151300	172700	131300
年末总人口	万人	66	79	68	81	60
乡村人口	万人	54	62	63	64	48
年末单位从业人员数	人	23048	33288	54954	55705	62753
乡村从业人员数	人	304572	259020	388500	314900	308800
其中:农林牧渔业	人	177090	136748	252000	80300	149000
农业机械总动力	万千瓦特	78	118	96	54	73
本地电话年末用户	户	66547	69748	61000	200607	114807
二、综合经济						
第一产业增加值	万元	179521	183023	367439	55489	174626
第二产业增加值	万元	266303	636900	1257079	2658287	2227647
地方财政一般预算收入	万元	27913	64588	90566	158529	101626
地方财政一般预算支出	万元	85840	131590	177212	243508	173741
城乡居民储蓄存款余额	万元	381926	489162	549936	1197116	763141
年末金融机构各项贷款余额	万元	260097	689730	419015	908526	534255
三、农业、工业及投资						
粮食总产量	吨	481063	516863	351957	155529	321105
棉花产量	吨	9483	33131	2359	652	525
油料产量	吨	4261	48039	101446	4749	13529
肉类总产量	吨	64619	33015	60543	22648	41281
规模以上工业企业个数	个	149	101	228	397	332
规模以上工业总产值(现价)	万元	1004632	2584581	3185327	7873880	6757036
城镇固定资产投资完成额	万元	201946	327540	2084235	1844485	2218241
四、教育、卫生和社会保障						
普通中学在校学生数	人	34445	45109	43471	46292	35153
小学在校学生数	人	54763	78073	62404	49889	37145
医院、卫生院床位数	床	1231	1300	1649	2900	1689
各种社会福利收养性单位数	个	12	13	18	21	18
各种社会福利收养性单位床位数	床	1910	2500	1078	1760	2751

2009年县(市)社会经济主要指标

河南省

指　　标	单位	新密市	新郑市	登封市	杞　县	通许县
一、基本情况						
行政区域土地面积	平方公里	978	887	1219	1248	767
乡(镇)个数	个	13	12	12	21	12
村民委员会个数	个	303	325	303	584	304
年末总户数	户	205234	199281	173131	316831	165811
其中:乡村户数	户	160100	133600	138800	251822	130720
年末总人口	万人	81	62	66	116	65
乡村人口	万人	62	50	55	97	55
年末单位从业人员数	人	40833	61870	56468	33020	27358
乡村从业人员数	人	313700	318000	327300	599112	325041
其中:农林牧渔业	人	93800	164200	140600	420690	270495
农业机械总动力	万千瓦特	48	85	54	163	91
本地电话年末用户	户	237806	143987	168643	81352	60761
二、综合经济						
第一产业增加值	万元	92024	156109	76908	478127	276673
第二产业增加值	万元	2571837	2356084	1994218	455882	405233
地方财政一般预算收入	万元	128077	126913	147968	26006	15205
地方财政一般预算支出	万元	202582	199370	234715	135300	82680
城乡居民储蓄存款余额	万元	1622859	740452	1113599	451487	340407
年末金融机构各项贷款余额	万元	541222	683423	560340	219844	133424
三、农业、工业及投资						
粮食总产量	吨	206371	289707	177067	585048	344325
棉花产量	吨	42	51	385	22165	7563
油料产量	吨	9597	47347	4427	73852	33996
肉类总产量	吨	18150	42600	22201	93468	54164
规模以上工业企业个数	个	412	278	241	156	186
规模以上工业总产值(现价)	万元	5838698	6244584	5577944	1013351	817365
城镇固定资产投资完成额	万元	1826560	2145281	1413917	434431	271737
四、教育、卫生和社会保障						
普通中学在校学生数	人	50957	41279	39147	68573	39207
小学在校学生数	人	64639	42089	55924	122451	70332
医院、卫生院床位数	床	2672	1520	2386	1710	1191
各种社会福利收养性单位数	个	17	15	13	24	14
各种社会福利收养性单位床位数	床	1736	1029	1178	2586	1400

2009 年县(市)社会经济主要指标

河南省

指　　标	单位	尉氏县	开封县	兰考县	孟津县	新安县
一、基本情况						
行政区域土地面积	平方公里	1307	1290	1094	759	1160
乡(镇)个数	个	17	15	16	9	10
村民委员会个数	个	516	335	459	228	296
年末总户数	户	243636	195432	230471	136364	148294
其中:乡村户数	户	188910	167223	163546	103220	109639
年末总人口	万人	96	77	87	46	50
乡村人口	万人	76	67	68	39	43
年末单位从业人员数	人	41307	30097	30428	24876	33251
乡村从业人员数	人	476325	430217	446839	221635	281378
其中:农林牧渔业	人	271926	278010	228585	94876	163280
农业机械总动力	万千瓦特	119	153	88	33	39
本地电话年末用户	户	69753	66954	71430	64827	95040
二、综合经济						
第一产业增加值	万元	322598	307993	194383	165300	169140
第二产业增加值	万元	930734	395639	449016	491961	1685680
地方财政一般预算收入	万元	34168	23899	21366	46355	105077
地方财政一般预算支出	万元	124236	106508	122702	96446	172105
城乡居民储蓄存款余额	万元	415178	287929	378754	395399	426618
年末金融机构各项贷款余额	万元	330410	150220	131023	201996	443490
三、农业、工业及投资						
粮食总产量	吨	510833	528981	473989	233411	211964
棉花产量	吨	14574	9590	8694	167	257
油料产量	吨	109785	120406	53297	4566	7337
肉类总产量	吨	79708	68220	43966	21449	19097
规模以上工业企业个数	个	268	157	208	151	173
规模以上工业总产值(现价)	万元	2143622	826472	768736	1101696	4429109
城镇固定资产投资完成额	万元	518552	409032	297844	894544	1470796
四、教育、卫生和社会保障						
普通中学在校学生数	人	48055	48706	48961	29354	37504
小学在校学生数	人	77470	74786	86457	32793	50353
医院、卫生院床位数	床	1539	1006	2211	1180	1325
各种社会福利收养性单位数	个	17	20	17	11	12
各种社会福利收养性单位床位数	床	1554	2327	1579	804	857

2009年县(市)社会经济主要指标

河南省

指　　标	单位	栾川县	嵩　县	汝阳县	宜阳县	洛宁县
一、基本情况						
行政区域土地面积	平方公里	2477	3009	1333	1651	2306
乡(镇)个数	个	13	15	13	17	18
村民委员会个数	个	209	318	211	369	388
年末总户数	户	95000	160938	122689	185326	132656
其中:乡村户数	户	76574	128784	99502	142347	103168
年末总人口	万人	33	55	43	67	51
乡村人口	万人	29	49	39	60	42
年末单位从业人员数	人	25402	19304	16220	24904	19199
乡村从业人员数	人	182319	313652	252533	381785	277177
其中:农林牧渔业	人	94080	198994	151241	221044	162858
农业机械总动力	万千瓦特	26	48	37	45	37
本地电话年末用户	户	63259	39907	184216	57991	62642
二、综合经济						
第一产业增加值	万元	102304	216527	93505	220360	188782
第二产业增加值	万元	888693	474588	318783	497195	367871
地方财政一般预算收入	万元	105909	34129	29383	36866	29118
地方财政一般预算支出	万元	123939	111898	98536	127666	100496
城乡居民储蓄存款余额	万元	548734	303663	256193	312423	220023
年末金融机构各项贷款余额	万元	211610	99496	111864	142536	79944
三、农业、工业及投资						
粮食总产量	吨	71289	219946	173873	367258	264785
棉花产量	吨	11	331	170	731	109
油料产量	吨	422	8709	9845	80431	6617
肉类总产量	吨	7180	28956	10096	35978	24923
规模以上工业企业个数	个	108	54	41	93	31
规模以上工业总产值(现价)	万元	1538026	565346	485797	962650	700304
城镇固定资产投资完成额	万元	591922	1094971	475068	1156997	941346
四、教育、卫生和社会保障						
普通中学在校学生数	人	19755	34172	27870	48818	26934
小学在校学生数	人	26855	60442	52731	78991	46742
医院、卫生院床位数	床	901	1224	698	1494	2107
各种社会福利收养性单位数	个	14		16	17	19
各种社会福利收养性单位床位数	床	1341		1209	1029	1018

2009年县(市)社会经济主要指标

河南省

指　　标	单位	伊川县	偃师市	宝丰县	叶　县	鲁山县
一、基本情况						
行政区域土地面积	平方公里	1238	948	722	1389	2407
乡(镇)个数	个	13	15	12	18	20
村民委员会个数	个	369	332	301	569	554
年末总户数	户	224154	242942	157008	284224	246181
其中:乡村户数	户	167140	190656	113435	202568	205419
年末总人口	万人	76	86	50	88	86
乡村人口	万人	69	76	42	77	79
年末单位从业人员数	人	28755	35591	23565	28907	31596
乡村从业人员数	人	422884	451918	267090	515876	483406
其中:农林牧渔业	人	241093	129969	165956	326167	296103
农业机械总动力	万千瓦特	68	74	40	53	28
本地电话年末用户	户	90566	216051	40381	40281	74648
二、综合经济						
第一产业增加值	万元	238246	241495	107256	274897	135522
第二产业增加值	万元	1401713	2181979	813453	643790	284972
地方财政一般预算收入	万元	92288	111385	50368	31756	41200
地方财政一般预算支出	万元	175131	186610	116525	129327	133369
城乡居民储蓄存款余额	万元	473664	846643	481364	423655	564890
年末金融机构各项贷款余额	万元	516216	552242	224060	212206	320875
三、农业、工业及投资						
粮食总产量	吨	364550	366315	215919	583174	199446
棉花产量	吨	1556	222	270	744	5
油料产量	吨	10926	6337	19665	41670	15775
肉类总产量	吨	38559	37067	35665	105517	27228
规模以上工业企业个数	个	146	409	146	87	74
规模以上工业总产值(现价)	万元	2676480	4207173	1283911	1576297	548328
城镇固定资产投资完成额	万元	1467311	1297764	641165	661651	653355
四、教育、卫生和社会保障						
普通中学在校学生数	人	53355	53244	31267	25398	22948
小学在校学生数	人	88240	72557	40425	67049	60552
医院、卫生院床位数	床	1335	1413	1750	2642	1319
各种社会福利收养性单位数	个	16	77	13	36	25
各种社会福利收养性单位床位数	床	1342	1762	845	2665	2020

2009 年县(市)社会经济主要指标

河南省

指　　标	单位	郏　县	舞钢市	汝州市	安阳县	汤阴县
一、基本情况						
行政区域土地面积	平方公里	737	641	957	1201	646
乡(镇)个数	个	14	8	15	21	9
村民委员会个数	个	362	190	436	590	298
年末总户数	户	162757	99903	281582	251500	136200
其中:乡村户数	户	137200	69481	207525	230130	101686
年末总人口	万人	56	32	95	99	48
乡村人口	万人	53	25	84	85	39
年末单位从业人员数	人	18956	37977	44772	49181	33437
乡村从业人员数	人	356891	162291	490562	546152	250541
其中:农林牧渔业	人	257319	87077	277506	246608	142105
农业机械总动力	万千瓦特	44	33	121	63	54
本地电话年末用户	户	38394	65511	84188	138185	67681
二、综合经济						
第一产业增加值	万元	153567	71456	253674	219758	155324
第二产业增加值	万元	489609	678164	1415347	1622100	590884
地方财政一般预算收入	万元	36366	74091	76200	87568	20640
地方财政一般预算支出	万元	105659	113093	165117	172129	73698
城乡居民储蓄存款余额	万元	342636	420498	612636	944385	318583
年末金融机构各项贷款余额	万元	156787	384217	486087	568647	176272
三、农业、工业及投资						
粮食总产量	吨	312719	143279	441659	669615	395242
棉花产量	吨	630	911	983	3518	4763
油料产量	吨	16133	7377	34946	7765	11437
肉类总产量	吨	52704	35977	82859	30153	26550
规模以上工业企业个数	个	134	37	129	209	83
规模以上工业总产值(现价)	万元	799863	2096621	1609922	4583646	1786849
城镇固定资产投资完成额	万元	334982	439880	687296	33	39
四、教育、卫生和社会保障						
普通中学在校学生数	人	22948	17285	32210	54059	25788
小学在校学生数	人	58419	22257	88046	86846	44657
医院、卫生院床位数	床	1383	982	1772	1890	952
各种社会福利收养性单位数	个	14	8	24	25	14
各种社会福利收养性单位床位数	床	362	613	1930	995	620

2009年县(市)社会经济主要指标

河南省

指　　标	单位	滑　县	内黄县	林州市	浚　县	淇　县
一、基本情况						
行政区域土地面积	平方公里	1814	1161	2046	992	581
乡(镇)个数	个	21	16	16	8	7
村民委员会个数	个	1019	532	542	456	177
年末总户数	户	344500	176800	294300	183064	82256
其中:乡村户数	户	313594	168430	248777	146713	56940
年末总人口	万人	139	75	104	64	26
乡村人口	万人	123	68	85	59	23
年末单位从业人员数	人	49089	27087	74442	22656	24474
乡村从业人员数	人	812898	442167	525160	352191	144037
其中:农林牧渔业	人	518555	266270	208795	171414	81847
农业机械总动力	万千瓦特	238	98	54	148	25
本地电话年末用户	户	172269	85825	153368	82441	47274
二、综合经济						
第一产业增加值	万元	497590	329052	158162	218528	135986
第二产业增加值	万元	460836	350681	1910644	432643	775649
地方财政一般预算收入	万元	24886	13512	80777	16800	21876
地方财政一般预算支出	万元	170806	108251	183765	100978	69466
城乡居民储蓄存款余额	万元	675570	295985	1470665	378148	377445
年末金融机构各项贷款余额	万元	317095	215607	683927	418017	591440
三、农业、工业及投资						
粮食总产量	吨	1304867	437727	334289	664938	289484
棉花产量	吨	7508	1884	2023	355	91
油料产量	吨	114301	110411	4362	53207	2414
肉类总产量	吨	42936	31641	60068	89551	106435
规模以上工业企业个数	个	137	73	314	79	122
规模以上工业总产值(现价)	万元	925207	701848	5338701	1164239	2404272
城镇固定资产投资完成额	万元	31	31	33	287948	504352
四、教育、卫生和社会保障						
普通中学在校学生数	人	60510	38731	54402	45593	17708
小学在校学生数	人	121805	59066	78659	83961	39462
医院、卫生院床位数	床	2598	1651	2839	1075	1297
各种社会福利收养性单位数	个	22	19	19	14	7
各种社会福利收养性单位床位数	床	898	975	718	1494	363

2009年县(市)社会经济主要指标

河南省

指　　标	单位	新乡县	获嘉县	原阳县	延津县	封丘县
一、基本情况						
行政区域土地面积	平方公里	375	473	1330	887	1226
乡(镇)个数	个	7	11	17	12	19
村民委员会个数	个	176	218	567	336	606
年末总户数	户	87317	117910	171911	127509	202439
其中:乡村户数	户	70743	82118	138739	101800	165736
年末总人口	万人	33	42	73	48	78
乡村人口	万人	29	34	55	41	70
年末单位从业人员数	人	36063	26871	29988	25662	27621
乡村从业人员数	人	173285	211336	348656	211909	395163
其中:农林牧渔业	人	35285	109581	175711	138012	201881
农业机械总动力	万千瓦特	43	62	118	80	99
本地电话年末用户	户	67835	91703	133157	95471	157025
二、综合经济						
第一产业增加值	万元	82798	100044	171415	146118	220903
第二产业增加值	万元	1078749	265463	312255	321022	229395
地方财政一般预算收入	万元	50104	13836	19726	22116	16416
地方财政一般预算支出	万元	102521	66759	111910	80256	119401
城乡居民储蓄存款余额	万元	554652	336763	321647	246582	405904
年末金融机构各项贷款余额	万元	608539	247792	293409	383665	181646
三、农业、工业及投资						
粮食总产量	吨	239220	300314	677488	399588	575925
棉花产量	吨	2325	834	837	5617	4415
油料产量	吨	12000	1314	47826	104029	48868
肉类总产量	吨	16153	26140	30485	26773	53990
规模以上工业企业个数	个	128	65	120	89	104
规模以上工业总产值(现价)	万元	3483308	692688	907610	877709	436602
城镇固定资产投资完成额	万元	1225959	263794	847492	539037	690806
四、教育、卫生和社会保障						
普通中学在校学生数	人	18356	24332	46790	28399	51081
小学在校学生数	人	32330	41249	76125	49039	80255
医院、卫生院床位数	床	595	1321	1340	1082	1760
各种社会福利收养性单位数	个	8	11	17	15	26
各种社会福利收养性单位床位数	床	1010	475	1527	1408	2179

2009年县(市)社会经济主要指标

河南省

指　　标	单位	长垣县	卫辉市	辉县市	修武县	博爱县
一、基本情况						
行政区域土地面积	平方公里	1051	862	2007	678	492
乡(镇)个数	个	14	13	20	8	10
村民委员会个数	个	601	344	526	223	233
年末总户数	户	224831	137832	253228	83601	120457
其中:乡村户数	户	160362	95124	185152	59407	89792
年末总人口	万人	90	50	82	31	44
乡村人口	万人	66	38	69	23	37
年末单位从业人员数	人	31107	37556	44149	19333	23747
乡村从业人员数	人	397272	218083	349593	127949	203442
其中:农林牧渔业	人	214969	163292	178917	80823	112458
农业机械总动力	万千瓦特	103	53	71	45	35
本地电话年末用户	户	170843	106777	194711	39872	63454
二、综合经济						
第一产业增加值	万元	186469	138108	225396	108592	142088
第二产业增加值	万元	600217	295731	1149114	506851	1067367
地方财政一般预算收入	万元	43316	30203	90139	40338	50298
地方财政一般预算支出	万元	132902	98816	173233	74228	102454
城乡居民储蓄存款余额	万元	1001412	360995	782674	274424	429112
年末金融机构各项贷款余额	万元	676298	265025	533787	239433	294802
三、农业、工业及投资						
粮食总产量	吨	567475	337414	521657	223573	231766
棉花产量	吨	1924	1307	105	248	122
油料产量	吨	63617	21261	17623	3626	1900
肉类总产量	吨	34605	52268	83456	31832	22953
规模以上工业企业个数	个	120	93	184	67	159
规模以上工业总产值(现价)	万元	1729146	872636	2949680	739709	2879818
城镇固定资产投资完成额	万元	1285252	572970	1579959	484023	944065
四、教育、卫生和社会保障						
普通中学在校学生数	人	48744	28511	43652	24507	29168
小学在校学生数	人	92247	62622	53178	27130	42650
医院、卫生院床位数	床	2067	1771	2035	646	1244
各种社会福利收养性单位数	个	19	18	20	9	12
各种社会福利收养性单位床位数	床	1769	1220	1211	762	525

2009年县(市)社会经济主要指标

河南省

指　　标	单位	武陟县	温　县	沁阳市	孟州市	清丰县
一、基本情况						
行政区域土地面积	平方公里	860	462	624	542	878
乡(镇)个数	个	14	10	9	7	17
村民委员会个数	个	367	262	307	274	503
年末总户数	户	195574	136493	105899	110597	172630
其中:乡村户数	户	144011	95774	95486	83037	142056
年末总人口	万人	74	46	50	38	71
乡村人口	万人	60	39	40	32	59
年末单位从业人员数	人	38743	22523	25731	29317	21128
乡村从业人员数	人	344970	229212	241303	192123	377096
其中:农林牧渔业	人	233249	132572	121814	78220	228705
农业机械总动力	万千瓦特	111	47	56	43	75
本地电话年末用户	户	73331	66479	75574	57958	44524
二、综合经济						
第一产业增加值	万元	205546	141956	121049	110504	245616
第二产业增加值	万元	1087575	898194	1374114	1107517	487389
地方财政一般预算收入	万元	49228	30566	73372	60268	14195
地方财政一般预算支出	万元	111703	91006	133196	105709	99711
城乡居民储蓄存款余额	万元	466202	407960	558084	410944	342218
年末金融机构各项贷款余额	万元	322153	246230	295036	244577	151791
三、农业、工业及投资						
粮食总产量	吨	534129	293661	327407	298007	529737
棉花产量	吨	372	1225	346	1790	1143
油料产量	吨	48761	16136	4195	15387	55942
肉类总产量	吨	57434	23556	23161	18874	42403
规模以上工业企业个数	个	187	167	179	178	121
规模以上工业总产值(现价)	万元	3055947	2218876	3356499	3145260	1339594
城镇固定资产投资完成额	万元	1028147	830195	1157484	1061541	503120
四、教育、卫生和社会保障						
普通中学在校学生数	人	51027	27372	32811	19913	43203
小学在校学生数	人	72680	38060	38207	26860	73288
医院、卫生院床位数	床	1549	1304	1043	884	975
各种社会福利收养性单位数	个	14	9	10	10	18
各种社会福利收养性单位床位数	床	460	666	540	754	1960

2009年县(市)社会经济主要指标

河南省

指　　标	单位	南乐县	范　县	台前县	濮阳县	许昌县
一、基本情况						
行政区域土地面积	平方公里	621	590	393	1445	1002
乡(镇)个数	个	12	12	9	20	16
村民委员会个数	个	322	590	372	995	394
年末总户数	户	116436	143306	89251	265130	239400
其中:乡村户数	户	112004	106984	78865	227050	162471
年末总人口	万人	54	57	39	116	81
乡村人口	万人	46	43	34	94	65
年末单位从业人员数	人	16435	21099	11719	35331	44380
乡村从业人员数	人	265627	267822	212300	595155	387913
其中:农林牧渔业	人	134993	176382	120526	406525	189152
农业机械总动力	万千瓦特	71	65	34	123	74
本地电话年末用户	户	42623	34851	37139	53802	72254
二、综合经济						
第一产业增加值	万元	188075	99837	57691	239583	264139
第二产业增加值	万元	403359	422847	297637	1136990	910446
地方财政一般预算收入	万元	9160	11988	6122	37834	33369
地方财政一般预算支出	万元	90971	92273	72892	160336	110303
城乡居民储蓄存款余额	万元	236640	329785	255761	561400	508932
年末金融机构各项贷款余额	万元	121757	106002	94848	324789	423870
三、农业、工业及投资						
粮食总产量	吨	428990	341256	176777	863291	648367
棉花产量	吨	1330	1225	56	5685	3609
油料产量	吨	32992	8560	2253	29843	42846
肉类总产量	吨	48976	25009	14707	49588	76944
规模以上工业企业个数	个	89	102	60	132	153
规模以上工业总产值(现价)	万元	994811	1137768	729922	3199708	1918080
城镇固定资产投资完成额	万元	307774	357605	143206	938575	794036
四、教育、卫生和社会保障						
普通中学在校学生数	人	32427	41331	31504	57945	47469
小学在校学生数	人	59825	66863	52339	135320	68671
医院、卫生院床位数	床	1092	1053	629	2131	1156
各种社会福利收养性单位数	个	13	12	9	20	34
各种社会福利收养性单位床位数	床	1312	1016	1157	2930	2072

2009年县(市)社会经济主要指标

河南省

指　　标	单位	鄢陵县	襄城县	禹州市	长葛市	郾城区
一、基本情况						
行政区域土地面积	平方公里	872	920	1461	650	413
乡(镇)个数	个	12	16	22	12	8
村民委员会个数	个	376	435	617	359	163
年末总户数	户	177271	244747	360215	200665	148487
其中:乡村户数	户	123925	180708	245830	149932	83918
年末总人口	万人	67	87	126	71	52
乡村人口	万人	48	67	94	58	35
年末单位从业人员数	人	26633	23290	60008	44821	26455
乡村从业人员数	人	296104	504702	607383	353644	221625
其中:农林牧渔业	人	134446	291172	301959	149477	116495
农业机械总动力	万千瓦特	74	73	76	49	42
本地电话年末用户	户	118296	82042	118941	176621	62589
二、综合经济						
第一产业增加值	万元	397491	283598	227894	180393	147200
第二产业增加值	万元	694659	1087550	2120466	1640875	756153
地方财政一般预算收入	万元	23010	48012	142399	64503	12696
地方财政一般预算支出	万元	106097	129092	238039	139108	70073
城乡居民储蓄存款余额	万元	446936	556451	1069635	707696	546348
年末金融机构各项贷款余额	万元	322508	293205	647612	711047	700318
三、农业、工业及投资						
粮食总产量	吨	519904	531954	517053	523181	248134
棉花产量	吨	2991	446	2265	606	3263
油料产量	吨	2474	9767	14004	11779	5724
肉类总产量	吨	78673	70932	73375	58900	54298
规模以上工业企业个数	个	106	108	380	299	134
规模以上工业总产值(现价)	万元	1507692	2388348	4273148	4567229	1927105
城镇固定资产投资完成额	万元	639092	632245	1345655	1015244	511585
四、教育、卫生和社会保障						
普通中学在校学生数	人	40203	58718	94285	46898	42601
小学在校学生数	人	57302	71971	112261	60674	45830
医院、卫生院床位数	床	1691	1736	2562	1581	1363
各种社会福利收养性单位数	个	34	40	112	19	18
各种社会福利收养性单位床位数	床	942	2902	4862	2059	1560

2009年县(市)社会经济主要指标

河南省

指　　标	单位	舞阳县	临颍县	渑池县	陕　县	卢氏县
一、基本情况						
行政区域土地面积	平方公里	776	821	1421	1763	4004
乡(镇)个数	个	14	15	12	13	19
村民委员会个数	个	397	364	235	262	352
年末总户数	户	170687	196373	119751	108374	125466
其中:乡村户数	户	141039	161410	73162	78330	88226
年末总人口	万人	61	76	36	35	38
乡村人口	万人	53	65	28	29	33
年末单位从业人员数	人	29389	42225	24256	20775	15033
乡村从业人员数	人	317826	391963	165999	167919	177075
其中:农林牧渔业	人	217867	223921	76619	112899	139764
农业机械总动力	万千瓦特	58	94	34	33	19
本地电话年末用户	户	34202	46056	37927	36125	51032
二、综合经济						
第一产业增加值	万元	161000	250800	121416	102892	92825
第二产业增加值	万元	494388	1263090	986177	508101	113166
地方财政一般预算收入	万元	22600	24549	85078	57217	22066
地方财政一般预算支出	万元	98426	109106	136978	115966	96859
城乡居民储蓄存款余额	万元	366159	422868	386765	361315	272759
年末金融机构各项贷款余额	万元	318951	269013	236513	398355	126238
三、农业、工业及投资						
粮食总产量	吨	501525	506529	176498	109851	104170
棉花产量	吨	1307	7685	192	221	38
油料产量	吨	8988	2760	18357	3152	457
肉类总产量	吨	52304	73140	29934	13291	6837
规模以上工业企业个数	个	92	172	115	73	40
规模以上工业总产值(现价)	万元	1192654	3927679	2458073	1405678	169137
城镇固定资产投资完成额	万元	480603	611500	882565	882571	281380
四、教育、卫生和社会保障						
普通中学在校学生数	人	24644	50010	19615	22022	28009
小学在校学生数	人	34814	66706	33453	31289	25594
医院、卫生院床位数	床	1409	1181	815	606	977
各种社会福利收养性单位数	个	14	15	15	13	19
各种社会福利收养性单位床位数	床	2470	2330	619	533	1171

2009年县(市)社会经济主要指标

河南省

指标	单位	义马市	灵宝市	南召县	方城县	西峡县
一、基本情况						
行政区域土地面积	平方公里	112	3011	2933	2542	3447
乡(镇)个数	个		15	16	16	16
村民委员会个数	个		440	333	562	287
年末总户数	户	55725	218734	200072	313972	127852
其中:乡村户数	户	12906	152964	133567	251480	108250
年末总人口	万人	17	75	63	103	45
乡村人口	万人	5	63	52	92	38
年末单位从业人员数	人	54148	49558	23481	33452	32972
乡村从业人员数	人	23711	363676	330422	634415	260059
其中:农林牧渔业	人	8521	268094	229157	378366	177577
农业机械总动力	万千瓦特	3	67	27	96	11
本地电话年末用户	户	28533	90467	103546	170318	66498
二、综合经济						
第一产业增加值	万元	6162	235454	133704	277044	197870
第二产业增加值	万元	873397	1621451	449670	424973	830345
地方财政一般预算收入	万元	50188	77718	20948	26315	53736
地方财政一般预算支出	万元	76902	158010	83188	136150	122022
城乡居民储蓄存款余额	万元	362561	1017186	325253	402000	404657
年末金融机构各项贷款余额	万元	434415	599334	162848	264981	288191
三、农业、工业及投资						
粮食总产量	吨	5807	214112	195326	550086	105216
棉花产量	吨	11	1701		3178	
油料产量	吨	317	6845	43581	175256	6129
肉类总产量	吨	2070	20069	22981	29946	27817
规模以上工业企业个数	个	84	252	68	98	87
规模以上工业总产值(现价)	万元	2281463	6222021	484943	594507	2050663
城镇固定资产投资完成额	万元	750476	1237652	311707	610153	897069
四、教育、卫生和社会保障						
普通中学在校学生数	人	7786	60655	32465	41595	23006
小学在校学生数	人	10973	55321	65983	76753	41919
医院、卫生院床位数	床	1450	1773	1173	1951	1130
各种社会福利收养性单位数	个	2	16	17	61	17
各种社会福利收养性单位床位数	床	94	1214	556	3176	830

2009年县(市)社会经济主要指标

河南省

指　　标	单位	镇平县	内乡县	淅川县	社旗县	唐河县
一、基本情况						
行政区域土地面积	平方公里	1490	2301	2818	1152	2497
乡(镇)个数	个	19	15	15	15	19
村民委员会个数	个	409	288	490	237	506
年末总户数	户	279312	225528	219366	194018	419899
其中:乡村户数	户	223253	153841	166064	150217	296222
年末总人口	万人	98	65	74	66	132
乡村人口	万人	87	56	66	60	117
年末单位从业人员数	人	42790	33733	40034	27605	37166
乡村从业人员数	人	469123	305186	378236	372617	617968
其中:农林牧渔业	人	257514	167496	226000	258793	399672
农业机械总动力	万千瓦特	74	50	48	65	168
本地电话年末用户	户	131210	81300	100025	97100	247400
二、综合经济						
第一产业增加值	万元	230118	258792	264153	261494	532104
第二产业增加值	万元	780896	444341	611181	321521	778118
地方财政一般预算收入	万元	28518	24090	30157	14031	35456
地方财政一般预算支出	万元	119357	107306	140357	95997	132697
城乡居民储蓄存款余额	万元	630673	372700	460659	245200	658718
年末金融机构各项贷款余额	万元	373378	185882	336390	187800	371835
三、农业、工业及投资						
粮食总产量	吨	520021	252752	255466	504045	1134720
棉花产量	吨	4513	2959	644	9349	15415
油料产量	吨	56612	55539	109499	66247	103157
肉类总产量	吨	31597	84652	56468	58229	109350
规模以上工业企业个数	个	93	62	46	85	147
规模以上工业总产值(现价)	万元	940150	531146	1165841	508073	937795
城镇固定资产投资完成额	万元	506350	636012	823440	294637	470743
四、教育、卫生和社会保障						
普通中学在校学生数	人	37682	30378	47582	36065	72698
小学在校学生数	人	72851	57439	86799	66935	89279
医院、卫生院床位数	床	915	1064	470	1045	1255
各种社会福利收养性单位数	个	55		18	14	21
各种社会福利收养性单位床位数	床	410	450	440	800	1010

2009 年县(市)社会经济主要指标

河南省

指　　标	单位	新野县	桐柏县	邓州市	民权县	睢　县
一、基本情况						
行政区域土地面积	平方公里	1056	1915	2370	1222	921
乡(镇)个数	个	13	16	24	18	20
村民委员会个数	个	262	207	572	529	551
年末总户数	户	225162	130373	521376	265051	220144
其中:乡村户数	户	166407	95980	347580	192197	191117
年末总人口	万人	76	44	157	96	87
乡村人口	万人	67	35	143	78	75
年末单位从业人员数	人	44490	24621	64968	30419	27780
乡村从业人员数	人	428911	210900	878389	453753	470857
其中:农林牧渔业	人	270454	124200	396914	279045	290647
农业机械总动力	万千瓦特	138	71	158	111	106
本地电话年末用户	户	139708	69106	162000	60919	41671
二、综合经济						
第一产业增加值	万元	344850	154409	623199	298343	315895
第二产业增加值	万元	759836	524468	1014249	358690	331487
地方财政一般预算收入	万元	24569	23518	41466	13399	11708
地方财政一般预算支出	万元	102336	71266	202361	135099	123158
城乡居民储蓄存款余额	万元	509082	322346	750921	366343	391711
年末金融机构各项贷款余额	万元	317130	189729	509308	392548	219818
三、农业、工业及投资						
粮食总产量	吨	413818	224519	1034706	634884	593651
棉花产量	吨	13220	173	25208	15000	17300
油料产量	吨	92496	66786	270301	90493	65607
肉类总产量	吨	44557	25472	134352	53065	52798
规模以上工业企业个数	个	168	60	166	73	52
规模以上工业总产值(现价)	万元	1660335	570145	1868255	584249	431876
城镇固定资产投资完成额	万元	735398	513180	814961	597752	492111
四、教育、卫生和社会保障						
普通中学在校学生数	人	38227	27365	92053	79015	69125
小学在校学生数	人	63968	36376	173968	119543	105190
医院、卫生院床位数	床	1021	689	1788	1859	1976
各种社会福利收养性单位数	个	1	33	35	19	21
各种社会福利收养性单位床位数	床	792	430	1168	1439	1272

2009 年县(市)社会经济主要指标

河南省

指　　标	单位	宁陵县	柘城县	虞城县	夏邑县	永城市
一、基本情况						
行政区域土地面积	平方公里	797	1042	1558	1481	1994
乡(镇)个数	个	14	21	26	24	29
村民委员会个数	个	359	494	646	723	743
年末总户数	户	175963	281933	350731	355572	418743
其中:乡村户数	户	144586	209986	262743	291377	334703
年末总人口	万人	67	100	120	119	149
乡村人口	万人	57	79	100	107	128
年末单位从业人员数	人	31194	27464	31288	29473	73520
乡村从业人员数	人	338830	449027	627642	587710	774625
其中:农林牧渔业	人	210442	274910	368794	239060	347930
农业机械总动力	万千瓦特	90	109	166	162	166
本地电话年末用户	户	48555	43239	61433	83764	127432
二、综合经济						
第一产业增加值	万元	169002	340007	385033	361582	421543
第二产业增加值	万元	224402	260390	426246	378475	1675180
地方财政一般预算收入	万元	10006	12766	18038	12069	112736
地方财政一般预算支出	万元	105366	138686	155968	152369	241659
城乡居民储蓄存款余额	万元	267446	425068	466290	653389	996924
年末金融机构各项贷款余额	万元	431192	180101	280661	386701	1214055
三、农业、工业及投资						
粮食总产量	吨	428271	626168	872645	913172	1126309
棉花产量	吨	4300	7100	17800	6400	5200
油料产量	吨	64042	14120	49401	14951	26333
肉类总产量	吨	29500	55180	73125	74315	82500
规模以上工业企业个数	个	45	56	77	85	78
规模以上工业总产值(现价)	万元	408433	430697	814215	616484	3766563
城镇固定资产投资完成额	万元	299108	491914	572678	543522	959001
四、教育、卫生和社会保障						
普通中学在校学生数	人	64414	81519	88377	106396	98487
小学在校学生数	人	84631	128877	161310	144086	172657
医院、卫生院床位数	床	1207	1828	1865	2056	3048
各种社会福利收养性单位数	个	18	19	30	27	35
各种社会福利收养性单位床位数	床	944	2126	1676	2740	2742

2009年县(市)社会经济主要指标

河南省

指　　标	单位	罗山县	光山县	新　县	商城县	固始县
一、基本情况						
行政区域土地面积	平方公里	2077	1835	1546	2117	2946
乡(镇)个数	个	19	17	15	19	32
村民委员会个数	个	288	345	193	363	580
年末总户数	户	223791	277702	139303	225678	532803
其中:乡村户数	户	166591	173887	81252	164153	412334
年末总人口	万人	76	90	38	76	170
乡村人口	万人	64	71	29	66	154
年末单位从业人员数	人	34342	34671	23245	31384	57297
乡村从业人员数	人	350862	419280	177092	354567	873125
其中:农林牧渔业	人	213574	228764	73866	159477	412203
农业机械总动力	万千瓦特	51	32	15	21	65
本地电话年末用户	户	68557	58548	33548	66360	108981
二、综合经济						
第一产业增加值	万元	204249	226732	117245	204237	534859
第二产业增加值	万元	317347	353945	215489	299534	552489
地方财政一般预算收入	万元	15118	20666	11773	15000	38291
地方财政一般预算支出	万元	131598	129622	95670	132760	214416
城乡居民储蓄存款余额	万元	605765	634776	311583	505959	1064628
年末金融机构各项贷款余额	万元	238126	301132	158489	212943	454522
三、农业、工业及投资						
粮食总产量	吨	706021	580459	120452	357162	1200636
棉花产量	吨	495	571	109	327	456
油料产量	吨	67130	87495	27614	52748	168611
肉类总产量	吨	39110	40889	22003	42231	133235
规模以上工业企业个数	个	104	88	57	82	197
规模以上工业总产值(现价)	万元	626166	722254	333628	466229	857901
城镇固定资产投资完成额	万元	793841	716882	466375	553929	831748
四、教育、卫生和社会保障						
普通中学在校学生数	人	53273	65991	24747	71992	110148
小学在校学生数	人	65286	100367	37739	98566	151519
医院、卫生院床位数	床	988	1271	470	1073	1814
各种社会福利收养性单位数	个	50	79	24	20	57
各种社会福利收养性单位床位数	床	3601	4900	1675	2555	5368

2009年县(市)社会经济主要指标

河南省

指　　标	单位	潢川县	淮滨县	息　县	扶沟县	西华县
一、基本情况						
行政区域土地面积	平方公里	1635	1192	1895	1129	1194
乡(镇)个数	个	17	17	20	14	18
村民委员会个数	个	271	289	336	411	434
年末总户数	户	240293	218496	305886	213705	273824
其中:乡村户数	户	167980	151741	208369	159104	199996
年末总人口	万人	86	74	106	76	99
乡村人口	万人	67	61	89	65	82
年末单位从业人员数	人	42373	37608	33767	29869	40645
乡村从业人员数	人	452301	379488	503201	361368	496537
其中:农林牧渔业	人	259273	189665	282707	253515	340361
农业机械总动力	万千瓦特	32	54	99	100	114
本地电话年末用户	户	70081	40040	45914	45116	65543
二、综合经济						
第一产业增加值	万元	303894	189234	259024	250600	363251
第二产业增加值	万元	396767	279234	358469	286381	362568
地方财政一般预算收入	万元	21106	12025	16051	19058	17130
地方财政一般预算支出	万元	130048	108000	140540	119148	123171
城乡居民储蓄存款余额	万元	544800	366582	699765	503325	486343
年末金融机构各项贷款余额	万元	966714	165963	258477	331638	257108
三、农业、工业及投资						
粮食总产量	吨	656265	544845	918692	507500	616118
棉花产量	吨	146	1512	3450	25755	17501
油料产量	吨	59710	48040	36651	24664	39787
肉类总产量	吨	123366	49711	39412	39882	45606
规模以上工业企业个数	个	98	142	124	107	97
规模以上工业总产值(现价)	万元	735733	500640	693090	638350	820313
城镇固定资产投资完成额	万元	688377	438012	734366	466940	431094
四、教育、卫生和社会保障						
普通中学在校学生数	人	60706	60305	64557	54457	78108
小学在校学生数	人	97406	98157	111587	78337	118772
医院、卫生院床位数	床	976	1033	898	1286	1845
各种社会福利收养性单位数	个	29	38	23	15	22
各种社会福利收养性单位床位数	床	1935	2491	2301	1830	432

2009年县(市)社会经济主要指标

河南省

指　　标	单位	商水县	沈丘县	郸城县	淮阳县	太康县
一、基本情况						
行政区域土地面积	平方公里	1263	1081	1471	1468	1761
乡(镇)个数	个	20	20	19	19	23
村民委员会个数	个	572	558	488	495	777
年末总户数	户	317910	342381	419862	398748	371354
其中:乡村户数	户	262684	258342	293816	296176	306493
年末总人口	万人	124	134	152	153	155
乡村人口	万人	106	115	124	124	128
年末单位从业人员数	人	33575	37544	47487	35820	35118
乡村从业人员数	人	641208	687772	795363	670035	757819
其中:农林牧渔业	人	323552	399058	461182	427486	564270
农业机械总动力	万千瓦特	103	82	148	107	166
本地电话年末用户	户	76229	79705	102948	126305	71062
二、综合经济						
第一产业增加值	万元	391276	296682	345000	442935	395198
第二产业增加值	万元	265378	420355	605298	453176	360190
地方财政一般预算收入	万元	18090	27169	25166	20866	18444
地方财政一般预算支出	万元	148803	158958	165036	161622	173199
城乡居民储蓄存款余额	万元	514116	686418	600712	598370	650267
年末金融机构各项贷款余额	万元	298500	773000	478539	223408	246352
三、农业、工业及投资						
粮食总产量	吨	1009347	731489	810059	830765	1056288
棉花产量	吨	8414	4664	24629	24668	23303
油料产量	吨	40302	19662	25679	119586	25594
肉类总产量	吨	80513	80107	51221	91681	96060
规模以上工业企业个数	个	98	104	61	103	89
规模以上工业总产值(现价)	万元	419540	659442	1434844	688636	616312
城镇固定资产投资完成额	万元	405974	507799	430961	445875	341600
四、教育、卫生和社会保障						
普通中学在校学生数	人	103331	96083	111165	98599	96803
小学在校学生数	人	184935	146956	195970	183143	167374
医院、卫生院床位数	床	1573	2240	1824	2367	2308
各种社会福利收养性单位数	个	25	21	22	21	21
各种社会福利收养性单位床位数	床	1286	3783	2136	1626	52

2009 年县(市)社会经济主要指标

河南省

指标	单位	鹿邑县	项城市	西平县	上蔡县	平舆县
一、基本情况						
行政区域土地面积	平方公里	1248	1083	1090	1529	1282
乡(镇)个数	个	20	15	17	24	16
村民委员会个数	个	552	462	193	440	180
年末总户数	户	328795	381385	208405	383523	249600
其中:乡村户数	户	271208	250840	190600	300200	211875
年末总人口	万人	130	131	86	140	97
乡村人口	万人	108	107	76	128	87
年末单位从业人员数	人	31036	51897	32387	40814	32885
乡村从业人员数	人	671345	597560	520343	796900	588700
其中:农林牧渔业	人	349099	201972	140000	531600	363058
农业机械总动力	万千瓦特	107	73	117	140	149
本地电话年末用户	户	98914	118000	85137	84700	28000
二、综合经济						
第一产业增加值	万元	346177	301711	268902	242876	228468
第二产业增加值	万元	641946	973908	369011	420290	356208
地方财政一般预算收入	万元	31818	32730	20022	17136	22259
地方财政一般预算支出	万元	161166	165453	128726	167750	123903
城乡居民储蓄存款余额	万元	570069	800277	569469	735985	546472
年末金融机构各项贷款余额	万元	420543	272699	223291	317760	205768
三、农业、工业及投资						
粮食总产量	吨	858803	730242	830628	928348	688306
棉花产量	吨	10364	9311	212	1643	842
油料产量	吨	21543	24482	53374	35983	45254
肉类总产量	吨	65657	49050	101687	73459	58988
规模以上工业企业个数	个	101	146	102	120	110
规模以上工业总产值(现价)	万元	1432626	1738342	556210	660500	641338
城镇固定资产投资完成额	万元	502058	419360	383950	316270	406823
四、教育、卫生和社会保障						
普通中学在校学生数	人	101024	102147	61526	98620	67683
小学在校学生数	人	177309	140650	89815	185100	123784
医院、卫生院床位数	床	1987	1895	1793	1876	3144
各种社会福利收养性单位数	个	21	16	2	41	22
各种社会福利收养性单位床位数	床	2240	1644	130	3210	1790

2009年县(市)社会经济主要指标

河南省

指　　标	单位	正阳县	确山县	泌阳县	汝南县	遂平县
一、基本情况						
行政区域土地面积	平方公里	1903	1711	2790	1504	1080
乡(镇)个数	个	19	13	24	17	13
村民委员会个数	个	280	201	402	263	194
年末总户数	户	212018	153149	252307	215623	153800
其中:乡村户数	户	189648	126160	208420	182427	120899
年末总人口	万人	78	52	99	80	56
乡村人口	万人	69	47	96	70	45
年末单位从业人员数	人	29127	21475	32332	29804	31200
乡村从业人员数	人	413006	289607	577625	468141	308171
其中:农林牧渔业	人	253771	165348	439969	322996	204179
农业机械总动力	万千瓦特	193	100	106	109	88
本地电话年末用户	户	69121	49580	78870	83000	84167
二、综合经济						
第一产业增加值	万元	287064	182582	324080	248413	183624
第二产业增加值	万元	240637	315264	354099	272317	378386
地方财政一般预算收入	万元	13259	18566	22609	15900	18666
地方财政一般预算支出	万元	98196	100834	122036	110501	100059
城乡居民储蓄存款余额	万元	491112	392371	425620	440194	380302
年末金融机构各项贷款余额	万元	189926	130160	235407	196052	233976
三、农业、工业及投资						
粮食总产量	吨	766363	533496	587051	660555	552848
棉花产量	吨	1117	109	3963	1318	201
油料产量	吨	307974	53296	114758	128882	42404
肉类总产量	吨	89811	68975	80830	78695	72587
规模以上工业企业个数	个	119	111	139	113	133
规模以上工业总产值(现价)	万元	492568	548345	618685	506527	765469
城镇固定资产投资完成额	万元	270193	349102	369991	319941	433425
四、教育、卫生和社会保障						
普通中学在校学生数	人	58482	30312	66474	52020	35442
小学在校学生数	人	83940	61665	109753	98554	44268
医院、卫生院床位数	床	1384	1435	1589	1634	1067
各种社会福利收养性单位数	个	22	18	30	25	14
各种社会福利收养性单位床位数	床	1366	2295	1696	2180	1340

2009 年县(市)社会经济主要指标

河南省、湖北省

指　　标	单位	新蔡县	济源市	阳新县	大冶市	郧　县
一、基本情况						
行政区域土地面积	平方公里	1447	1894	2783	1566	3863
乡(镇)个数	个	22	11	16	11	19
村民委员会个数	个	348	455	392	367	342
年末总户数	户	268057	194371	296151	267074	159732
其中:乡村户数	户	225762	117674	154622	163300	147100
年末总人口	万人	106	68	101	94	66
乡村人口	万人	95	45	74	63	51
年末单位从业人员数	人	23607	72967	50466	73089	31240
乡村从业人员数	人	650200	256647	382426	369700	267400
其中:农林牧渔业	人	371200	128098	97828	97800	144554
农业机械总动力	万千瓦特	130	102	32	31	14
本地电话年末用户	户	40000	198567	123225	162900	35000
二、综合经济						
第一产业增加值	万元	289463	145371	220200	206900	117673
第二产业增加值	万元	299463	2135886	360200	934600	125443
地方财政一般预算收入	万元	14100	200066	36076	70089	18289
地方财政一般预算支出	万元	125996	296399	191641	207490	86435
城乡居民储蓄存款余额	万元	517049	925493	461667	791725	343821
年末金融机构各项贷款余额	万元	205646	1098997	198800	579086	119266
三、农业、工业及投资						
粮食总产量	吨	748594	215837	334184	274897	208536
棉花产量	吨	10749	279	3351	2598	42
油料产量	吨	71982	3200	39388	35965	15540
肉类总产量	吨	99339	40330	35440	65241	24488
规模以上工业企业个数	个	130	244	129	192	100
规模以上工业总产值(现价)	万元	447933	6459492	742880	2340688	344900
城镇固定资产投资完成额	万元	310141	1462942	578389	904673	223045
四、教育、卫生和社会保障						
普通中学在校学生数	人	74032	41619	70421	68093	34503
小学在校学生数	人	131095	51000	131650	67475	35348
医院、卫生院床位数	床	1291	2295	1705	1708	1422
各种社会福利收养性单位数	个	23	12	19	16	28
各种社会福利收养性单位床位数	床	2123	591	2625	1305	3348

2009年县(市)社会经济主要指标

湖北省

指　　标	单位	郧西县	竹山县	竹溪县	房　县	丹江口市
一、基本情况						
行政区域土地面积	平方公里	3509	3586	3299	5110	3121
乡(镇)个数	个	16	17	15	19	13
村民委员会个数	个	338	254	305	304	232
年末总户数	户	140429	144465	123345	169851	168649
其中:乡村户数	户	115261	116334	80800	104314	96145
年末总人口	万人	51	47	38	49	50
乡村人口	万人	43	41	31	40	33
年末单位从业人员数	人	21451	22724	21779	18823	55200
乡村从业人员数	人	233623	201770	157800	227796	188990
其中:农林牧渔业	人	84107	76405	70700	87077	90197
农业机械总动力	万千瓦特	10	18	20	16	21
本地电话年末用户	户	104825	39520	27000	51869	60076
二、综合经济						
第一产业增加值	万元	88400	96230	104676	110972	112890
第二产业增加值	万元	65600	108671	94838	85439	352834
地方财政一般预算收入	万元	29396	13666	12987	13966	45158
地方财政一般预算支出	万元	60000	129766	59473	151600	183822
城乡居民储蓄存款余额	万元	299370	199299	196831	270094	583140
年末金融机构各项贷款余额	万元	90561	217199	113458	141719	450605
三、农业、工业及投资						
粮食总产量	吨	205876	219637	217316	164569	129709
棉花产量	吨				37	2
油料产量	吨	13825	22999	24005	14059	8504
肉类总产量	吨	25689	19634	21905	27691	36293
规模以上工业企业个数	个	34	80	63	66	120
规模以上工业总产值(现价)	万元	72997	155387	221174	150731	865500
城镇固定资产投资完成额	万元	153800	358926	215433	279058	358945
四、教育、卫生和社会保障						
普通中学在校学生数	人	30823	25731	20083	30701	27685
小学在校学生数	人	28053	29549	27616	33752	25909
医院、卫生院床位数	床	360	1036	754	960	1952
各种社会福利收养性单位数	个	33	101	34	45	46
各种社会福利收养性单位床位数	床	2765	3004	3258	1450	2594

2009年县(市)社会经济主要指标

湖北省

指　　标	单位	夷陵区	远安县	兴山县	秭归县	长阳土家族自治县
一、基本情况						
行政区域土地面积	平方公里	3424	1752	2327	2427	3430
乡(镇)个数	个	11	7	8	12	11
村民委员会个数	个	183	102	89	186	154
年末总户数	户	193075	71989	68538	139417	146642
其中:乡村户数	户	137637	50317	42715	103575	104711
年末总人口	万人	52	19	18	38	41
乡村人口	万人	40	15	13	32	32
年末单位从业人员数	人	303500	113800	11400	30606	29325
乡村从业人员数	人	229392	90120	81135	193200	215377
其中:农林牧渔业	人	122533	38107	52826	113800	108030
农业机械总动力	万千瓦特	26	18	9	15	15
本地电话年末用户	户	385471	25231	22321	47277	42821
二、综合经济						
第一产业增加值	万元	224258	79167	59702	92956	142380
第二产业增加值	万元	761200	345800	198405	128052	164026
地方财政一般预算收入	万元	67850	25498	16871	17418	19354
地方财政一般预算支出	万元	189578	83210	71059	100105	110720
城乡居民储蓄存款余额	万元	623716	233603	159231	253109	294250
年末金融机构各项贷款余额	万元	552382	91513	207165	147224	205131
三、农业、工业及投资						
粮食总产量	吨	214938	97649	65259	97087	113646
棉花产量	吨	19	1			
油料产量	吨	24149	13953	7272	13935	13858
肉类总产量	吨	80290	22067	25864	37923	43600
规模以上工业企业个数	个	174	70	10	61	66
规模以上工业总产值(现价)	万元	2047176	953586	662962	356598	206746
城镇固定资产投资完成额	万元	888363	271744	170883	142663	104586
四、教育、卫生和社会保障						
普通中学在校学生数	人	24302	7309	6489	15273	17071
小学在校学生数	人	22346	7969	6816	15012	17598
医院、卫生院床位数	床	1020	576	437	924	925
各种社会福利收养性单位数	个	14	8	5	22	14
各种社会福利收养性单位床位数	床	1350	533	570	2300	1196

2009 年县(市)社会经济主要指标

湖北省

指　　标	单位	五峰土家族自治县	宜都市	当阳市	枝江市	襄阳区
一、基本情况						
行政区域土地面积	平方公里	2072	1357	2159	1310	2394
乡(镇)个数	个	8	9	7	8	13
村民委员会个数	个	97	123	158	198	442
年末总户数	户	71017	148292	189687	194947	332636
其中:乡村户数	户	57084	93338	108900	103294	174106
年末总人口	万人	21	40	49	50	104
乡村人口	万人	19	29	34	35	74
年末单位从业人员数	人	18582	57720	27092	52818	289000
乡村从业人员数	人	102909	171033	202100	142000	366500
其中:农林牧渔业	人	62945	42915	98300	129465	232601
农业机械总动力	万千瓦特	10	18	44	69	115
本地电话年末用户	户	44073	82106	55445	77435	102214
二、综合经济						
第一产业增加值	万元	79991	168467	299972	288524	364929
第二产业增加值	万元	66437	817500	595273	570236	678124
地方财政一般预算收入	万元	7000	68509	46076	46910	30002
地方财政一般预算支出	万元	69144	157367	150749	140674	162641
城乡居民储蓄存款余额	万元	134207	470961	629875	628227	753754
年末金融机构各项贷款余额	万元	74990	573933	362981	287896	568139
三、农业、工业及投资						
粮食总产量	吨	87559	124759	439570	312598	1150004
棉花产量	吨		34	7698	21826	13207
油料产量	吨	5929	18176	73667	56462	102711
肉类总产量	吨	27855	66418	93361	88402	166383
规模以上工业企业个数	个	17	194	168	167	159
规模以上工业总产值(现价)	万元	154010	2259360	1537500	1706700	1314521
城镇固定资产投资完成额	万元	86890	765260	491668	814818	868266
四、教育、卫生和社会保障						
普通中学在校学生数	人	8065	17589	22767	22498	55935
小学在校学生数	人	7652	13199	19734	18266	57822
医院、卫生院床位数	床	406	1324	1152	1325	1902
各种社会福利收养性单位数	个	9	21	13	21	61
各种社会福利收养性单位床位数	床	600	1679	1456	1943	2888

2009年县(市)社会经济主要指标

湖北省

指标	单位	南漳县	谷城县	保康县	老河口市	枣阳市
一、基本情况						
行政区域土地面积	平方公里	3859	2553	3225	1032	3277
乡(镇)个数	个	10	10	11	8	12
村民委员会个数	个	281	257	261	219	521
年末总户数	户	193155	210300	108064	183362	413140
其中:乡村户数	户	113734	101116	61883	79524	183273
年末总人口	万人	59	58	29	53	112
乡村人口	万人	42	38	23	30	73
年末单位从业人员数	人	24115	268107	14039	36760	38358
乡村从业人员数	人	227557	194790	133372	183632	381220
其中:农林牧渔业	人	106164	84800	64365	90591	135192
农业机械总动力	万千瓦特	57	25	19	49	115
本地电话年末用户	户	185460	69126	44000	36243	104769
二、综合经济						
第一产业增加值	万元	219675	158495	98052	220130	448119
第二产业增加值	万元	196600	480232	93200	456385	637100
地方财政一般预算收入	万元	12979	20289	14002	28596	36447
地方财政一般预算支出	万元	123620	120112	45228	124600	203209
城乡居民储蓄存款余额	万元	416219	567470	169978	501707	979200
年末金融机构各项贷款余额	万元	224096	256266	117455	395248	356904
三、农业、工业及投资						
粮食总产量	吨	377101	257133	116361	324618	1200185
棉花产量	吨	455	15		6313	14290
油料产量	吨	18124	10954	13451	27472	48664
肉类总产量	吨	76501	59960	28157	60115	156013
规模以上工业企业个数	个	85	158	33	146	181
规模以上工业总产值(现价)	万元	336000	1265600	132700	1037600	1418200
城镇固定资产投资完成额	万元	291906	341382	219890	358857	530734
四、教育、卫生和社会保障						
普通中学在校学生数	人	29487	26801	10383	24689	57466
小学在校学生数	人	25328	38734	10263	36335	62347
医院、卫生院床位数	床	975	1748	787	1358	1741
各种社会福利收养性单位数	个	19	1	16	16	40
各种社会福利收养性单位床位数	床	2355	346	1560	1830	3878

2009年县(市)社会经济主要指标

湖北省

指　　标	单位	宜城市	京山县	沙洋县	钟祥市	孝昌县
一、基本情况						
行政区域土地面积	平方公里	2115	3520	2044	4488	1217
乡(镇)个数	个	8	14	13	16	12
村民委员会个数	个	178	405	250	495	445
年末总户数	户	188512	216100	200401	326900	192585
其中:乡村户数	户	112132	112240	121224	177766	131262
年末总人口	万人	56	66	63	105	66
乡村人口	万人	41	44	47	70	59
年末单位从业人员数	人	25257	29243	20305	454000	21725
乡村从业人员数	人	220564	227893	263232	286200	288585
其中:农林牧渔业	人	112405	82700	149794	115000	128895
农业机械总动力	万千瓦特	60	76	56	131	23
本地电话年末用户	户	322249	79860	142170	503368	69021
二、综合经济						
第一产业增加值	万元	229110	329311	326042	426404	164873
第二产业增加值	万元	392000	623287	331400	731015	138695
地方财政一般预算收入	万元	27811	34146	13935	41108	19448
地方财政一般预算支出	万元	125777	84167	125113	251144	67319
城乡居民储蓄存款余额	万元	487473	716081	480916	1123751	317420
年末金融机构各项贷款余额	万元	320041	434219	200259	427081	122459
三、农业、工业及投资						
粮食总产量	吨	556689	587792	756426	816476	292198
棉花产量	吨	8510	8787	10567	14414	1063
油料产量	吨	74232	53042	122325	120721	29622
肉类总产量	吨	74171	85119	87641	110062	51999
规模以上工业企业个数	个	157	261	137	265	78
规模以上工业总产值(现价)	万元	1000710	1761718	667319	1956316	192697
城镇固定资产投资完成额	万元	253700	672287	251250	794178	320049
四、教育、卫生和社会保障						
普通中学在校学生数	人	30945	31686	22320	53787	31090
小学在校学生数	人	25733	24986	20302	49511	37036
医院、卫生院床位数	床	965	1282	1144	2708	757
各种社会福利收养性单位数	个	35	15	15	26	22
各种社会福利收养性单位床位数	床	2558	1604	1608	2543	2959

2009年县(市)社会经济主要指标

湖北省

指 标	单位	大悟县	云梦县	应城市	安陆市	汉川市
一、基本情况						
行政区域土地面积	平方公里	1985	604	1103	1355	1663
乡(镇)个数	个	17	12	10	13	20
村民委员会个数	个	362	286	416	381	565
年末总户数	户	174341	191382	210590	200767	326925
其中:乡村户数	户	130450	110949	143740	115410	205000
年末总人口	万人	63	61	68	63	112
乡村人口	万人	52	46	58	49	81
年末单位从业人员数	人	36743	45301	64929	56407	118785
乡村从业人员数	人	289822	296397	302372	241555	485640
其中:农林牧渔业	人	125004	115228	118691	93188	194280
农业机械总动力	万千瓦特	17	22	24	28	53
本地电话年末用户	户	60000	51983	57105	93635	94882
二、综合经济						
第一产业增加值	万元	163271	184936	241120	198960	326258
第二产业增加值	万元	184110	368022	437732	234525	861720
地方财政一般预算收入	万元	23070	29430	41741	22095	50199
地方财政一般预算支出	万元	75669	72687	139327	131681	125636
城乡居民储蓄存款余额	万元	400762	443226	612042	547829	668226
年末金融机构各项贷款余额	万元	157289	196052	516130	384437	641449
三、农业、工业及投资						
粮食总产量	吨	314861	239586	375158	367728	460384
棉花产量	吨	218	2341	4741	1028	18559
油料产量	吨	53982	18428	34462	21419	44967
肉类总产量	吨	45927	52492	54315	79131	73218
规模以上工业企业个数	个	66	164	158	144	279
规模以上工业总产值(现价)	万元	278936	1166319	1264897	530614	2497700
城镇固定资产投资完成额	万元	365019	425959	474006	352157	608341
四、教育、卫生和社会保障						
普通中学在校学生数	人	49567	42919	43678	36103	51313
小学在校学生数	人	45990	37615	36460	35134	46910
医院、卫生院床位数	床	794	956	1088	1160	1483
各种社会福利收养性单位数	个	28	19	28	19	44
各种社会福利收养性单位床位数	床	2480	2100	2760	1640	3595

2009年县(市)社会经济主要指标

湖北省

指　　标	单位	公安县	监利县	江陵县	石首市	洪湖市
一、基本情况						
行政区域土地面积	平方公里	2257	3226	1048	1427	2519
乡(镇)个数	个	16	21	9	12	15
村民委员会个数	个	327	768	197	276	448
年末总户数	户	264730	415695	84162	220511	242665
其中:乡村户数	户	187946	242167	61512	114254	148996
年末总人口	万人	101	142	41	63	93
乡村人口	万人	77	106	28	47	61
年末单位从业人员数	人	45175	50477	29308	24912	45108
乡村从业人员数	人	392975	547937	138272	247883	358894
其中:农林牧渔业	人	226731	244821	85918	136427	223629
农业机械总动力	万千瓦特	61	107	33	35	84
本地电话年末用户	户	80882	136242	51222	43744	110192
二、综合经济						
第一产业增加值	万元	337654	512587	135886	189563	349481
第二产业增加值	万元	310595	244815	63331	273450	243111
地方财政一般预算收入	万元	24730	14382	5776	20735	17569
地方财政一般预算支出	万元	66379	234423	60157	114682	66812
城乡居民储蓄存款余额	万元	857511	745717	211857	580355	565455
年末金融机构各项贷款余额	万元	346011	436318	144080	244650	291592
三、农业、工业及投资						
粮食总产量	吨	537119	1246651	350041	250377	586599
棉花产量	吨	34588	24456	8866	17382	10673
油料产量	吨	100818	106200	63421	51480	76251
肉类总产量	吨	60628	88892	32005	39172	31433
规模以上工业企业个数	个	130	111	55	108	119
规模以上工业总产值(现价)	万元	792200	704780	133677	625008	553660
城镇固定资产投资完成额	万元	412174	386436	99004	364411	375095
四、教育、卫生和社会保障						
普通中学在校学生数	人	56650	89743	23716	41149	54329
小学在校学生数	人	48561	112468	23061	32995	52948
医院、卫生院床位数	床	1868	1830	835	1197	1494
各种社会福利收养性单位数	个	18	24	11	14	33
各种社会福利收养性单位床位数	床	3500	2535	797	2475	3386

2009年县(市)社会经济主要指标

湖北省

指　　标	单位	松滋市	团风县	红安县	罗田县	英山县
一、基本情况						
行政区域土地面积	平方公里	2176	833	1796	2129	1449
乡(镇)个数	个	16	10	11	12	11
村民委员会个数	个	238	288	396	412	307
年末总户数	户	281578	121900	208252	205962	138756
其中:乡村户数	户	177806	86527	135489	133749	97146
年末总人口	万人	85	37	66	62	40
乡村人口	万人	66	31	53	50	33
年末单位从业人员数	人	41708	14365	358000	24580	17869
乡村从业人员数	人	356358	113500	224000	273755	184367
其中:农林牧渔业	人	159874	57702	99000	110247	80504
农业机械总动力	万千瓦特	38	16	19	18	23
本地电话年末用户	户	113841	37279	134000	59900	64134
二、综合经济						
第一产业增加值	万元	221100	84700	163072	131188	170974
第二产业增加值	万元	283900	169500	245700	227048	122330
地方财政一般预算收入	万元	24200	17062	26006	18315	13307
地方财政一般预算支出	万元	160104	87463	148040	127419	59941
城乡居民储蓄存款余额	万元	783620	213818	394738	424547	301981
年末金融机构各项贷款余额	万元	268619	126876	165300	229076	131191
三、农业、工业及投资						
粮食总产量	吨	363944	179392	307217	220580	185495
棉花产量	吨	15718	3221	2907	251	268
油料产量	吨	66948	21640	97547	23812	16135
肉类总产量	吨	99473	19560	25973	22958	23293
规模以上工业企业个数	个	143	93	84	135	74
规模以上工业总产值(现价)	万元	595700	284923	156000	394803	314348
城镇固定资产投资完成额	万元	420651	258466	276000	657772	295300
四、教育、卫生和社会保障						
普通中学在校学生数	人	44080	29722	52024	43458	25697
小学在校学生数	人	39214	29225	39226	43749	31314
医院、卫生院床位数	床	1355	760	1200	1241	1024
各种社会福利收养性单位数	个	25	31	6	30	63
各种社会福利收养性单位床位数	床	3579	1752	1320	2300	2598

2009年县(市)社会经济主要指标

湖北省

指　　标	单位	浠水县	蕲春县	黄梅县	麻城市	武穴市
一、基本情况						
行政区域土地面积	平方公里	1949	2398	1701	3747	1246
乡(镇)个数	个	13	14	16	16	8
村民委员会个数	个	649	546	485	715	310
年末总户数	户	339492	301603	305534	382700	241831
其中:乡村户数	户	216300	196198	184300	256744	136740
年末总人口	万人	104	99	97	118	77
乡村人口	万人	84	78	75	93	56
年末单位从业人员数	人	84000	58251	41528	49159	41700
乡村从业人员数	人	437000	386767	308400	540323	277525
其中:农林牧渔业	人	187300	127199	163800	234590	129556
农业机械总动力	万千瓦特	25	27	30	25	19
本地电话年末用户	户	97810	134506	128105	143101	95087
二、综合经济						
第一产业增加值	万元	328436	230825	280551	365826	284300
第二产业增加值	万元	287900	290780	267400	304800	415800
地方财政一般预算收入	万元	29458	36839	38056	40514	45333
地方财政一般预算支出	万元	188282	82497	96271	203890	151298
城乡居民储蓄存款余额	万元	719211	771088	701096	673094	610180
年末金融机构各项贷款余额	万元	280360	277195	232724	710003	336695
三、农业、工业及投资						
粮食总产量	吨	440316	439119	406670	500596	368104
棉花产量	吨	12864	5215	20303	9801	9081
油料产量	吨	67360	43346	55405	87052	62537
肉类总产量	吨	93551	70947	60067	89824	67544
规模以上工业企业个数	个	156	169	162	175	159
规模以上工业总产值(现价)	万元	581900	746700	690900	700667	858280
城镇固定资产投资完成额	万元	373857	638695	390058	71988	433781
四、教育、卫生和社会保障						
普通中学在校学生数	人	86054	81286	77924	79747	53068
小学在校学生数	人	73480	79447	75652	78874	53265
医院、卫生院床位数	床	1648	1830	1238	1453	1474
各种社会福利收养性单位数	个	41	140	28	27	77
各种社会福利收养性单位床位数	床	3265	3150	3641	2865	2894

2009年县(市)社会经济主要指标

湖北省

指　　标	单位	嘉鱼县	通城县	崇阳县	通山县	赤壁市
一、基本情况						
行政区域土地面积	平方公里	1017	1129	1968	2680	1723
乡(镇)个数	个	8	11	12	12	11
村民委员会个数	个	79	167	186	186	153
年末总户数	户	114945	142200	128932	107078	153441
其中:乡村户数	户	62352	89437	88600	77984	83528
年末总人口	万人	37	49	47	47	52
乡村人口	万人	27	38	37	35	36
年末单位从业人员数	人	33253	19727	24264	22852	52857
乡村从业人员数	人	138987	181815	178972	177671	148632
其中:农林牧渔业	人	66015	74319	75258	64582	64147
农业机械总动力	万千瓦特	23	19	14	12	36
本地电话年末用户	户	62965	59678	68849	58062	108568
二、综合经济						
第一产业增加值	万元	192800	100900	118200	66900	179800
第二产业增加值	万元	285800	173400	166800	104200	560700
地方财政一般预算收入	万元	21953	16044	13366	13492	44397
地方财政一般预算支出	万元	71571	100525	107126	109277	153951
城乡居民储蓄存款余额	万元	228109	326696	318034	218637	463009
年末金融机构各项贷款余额	万元	217555	109386	103350	144540	308867
三、农业、工业及投资						
粮食总产量	吨	193894	206701	214496	87648	226100
棉花产量	吨	1032		100		1325
油料产量	吨	9014	3884	5778	4711	22494
肉类总产量	吨	15256	57525	34661	18441	23347
规模以上工业企业个数	个	125	69	89	59	183
规模以上工业总产值(现价)	万元	947223	343985	218011	177600	1381035
城镇固定资产投资完成额	万元	351100	67112	182819	165883	539352
四、教育、卫生和社会保障						
普通中学在校学生数	人	27731	32710	23745	33837	36875
小学在校学生数	人	21771	25620	40129	48037	31803
医院、卫生院床位数	床	756	859	902	899	1316
各种社会福利收养性单位数	个	15	13	14	14	17
各种社会福利收养性单位床位数	床	1137	856	920	1458	2128

2009年县(市)社会经济主要指标

湖北省

指　　标	单位	随　县	广水市	恩施市	利川市	建始县
一、基本情况						
行政区域土地面积	平方公里	5763	2641	3972	4607	2666
乡(镇)个数	个	19	14	13	12	10
村民委员会个数	个	358	363	172	570	393
年末总户数	户	245000	292407	222530	277735	159406
其中:乡村户数	户	197000	197798	177000	212300	124200
年末总人口	万人	99	94	79	88	51
乡村人口	万人	69	80	63	80	45
年末单位从业人员数	人	88000	42638	49289	27377	26274
乡村从业人员数	人	406000	405026	322800	412700	245100
其中:农林牧渔业	人	172000	181180	173500	206400	119100
农业机械总动力	万千瓦特	93	27	28	23	20
本地电话年末用户	户		125638	113100	19850	30883
二、综合经济						
第一产业增加值	万元	346593	281077	173618	208418	120595
第二产业增加值	万元	271700	533600	263400	88800	83600
地方财政一般预算收入	万元	4137	28736	41837	38694	17388
地方财政一般预算支出	万元	77094	163278	172484	180599	116628
城乡居民储蓄存款余额	万元		805843	583888	379174	204922
年末金融机构各项贷款余额	万元		269596	1149512	177719	125846
三、农业、工业及投资						
粮食总产量	吨	800801	431884	221067	374701	232587
棉花产量	吨	7235	5188	25		
油料产量	吨	23525	35399	13229	9302	14251
肉类总产量	吨	83578	57098	77797	65516	51067
规模以上工业企业个数	个	201	173	76	60	56
规模以上工业总产值(现价)	万元	723383	1137962	471209	156417	131072
城镇固定资产投资完成额	万元	301742	588930	359629	274111	211602
四、教育、卫生和社会保障						
普通中学在校学生数	人	40667	58636	43100	45924	23972
小学在校学生数	人	44772	63238	50585	57057	29186
医院、卫生院床位数	床	511	1501	2680	870	1447
各种社会福利收养性单位数	个	45	43	24	21	13
各种社会福利收养性单位床位数	床	4975	2973	3332	1580	1477

2009年县(市)社会经济主要指标

湖北省

指　　标	单位	巴东县	宣恩县	咸丰县	来凤县	鹤峰县
一、基本情况						
行政区域土地面积	平方公里	3354	2730	2550	1345	2872
乡(镇)个数	个	12	9	10	8	9
村民委员会个数	个	473	279	263	185	205
年末总户数	户	166076	111658	129761	91285	76633
其中:乡村户数	户	124500	84002	82158	68467	60500
年末总人口	万人	49	35	38	32	22
乡村人口	万人	44	32	29	26	20
年末单位从业人员数	人	28534	8385	174800	9127	7211
乡村从业人员数	人	243500	169041	169500	164233	107400
其中:农林牧渔业	人	152400	91306	75500	76100	62100
农业机械总动力	万千瓦特	24	15	15	11	21
本地电话年末用户	户	74553	40800	41353	30412	25648
二、综合经济						
第一产业增加值	万元	116701	94161	106211	76392	64004
第二产业增加值	万元	142100	54706	61721	63764	81000
地方财政一般预算收入	万元	22021	8200	10709	8208	9458
地方财政一般预算支出	万元	127465	83276	84482	81011	82345
城乡居民储蓄存款余额	万元	252884	118632	175753	162225	136141
年末金融机构各项贷款余额	万元	132177	80856	114615	120035	168395
三、农业、工业及投资						
粮食总产量	吨	222882	131670	202234	128786	92581
棉花产量	吨					
油料产量	吨	17554	5772	9267	6311	4145
肉类总产量	吨	60067	31168	38328	26544	18885
规模以上工业企业个数	个	54	39	45	41	50
规模以上工业总产值(现价)	万元	200373	65310	95932	97959	145676
城镇固定资产投资完成额	万元	202483	94274	109764	102432	132228
四、教育、卫生和社会保障						
普通中学在校学生数	人	28774	16099	19308	18646	11238
小学在校学生数	人	27472	22246	23726	23356	12357
医院、卫生院床位数	床	1567	972	630	957	567
各种社会福利收养性单位数	个	13	13	14	17	10
各种社会福利收养性单位床位数	床	1890	879	1035	1339	640

2009年县(市)社会经济主要指标

湖北省、湖南省

指　　标	单位	仙桃市	潜江市	天门市	神农架林区	长沙县
一、基本情况						
行政区域土地面积	平方公里	2538	2004	2622	3253	1997
乡(镇)个数	个	15	10	22	8	20
村民委员会个数	个	639	328	767	66	226
年末总户数	户	403668	329309	381010	29502	241000
其中:乡村户数	户	276160	164816	302338	13281	239800
年末总人口	万人	150	102	162	8	79
乡村人口	万人	116	67	129	5	78
年末单位从业人员数	人	171798	108465	56583	17589	132687
乡村从业人员数	人	643906	305002	553519	27728	470500
其中:农林牧渔业	人	267374	143550	251661	14237	225000
农业机械总动力	万千瓦特	107	82	110	7	110
本地电话年末用户	户	175538	111061	204057	12029	218091
二、综合经济						
第一产业增加值	万元	475040	411862	479600	12864	397706
第二产业增加值	万元	1232400	1210900	857200	37298	3529015
地方财政一般预算收入	万元	50518	48593	35281	8707	217892
地方财政一般预算支出	万元	262468	230349	201176	66607	312883
城乡居民储蓄存款余额	万元	1373475	1423423	1352247	62973	1289979
年末金融机构各项贷款余额	万元	553745	526357	464209	31284	2055278
三、农业、工业及投资						
粮食总产量	吨	712111	388744	620450	21046	575805
棉花产量	吨	26511	40383	47193		
油料产量	吨	118912	113109	112041	402	11374
肉类总产量	吨	94242	91504	94044	5809	183744
规模以上工业企业个数	个	394	253	264	17	385
规模以上工业总产值(现价)	万元	3489706	3822474	2061000	57686	7396332
城镇固定资产投资完成额	万元	1068088	1126926	1058620	106530	1519740
四、教育、卫生和社会保障						
普通中学在校学生数	人	98327	57552	85927	3726	35118
小学在校学生数	人	70225	54155	73115	3165	52359
医院、卫生院床位数	床	2825	2919	3007	230	1356
各种社会福利收养性单位数	个	28	21	42	1	20
各种社会福利收养性单位床位数	床	4142	1735	4736	365	1302

2009年县(市)社会经济主要指标

湖南省

指　　标	单位	望城县	宁乡县	浏阳市	株洲县	攸　县
一、基本情况						
行政区域土地面积	平方公里	969	2906	4998	1381	2651
乡(镇)个数	个	15	33	33	18	20
村民委员会个数	个	126	387	318	332	499
年末总户数	户	171000	431000	405000	127000	214000
其中:乡村户数	户	146300	361000	363800	113100	189400
年末总人口	万人	55	137	140	42	70
乡村人口	万人	50	121	128	40	71
年末单位从业人员数	人	57285	56885	74350	16933	28464
乡村从业人员数	人	278000	777000	731000	242000	386400
其中:农林牧渔业	人	134000	349000	330000	140000	229000
农业机械总动力	万千瓦特	51	136	109	31	65
本地电话年末用户	户	130371	184490	281510	78300	129000
二、综合经济						
第一产业增加值	万元	179333	527959	435590	168263	292635
第二产业增加值	万元	1330337	2192058	2590713	274675	611192
地方财政一般预算收入	万元	83239	86792	123659	31797	60876
地方财政一般预算支出	万元	179246	250890	280777	86563	141500
城乡居民储蓄存款余额	万元	776966	1168226	1235940	332817	578200
年末金融机构各项贷款余额	万元	720293	932900	1468113	150948	277000
三、农业、工业及投资						
粮食总产量	吨	361819	882737	543438	330194	502911
棉花产量	吨		616	630	298	642
油料产量	吨	4584	10898	47595	2870	9968
肉类总产量	吨	72894	218256	163564	52985	84849
规模以上工业企业个数	个	207	622	765	127	265
规模以上工业总产值(现价)	万元	2176682	4432425	4108925	404992	1147518
城镇固定资产投资完成额	万元	1158467	1943806	1280138	240287	544720
四、教育、卫生和社会保障						
普通中学在校学生数	人	16487	63059	49081	15579	30509
小学在校学生数	人	24379	88241	83167	18004	41582
医院、卫生院床位数	床	818	1776	4061	933	1677
各种社会福利收养性单位数	个	15	61	44	24	22
各种社会福利收养性单位床位数	床	799	2323	4609	1040	1162

2009年县(市)社会经济主要指标

湖南省

指　　标	单位	茶陵县	炎陵县	醴陵市	湘潭县	湘乡市
一、基本情况						
行政区域土地面积	平方公里	2507	2031	2157	2513	2011
乡(镇)个数	个	20	15	26	22	18
村民委员会个数	个	363	202	345	755	708
年末总户数	户	161000	54000	277000	364000	295000
其中:乡村户数	户	136100	43700	229500	316800	245300
年末总人口	万人	54	18	98	108	89
乡村人口	万人	53	16	90	112	83
年末单位从业人员数	人	20511	9692	51992	43374	46747
乡村从业人员数	人	289400	91600	491400	654700	495100
其中:农林牧渔业	人	156000	54000	212000	382000	331000
农业机械总动力	万千瓦特	47	12	56	138	89
本地电话年末用户	户	65036	36495	203100	243114	178606
二、综合经济						
第一产业增加值	万元	193046	47783	284998	429791	344088
第二产业增加值	万元	215566	96689	1208799	605244	569533
地方财政一般预算收入	万元	35433	19039	90326	59161	49377
地方财政一般预算支出	万元	118109	53936	178128	175277	128220
城乡居民储蓄存款余额	万元	486852	190170	781305	968937	860441
年末金融机构各项贷款余额	万元	193719	119024	401466	511066	447644
三、农业、工业及投资						
粮食总产量	吨	327164	92860	473187	850181	539433
棉花产量	吨	374	28	46	69	67
油料产量	吨	8325	1783	2237	3369	1006
肉类总产量	吨	65327	9819	96130	192641	145285
规模以上工业企业个数	个	115	68	508	211	172
规模以上工业总产值(现价)	万元	325521	200144	2224458	1279058	1539025
城镇固定资产投资完成额	万元	232181	200933	548290	447823	369828
四、教育、卫生和社会保障						
普通中学在校学生数	人	18645	6649	34854	59305	42405
小学在校学生数	人	32083	10315	51016	55215	50135
医院、卫生院床位数	床	1062	455	2166	1857	1877
各种社会福利收养性单位数	个	27	14	29	47	24
各种社会福利收养性单位床位数	床	1592	490	2344	1895	1404

2009年县(市)社会经济主要指标

湖南省

指　　标	单位	韶山市	衡阳县	衡南县	衡山县	衡东县
一、基本情况						
行政区域土地面积	平方公里	210	2558	2613	935	1926
乡(镇)个数	个	7	26	25	17	24
村民委员会个数	个	61	891	741	319	561
年末总户数	户	32000	335000	286000	115000	191000
其中:乡村户数	户	26700	260300	268400	97400	179200
年末总人口	万人	10	113	104	42	68
乡村人口	万人	9	102	104	39	61
年末单位从业人员数	人	6746	48381	54683	17164	24174
乡村从业人员数	人	52000	547700	487500	243000	310500
其中:农林牧渔业	人	29000	343000	345000	149000	220000
农业机械总动力	万千瓦特	12	59	68	28	41
本地电话年末用户	户	26024	301614	107767	61930	72998
二、综合经济						
第一产业增加值	万元	34153	418896	403522	150429	244187
第二产业增加值	万元	128491	455529	542710	179922	368914
地方财政一般预算收入	万元	12403	27940	39809	21293	24258
地方财政一般预算支出	万元	32478	149286	144800	76642	108643
城乡居民储蓄存款余额	万元	153467	881551	309378	374091	478853
年末金融机构各项贷款余额	万元	59520	328014	286900	185120	306632
三、农业、工业及投资						
粮食总产量	吨	64450	606016	643705	187176	396074
棉花产量	吨	8	10045	4497	120	249
油料产量	吨	546	59647	42414	9771	21438
肉类总产量	吨	19987	172330	152011	61459	89119
规模以上工业企业个数	个	43	110	122	77	77
规模以上工业总产值(现价)	万元	369672	1059019	1065469	409129	1026340
城镇固定资产投资完成额	万元	176541	278102	247784	168039	159347
四、教育、卫生和社会保障						
普通中学在校学生数	人	3925	63490	51702	20929	32397
小学在校学生数	人	5420	91975	77137	30122	54943
医院、卫生院床位数	床	345	1354	1535	815	1243
各种社会福利收养性单位数	个	9	17	26	2	11
各种社会福利收养性单位床位数	床	239	180	1230	40	520

2009年县(市)社会经济主要指标

湖南省

指　　标	单位	祁东县	耒阳市	常宁市	邵东县	新邵县
一、基本情况						
行政区域土地面积	平方公里	1871	2656	2064	1776	1763
乡(镇)个数	个	23	31	22	26	15
村民委员会个数	个	867	623	706	975	651
年末总户数	户	286000	335000	224000	337000	225000
其中:乡村户数	户	262100	274900	202700	297900	208600
年末总人口	万人	95	128	87	119	80
乡村人口	万人	89	109	74	108	71
年末单位从业人员数	人	37630	59897	42992	39448	21434
乡村从业人员数	人	481300	542100	398900	551500	450800
其中:农林牧渔业	人	284000	397000	264000	317000	258000
农业机械总动力	万千瓦特	45	58	40	59	21
本地电话年末用户	户	236845	124754	97310	153086	58900
二、综合经济						
第一产业增加值	万元	372094	383517	288570	233005	140885
第二产业增加值	万元	493593	822032	474318	550096	174809
地方财政一般预算收入	万元	24108	80618	46664	36499	18200
地方财政一般预算支出	万元	130622	218060	138373	147883	109296
城乡居民储蓄存款余额	万元	663350	1044099	633441	1112424	420707
年末金融机构各项贷款余额	万元	254200	511098	267528	384412	306438
三、农业、工业及投资						
粮食总产量	吨	459683	507163	411566	449554	310341
棉花产量	吨	155	1134	458	88	26
油料产量	吨	10641	41053	21193	24196	4428
肉类总产量	吨	112842	124683	109153	92389	70829
规模以上工业企业个数	个	121	148	107	191	86
规模以上工业总产值(现价)	万元	1285816	2286244	1276786	1085373	407940
城镇固定资产投资完成额	万元	186104	639921	196927	499080	454257
四、教育、卫生和社会保障						
普通中学在校学生数	人	50465	52534	40412	62645	37409
小学在校学生数	人	91038	105548	74720	93682	67791
医院、卫生院床位数	床	1096	1824	969	2403	1696
各种社会福利收养性单位数	个	24	12	23	19	13
各种社会福利收养性单位床位数	床	550	155	400	300	485

2009年县(市)社会经济主要指标

湖南省

指　　标	单位	邵阳县	隆回县	洞口县	绥宁县	新宁县
一、基本情况						
行政区域土地面积	平方公里	1997	2866	2196	2927	2751
乡(镇)个数	个	22	26	22	25	18
村民委员会个数	个	634	964	565	348	477
年末总户数	户	257000	314000	233000	99000	166000
其中:乡村户数	户	240800	285300	213500	85000	143500
年末总人口	万人	10	117	83	36	61
乡村人口	万人	92	102	74	31	54
年末单位从业人员数	人	27005	27975	26405	14346	19673
乡村从业人员数	人	537400	571700	447300	198200	326500
其中:农林牧渔业	人	391000	417000	228000	149000	214000
农业机械总动力	万千瓦特	38	26	47	26	40
本地电话年末用户	户	72551	159674	102673	64000	65800
二、综合经济						
第一产业增加值	万元	157457	181254	242896	88731	108623
第二产业增加值	万元	175905	166203	166021	144440	87524
地方财政一般预算收入	万元	18254	22279	19238	11201	18794
地方财政一般预算支出	万元	135687	149427	114381	70195	96575
城乡居民储蓄存款余额	万元	496733	693987	581000	265063	350767
年末金融机构各项贷款余额	万元	142221	244395	191584	94862	132478
三、农业、工业及投资						
粮食总产量	吨	455924	455497	431403	144887	301611
棉花产量	吨	53	47	36		
油料产量	吨	16061	8438	22656	4903	8722
肉类总产量	吨	76441	75394	149378	32612	32401
规模以上工业企业个数	个	77	70	71	56	44
规模以上工业总产值(现价)	万元	327064	334480	418484	469363	160435
城镇固定资产投资完成额	万元	358122	426165	467237	201802	375570
四、教育、卫生和社会保障						
普通中学在校学生数	人	46715	53815	44862	17188	25617
小学在校学生数	人	79415	83286	64437	25435	37072
医院、卫生院床位数	床	1399	1601	1355	649	853
各种社会福利收养性单位数	个	1	13	41	12	16
各种社会福利收养性单位床位数	床	8	287	970	430	584

2009年县(市)社会经济主要指标

湖南省

指标	单位	城步苗族自治县	武冈市	岳阳县	华容县	湘阴县
一、基本情况						
行政区域土地面积	平方公里	2647	1549	2716	1609	1582
乡(镇)个数	个	11	17	20	20	19
村民委员会个数	个	271	480	557	408	405
年末总户数	户	73000	218000	226000	240000	238000
其中:乡村户数	户	61300	188900	150200	163000	179900
年末总人口	万人	26	76	70	73	72
乡村人口	万人	23	68	57	63	62
年末单位从业人员数	人	13921	24669	26071	28219	41357
乡村从业人员数	人	121800	397500	285800	337100	334500
其中:农林牧渔业	人	93000	296000	176000	236000	195000
农业机械总动力	万千瓦特	12	40	67	68	68
本地电话年末用户	户	56037	77251	83659	162150	90963
二、综合经济						
第一产业增加值	万元	57753	211165	288032	351456	294308
第二产业增加值	万元	55441	103397	464296	589341	613407
地方财政一般预算收入	万元	7282	24393	20788	23749	25759
地方财政一般预算支出	万元	54062	109368	127971	116107	79622
城乡居民储蓄存款余额	万元	146855	531484	294777	488102	316943
年末金融机构各项贷款余额	万元	91548	223035	247691	273776	316511
三、农业、工业及投资						
粮食总产量	吨	77272	452543	473753	531113	545657
棉花产量	吨		6	1650	28927	1106
油料产量	吨	3204	15362	25814	61438	15714
肉类总产量	吨	15469	116279	103839	67035	68872
规模以上工业企业个数	个	24	58	128	143	128
规模以上工业总产值(现价)	万元	135494	216339	1322621	1866416	1881430
城镇固定资产投资完成额	万元	146320	381985	753516	550888	558404
四、教育、卫生和社会保障						
普通中学在校学生数	人	9053	41035	32923	31533	31363
小学在校学生数	人	17516	68737	37501	36340	46615
医院、卫生院床位数	床	505	1283	900	1163	731
各种社会福利收养性单位数	个	11	14	1	39	1
各种社会福利收养性单位床位数	床	310	555	20	1283	102

2009年县(市)社会经济主要指标

湖南省

指　　标	单位	平江县	汨罗市	临湘市	安乡县	汉寿县
一、基本情况						
行政区域土地面积	平方公里	4125	1562	1744	1087	2089
乡(镇)个数	个	27	34	18	19	30
村民委员会个数	个	773	435	277	244	522
年末总户数	户	292000	234000	156000	209000	278000
其中:乡村户数	户	248900	193700	119800	122500	191000
年末总人口	万人	105	73	50	59	81
乡村人口	万人	96	66	45	47	72
年末单位从业人员数	人	35970	79774	12599	26711	29362
乡村从业人员数	人	496000	301600	184100	227900	395000
其中:农林牧渔业	人	280000	169000	91000	177000	243000
农业机械总动力	万千瓦特	56	79	61	50	64
本地电话年末用户	户	158298	124480	65000	79810	130100
二、综合经济						
第一产业增加值	万元	251274	226035	171786	248738	309788
第二产业增加值	万元	390547	733565	481985	197054	269891
地方财政一般预算收入	万元	23390	55492	21453	14333	21384
地方财政一般预算支出	万元	156862	138263	90485	95235	125203
城乡居民储蓄存款余额	万元	544631	411195	355000	323900	458600
年末金融机构各项贷款余额	万元	221298	293705	210000	200800	270500
三、农业、工业及投资						
粮食总产量	吨	462243	506500	345998	348521	608148
棉花产量	吨	1042	1474	2464	25873	12755
油料产量	吨	20880	11982	16574	75674	53668
肉类总产量	吨	84130	112358	51801	31297	69723
规模以上工业企业个数	个	134	266	123	67	89
规模以上工业总产值(现价)	万元	845251	3030445	1431387	385046	459590
城镇固定资产投资完成额	万元	395752	763160	483974	110909	235200
四、教育、卫生和社会保障						
普通中学在校学生数	人	42605	36170	27185	21796	39760
小学在校学生数	人	71680	42850	32327	20562	42900
医院、卫生院床位数	床	1680	963	1004	650	850
各种社会福利收养性单位数	个	31	1	1	17	33
各种社会福利收养性单位床位数	床	1700	60	90	251	691

2009年县(市)社会经济主要指标

湖南省

指　　标	单位	澧　县	临澧县	桃源县	石门县	津市市
一、基本情况						
行政区域土地面积	平方公里	2075	1204	4458	3970	558
乡(镇)个数	个	32	17	40	19	7
村民委员会个数	个	427	311	827	667	81
年末总户数	户	334000	162000	331000	238000	106000
其中:乡村户数	户	225800	151700	272200	181700	43500
年末总人口	万人	93	45	98	69	27
乡村人口	万人	73	43	89	58	13
年末单位从业人员数	人	32063	18741	39878	26526	22064
乡村从业人员数	人	386700	214100	479200	323400	81000
其中:农林牧渔业	人	246000	112000	301000	195000	61000
农业机械总动力	万千瓦特	62	30	87	55	15
本地电话年末用户	户	143800	84022	137801	119500	64350
二、综合经济						
第一产业增加值	万元	397257	186802	496571	301231	120072
第二产业增加值	万元	417027	214674	364432	360157	214116
地方财政一般预算收入	万元	32849	18820	30545	31477	19528
地方财政一般预算支出	万元	143000	80455	134686	127945	69605
城乡居民储蓄存款余额	万元	793246	300000	683610	477418	280840
年末金融机构各项贷款余额	万元	414360	283000	313140	481600	184047
三、农业、工业及投资						
粮食总产量	吨	519549	308904	779961	303643	137949
棉花产量	吨	28963	9102	14896	4324	6619
油料产量	吨	94394	50557	107967	43743	26174
肉类总产量	吨	98343	57754	137272	89488	32336
规模以上工业企业个数	个	95	104	87	103	79
规模以上工业总产值(现价)	万元	770986	452356	680041	641452	589578
城镇固定资产投资完成额	万元	433368	218927	215054	319338	134022
四、教育、卫生和社会保障						
普通中学在校学生数	人	40361	21512	38416	30754	9879
小学在校学生数	人	40982	22513	45125	32019	9959
医院、卫生院床位数	床	1180	450	900	810	280
各种社会福利收养性单位数	个	47	21	12	19	3
各种社会福利收养性单位床位数	床	1980	840	1842	285	120

2009年县(市)社会经济主要指标

湖南省

指　　标	单位	慈利县	桑植县	南　县	桃江县	安化县
一、基本情况						
行政区域土地面积	平方公里	3480	3474	1406	2062	4944
乡(镇)个数	个	31	38	16	15	23
村民委员会个数	个	638	532	461	772	1120
年末总户数	户	240000	144000	262000	256000	279000
其中:乡村户数	户	174300	126200	198300	209500	235100
年末总人口	万人	70	46	79	85	99
乡村人口	万人	60	43	68	75	87
年末单位从业人员数	人	25840	14465	31725	25347	28376
乡村从业人员数	人	334800	233600	352600	412400	439200
其中:农林牧渔业	人	264000	141000	217000	192000	328000
农业机械总动力	万千瓦特	44	16	79	59	54
本地电话年末用户	户	92430	50000	67240	94640	105920
二、综合经济						
第一产业增加值	万元	127278	46461	277821	220626	214930
第二产业增加值	万元	221307	75645	149600	365821	246701
地方财政一般预算收入	万元	26854	14009	15382	19803	21636
地方财政一般预算支出	万元	134515	102551	144972	126893	153036
城乡居民储蓄存款余额	万元	437700	212000	484948	530519	654324
年末金融机构各项贷款余额	万元	400100	147900	232905	298916	240180
三、农业、工业及投资						
粮食总产量	吨	290077	145803	571168	365911	249042
棉花产量	吨	1600	7	30758	88	
油料产量	吨	35121	11946	71976	22594	35822
肉类总产量	吨	43740	17538	63155	67899	74402
规模以上工业企业个数	个	61	25	76	135	121
规模以上工业总产值(现价)	万元	361624	105334	544394	764223	467825
城镇固定资产投资完成额	万元	182921	158180	181538	352529	221775
四、教育、卫生和社会保障						
普通中学在校学生数	人	30993	17319	30531	33295	31304
小学在校学生数	人	34272	28900	36468	45902	51520
医院、卫生院床位数	床	1680	1985	1377	1479	1410
各种社会福利收养性单位数	个	23	13	54	88	32
各种社会福利收养性单位床位数	床	828	320	2304	1871	1795

2009年县（市）社会经济主要指标

湖南省

指　　标	单位	沅江市	桂阳县	宜章县	永兴县	嘉禾县
一、基本情况						
行政区域土地面积	平方公里	1797	2954	2143	1979	699
乡（镇）个数	个	12	39	27	25	17
村民委员会个数	个	408	491	347	342	242
年末总户数	户	242000	245000	165000	200000	110000
其中：乡村户数	户	157900	185100	134500	146300	100100
年末总人口	万人	75	81	57	64	36
乡村人口	万人	58	74	51	52	34
年末单位从业人员数	人	29158	28950	24829	24096	17388
乡村从业人员数	人	334100	427300	295200	290600	193200
其中：农林牧渔业	人	207000	244000	133000	143000	82000
农业机械总动力	万千瓦特	73	40	72	19	30
本地电话年末用户	户	67920	91175	101782	73843	66921
二、综合经济						
第一产业增加值	万元	303748	217866	129208	146566	87548
第二产业增加值	万元	323695	543923	277703	593128	249674
地方财政一般预算收入	万元	24743	50762	32143	46889	17885
地方财政一般预算支出	万元	130889	128400	108569	117287	62317
城乡居民储蓄存款余额	万元	444512	607472	514259	456837	350155
年末金融机构各项贷款余额	万元	410173	206168	213880	186855	118937
三、农业、工业及投资						
粮食总产量	吨	451649	297655	238290	239551	135743
棉花产量	吨	16500		21	41	
油料产量	吨	46000	13448	7017	15338	10976
肉类总产量	吨	57689	73682	60348	62061	56558
规模以上工业企业个数	个	106	106	187	152	113
规模以上工业总产值（现价）	万元	1021177	1064523	922270	1470769	565203
城镇固定资产投资完成额	万元	305383	539447	489160	460238	195390
四、教育、卫生和社会保障						
普通中学在校学生数	人	32306	33018	23860	20101	17956
小学在校学生数	人	34340	76424	57353	47914	39516
医院、卫生院床位数	床	1000	1623	1539	1179	687
各种社会福利收养性单位数	个	35	17	9	19	8
各种社会福利收养性单位床位数	床	652	1033	315	811	375

2009年县(市)社会经济主要指标

湖南省

指　　标	单位	临武县	汝城县	桂东县	安仁县	资兴市
一、基本情况						
行政区域土地面积	平方公里	1375	2425	1453	1462	2747
乡(镇)个数	个	22	23	18	21	27
村民委员会个数	个	289	309	145	217	266
年末总户数	户	98000	118000	57000	128000	130000
其中:乡村户数	户	77400	97400	56500	114500	72700
年末总人口	万人	32	38	21	42	37
乡村人口	万人	29	35	20	41	24
年末单位从业人员数	人	13911	10115	8006	13005	37962
乡村从业人员数	人	178900	209900	123800	233500	163200
其中:农林牧渔业	人	84000	134000	62000	93000	65000
农业机械总动力	万千瓦特	42	26	7	16	25
本地电话年末用户	户	35600	50639	24266	37770	85100
二、综合经济						
第一产业增加值	万元	68252	60307	27043	91494	127912
第二产业增加值	万元	206052	60933	32776	78851	760267
地方财政一般预算收入	万元	18922	13300	4699	8939	54165
地方财政一般预算支出	万元	68786	69112	46893	68518	117795
城乡居民储蓄存款余额	万元	345489	268742	151854	261569	529483
年末金融机构各项贷款余额	万元	118711	167070	69985	97164	385127
三、农业、工业及投资						
粮食总产量	吨	128528	198380	64778	273014	123523
棉花产量	吨		158		6	56
油料产量	吨	5297	5339	1064	18414	4997
肉类总产量	吨	29390	13629	9962	31142	44879
规模以上工业企业个数	个	79	49	24	39	141
规模以上工业总产值(现价)	万元	238741	149403	57104	146797	1759549
城镇固定资产投资完成额	万元	246787	366824	129858	217280	485910
四、教育、卫生和社会保障						
普通中学在校学生数	人	10774	14689	6859	16437	15210
小学在校学生数	人	37254	28513	12116	30328	21571
医院、卫生院床位数	床	696	737	597	2000	1242
各种社会福利收养性单位数	个	21	15	19	14	18
各种社会福利收养性单位床位数	床	1014	560	488	725	906

2009年县(市)社会经济主要指标

湖南省

指　　标	单位	祁阳县	东安县	双牌县	道　县	江永县
一、基本情况						
行政区域土地面积	平方公里	2538	2211	1751	2441	1633
乡(镇)个数	个	28	16	12	23	12
村民委员会个数	个	906	492	194	564	230
年末总户数	户	292000	178000	53000	226000	89000
其中:乡村户数	户	241900	141400	36300	159100	58800
年末总人口	万人	103	61	17	70	26
乡村人口	万人	88	53	14	63	25
年末单位从业人员数	人	52480	19304	10298	21137	11051
乡村从业人员数	人	462400	283300	67900	335500	129400
其中:农林牧渔业	人	254000	183000	46000	180000	96000
农业机械总动力	万千瓦特	70	38	16	33	16
本地电话年末用户	户	92963	53733	16418	44043	20372
二、综合经济						
第一产业增加值	万元	246032	183171	77042	208154	108867
第二产业增加值	万元	370336	256516	88215	155529	53171
地方财政一般预算收入	万元	27428	17230	11130	19082	9361
地方财政一般预算支出	万元	150977	95368	48928	106979	50200
城乡居民储蓄存款余额	万元	900834	400637	119931	429640	168997
年末金融机构各项贷款余额	万元	431916	223774	143639	178227	67104
三、农业、工业及投资						
粮食总产量	吨	619102	393375	71052	394355	125171
棉花产量	吨	431	56	246	21	
油料产量	吨	25353	5749	391	9288	11241
肉类总产量	吨	87200	77522	17574	89974	29445
规模以上工业企业个数	个	132	85	41	41	23
规模以上工业总产值(现价)	万元	633957	486368	223955	254808	95033
城镇固定资产投资完成额	万元	543292	281660	153655	323901	220226
四、教育、卫生和社会保障						
普通中学在校学生数	人	49103	21351	7957	31913	13450
小学在校学生数	人	74676	36264	11586	61141	22468
医院、卫生院床位数	床	1578	1091	360	1023	552
各种社会福利收养性单位数	个	32	14	13	21	9
各种社会福利收养性单位床位数	床	644	490	610	537	420

2009年县(市)社会经济主要指标

湖南省

指　　标	单位	宁远县	蓝山县	新田县	江华瑶族自治县	中方县
一、基本情况						
行政区域土地面积	平方公里	2489	1806	1022	3216	1524
乡(镇)个数	个	17	15	19	22	22
村民委员会个数	个	688	358	372	499	213
年末总户数	户	201000	97000	124000	118000	81000
其中:乡村户数	户	174800	90200	105600	114400	70500
年末总人口	万人	81	36	38	47	26
乡村人口	万人	72	33	37	45	26
年末单位从业人员数	人	20574	17816	13274	18476	10449
乡村从业人员数	人	441000	186000	210200	263200	150800
其中:农林牧渔业	人	204000	126000	119000	189000	90000
农业机械总动力	万千瓦特	74	28	28	26	16
本地电话年末用户	户	53412	29636	32166	39961	37778
二、综合经济						
第一产业增加值	万元	158928	84359	95742	127436	55830
第二产业增加值	万元	161841	138094	67823	94401	200765
地方财政一般预算收入	万元	20383	14785	12607	12510	15386
地方财政一般预算支出	万元	125804	68215	74176	83718	56544
城乡居民储蓄存款余额	万元	438276	242607	231474	271674	73206
年末金融机构各项贷款余额	万元	267465	87609	78602	199260	57375
三、农业、工业及投资						
粮食总产量	吨	312051	133025	171414	219426	120934
棉花产量	吨	117			47	269
油料产量	吨	4918	2234	3303	10575	9482
肉类总产量	吨	76237	66336	38502	38235	20157
规模以上工业企业个数	个	50	60	37	36	45
规模以上工业总产值(现价)	万元	215084	288001	139237	150147	430195
城镇固定资产投资完成额	万元	236468	167376	141483	230499	303940
四、教育、卫生和社会保障						
普通中学在校学生数	人	44058	17895	20823	26188	8362
小学在校学生数	人	75175	32114	33373	35997	12873
医院、卫生院床位数	床	1163	652	777	1118	429
各种社会福利收养性单位数	个	16	10	10	15	11
各种社会福利收养性单位床位数	床	890	355	510	560	486

2009 年县(市)社会经济主要指标

湖南省

指　　标	单位	沅陵县	辰溪县	溆浦县	会同县	麻阳苗族自治县
一、基本情况						
行政区域土地面积	平方公里	5825	1977	3440	2248	1568
乡(镇)个数	个	23	30	43	25	23
村民委员会个数	个	465	422	653	345	307
年末总户数	户	209000	157000	261000	101000	110000
其中:乡村户数	户	155400	105900	207200	89000	86300
年末总人口	万人	66	54	89	36	38
乡村人口	万人	58	44	82	33	35
年末单位从业人员数	人	20850	26461	28016	13018	12138
乡村从业人员数	人	331000	224200	544000	207400	183500
其中:农林牧渔业	人	214000	175000	319000	142000	147000
农业机械总动力	万千瓦特	32	21	36	19	11
本地电话年末用户	户	93700	71730	111200	46025	41839
二、综合经济						
第一产业增加值	万元	92294	74875	143918	53655	69571
第二产业增加值	万元	497508	175467	215075	60940	81943
地方财政一般预算收入	万元	29668	22087	24439	12850	8686
地方财政一般预算支出	万元	136686	90857	126953	73041	72205
城乡居民储蓄存款余额	万元	375979	217800	428889	250385	166418
年末金融机构各项贷款余额	万元	166897	216529	239771	70200	101601
三、农业、工业及投资						
粮食总产量	吨	226389	183309	351043	121306	110067
棉花产量	吨	8	273	161	20	13
油料产量	吨	17832	16435	22856	8478	11860
肉类总产量	吨	26458	26421	51343	15619	22109
规模以上工业企业个数	个	67	53	68	27	35
规模以上工业总产值(现价)	万元	938135	375388	429523	124008	175098
城镇固定资产投资完成额	万元	92342	263767	162433	59984	92784
四、教育、卫生和社会保障						
普通中学在校学生数	人	22371	17527	27410	13772	16404
小学在校学生数	人	33760	30427	53548	19508	26635
医院、卫生院床位数	床	1383	1508	1646	931	975
各种社会福利收养性单位数	个	14	17	11	12	17
各种社会福利收养性单位床位数	床	555	615	629	375	562

2009年县(市)社会经济主要指标

湖南省

指　　标	单位	新晃侗族自治县	芷江侗族自治县	靖州苗族侗族自治县	通道侗族自治县	洪江市
一、基本情况						
行政区域土地面积	平方公里	1508	2099	2211	2239	2174
乡(镇)个数	个	23	28	13	21	28
村民委员会个数	个	296	299	186	242	336
年末总户数	户	87000	121000	78000	65000	141000
其中:乡村户数	户	70500	92300	55600	48500	123300
年末总人口	万人	26	37	27	23	45
乡村人口	万人	23	34	23	20	39
年末单位从业人员数	人	9393	15697	12529	8705	24073
乡村从业人员数	人	126100	188900	112100	100600	246400
其中:农林牧渔业	人	103000	120000	95000	80000	151000
农业机械总动力	万千瓦特	7	33	24	20	29
本地电话年末用户	户	44372	54865	62776	45650	63053
二、综合经济						
第一产业增加值	万元	31694	96580	63687	34554	93125
第二产业增加值	万元	79848	157842	101010	51263	131046
地方财政一般预算收入	万元	6838	14234	10635	6584	25056
地方财政一般预算支出	万元	56301	77678	57808	50169	84628
城乡居民储蓄存款余额	万元	131262	221392	208897	162910	211993
年末金融机构各项贷款余额	万元	46633	128203	85646	54549	144616
三、农业、工业及投资						
粮食总产量	吨	83314	208018	121898	83749	177452
棉花产量	吨		24		159	15
油料产量	吨	3965	12487	8111	1651	7461
肉类总产量	吨	20513	36250	20469	10326	30277
规模以上工业企业个数	个	37	53	42	27	83
规模以上工业总产值(现价)	万元	237461	415177	256386	121305	678635
城镇固定资产投资完成额	万元	53697	204618	63538	36618	290583
四、教育、卫生和社会保障						
普通中学在校学生数	人	8243	16766	10077	7594	22610
小学在校学生数	人	15672	24265	17416	15431	27220
医院、卫生院床位数	床	864	864	678	543	1075
各种社会福利收养性单位数	个	12	13	11	12	26
各种社会福利收养性单位床位数	床	466	435	232	483	794

2009年县(市)社会经济主要指标

湖南省

指　　标	单位	双峰县	新化县	冷水江市	涟源市	吉首市
一、基本情况						
行政区域土地面积	平方公里	1715	3642	439	1895	1059
乡(镇)个数	个	16	26	12	19	12
村民委员会个数	个	894	1148	153	908	139
年末总户数	户	308000	380000	144000	382000	96000
其中:乡村户数	户	233000	312600	55800	286800	46300
年末总人口	万人	93	133	38	113	29
乡村人口	万人	84	127	20	104	18
年末单位从业人员数	人	32569	41867	62243	43806	43754
乡村从业人员数	人	465100	669700	99800	549400	100400
其中:农林牧渔业	人	295000	455000	61000	335000	71000
农业机械总动力	万千瓦特	74	60	19	57	13
本地电话年末用户	户	296173	130077	59354	289738	91342
二、综合经济						
第一产业增加值	万元	310302	263790	48385	236571	35585
第二产业增加值	万元	286966	239000	849271	468551	205124
地方财政一般预算收入	万元	21310	28201	55755	37685	28658
地方财政一般预算支出	万元	138295	183465	80127	166712	86030
城乡居民储蓄存款余额	万元	759610	777416	380471	652340	417472
年末金融机构各项贷款余额	万元	251206	325338	378412	447184	593986
三、农业、工业及投资						
粮食总产量	吨	542767	477239	46517	474848	48810
棉花产量	吨	370			172	30
油料产量	吨	10520	10355	283	6716	6661
肉类总产量	吨	115234	104852	23672	83024	7212
规模以上工业企业个数	个	134	116	124	152	37
规模以上工业总产值(现价)	万元	669403	551842	1961736	1085332	400011
城镇固定资产投资完成额	万元	151050	157797	209539	375006	577363
四、教育、卫生和社会保障						
普通中学在校学生数	人	42668	62012	21140	63765	21194
小学在校学生数	人	56465	95506	28287	93002	26137
医院、卫生院床位数	床	1389	1278	1341	1663	1900
各种社会福利收养性单位数	个	17	25	8	20	16
各种社会福利收养性单位床位数	床	555	982	125	865	560

2009年县(市)社会经济主要指标

湖南省

指　　标	单位	泸溪县	凤凰县	花垣县	保靖县	古丈县
一、基本情况						
行政区域土地面积	平方公里	1566	1756	1109	1746	1286
乡(镇)个数	个	15	24	18	16	12
村民委员会个数	个	134	344	288	196	140
年末总户数	户	83000	103000	75000	84000	42000
其中:乡村户数	户	66300	80800	59200	69400	31300
年末总人口	万人	30	39	28	30	14
乡村人口	万人	29	36	25	27	12
年末单位从业人员数	人	9503	12456	13385	10647	5919
乡村从业人员数	人	155000	194300	146500	143500	73600
其中:农林牧渔业	人	83000	152000	92000	116000	57000
农业机械总动力	万千瓦特	13	15	12	11	9
本地电话年末用户	户	26789	35624	25436	26049	14098
二、综合经济						
第一产业增加值	万元	43491	55200	38758	45445	20431
第二产业增加值	万元	176094	49045	328269	165704	20631
地方财政一般预算收入	万元	14034	14772	30508	12191	4006
地方财政一般预算支出	万元	89740	82036	95525	78591	46257
城乡居民储蓄存款余额	万元	160400	200136	261511	138202	93653
年末金融机构各项贷款余额	万元	78000	98727	121944	73363	29442
三、农业、工业及投资						
粮食总产量	吨	75428	127253	86464	91527	34591
棉花产量	吨	99			6	13
油料产量	吨	12100	11751	5674	8143	3482
肉类总产量	吨	11376	12841	13467	11278	5045
规模以上工业企业个数	个	49	16	132	32	10
规模以上工业总产值(现价)	万元	424401	63950	780384	378668	23918
城镇固定资产投资完成额	万元	84095	128429	87420	57601	34334
四、教育、卫生和社会保障						
普通中学在校学生数	人	19603	20347	15622	13702	6975
小学在校学生数	人	27831	35707	27353	20220	9243
医院、卫生院床位数	床	804	910	930	684	379
各种社会福利收养性单位数	个	16	19	18	18	14
各种社会福利收养性单位床位数	床	390	650	860	905	540

2009年县(市)社会经济主要指标

湖南省、广东省

指　　标	单位	永顺县	龙山县	增城市	从化市	曲江区
一、基本情况						
行政区域土地面积	平方公里	3810	3131	1616	1975	1617
乡(镇)个数	个	30	31	7	5	9
村民委员会个数	个	300	434	282	221	94
年末总户数	户	143000	159000	227520	172648	98400
其中:乡村户数	户	112500	125200	223693	117998	47450
年末总人口	万人	50	56	83	57	32
乡村人口	万人	47	50	90	47	19
年末单位从业人员数	人	16411	18777	86001	69576	39050
乡村从业人员数	人	255800	264300	525101	250238	93675
其中:农林牧渔业	人	196000	169000	169964	149820	66320
农业机械总动力	万千瓦特	23	22	42	18	16
本地电话年末用户	户	47452	53993	305700	104901	28790
二、综合经济						
第一产业增加值	万元	92017	112464	377914	167563	87400
第二产业增加值	万元	57199	67631	3587919	710201	503100
地方财政一般预算收入	万元	9890	14123	316568	153363	38914
地方财政一般预算支出	万元	109315	119820	360315	191755	62639
城乡居民储蓄存款余额	万元	233103	287416	3616287	1059361	509007
年末金融机构各项贷款余额	万元	121330	166116	2764411	847878	218102
三、农业、工业及投资						
粮食总产量	吨	214548	194494	147786	107284	83373
棉花产量	吨	12				
油料产量	吨	21393	14686	4695	6772	17556
肉类总产量	吨	17866	18042	79618	34855	18949
规模以上工业企业个数	个	22	38	1002	310	56
规模以上工业总产值(现价)	万元	51812	77760	7970193	2820643	1925100
城镇固定资产投资完成额	万元	135648	108610	1312681	300898	631267
四、教育、卫生和社会保障						
普通中学在校学生数	人	26845	36257	75059	44005	18620
小学在校学生数	人	43832	51877	82727	48717	17105
医院、卫生院床位数	床	1240	1100	2113	1504	882
各种社会福利收养性单位数	个	32	35	10	10	1
各种社会福利收养性单位床位数	床	1200	1913	689	460	148

2009年县(市)社会经济主要指标

广东省

指　　标	单位	始兴县	仁化县	翁源县	乳源瑶族自治县	新丰县
一、基本情况						
行政区域土地面积	平方公里	2174	2223	2158	2299	1987
乡(镇)个数	个	10	11	7	8	7
村民委员会个数	个	113	109	156	102	157
年末总户数	户	68790	68395	108762	53296	79291
其中:乡村户数	户	49214	54960	78297	39645	31740
年末总人口	万人	25	23	40	21	25
乡村人口	万人	20	18	34	17	19
年末单位从业人员数	人	22934	18392	18399	20831	15637
乡村从业人员数	人	91657	98120	145752	92397	99336
其中:农林牧渔业	人	58819	96327	84125	49007	59710
农业机械总动力	万千瓦特	14	11	14	5	3
本地电话年末用户	户	35612	39400	62300	31000	35673
二、综合经济						
第一产业增加值	万元	92245	96160	112425	38392	60432
第二产业增加值	万元	124288	260515	99000	174653	104100
地方财政一般预算收入	万元	12736	26703	12686	23779	11608
地方财政一般预算支出	万元	41981	54470	57579	57540	42676
城乡居民储蓄存款余额	万元	281677	286863	370882	184562	206640
年末金融机构各项贷款余额	万元	83156	98396	108555	107165	70102
三、农业、工业及投资						
粮食总产量	吨	85077	97618	100602	56714	53427
棉花产量	吨					
油料产量	吨	8624	24691	12679	4141	3512
肉类总产量	吨	12013	15493	12400	5545	7677
规模以上工业企业个数	个	29	44	44	51	47
规模以上工业总产值(现价)	万元	339500	507739	157245	512854	220664
城镇固定资产投资完成额	万元	225982	255380	102653	173082	125237
四、教育、卫生和社会保障						
普通中学在校学生数	人	15380	12669	26779	12770	15855
小学在校学生数	人	16528	13861	24718	14045	18354
医院、卫生院床位数	床	560	603	720	376	446
各种社会福利收养性单位数	个	10	12	16	1	10
各种社会福利收养性单位床位数	床	365	356	246	100	105

2009年县(市)社会经济主要指标

广东省

指　　标	单位	乐昌市	南雄市	斗门区	潮阳区	澄海区
一、基本情况						
行政区域土地面积	平方公里	2421	2361	675	664	345
乡(镇)个数	个	16	18	5	13	11
村民委员会个数	个	195	208	100	179	131
年末总户数	户	159495	130815	92932	326071	181252
其中:乡村户数	户	78345	103310	70559	239068	119505
年末总人口	万人	53	47	38	163	73
乡村人口	万人	29	38	28	126	49
年末单位从业人员数	人	29291	17659	110410	40130	26444
乡村从业人员数	人	178859	163890	158012	570755	334545
其中:农林牧渔业	人	124558	129769	63396	215580	153441
农业机械总动力	万千瓦特	15	27	13	8	12
本地电话年末用户	户	85690	74700	140000	260000	233542
二、综合经济						
第一产业增加值	万元	121537	144126	212344	135878	191098
第二产业增加值	万元	189790	111746	826149	1002346	1153915
地方财政一般预算收入	万元	23861	22600	107034	68392	86432
地方财政一般预算支出	万元	71283	64535	132901	92870	145655
城乡居民储蓄存款余额	万元	516200	390300	1048296	1821026	1884333
年末金融机构各项贷款余额	万元	183700	113400	694495	539345	603124
三、农业、工业及投资						
粮食总产量	吨	119316	212073	35963	164772	88677
棉花产量	吨					
油料产量	吨	11813	20620	306		548
肉类总产量	吨	21134	33682	21602	27230	42788
规模以上工业企业个数	个	59	47	230	414	493
规模以上工业总产值(现价)	万元	420723	173025	5683634	2915959	3009677
城镇固定资产投资完成额	万元	414169	242908	563945	362446	277589
四、教育、卫生和社会保障						
普通中学在校学生数	人	30027	30984	27461	153675	59644
小学在校学生数	人	35768	30483	29312	220189	59712
医院、卫生院床位数	床	1758	755	780	1700	1192
各种社会福利收养性单位数	个	18	19	7	17	19
各种社会福利收养性单位床位数	床	556	362	350	659	393

2009年县(市)社会经济主要指标

广东省

指　　标	单位	南澳县	禅城区	南海区	顺德区	三水区
一、基本情况						
行政区域土地面积	平方公里	112	154	1074	806	827
乡(镇)个数	个	3	4	7	10	5
村民委员会个数	个	33	54	224	178	48
年末总户数	户	21507	186276	374013	339342	124329
其中:乡村户数	户	15537	53444	295847	262500	97898
年末总人口	万人	7	60	118	121	40
乡村人口	万人	6	16	81	97	40
年末单位从业人员数	人	5102	189084	81608	168010	69241
乡村从业人员数	人	24397	79196	680540	537429	255380
其中:农林牧渔业	人	14548	5852	89565	70245	68535
农业机械总动力	万千瓦特	8	1	31	28	31
本地电话年末用户	户	17872	365800	934071	1026231	198924
二、综合经济						
第一产业增加值	万元	26290	5879	297256	321647	208094
第二产业增加值	万元	29778	4873295	9512914	10215607	3382450
地方财政一般预算收入	万元	4815	513142	858448	1156819	164498
地方财政一般预算支出	万元	25774	738425	796806	1096240	183417
城乡居民储蓄存款余额	万元	75526	9377182	13549617	13403910	2005405
年末金融机构各项贷款余额	万元	24907	14948279	10753975	12320645	1740129
三、农业、工业及投资						
粮食总产量	吨	4133		5492	974	35135
棉花产量	吨					
油料产量	吨	79		339		2895
肉类总产量	吨	3646	2654	174495	47732	103979
规模以上工业企业个数	个	9	998	2792	2709	815
规模以上工业总产值(现价)	万元	29900	13493071	31963174	40199851	13513469
城镇固定资产投资完成额	万元	53972	1256014	3274440	2625859	2012497
四、教育、卫生和社会保障						
普通中学在校学生数	人	5572	43593	118757	107350	32827
小学在校学生数	人	3533	66520	145696	107591	45587
医院、卫生院床位数	床	143	5969	5884	6607	1350
各种社会福利收养性单位数	个	1	8	15	32	8
各种社会福利收养性单位床位数	床	28	1402	2204	3602	1656

2009年县(市)社会经济主要指标

广东省

指　　标	单位	高明区	新会区	台山市	开平市	鹤山市
一、基本情况						
行政区域土地面积	平方公里	960	1387	3296	1659	1083
乡(镇)个数	个	3	10	16	13	10
村民委员会个数	个	58	193	277	213	112
年末总户数	户	80667	240241	291487	206122	109284
其中:乡村户数	户	52088	164336	238086	132178	65986
年末总人口	万人	29	75	99	69	37
乡村人口	万人	19	55	84	49	22
年末单位从业人员数	人	50921	74994	46948	71091	36489
乡村从业人员数	人	99301	320925	491821	252098	200888
其中:农林牧渔业	人	34018	153927	269043	172957	78047
农业机械总动力	万千瓦特	19	34	44	29	16
本地电话年末用户	户	111285		230042	192432	116242
二、综合经济						
第一产业增加值	万元	126676	252012	251430	185810	118621
第二产业增加值	万元	2775537	2340284	1122807	795438	807079
地方财政一般预算收入	万元	118005	186862	116659	91986	94187
地方财政一般预算支出	万元	107467	239205	161574	118653	111488
城乡居民储蓄存款余额	万元	1071450	2980145	1993858	2052482	1230292
年末金融机构各项贷款余额	万元	1170881	1832716	1217382	737556	875201
三、农业、工业及投资						
粮食总产量	吨	54107	132199	349954	206006	90304
棉花产量	吨					
油料产量	吨	1914	782	11874	6041	4592
肉类总产量	吨	48306	53716	38175	66346	48101
规模以上工业企业个数	个	482	832	365	422	387
规模以上工业总产值(现价)	万元	12861473	9396516	4008900	2731700	2992258
城镇固定资产投资完成额	万元	358473	399825	1023932	194427	683408
四、教育、卫生和社会保障						
普通中学在校学生数	人	20593	54194	58503	61160	25116
小学在校学生数	人	21968	64238	56754	62832	30629
医院、卫生院床位数	床	1003	2438	1923	1607	810
各种社会福利收养性单位数	个	7	11	20	15	12
各种社会福利收养性单位床位数	床	500	996	927	580	612

2009年县(市)社会经济主要指标

广东省

指　　标	单位	恩平市	遂溪县	徐闻县	廉江市	雷州市
一、基本情况						
行政区域土地面积	平方公里	1698	2007	1863	2840	3662
乡(镇)个数	个	11	15	14	18	18
村民委员会个数	个	174	229	178	373	418
年末总户数	户	163600	271522	181970	419584	436559
其中:乡村户数	户	96406	208093	123728	319625	299940
年末总人口	万人	50	104	72	164	163
乡村人口	万人	33	90	57	128	144
年末单位从业人员数	人	33847	39065	38358	57868	55315
乡村从业人员数	人	171897	429780	309979	708788	659638
其中:农林牧渔业	人	101529	333813	265651	337459	453482
农业机械总动力	万千瓦特	15	60	99	50	103
本地电话年末用户	户	125600	72474	40000	197400	84963
二、综合经济						
第一产业增加值	万元	115133	530033	333895	547979	484369
第二产业增加值	万元	275131	261087	76599	522403	168201
地方财政一般预算收入	万元	36055	26206	19779	36635	27839
地方财政一般预算支出	万元	89861	104986	89916	158118	127547
城乡居民储蓄存款余额	万元	938304	657662	559389	1019578	743775
年末金融机构各项贷款余额	万元	102124	242271	221505	398066	340894
三、农业、工业及投资						
粮食总产量	吨	126230	229442	121369	419421	331495
棉花产量	吨					
油料产量	吨	5490	28721	7641	29963	33262
肉类总产量	吨	25363	85852	19024	124139	50234
规模以上工业企业个数	个	148	89	38	233	50
规模以上工业总产值(现价)	万元	625701	793166	174265	1237861	250995
城镇固定资产投资完成额	万元	232838	88479	79973	203960	187029
四、教育、卫生和社会保障						
普通中学在校学生数	人	33844	84170	56159	128901	137861
小学在校学生数	人	38127	104179	71817	174686	206393
医院、卫生院床位数	床	872	1607	1912	2369	3048
各种社会福利收养性单位数	个	13	77	82	157	128
各种社会福利收养性单位床位数	床	288	1381	1255	2477	1466

2009年县(市)社会经济主要指标

广东省

指　　标	单位	吴川市	电白县	高州市	化州市	信宜市
一、基本情况						
行政区域土地面积	平方公里	849	1873	3276	2354	3081
乡(镇)个数	个	10	17	23	23	18
村民委员会个数	个	152	316	468	357	370
年末总户数	户	259123	355101	432405	412279	393370
其中:乡村户数	户	187971	282572	360875	320825	311691
年末总人口	万人	108	141	169	158	137
乡村人口	万人	88	129	152	141	124
年末单位从业人员数	人	36529	50691	58632	60960	39318
乡村从业人员数	人	521968	638972	721556	553968	524118
其中:农林牧渔业	人	296056	411748	446600	335459	374938
农业机械总动力	万千瓦特	24	45	41	30	17
本地电话年末用户	户	128676	166200	211635	138949	133824
二、综合经济						
第一产业增加值	万元	165287	515055	608228	497137	495061
第二产业增加值	万元	347137	592972	670048	492471	500400
地方财政一般预算收入	万元	28395	41277	49121	36970	38767
地方财政一般预算支出	万元	92681	134712	160204	137339	137903
城乡居民储蓄存款余额	万元	775828	1050800	1393275	950700	933079
年末金融机构各项贷款余额	万元	196279	431546	529383	345200	412619
三、农业、工业及投资						
粮食总产量	吨	152743	252154	369932	326586	321678
棉花产量	吨					
油料产量	吨	16699	32003	21051	25130	12563
肉类总产量	吨	44114	107269	150683	129822	146835
规模以上工业企业个数	个	107	105	169	120	146
规模以上工业总产值(现价)	万元	517086	716200	664211	473300	570900
城镇固定资产投资完成额	万元	166815	75562	95502	120585	109544
四、教育、卫生和社会保障						
普通中学在校学生数	人	102957	119346	161381	139313	127326
小学在校学生数	人	119466	145683	146937	168382	140071
医院、卫生院床位数	床	1047	1969	4253	1542	1749
各种社会福利收养性单位数	个	25	20	34	23	22
各种社会福利收养性单位床位数	床	380	785	1736	921	1380

2009 年县(市)社会经济主要指标

广东省

指　　标	单位	广宁县	怀集县	封开县	德庆县	高要市
一、基本情况						
行政区域土地面积	平方公里	2458	3573	2723	2258	2200
乡(镇)个数	个	17	19	16	12	17
村民委员会个数	个	178	300	193	175	324
年末总户数	户	171714	223637	126949	116824	214119
其中:乡村户数	户	158259	187758	110691	96369	191532
年末总人口	万人	56	102	49	37	75
乡村人口	万人	49	89	44	30	64
年末单位从业人员数	人	17214	25032	17702	21963	22809
乡村从业人员数	人	258944	499761	223673	164081	471988
其中:农林牧渔业	人	132996	264980	135322	108950	229941
农业机械总动力	万千瓦特	11	30	10	12	39
本地电话年末用户	户	117848	69691	63502	47711	120416
二、综合经济						
第一产业增加值	万元	160695	328724	208031	126902	441733
第二产业增加值	万元	143600	192100	125725	148284	708553
地方财政一般预算收入	万元	31026	132136	28993	32237	107833
地方财政一般预算支出	万元	81137	132136	76230	76130	160746
城乡居民储蓄存款余额	万元	202149	369499	339635	339681	969751
年末金融机构各项贷款余额	万元	211090	164768	199210	201329	725526
三、农业、工业及投资						
粮食总产量	吨	151285	259623	187374	111921	232323
棉花产量	吨					
油料产量	吨	6405	10400	17063	8444	12573
肉类总产量	吨	25989	99254	32515	18635	76731
规模以上工业企业个数	个	67	57	39	73	259
规模以上工业总产值(现价)	万元	510773	487777	388877	657302	2618336
城镇固定资产投资完成额	万元	56593	257388	316594	109460	249169
四、教育、卫生和社会保障						
普通中学在校学生数	人	23423	83138	40755	30125	59093
小学在校学生数	人	33476	136150	53497	32254	55353
医院、卫生院床位数	床	635	1157	621	672	1168
各种社会福利收养性单位数	个	18	23	16	13	28
各种社会福利收养性单位床位数	床	444	1100	428	606	635

2009 年县(市)社会经济主要指标

广东省

指　　　　标	单位	四会市	惠阳区	博罗县	惠东县	龙门县
一、基本情况						
行政区域土地面积	平方公里	1259	1200	2858	3396	2267
乡(镇)个数	个	11	6	17	12	9
村民委员会个数	个	122	132	331	245	155
年末总户数	户	146919	158894	199210	193318	95931
其中:乡村户数	户	92127	90307	184013	116960	82643
年末总人口	万人	51	70	81	80	34
乡村人口	万人	31	50	85	53	28
年末单位从业人员数	人	68605	444451	130970	59086	21809
乡村从业人员数	人	145351	333532	501896	366324	146605
其中:农林牧渔业	人	69055	65266	200178	204785	105053
农业机械总动力	万千瓦特	14	10	48	26	21
本地电话年末用户	户	113473	279950	369000	261200	78000
二、综合经济						
第一产业增加值	万元	299500	98302	287991	241469	111470
第二产业增加值	万元	919670	2359873	1223738	1123422	209416
地方财政一般预算收入	万元	134151	225557	123769	76063	29358
地方财政一般预算支出	万元	236444	259124	206585	178769	76494
城乡居民储蓄存款余额	万元	1031170	1622550	1486879	1189770	339004
年末金融机构各项贷款余额	万元	1643614	1714060	380520	758898	160557
三、农业、工业及投资						
粮食总产量	吨	118790	41984	153722	194790	95836
棉花产量	吨					
油料产量	吨	12761	5018	15143	14328	5436
肉类总产量	吨	108655	22325	76281	35259	9656
规模以上工业企业个数	个	301	482	375	304	72
规模以上工业总产值(现价)	万元	4113388	9814300	3703112	864143	406000
城镇固定资产投资完成额	万元	783556	2446483	473175	462349	120571
四、教育、卫生和社会保障						
普通中学在校学生数	人	35182	62450	65019	72183	21415
小学在校学生数	人	37516	71058	85499	102763	22883
医院、卫生院床位数	床	1073	1839	2066	1390	651
各种社会福利收养性单位数	个	14	12	18	20	16
各种社会福利收养性单位床位数	床	784	364	705	570	350

2009年县(市)社会经济主要指标

广东省

指　　标	单位	梅　县	大埔县	丰顺县	五华县	平远县
一、基本情况						
行政区域土地面积	平方公里	2755	2468	2710	3226	1381
乡(镇)个数	个	20	15	16	16	12
村民委员会个数	个	386	246	263	445	136
年末总户数	户	163327	154765	157831	288518	75488
其中:乡村户数	户	151642	130000	132002	244268	44016
年末总人口	万人	62	54	69	128	26
乡村人口	万人	59	42	63	111	17
年末单位从业人员数	人	29412	17099	24400	29705	14059
乡村从业人员数	人	293994	210723	276033	489585	100650
其中:农林牧渔业	人	170002	90200	149050	256276	68377
农业机械总动力	万千瓦特	24	6	13	22	8
本地电话年末用户	户	110100	60569	102000	141609	44723
二、综合经济						
第一产业增加值	万元	254072	103960	128015	177832	69345
第二产业增加值	万元	483416	131428	221697	127269	111834
地方财政一般预算收入	万元	54866	24586	19368	15045	13393
地方财政一般预算支出	万元	130192	88706	70244	142290	57800
城乡居民储蓄存款余额	万元	834244	373544	481550	629707	233776
年末金融机构各项贷款余额	万元	265097	136802	249834	216332	82051
三、农业、工业及投资						
粮食总产量	吨	192116	96909	123810	293705	95852
棉花产量	吨					
油料产量	吨	8572	2107	4498	4872	3639
肉类总产量	吨	44379	20529	45993	51669	13034
规模以上工业企业个数	个	105	64	67	35	52
规模以上工业总产值(现价)	万元	998983	163951	301315	150473	260872
城镇固定资产投资完成额	万元	274213	87152	79436	172511	56195
四、教育、卫生和社会保障						
普通中学在校学生数	人	37666	28503	41886	115211	18989
小学在校学生数	人	30528	28353	47932	123647	16729
医院、卫生院床位数	床	1043	666	937	1329	521
各种社会福利收养性单位数	个	1	16	16	23	12
各种社会福利收养性单位床位数	床	740	580	485	680	265

2009 年县(市)社会经济主要指标

广东省

指　　标	单位	蕉岭县	兴宁市	海丰县	陆河县	陆丰市
一、基本情况						
行政区域土地面积	平方公里	957	2104	1750	986	1681
乡(镇)个数	个	8	20	16	8	20
村民委员会个数	个	111	456	240	117	299
年末总户数	户	72087	313129	208574	74117	328355
其中:乡村户数	户	46447	203964	153289	50027	218600
年末总人口	万人	23	114	84	33	173
乡村人口	万人	16	91	66	23	174
年末单位从业人员数	人	16373	112679	34418	12637	46108
乡村从业人员数	人	84098	467595	390804	129564	576392
其中:农林牧渔业	人	52679	254574	175576	66776	330432
农业机械总动力	万千瓦特	10	30	30	9	31
本地电话年末用户	户	41491	156921	144290	48000	
二、综合经济						
第一产业增加值	万元	69705	229722	210221	59959	286183
第二产业增加值	万元	171540	267192	578585	76821	461126
地方财政一般预算收入	万元	21493	26174	55228	12165	57066
地方财政一般预算支出	万元	59519	145111	135813	50722	164137
城乡居民储蓄存款余额	万元	283291	913772	701363	164976	546053
年末金融机构各项贷款余额	万元	175893	436210	173819	66670	174689
三、农业、工业及投资						
粮食总产量	吨	61817	327021	168094	58476	193251
棉花产量	吨					
油料产量	吨	3295	3905	5691	2366	10327
肉类总产量	吨	20547	55996	21702	16795	53296
规模以上工业企业个数	个	51	55	154	14	110
规模以上工业总产值(现价)	万元	317681	315788	822948	45580	592624
城镇固定资产投资完成额	万元	62253	210869	735927	100021	843566
四、教育、卫生和社会保障						
普通中学在校学生数	人	14122	86004	69457	32711	136084
小学在校学生数	人	11383	63356	77963	33748	226938
医院、卫生院床位数	床	474	1662	1823	469	1782
各种社会福利收养性单位数	个	9	24	15	8	2
各种社会福利收养性单位床位数	床	375	850	614	140	144

2009年县(市)社会经济主要指标

广东省

指　　标	单位	紫金县	龙川县	连平县	和平县	东源县
一、基本情况						
行政区域土地面积	平方公里	3621	3080	2276	2310	4070
乡(镇)个数	个	18	24	13	17	21
村民委员会个数	个	273	315	159	216	258
年末总户数	户	195010	246974	103318	128732	131054
其中:乡村户数	户	158077	178340	79908	103157	114534
年末总人口	万人	82	94	39	51	57
乡村人口	万人	64	81	32	44	47
年末单位从业人员数	人	27248	40116	20946	16395	29687
乡村从业人员数	人	339321	350123	169447	243125	246085
其中:农林牧渔业	人	183998	187335	91111	140132	118048
农业机械总动力	万千瓦特	7	14	7	8	9
本地电话年末用户	户	120876	137131	60685	86700	74500
二、综合经济						
第一产业增加值	万元	143018	141905	55203	81109	87781
第二产业增加值	万元	211340	393330	492662	156256	298869
地方财政一般预算收入	万元	20851	24411	26396	11525	26045
地方财政一般预算支出	万元	103850	129590	86429	91615	125383
城乡居民储蓄存款余额	万元	364691	594431	200731	251703	233714
年末金融机构各项贷款余额	万元	195282	414425	69432	148156	208024
三、农业、工业及投资						
粮食总产量	吨	210018	258736	102411	128048	164264
棉花产量	吨					
油料产量	吨	13660	11780	11754	4469	17180
肉类总产量	吨	27792	26515	13667	16244	19873
规模以上工业企业个数	个	55	65	44	32	57
规模以上工业总产值(现价)	万元	593500	815405	977400	355700	712000
城镇固定资产投资完成额	万元	93390	160658	87858	53940	162857
四、教育、卫生和社会保障						
普通中学在校学生数	人	56491	62193	25521	32792	29054
小学在校学生数	人	72039	75837	26728	29661	42078
医院、卫生院床位数	床	1050	1622	546	718	740
各种社会福利收养性单位数	个	19	27	14	17	23
各种社会福利收养性单位床位数	床	563	612	295	182	462

2009 年县(市)社会经济主要指标

广东省

指　　标	单位	阳西县	阳东县	阳春市	佛冈县	阳山县
一、基本情况						
行政区域土地面积	平方公里	1451	1830	4054	1293	3418
乡(镇)个数	个	8	11	15	6	13
村民委员会个数	个	149	157	309	78	159
年末总户数	户	123499	138665	308339	87508	134422
其中:乡村户数	户	95540	127349	221140	66628	117778
年末总人口	万人	51	48	111	33	54
乡村人口	万人	41	46	88	21	49
年末单位从业人员数	人	25853	28802	47407	25470	17258
乡村从业人员数	人	255871	255091	496819	138987	254134
其中:农林牧渔业	人	185741	129848	346756	96977	111495
农业机械总动力	万千瓦特	27	21	16	10	8
本地电话年末用户	户	82634	86897	210680	56503	61584
二、综合经济						
第一产业增加值	万元	304531	249356	409126	51235	153434
第二产业增加值	万元	230206	534976	621546	647793	127915
地方财政一般预算收入	万元	14111	42821	36808	48838	32268
地方财政一般预算支出	万元	73322	93665	126347	85809	94586
城乡居民储蓄存款余额	万元	368965	436760	909141	371131	336344
年末金融机构各项贷款余额	万元	138509	267902	495569	228497	161109
三、农业、工业及投资						
粮食总产量	吨	136357	154849	287430	59493	108586
棉花产量	吨					
油料产量	吨	8745	14079	21855	3002	14189
肉类总产量	吨	31804	35916	89983	8292	31874
规模以上工业企业个数	个	58	233	155	91	49
规模以上工业总产值(现价)	万元	335800	1533262	1434007	3554300	253389
城镇固定资产投资完成额	万元	336638	252611	308609	1016398	96528
四、教育、卫生和社会保障						
普通中学在校学生数	人	36632	34259	72494	25810	37717
小学在校学生数	人	37954	30341	69267	21857	34588
医院、卫生院床位数	床	730	787	1933	672	1117
各种社会福利收养性单位数	个	1	1	21	8	15
各种社会福利收养性单位床位数	床	200	150	739	384	355

2009年县(市)社会经济主要指标

广东省

指　　标	单位	连山壮族瑶族自治县	连南瑶族自治县	清新县	英德市	连州市
一、基本情况						
行政区域土地面积	平方公里	1265	1232	2318	5671	2663
乡(镇)个数	个	7	7	8	23	12
村民委员会个数	个	47	69	196	296	164
年末总户数	户	31938	44435	198205	310080	141773
其中:乡村户数	户	23429	33877	131392	226509	102247
年末总人口	万人	12	16	67	110	53
乡村人口	万人	10	14	60	99	44
年末单位从业人员数	人	5398	9183	84777	39944	18977
乡村从业人员数	人	47476	73584	306342	478169	182452
其中:农林牧渔业	人	35763	44699	172940	319006	125104
农业机械总动力	万千瓦特	3	4	14	21	12
本地电话年末用户	户	19762	20497	89880	91015	49494
二、综合经济						
第一产业增加值	万元	39908	31036	173884	263964	154635
第二产业增加值	万元	34278	54287	853849	729106	379126
地方财政一般预算收入	万元	7016	12547	58445	83919	38552
地方财政一般预算支出	万元	34185	42719	119183	199001	93836
城乡居民储蓄存款余额	万元	80925	108104	585149	946718	545086
年末金融机构各项贷款余额	万元	56623	56724	452856	599734	242131
三、农业、工业及投资						
粮食总产量	吨	41576	34663	134148	213542	115630
棉花产量	吨					
油料产量	吨	3184	1989	11501	30427	11687
肉类总产量	吨	5567	4115	47698	31378	35430
规模以上工业企业个数	个	10	15	151	124	50
规模以上工业总产值(现价)	万元	61340	87646	3934118	2435600	760723
城镇固定资产投资完成额	万元	40453	26967	311127	562544	413728
四、教育、卫生和社会保障						
普通中学在校学生数	人	6545	9406	49386	79434	25721
小学在校学生数	人	8746	13577	55827	79653	25391
医院、卫生院床位数	床	265	303	944	2036	1142
各种社会福利收养性单位数	个	7	6	2	24	12
各种社会福利收养性单位床位数	床	200	215	140	882	246

2009 年县(市)社会经济主要指标

广东省

指　　标	单位	潮安县	饶平县	揭东县	揭西县	惠来县
一、基本情况						
行政区域土地面积	平方公里	1264	1694	850	1365	1253
乡(镇)个数	个	19	21	15	17	14
村民委员会个数	个	487	355	227	318	290
年末总户数	户	297323	241506	297625	246255	246974
其中:乡村户数	户	258776	205661	270969	158323	240089
年末总人口	万人	122	101	127	96	131
乡村人口	万人	108	78	118	71	118
年末单位从业人员数	人	35884	28696	32094	28562	38797
乡村从业人员数	人	450316	425962	594117	407656	377221
其中:农林牧渔业	人	150476	230205	262956	195674	171332
农业机械总动力	万千瓦特	11	21	15	8	11
本地电话年末用户	户	275316	169013	211200	138337	138499
二、综合经济						
第一产业增加值	万元	131544	213833	250775	186029	282176
第二产业增加值	万元	1726487	464532	1077325	491560	476518
地方财政一般预算收入	万元	70074	23571	48153	17122	22694
地方财政一般预算支出	万元	167563	116632	120678	100610	135526
城乡居民储蓄存款余额	万元	1546550	678356	981528	794713	485933
年末金融机构各项贷款余额	万元	460422	220084	546063	277279	169815
三、农业、工业及投资						
粮食总产量	吨	125547	137749	243559	167561	197662
棉花产量	吨					
油料产量	吨	1192	2465	10565	2338	7691
肉类总产量	吨	24223	41991	38707	47645	37145
规模以上工业企业个数	个	734	163	457	146	158
规模以上工业总产值(现价)	万元	3277217	1239200	2635329	488657	1393011
城镇固定资产投资完成额	万元	141430	335059	380517	204369	272503
四、教育、卫生和社会保障						
普通中学在校学生数	人	96596	70752	105940	84711	89528
小学在校学生数	人	105638	74230	98112	94138	185628
医院、卫生院床位数	床	1054	856	726	1025	949
各种社会福利收养性单位数	个	16	21	16	17	22
各种社会福利收养性单位床位数	床	290	524	792	323	301

2009年县(市)社会经济主要指标

广东省

指　　标	单位	普宁市	新兴县	郁南县	云安县	罗定市
一、基本情况						
行政区域土地面积	平方公里	1635	1522	1966	1203	2327
乡(镇)个数	个	20	12	15	8	17
村民委员会个数	个	527	161	177	111	306
年末总户数	户	507457	122796	147903	83467	336479
其中:乡村户数	户	365964	105750	123843	69897	199791
年末总人口	万人	226	47	50	32	118
乡村人口	万人	181	40	41	29	78
年末单位从业人员数	人	60719				
乡村从业人员数	人	808010	223102	218586	183179	512072
其中:农林牧渔业	人	307178	128105	136977	107332	255830
农业机械总动力	万千瓦特	9	32	18	9	25
本地电话年末用户	户	337516	111550	45343	38882	171261
二、综合经济						
第一产业增加值	万元	216677	327999	156365	104825	230485
第二产业增加值	万元	1366273	376250	190561	181170	283745
地方财政一般预算收入	万元	80457	45523	19962	19930	34716
地方财政一般预算支出	万元	192486	99223	68881	53575	129117
城乡居民储蓄存款余额	万元	2277754	627800	442623	153516	810245
年末金融机构各项贷款余额	万元	653385	360900	215473	106511	313345
三、农业、工业及投资						
粮食总产量	吨	209110	137149	139980	97450	241834
棉花产量	吨					
油料产量	吨	1116	6259	9829	6663	18083
肉类总产量	吨	43798	181462	27228	17283	39899
规模以上工业企业个数	个	596				
规模以上工业总产值(现价)	万元	3962867				
城镇固定资产投资完成额	万元	443053	345196	48209	236641	422205
四、教育、卫生和社会保障						
普通中学在校学生数	人	212354	35646	35101	22129	89208
小学在校学生数	人	268406	37370	32267	22149	101360
医院、卫生院床位数	床	1943	1108	758	184	2117
各种社会福利收养性单位数	个	23	15	18	8	25
各种社会福利收养性单位床位数	床	418	598	869	238	771

2009年县(市)社会经济主要指标

广西壮族自治区

指　　标	单位	邕宁区	武鸣县	隆安县	马山县	上林县
一、基本情况						
行政区域土地面积	平方公里	1255	3378	2277	2345	1869
乡(镇)个数	个	5	13	10	11	11
村民委员会个数	个	65	198	118	145	115
年末总户数	户	98501	224616	105407	140934	139448
其中:乡村户数	户	82400	173600	93500	114800	92200
年末总人口	万人	33	69	40	53	48
乡村人口	万人	29	58	39	50	42
年末单位从业人员数	人	14090	28464	16295	13290	24600
乡村从业人员数	人	193400	352200	224800	293400	187400
其中:农林牧渔业	人	130300	284200	159600	143000	144800
农业机械总动力	万千瓦特	16	66	22	20	42
本地电话年末用户	户	39117	77753	36117	50578	43483
二、综合经济						
第一产业增加值	万元	143610	421852	133668	90632	108041
第二产业增加值	万元	103958	589214	106277	89335	69108
地方财政一般预算收入	万元	4948	29666	12440	10374	12727
地方财政一般预算支出	万元	47745	99967	70296	71294	65509
城乡居民储蓄存款余额	万元		470000	209494	173749	197909
年末金融机构各项贷款余额	万元		370000	193878	102055	91135
三、农业、工业及投资						
粮食总产量	吨	141770	340615	148167	157029	165156
棉花产量	吨		40			
油料产量	吨	8574	28810	2216	1730	5659
肉类总产量	吨	51133	138205	38788	36119	33923
规模以上工业企业个数	个	18	200	42	24	22
规模以上工业总产值(现价)	万元	137570	1087044	210700	113597	120398
城镇固定资产投资完成额	万元	125201	778040	248105	119774	149913
四、教育、卫生和社会保障						
普通中学在校学生数	人	14013	33884	16092	26660	24478
小学在校学生数	人	25075	39444	22469	39398	30314
医院、卫生院床位数	床	609	1116	1001	872	668
各种社会福利收养性单位数	个	8	16	10	13	14
各种社会福利收养性单位床位数	床	304	455	231	394	363

2009年县(市)社会经济主要指标

广西壮族自治区

指　　标	单位	宾阳县	横　县	柳江县	柳城县	鹿寨县
一、基本情况						
行政区域土地面积	平方公里	2299	3465	2539	2114	3341
乡(镇)个数	个	16	17	12	12	10
村民委员会个数	个	193	276	127	121	125
年末总户数	户	299209	352496	156791	121644	141900
其中:乡村户数	户	201200	261500	117200	90300	91100
年末总人口	万人	103	118	54	41	49
乡村人口	万人	87	104	48	35	37
年末单位从业人员数	人	39989	43549	27745	16464	22607
乡村从业人员数	人	515300	614900	256500	209100	227300
其中:农林牧渔业	人	352500	402000	181800	165400	167800
农业机械总动力	万千瓦特	53	47	24	27	44
本地电话年末用户	户	113964	116377	57430	39310	58761
二、综合经济						
第一产业增加值	万元	235731	358537	216061	189099	177974
第二产业增加值	万元	351918	405184	516324	196627	507010
地方财政一般预算收入	万元	35551	46013	30390	12967	22794
地方财政一般预算支出	万元	117633	155060	92817	75711	85596
城乡居民储蓄存款余额	万元	537284	679053	374031	213558	378178
年末金融机构各项贷款余额	万元	258441	419257	355209	191685	320822
三、农业、工业及投资						
粮食总产量	吨	337633	398576	166706	155964	176159
棉花产量	吨	4		2	20	
油料产量	吨	12143	11391	2475	4208	4956
肉类总产量	吨	56220	74914	42633	33853	33518
规模以上工业企业个数	个	106	90	121	45	102
规模以上工业总产值(现价)	万元	435991	689020	953361	322055	895259
城镇固定资产投资完成额	万元	442232	622609	635316	230147	1162518
四、教育、卫生和社会保障						
普通中学在校学生数	人	63463	59790	22269	15650	16049
小学在校学生数	人	78008	76185	30544	21045	24582
医院、卫生院床位数	床	1937	1788	866	734	1139
各种社会福利收养性单位数	个	14	12	16	16	13
各种社会福利收养性单位床位数	床	402	350	331	295	292

2009 年县(市)社会经济主要指标

广西壮族自治区

指　　标	单位	融安县	融水苗族自治县	三江侗族自治县	阳朔县	临桂县
一、基本情况						
行政区域土地面积	平方公里	2900	4624	2430	1428	' 2202
乡(镇)个数	个	12	20	15	9	11
村民委员会个数	个	137	198	160	99	161
年末总户数	户	104543	131681	98904	92629	134536
其中:乡村户数	户	64400	97900	79200	70100	94400
年末总人口	万人	33	50	38	31	48
乡村人口	万人	26	44	35	28	41
年末单位从业人员数	人	11600	14721	9215	11416	24870
乡村从业人员数	人	158000	256100	198100	155000	227200
其中:农林牧渔业	人	117500	182500	136000	101700	128500
农业机械总动力	万千瓦特	11	15	14	17	21
本地电话年末用户	户	42242	42113	46850	35687	55786
二、综合经济						
第一产业增加值	万元	81220	99710	64271	109575	222781
第二产业增加值	万元	143937	141040	96075	139558	524688
地方财政一般预算收入	万元	10425	12157	8042	23083	50699
地方财政一般预算支出	万元	69689	100835	81011	72330	98827
城乡居民储蓄存款余额	万元	177003	219238	142123	234004	370003
年末金融机构各项贷款余额	万元	122152	155884	97409	174568	313949
三、农业、工业及投资						
粮食总产量	吨	97481	116149	68347	115095	244574
棉花产量	吨	11	4	325	106	11
油料产量	吨	708	1607	825	3759	863
肉类总产量	吨	18466	25217	17514	26056	83324
规模以上工业企业个数	个	39	38	22	23	75
规模以上工业总产值(现价)	万元	170828	117011	50244	114027	944615
城镇固定资产投资完成额	万元	216072	151264	176724	378608	848709
四、教育、卫生和社会保障						
普通中学在校学生数	人	15336	20942	15258	13411	25528
小学在校学生数	人	19899	38773	27228	15277	26764
医院、卫生院床位数	床	894	890	660	443	613
各种社会福利收养性单位数	个	13	15	8	8	13
各种社会福利收养性单位床位数	床	217	274	192	159	275

2009年县(市)社会经济主要指标

广西壮族自治区

指　　标	单位	灵川县	全州县	兴安县	永福县	灌阳县
一、基本情况						
行政区域土地面积	平方公里	2302	3979	2348	2777	1837
乡(镇)个数	个	11	18	10	9	9
村民委员会个数	个	129	273	115	93	138
年末总户数	户	114423	259744	129142	80490	100137
其中:乡村户数	户	74900	206800	88800	60700	74800
年末总人口	万人	37	80	38	28	29
乡村人口	万人	31	70	31	25	25
年末单位从业人员数	人	16453	20184	14939	11511	7329
乡村从业人员数	人	165500	339400	167600	124400	131800
其中:农林牧渔业	人	133400	270000	135700	104600	101700
农业机械总动力	万千瓦特	33	41	36	16	21
本地电话年末用户	户	43765	61997	40391	22481	25611
二、综合经济						
第一产业增加值	万元	171394	255238	164761	118688	99211
第二产业增加值	万元	284450	374379	349419	277923	140177
地方财政一般预算收入	万元	38806	21033	32125	17769	10975
地方财政一般预算支出	万元	79952	124479	85456	65139	65195
城乡居民储蓄存款余额	万元	437255	517617	376679	190667	188141
年末金融机构各项贷款余额	万元	375434	323715	310318	192789	127576
三、农业、工业及投资						
粮食总产量	吨	173862	416015	217165	142531	133797
棉花产量	吨	46	96	18		15
油料产量	吨	1480	9806	4644	1247	2160
肉类总产量	吨	44002	69715	42789	33687	28180
规模以上工业企业个数	个	58	54	67	47	32
规模以上工业总产值(现价)	万元	565023	398416	444108	397483	200276
城镇固定资产投资完成额	万元	557448	395040	487842	287510	163415
四、教育、卫生和社会保障						
普通中学在校学生数	人	14077	35750	13202	11735	11382
小学在校学生数	人	17581	43232	15599	14987	13714
医院、卫生院床位数	床	957	1173	1208	633	613
各种社会福利收养性单位数	个	11	22	12	4	9
各种社会福利收养性单位床位数	床	226	532	225	83	212

2009 年县(市)社会经济主要指标

广西壮族自治区

指　　标	单位	龙胜各族自治县	资源县	平乐县	荔蒲县	恭城瑶族自治县
一、基本情况						
行政区域土地面积	平方公里	2538	1954	1919	1759	2149
乡(镇)个数	个	10	7	10	13	9
村民委员会个数	个	119	71	134	122	117
年末总户数	户	50723	57352	132146	115050	88939
其中:乡村户数	户	36800	42700	115500	94200	66700
年末总人口	万人	17	17	44	38	29
乡村人口	万人	15	16	41	33	25
年末单位从业人员数	人	8445	6330	12217	11506	9989
乡村从业人员数	人	75700	79300	217700	200400	131200
其中:农林牧渔业	人	66900	47500	125800	135300	114100
农业机械总动力	万千瓦特	16	17	32	29	40
本地电话年末用户	户	21329	19228	43329	54461	31950
二、综合经济						
第一产业增加值	万元	56568	52427	187280	147771	127811
第二产业增加值	万元	146764	73612	204941	269832	148400
地方财政一般预算收入	万元	9994	6586	11733	22225	14759
地方财政一般预算支出	万元	59654	50589	70825	76742	74395
城乡居民储蓄存款余额	万元	123503	130098	249909	301683	175886
年末金融机构各项贷款余额	万元	150425	123310	188178	263389	158535
三、农业、工业及投资						
粮食总产量	吨	58135	52102	154907	116430	73983
棉花产量	吨	5	8	28	3	41
油料产量	吨	164	785	7822	2916	8608
肉类总产量	吨	10493	9017	30457	45702	21741
规模以上工业企业个数	个	20	31	44	81	28
规模以上工业总产值(现价)	万元	166694	117635	330587	460969	217919
城镇固定资产投资完成额	万元	165018	117418	186520	249246	236956
四、教育、卫生和社会保障						
普通中学在校学生数	人	6438	6369	18143	14846	13645
小学在校学生数	人	8862	9215	22312	19723	16427
医院、卫生院床位数	床	313	345	620	807	522
各种社会福利收养性单位数	个	10	8	13	15	8
各种社会福利收养性单位床位数	床	199	161	407	267	174

2009年县（市）社会经济主要指标

广西壮族自治区

指　　标	单位	苍梧县	藤　县	蒙山县	岑溪市	合浦县
一、基本情况						
行政区域土地面积	平方公里	3506	3946	1282	2783	2380
乡(镇)个数	个	12	16	9	14	15
村民委员会个数	个	193	266	78	256	245
年末总户数	户	168879	278751	72000	267152	258298
其中:乡村户数	户	152200	212600	58800	211200	157900
年末总人口	万人	59	98	22	88	100
乡村人口	万人	55	89	19	75	63
年末单位从业人员数	人	22373	21903	9028	25442	37566
乡村从业人员数	人	305400	487200	114700	421500	346900
其中:农林牧渔业	人	193600	291800	73200	227600	199500
农业机械总动力	万千瓦特	27	24	10	20	56
本地电话年末用户	户	72783	102926	26895	100629	122924
二、综合经济						
第一产业增加值	万元	128691	249957	64750	200849	399784
第二产业增加值	万元	425386	450184	124831	660792	369151
地方财政一般预算收入	万元	26222	33816	10381	34576	21873
地方财政一般预算支出	万元	113682	143918	53509	132088	200456
城乡居民储蓄存款余额	万元	311767	421431	126186	492937	756941
年末金融机构各项贷款余额	万元	233950	226254	84465	319251	448212
三、农业、工业及投资						
粮食总产量	吨	203645	284760	65301	224866	320829
棉花产量	吨		5			
油料产量	吨	8776	8750	2029	9434	22691
肉类总产量	吨	33303	48951	13143	72648	88381
规模以上工业企业个数	个	58	92	28	82	75
规模以上工业总产值(现价)	万元	755601	752162	240260	1527620	569336
城镇固定资产投资完成额	万元	615583	410054	212054	845700	493864
四、教育、卫生和社会保障						
普通中学在校学生数	人	36371	60994	11676	62191	63366
小学在校学生数	人	66158	108676	14961	92200	98419
医院、卫生院床位数	床	837	1125	580	1310	1945
各种社会福利收养性单位数	个	8	9	7	13	36
各种社会福利收养性单位床位数	床	248	290	170	344	634

2009 年县(市)社会经济主要指标

广西壮族自治区

指　　标	单位	上思县	东兴市	灵山县	浦北县	平南县
一、基本情况						
行政区域土地面积	平方公里	2810	549	3550	2521	2989
乡(镇)个数	个	8	3	18	16	21
村民委员会个数	个	83	31	389	260	262
年末总户数	户	65198	37481	380811	241639	414089
其中:乡村户数	户	46500	22600	339800	184600	291400
年末总人口	万人	23	13	150	87	142
乡村人口	万人	20	9	137	78	125
年末单位从业人员数	人	16874	7476	31122	24599	42445
乡村从业人员数	人	105300	54400	837500	399800	624000
其中:农林牧渔业	人	90800	33300	486500	238100	319100
农业机械总动力	万千瓦特	22	9	32	32	89
本地电话年末用户	户	22542	38682	136824	97315	191541
二、综合经济						
第一产业增加值	万元	108380	71177	344272	216636	280722
第二产业增加值	万元	147036	95751	347482	258701	342936
地方财政一般预算收入	万元	20688	32611	47785	34715	37366
地方财政一般预算支出	万元	63961	67942	171220	123101	151333
城乡居民储蓄存款余额	万元	128200	419890	591991	375549	695420
年末金融机构各项贷款余额	万元	110456	227049	292522	222089	340865
三、农业、工业及投资						
粮食总产量	吨	40696	25448	400369	235488	354184
棉花产量	吨			99	9	
油料产量	吨	1042	480	2929	3923	16122
肉类总产量	吨	9308	6170	83548	57686	98142
规模以上工业企业个数	个	29	19	89	85	88
规模以上工业总产值(现价)	万元	313209	173133	380635	407304	448591
城镇固定资产投资完成额	万元	261241	355900	346006	213014	388597
四、教育、卫生和社会保障						
普通中学在校学生数	人	11433	7067	81791	48349	86681
小学在校学生数	人	23469	14971	173618	88386	143048
医院、卫生院床位数	床	414	204	2279	1556	1793
各种社会福利收养性单位数	个	12	3	20	12	26
各种社会福利收养性单位床位数	床	251	93	606	245	759

2009年县(市)社会经济主要指标

广西壮族自治区

指　　标	单位	桂平市	容　县	陆川县	博白县	兴业县
一、基本情况						
行政区域土地面积	平方公里	4047	2257	1551	3835	1487
乡(镇)个数	个	26	15	14	28	13
村民委员会个数	个	411	218	154	316	210
年末总户数	户	534275	269905	275315	450887	205639
其中:乡村户数	户	429600	181600	155600	303200	142000
年末总人口	万人	182	79	100	170	73
乡村人口	万人	165	69	79	147	62
年末单位从业人员数	人	39374	24848	29003	37693	15468
乡村从业人员数	人	820400	389100	460200	825800	351000
其中:农林牧渔业	人	475100	225900	276900	494500	202600
农业机械总动力	万千瓦特	56	41	37	53	37
本地电话年末用户	户	175485	120577	110882	141161	76730
二、综合经济						
第一产业增加值	万元	322121	195346	191386	431450	234930
第二产业增加值	万元	563081	276496	396487	428038	203174
地方财政一般预算收入	万元	48661	28916	29783	33762	25356
地方财政一般预算支出	万元	172828	107295	121208	171454	91041
城乡居民储蓄存款余额	万元	903835	580776	482100	703162	289480
年末金融机构各项贷款余额	万元	561257	274508	261787	406888	175397
三、农业、工业及投资						
粮食总产量	吨	526011	238485	265587	475325	221100
棉花产量	吨	87				32
油料产量	吨	26851	1563	3774	7487	2538
肉类总产量	吨	107066	75884	100334	189232	152631
规模以上工业企业个数	个	103	72	95	116	27
规模以上工业总产值(现价)	万元	1035961	369201	731918	473601	260433
城镇固定资产投资完成额	万元	594542	423643	421118	456437	297730
四、教育、卫生和社会保障						
普通中学在校学生数	人	114092	44747	58021	104929	31725
小学在校学生数	人	201575	69862	104125	191731	61702
医院、卫生院床位数	床	2219	1458	1285	2236	893
各种社会福利收养性单位数	个	28	13	12	28	13
各种社会福利收养性单位床位数	床	910	267	224	1130	320

2009 年县(市)社会经济主要指标

广西壮族自治区

指　　标	单位	北流市	右江区	田阳县	田东县	平果县
一、基本情况						
行政区域土地面积	平方公里	2457	3718	2373	2811	2457
乡(镇)个数	个	22	7	10	10	12
村民委员会个数	个	278	107	152	161	171
年末总户数	户	380934	88106	101095	113034	135873
其中:乡村户数	户	255400	51200	71600	78900	86000
年末总人口	万人	133	35	34	42	50
乡村人口	万人	113	22	28	33	38
年末单位从业人员数	人	56272	52307	29255	50656	20178
乡村从业人员数	人	611600	129100	181400	200400	233900
其中:农林牧渔业	人	340800	112800	131000	144900	149300
农业机械总动力	万千瓦特	45	19	30	27	26
本地电话年末用户	户	184725	118341	46850	64472	70991
二、综合经济						
第一产业增加值	万元	249015	138678	128027	137668	80534
第二产业增加值	万元	542914	532710	167063	224046	421425
地方财政一般预算收入	万元	44835	23650	20751	33042	58994
地方财政一般预算支出	万元	167318	63649	81965	119068	98236
城乡居民储蓄存款余额	万元	872797	565612	178408	259499	320230
年末金融机构各项贷款余额	万元	494448	1057353	214221	387065	637391
三、农业、工业及投资						
粮食总产量	吨	362622	80092	107948	110123	110045
棉花产量	吨	1	8			8
油料产量	吨	8677	861	849	440	388
肉类总产量	吨	82134	25194	25587	26940	28661
规模以上工业企业个数	个	159	50	19	17	28
规模以上工业总产值(现价)	万元	815863	1020722	201362	407453	844661
城镇固定资产投资完成额	万元	599350	1002224	307835	706845	591584
四、教育、卫生和社会保障						
普通中学在校学生数	人	86867	15080	13054	18164	24807
小学在校学生数	人	142514	23592	17558	27556	34408
医院、卫生院床位数	床	2303	2596	764	1220	1205
各种社会福利收养性单位数	个	15	14	15	14	
各种社会福利收养性单位床位数	床	438	390	380	316	

2009年县(市)社会经济主要指标

广西壮族自治区

指　　标	单位	德保县	靖西县	那坡县	凌云县	乐业县
一、基本情况						
行政区域土地面积	平方公里	2575	3326	2223	2037	2633
乡(镇)个数	个	12	19	9	8	8
村民委员会个数	个	180	282	115	105	84
年末总户数	户	94469	159668	58799	55554	42337
其中:乡村户数	户	69300	112800	41600	40000	34600
年末总人口	万人	37	63	21	21	17
乡村人口	万人	30	54	18	18	15
年末单位从业人员数	人	13754	15447	7831	6214	6822
乡村从业人员数	人	176600	297800	113500	97700	75000
其中:农林牧渔业	人	143500	190500	98100	70100	66000
农业机械总动力	万千瓦特	11	20	18	7	10
本地电话年末用户	户	34262	47625	22214	21803	14900
二、综合经济						
第一产业增加值	万元	57441	89006	37887	35852	31703
第二产业增加值	万元	179573	330450	21669	41687	32449
地方财政一般预算收入	万元	16466	33955	5018	4800	4326
地方财政一般预算支出	万元	76100	127222	57243	62337	56334
城乡居民储蓄存款余额	万元	127609	193561	70177	68849	55658
年末金融机构各项贷款余额	万元	427617	145663	61649	49833	53107
三、农业、工业及投资						
粮食总产量	吨	100668	202314	56039	44907	49909
棉花产量	吨					
油料产量	吨	574	1238	80	815	1268
肉类总产量	吨	16533	26897	11301	11630	9400
规模以上工业企业个数	个	17	23	10	9	11
规模以上工业总产值(现价)	万元	309569	703487	26524	40580	10018
城镇固定资产投资完成额	万元	375520	571170	112623	125339	164303
四、教育、卫生和社会保障						
普通中学在校学生数	人	13385	25809	6347	11863	8453
小学在校学生数	人	24164	49444	14118	21908	21848
医院、卫生院床位数	床	572	916	422	321	255
各种社会福利收养性单位数	个	14	10	8	9	7
各种社会福利收养性单位床位数	床	644	274	168	332	380

2009年县(市)社会经济主要指标

广西壮族自治区

指　　标	单位	田林县	西林县	隆林各族自治县	八步区	昭平县
一、基本情况						
行政区域土地面积	平方公里	5524	2997	3518	3686	3273
乡(镇)个数	个	14	8	16	13	12
村民委员会个数	个	165	93	175	185	152
年末总户数	户	64899	39069	91608	186437	116344
其中:乡村户数	户	51400	27700	73000	142600	84200
年末总人口	万人	25	15	39	66	42
乡村人口	万人	23	12	33	56	37
年末单位从业人员数	人	9166	6093	10877	33516	15285
乡村从业人员数	人	132500	71700	194500	314400	194500
其中:农林牧渔业	人	116400	66200	167000	202200	148100
农业机械总动力	万千瓦特	20	15	21	24	18
本地电话年末用户	户	31889	20010	33542	7155	41384
二、综合经济						
第一产业增加值	万元	69276	44443	57220	173475	99149
第二产业增加值	万元	50986	30212	245603	419370	111486
地方财政一般预算收入	万元	13827	5277	24687	25363	9716
地方财政一般预算支出	万元	78806	55913	95203	84114	79793
城乡居民储蓄存款余额	万元	110412	48833	129988	658612	172534
年末金融机构各项贷款余额	万元	95965	50935	180368	694409	152177
三、农业、工业及投资						
粮食总产量	吨	89153	52464	86526	188546	132074
棉花产量	吨	9			5	
油料产量	吨	317	1753	1410	5974	1165
肉类总产量	吨	18722	9838	17760	44269	23143
规模以上工业企业个数	个	16	7	9	44	28
规模以上工业总产值(现价)	万元	76869	15050	148277	580525	55421
城镇固定资产投资完成额	万元	373910	80999	291319	670882	271697
四、教育、卫生和社会保障						
普通中学在校学生数	人	10722	7173	18240	31877	21727
小学在校学生数	人	23234	17951	40192	63141	30918
医院、卫生院床位数	床	485	332	496	1830	717
各种社会福利收养性单位数	个	15	10	25	9	13
各种社会福利收养性单位床位数	床	626	200	664	263	338

2009年县(市)社会经济主要指标

广西壮族自治区

指　　标	单位	钟山县	富川瑶族自治县	金城江区	南丹县	天峨县
一、基本情况						
行政区域土地面积	平方公里	1483	1572	2340	3916	3196
乡(镇)个数	个	12	12	11	11	9
村民委员会个数	个	113	137	111	125	91
年末总户数	户	100162	82636	108833	92243	45644
其中:乡村户数	户	77300	61900	48900	56400	31900
年末总人口	万人	42	32	33	30	17
乡村人口	万人	37	27	19	24	14
年末单位从业人员数	人	13102	11527	41207	18623	7413
乡村从业人员数	人	206000	151900	116200	151900	71200
其中:农林牧渔业	人	133100	115200	73000	110100	55400
农业机械总动力	万千瓦特	14	12	26	17	15
本地电话年末用户	户	38520	28322	84170	38415	23185
二、综合经济						
第一产业增加值	万元	91224	94667	59871	61236	39526
第二产业增加值	万元	209518	90357	405453	236174	283968
地方财政一般预算收入	万元	11285	13141	18008	34346	17835
地方财政一般预算支出	万元	86971	78660	53154	82172	60537
城乡居民储蓄存款余额	万元	209505	174201	616795	262070	109579
年末金融机构各项贷款余额	万元	140977	122277	794231	229944	424645
三、农业、工业及投资						
粮食总产量	吨	140864	122425	64577	85346	63952
棉花产量	吨	30		138	28	97
油料产量	吨	3305	9431	461	1414	124
肉类总产量	吨	31829	21241	12674	13763	10399
规模以上工业企业个数	个	19	17	45	26	10
规模以上工业总产值(现价)	万元	185800	91568	839337	346366	355380
城镇固定资产投资完成额	万元	368895	258456	578980	330260	225901
四、教育、卫生和社会保障						
普通中学在校学生数	人	25974	19166	21420	15196	8816
小学在校学生数	人	36323	23405	20767	27947	19698
医院、卫生院床位数	床	897	559	1649	706	303
各种社会福利收养性单位数	个	13	16	12	13	7
各种社会福利收养性单位床位数	床	580	428	255	333	227

2009 年县(市)社会经济主要指标

广西壮族自治区

指　　标	单位	凤山县	东兰县	罗城仫佬族自治县	环江毛南族自治县	巴马瑶族自治县
一、基本情况						
行政区域土地面积	平方公里	1738	2415	2658	4553	1971
乡(镇)个数	个	9	14	11	12	10
村民委员会个数	个	96	147	125	127	103
年末总户数	户	55138	78057	107198	116431	70731
其中:乡村户数	户	39600	62700	79900	86500	50400
年末总人口	万人	21	29	38	38	27
乡村人口	万人	18	27	33	32	24
年末单位从业人员数	人	9333	8685	14461	14499	9774
乡村从业人员数	人	89700	140600	177800	166900	117400
其中:农林牧渔业	人	56100	87600	120900	125500	85000
农业机械总动力	万千瓦特	15	27	19	28	10
本地电话年末用户	户	17504	29752	33915	32107	26559
二、综合经济						
第一产业增加值	万元	30794	37188	85439	95676	56928
第二产业增加值	万元	43812	45003	85269	59405	77166
地方财政一般预算收入	万元	4649	5367	7919	9232	8636
地方财政一般预算支出	万元	62103	70507	82756	73575	60665
城乡居民储蓄存款余额	万元	59740	87931	184456	173928	85282
年末金融机构各项贷款余额	万元	46009	54810	119750	117919	52237
三、农业、工业及投资						
粮食总产量	吨	38058	55260	113284	117345	58351
棉花产量	吨		5	150		11
油料产量	吨	35	323	1822	167	406
肉类总产量	吨	8954	12164	19633	20778	16544
规模以上工业企业个数	个	15	10	30	26	20
规模以上工业总产值(现价)	万元	48486	35140	116281	87616	86446
城镇固定资产投资完成额	万元	66291	111031	144693	115137	101779
四、教育、卫生和社会保障						
普通中学在校学生数	人	11610	12731	15343	16299	13366
小学在校学生数	人	22875	24617	22491	25925	25284
医院、卫生院床位数	床	445	518	508	512	462
各种社会福利收养性单位数	个	13	15	14	11	13
各种社会福利收养性单位床位数	床	277	352	422	250	289

2009年县(市)社会经济主要指标

广西壮族自治区

指标	单位	都安瑶族自治县	大化瑶族自治县	宜州市	兴宾区	忻城县
一、基本情况						
行政区域土地面积	平方公里	4095	2716	3869	4364	2541
乡(镇)个数	个	19	16	16	20	12
村民委员会个数	个	239	153	180	241	123
年末总户数	户	191171	130668	195791	279188	125484
其中:乡村户数	户	151000	93100	140600	179800	95000
年末总人口	万人	68	45	65	105	41
乡村人口	万人	63	38	55	88	39
年末单位从业人员数	人	16940	12901	23633	53977	12096
乡村从业人员数	人	332700	222800	329100	450100	232500
其中:农林牧渔业	人	208100	134800	223600	359400	143800
农业机械总动力	万千瓦特	35	15	42	42	18
本地电话年末用户	户	56171	44368	72909	93787	26254
二、综合经济						
第一产业增加值	万元	80985	52121	222201	344338	107184
第二产业增加值	万元	58768	187548	180832	723907	117139
地方财政一般预算收入	万元	13846	18228	27250	35329	15466
地方财政一般预算支出	万元	96227	93708	93962	114300	75833
城乡居民储蓄存款余额	万元	174684	130650	387891	505985	122522
年末金融机构各项贷款余额	万元	147161	87296	307887	940389	100677
三、农业、工业及投资						
粮食总产量	吨	126693	75740	230660	283777	100325
棉花产量	吨		88	183	1	43
油料产量	吨	102	307	1905	11897	1453
肉类总产量	吨	36737	25299	25357	56796	18947
规模以上工业企业个数	个	15	13	50	56	12
规模以上工业总产值(现价)	万元	52364	184582	270021	1330063	116478
城镇固定资产投资完成额	万元	98669	101591	315591	900300	122403
四、教育、卫生和社会保障						
普通中学在校学生数	人	35748	20946	30825	51045	21421
小学在校学生数	人	63320	43662	40900	84930	23627
医院、卫生院床位数	床	886	611	2042	2146	687
各种社会福利收养性单位数	个	21	17	18	27	13
各种社会福利收养性单位床位数	床	604	340	518	680	239

2009年县(市)社会经济主要指标

广西壮族自治区

指　　标	单位	象州县	武宣县	金秀瑶族自治县	合山市	江洲区
一、基本情况						
行政区域土地面积	平方公里	1898	1739	2469	360	2951
乡(镇)个数	个	11	10	10	3	9
村民委员会个数	个	113	142	77	29	98
年末总户数	户	113060	135268	49447	41264	103145
其中:乡村户数	户	88500	94800	33200	19700	71900
年末总人口	万人	36	43	16	14	36
乡村人口	万人	34	39	13	9	29
年末单位从业人员数	人	12114	15700	9761	13491	25889
乡村从业人员数	人	192700	224000	73300	48400	191600
其中:农林牧渔业	人	143500	174900	55300	31700	146300
农业机械总动力	万千瓦特	25	24	9	7	23
本地电话年末用户	户	38636	40016	18879	16083	39340
二、综合经济						
第一产业增加值	万元	151709	133369	44201	22836	149952
第二产业增加值	万元	200387	127788	40994	76642	216566
地方财政一般预算收入	万元	18622	22047	5071	14236	29272
地方财政一般预算支出	万元	67035	85622	44569	42661	58921
城乡居民储蓄存款余额	万元	184466	177499	86752	114219	258951
年末金融机构各项贷款余额	万元	139644	141595	72483	62181	323953
三、农业、工业及投资						
粮食总产量	吨	178299	122361	43550	27671	43283
棉花产量	吨					
油料产量	吨	4474	4753	691	881	1911
肉类总产量	吨	19383	27416	7960	5030	7842
规模以上工业企业个数	个	47	44	18	11	30
规模以上工业总产值(现价)	万元	296143	261203	40621	194545	502987
城镇固定资产投资完成额	万元	146839	185256	87546	144261	372775
四、教育、卫生和社会保障						
普通中学在校学生数	人	16188	22179	5875	5403	9519
小学在校学生数	人	21071	31486	9794	7075	21221
医院、卫生院床位数	床	576	908	502	537	676
各种社会福利收养性单位数	个	13	12	13	4	11
各种社会福利收养性单位床位数	床	332	272	316	110	241

2009 年县（市）社会经济主要指标

广西壮族自治区

指　　　标	单位	扶绥县	宁明县	龙州县	大新县	天等县
一、基本情况						
行政区域土地面积	平方公里	2836	3695	2318	2742	2159
乡(镇)个数	个	11	13	12	14	13
村民委员会个数	个	119	142	117	129	118
年末总户数	户	140608	114190	79800	98046	114539
其中：乡村户数	户	91800	90400	57700	76300	80900
年末总人口	万人	44	43	28	37	43
乡村人口	万人	34	39	24	32	36
年末单位从业人员数	人	23270	16786	24174	23054	12205
乡村从业人员数	人	211000	218500	142800	218100	255400
其中：农林牧渔业	人	175900	153300	105500	127300	132100
农业机械总动力	万千瓦特	32	22	14	33	24
本地电话年末用户	户	31332	30623	25491	32599	42552
二、综合经济						
第一产业增加值	万元	230293	148551	114168	116202	82764
第二产业增加值	万元	200718	144990	119424	223857	111185
地方财政一般预算收入	万元	36090	24665	18910	28692	15458
地方财政一般预算支出	万元	95325	98108	78493	89804	94391
城乡居民储蓄存款余额	万元	289382	211520	169813	189244	172918
年末金融机构各项贷款余额	万元	22192	119610	139329	153902	114149
三、农业、工业及投资						
粮食总产量	吨	65546	67451	43762	108768	133540
棉花产量	吨				44	17
油料产量	吨	5478	2249	905	434	1256
肉类总产量	吨	15343	19286	8031	28392	31167
规模以上工业企业个数	个	30	18	15	25	17
规模以上工业总产值(现价)	万元	411837	325160	225251	481103	149534
城镇固定资产投资完成额	万元	308784	190541	172023	228079	149168
四、教育、卫生和社会保障						
普通中学在校学生数	人	18079	14727	10605	12453	14910
小学在校学生数	人	27407	30605	13869	20623	27606
医院、卫生院床位数	床	917	569	586	578	787
各种社会福利收养性单位数	个	13	8	12	8	15
各种社会福利收养性单位床位数	床	312	236	394	284	384

2009年县(市)社会经济主要指标

广西壮族自治区、海南省

指　　标	单位	凭祥市	五指山市	琼海市	儋州市	文昌市
一、基本情况						
行政区域土地面积	平方公里	650	1128	1710	3625	2485
乡(镇)个数	个	4	7	12	17	17
村民委员会个数	个	31	59	189	240	255
年末总户数	户	32561	37204	142932	225966	161016
其中:乡村户数	户	18100	14683	87070	128340	109814
年末总人口	万人	11	11	49	101	57
乡村人口	万人	8	6	35	63	45
年末单位从业人员数	人	10999	12737	42452	78876	52483
乡村从业人员数	人	49400	31704	187370	324511	218306
其中:农林牧渔业	人	36100	24958	133869	249802	156641
农业机械总动力	万千瓦特	4	6	22	42	34
本地电话年末用户	户	20349	16852	98575	206671	116600
二、综合经济						
第一产业增加值	万元	27427	28457	416119	611137	436887
第二产业增加值	万元	56556	16494	130588	194738	197562
地方财政一般预算收入	万元	29670	12058	58761	33798	41211
地方财政一般预算支出	万元	56496	76987	175536	235799	186990
城乡居民储蓄存款余额	万元	23886	123380	723415	602321	702177
年末金融机构各项贷款余额	万元	69982	51711	268999	160681	223153
三、农业、工业及投资						
粮食总产量	吨	15650	26551	142736	207306	181725
棉花产量	吨					
油料产量	吨	65	657	3008	18100	11385
肉类总产量	吨	5143	3938	67071	86124	71226
规模以上工业企业个数	个	14	5	19	29	33
规模以上工业总产值(现价)	万元	72106	16771	97284	393780	144218
城镇固定资产投资完成额	万元	224520	84071	503829	160722	478513
四、教育、卫生和社会保障						
普通中学在校学生数	人	4780	7973	30979	81108	32656
小学在校学生数	人	7720	8728	35457	99059	40983
医院、卫生院床位数	床	188	809	1186	1932	1240
各种社会福利收养性单位数	个	3	2	21	6	25
各种社会福利收养性单位床位数	床	120	28	539	110	384

2009年县(市)社会经济主要指标

海南省

指　　标	单位	万宁市	东方市	定安县	屯昌县	澄迈县
一、基本情况						
行政区域土地面积	平方公里	1884	2256	1196	1224	2072
乡(镇)个数	个	12	10	10	8	11
村民委员会个数	个	207	185	108	119	176
年末总户数	户	180684	127565	87868	81313	145290
其中:乡村户数	户	91312	74577	56420	44118	85211
年末总人口	万人	60	46	33	30	54
乡村人口	万人	44	34	19	20	39
年末单位从业人员数	人	54461	25361	26833	31813	67989
乡村从业人员数	人	182018	171967	120988	80237	200099
其中:农林牧渔业	人	127516	140725	91287	63656	141292
农业机械总动力	万千瓦特	27	18	8	6	28
本地电话年末用户	户	83834	49765	33225	29526	59100
二、综合经济						
第一产业增加值	万元	259313	196227	136209	145715	262680
第二产业增加值	万元	184137	324792	53206	31079	378204
地方财政一般预算收入	万元	50855	25891	16831	11050	53339
地方财政一般预算支出	万元	169773	145260	98283	85949	180510
城乡居民储蓄存款余额	万元	466083	248537	216004	171165	339889
年末金融机构各项贷款余额	万元	114107	51236	32898	33867	145122
三、农业、工业及投资						
粮食总产量	吨	91800	94447	93090	86966	157711
棉花产量	吨					
油料产量	吨	2856	7814	6119	4875	3613
肉类总产量	吨	42671	19841	36059	26421	47929
规模以上工业企业个数	个	26	15	24	6	45
规模以上工业总产值(现价)	万元	92978	417277	75319	17821	919144
城镇固定资产投资完成额	万元	563765	338648	73644	49067	416695
四、教育、卫生和社会保障						
普通中学在校学生数	人	34562	32033	17285	17173	22160
小学在校学生数	人	50863	51238	28424	23825	49858
医院、卫生院床位数	床	1188	933	568	589	1148
各种社会福利收养性单位数	个	8	29	14	11	4
各种社会福利收养性单位床位数	床	47	213	219	145	90

2009年县(市)社会经济主要指标

海南省

指标	单位	临高县	白沙黎族自治县	昌江黎族自治县	乐东黎族自治县	陵水黎族自治县
一、基本情况						
行政区域土地面积	平方公里	1317	2117	1618	2766	1128
乡(镇)个数	个	10	11	8	11	11
村民委员会个数	个	154	74	73	188	114
年末总户数	户	124541	54841	72700	141878	97963
其中:乡村户数	户	76638	21520	34783	85538	56085
年末总人口	万人	48	20	27	53	40
乡村人口	万人	31	10	17	44	27
年末单位从业人员数	人	40083	25262	23734	36906	22782
乡村从业人员数	人	187592	63034	85836	234845	136322
其中:农林牧渔业	人	138085	59780	76068	157991	108706
农业机械总动力	万千瓦特	42	7	11	50	7
本地电话年末用户	户	35677	21364	40000	195408	44096
二、综合经济						
第一产业增加值	万元	407031	123999	130961	306748	198442
第二产业增加值	万元	38790	23894	236781	38426	74627
地方财政一般预算收入	万元	9325	6425	48993	15105	38353
地方财政一般预算支出	万元	121670	86809	126387	146306	154632
城乡居民储蓄存款余额	万元	193619	126643	204979	276514	220233
年末金融机构各项贷款余额	万元	57652	25768	60443	44205	90565
三、农业、工业及投资						
粮食总产量	吨	126319	38012	38064	147046	108066
棉花产量	吨					
油料产量	吨	2925	412	2079	10294	5016
肉类总产量	吨	33160	16737	13625	23057	14202
规模以上工业企业个数	个	9	7	21	6	4
规模以上工业总产值(现价)	万元	43435	35203	369625	38372	25722
城镇固定资产投资完成额	万元	61657	30906	300699	74591	538925
四、教育、卫生和社会保障						
普通中学在校学生数	人	29039	10572	18610	36335	21714
小学在校学生数	人	41584	17003	23396	50389	29693
医院、卫生院床位数	床	786	493	695	1039	560
各种社会福利收养性单位数	个	5	4	1	7	6
各种社会福利收养性单位床位数	床	37	69	18	140	33

2009年县(市)社会经济主要指标

海南省

指　　标	单位	保亭黎族苗族自治县	琼中黎族苗族自治县	西沙群岛	南沙群岛	中沙群岛的岛礁及其海域
一、基本情况						
行政区域土地面积	平方公里	1161	2706			
乡(镇)个数	个	9	10			
村民委员会个数	个	60	100			
年末总户数	户	68418	98237			
其中:乡村户数	户	16534	20934			
年末总人口	万人	22	22			
乡村人口	万人	9	10			
年末单位从业人员数	人	31272	38377			
乡村从业人员数	人	48373	53704			
其中:农林牧渔业	人	40152	40587			
农业机械总动力	万千瓦特	5	8			
本地电话年末用户	户	18013	17385			
二、综合经济						
第一产业增加值	万元	76360	121103			
第二产业增加值	万元	19464	20453			
地方财政一般预算收入	万元	8096	7050			
地方财政一般预算支出	万元	67069	86137			
城乡居民储蓄存款余额	万元	112309	149286			
年末金融机构各项贷款余额	万元	23968	40009			
三、农业、工业及投资						
粮食总产量	吨	32310	49324			
棉花产量	吨					
油料产量	吨	903	3271			
肉类总产量	吨	9977	13321			
规模以上工业企业个数	个	3	6			
规模以上工业总产值(现价)	万元	8106	16695			
城镇固定资产投资完成额	万元	83591	43887			
四、教育、卫生和社会保障						
普通中学在校学生数	人	7328	9012			
小学在校学生数	人	8440	14606			
医院、卫生院床位数	床	398	660			
各种社会福利收养性单位数	个	6	11			
各种社会福利收养性单位床位数	床	11	197			

2009年县(市)社会经济主要指标

重庆市

指　　标	单位	长寿区	江津区	合川区	永川区	南川区
一、基本情况						
行政区域土地面积	平方公里	1424	3219	2343	1573	2602
乡(镇)个数	个	14	22	27	19	31
村民委员会个数	个	223	185	331	212	192
年末总户数	户	335054	567562	536341	358923	220758
其中:乡村户数	户	230826	378625	383808	239832	181707
年末总人口	万人	90	149	154	110	66
乡村人口	万人	68	121	120	76	58
年末单位从业人员数	人	72583	115054	67308	88662	29833
乡村从业人员数	人	417601	730971	745401	387266	336262
其中:农林牧渔业	人	159972	285654	360952	136328	154022
农业机械总动力	万千瓦特	31	30	37	19	39
本地电话年末用户	户	261875	270000	189985	356500	89692
二、综合经济						
第一产业增加值	万元	191779	407971	332542	259026	202733
第二产业增加值	万元	866454	1308594	1023177	1273651	539293
地方财政一般预算收入	万元	118728	159824	136641	221138	62867
地方财政一般预算支出	万元	212500	335686	277904	365082	167859
城乡居民储蓄存款余额	万元	1308643	1789346	1915363	1495711	608100
年末金融机构各项贷款余额	万元	1170967	1239090	1231097	1080185	684800
三、农业、工业及投资						
粮食总产量	吨	360530	650024	704047	490000	338948
棉花产量	吨					
油料产量	吨	7527	10029	14344	14608	16483
肉类总产量	吨	60524	84764	90034	104366	57671
规模以上工业企业个数	个	197	260	232	357	128
规模以上工业总产值(现价)	万元	1883609	3107335	1318905	2292379	946844
城镇固定资产投资完成额	万元	1489200	1796314	1354758	2299000	765995
四、教育、卫生和社会保障						
普通中学在校学生数	人	47121	67375	78768	51766	36963
小学在校学生数	人	50256	77420	69449	63722	40166
医院、卫生院床位数	床	2794	4241	2821	3162	2075
各种社会福利收养性单位数	个	27	47	48	26	42
各种社会福利收养性单位床位数	床	925	3350	2836	2969	1400

2009年县(市)社会经济主要指标

重庆市

指　　标	单位	綦江县	潼南县	铜梁县	大足县	荣昌县
一、基本情况						
行政区域土地面积	平方公里	2182	1583	1343	1399	1075
乡(镇)个数	个	17	20	25	22	15
村民委员会个数	个	314	281	269	242	92
年末总户数	户	315085	279981	284330	281038	291500
其中:乡村户数	户	239455	218459	211857	203536	198453
年末总人口	万人	95	95	83	96	83
乡村人口	万人	78	82	67	74	64
年末单位从业人员数	人	48721	21508	23974	38016	34073
乡村从业人员数	人	425704	482050	401601	408560	413860
其中:农林牧渔业	人	182542	245354	151387	260312	185812
农业机械总动力	万千瓦特	32	28	4	46	16
本地电话年末用户	户	118386	81553	120200	110590	147985
二、综合经济						
第一产业增加值	万元	231664	237325	184031	203722	224792
第二产业增加值	万元	610283	303984	707724	556878	694803
地方财政一般预算收入	万元	90466	30607	94811	72236	141526
地方财政一般预算支出	万元	225904	166636	237808	160305	181066
城乡居民储蓄存款余额	万元	941320	722520	1053233	713306	798961
年末金融机构各项贷款余额	万元	747402	294732	489732	419279	557100
三、农业、工业及投资						
粮食总产量	吨	377176	372659	355199	418501	288064
棉花产量	吨					
油料产量	吨	6673	28886	8043	21045	16859
肉类总产量	吨	58003	52361	83569	55296	63933
规模以上工业企业个数	个	139	51	291	253	296
规模以上工业总产值(现价)	万元	1104591	353560	1048945	1226193	1671048
城镇固定资产投资完成额	万元	746073	459544	1029504	882599	817746
四、教育、卫生和社会保障						
普通中学在校学生数	人	55291	56765	54026	55988	40359
小学在校学生数	人	54922	68285	37231	57550	49396
医院、卫生院床位数	床	2410	1368	1799	2168	2640
各种社会福利收养性单位数	个	28	91	33	130	22
各种社会福利收养性单位床位数	床	936	1415	1034	1980	1844

2009年县(市)社会经济主要指标

重庆市

指标	单位	璧山县	梁平县	城口县	丰都县	垫江县
一、基本情况						
行政区域土地面积	平方公里	915	1890	3289	2904	1518
乡(镇)个数	个	11	33	25	29	25
村民委员会个数	个	151	315	188	280	253
年末总户数	户	225866	299048	74283	259228	298238
其中:乡村户数	户	164807	237959	67729	190622	223280
年末总人口	万人	63	91	24	82	94
乡村人口	万人	47	79	22	68	79
年末单位从业人员数	人	227516	32355	9816	25588	43978
乡村从业人员数	人	327814	467400	112909	384681	492731
其中:农林牧渔业	人	122588	424614	53626	207458	245875
农业机械总动力	万千瓦特	20	22	9	23	32
本地电话年末用户	户	81875	150834	30899	127462	99200
二、综合经济						
第一产业增加值	万元	106576	172677	36545	144818	175419
第二产业增加值	万元	750572	357390	97889	250369	435527
地方财政一般预算收入	万元	86327	53101	15628	37617	43048
地方财政一般预算支出	万元	156707	160688	84660	162856	164374
城乡居民储蓄存款余额	万元	972665	906046	161888	705895	795782
年末金融机构各项贷款余额	万元	727638	233155	146918	343555	297768
三、农业、工业及投资						
粮食总产量	吨	175113	373978	92757	336802	370136
棉花产量	吨				2	
油料产量	吨	2787	12814	2646	16088	14194
肉类总产量	吨	63910	59459	21100	53036	61863
规模以上工业企业个数	个	296	80	22	53	72
规模以上工业总产值(现价)	万元	1860990	587592	149276	298806	706169
城镇固定资产投资完成额	万元	738814	437188	241858	825595	374722
四、教育、卫生和社会保障						
普通中学在校学生数	人	33912	51535	9557	47063	57502
小学在校学生数	人	35454	52680	19139	61069	70426
医院、卫生院床位数	床	1618	1521	342	1616	1902
各种社会福利收养性单位数	个	27	32	25	25	29
各种社会福利收养性单位床位数	床	1393	1187	870	1356	1445

2009年县(市)社会经济主要指标

重庆市

指　　标	单位	武隆县	忠　县	开　县	云阳县	奉节县
一、基本情况						
行政区域土地面积	平方公里	2901	2187	3959	3649	4099
乡(镇)个数	个	26	28	34	40	30
村民委员会个数	个	187	321	439	433	332
年末总户数	户	129253	322865	505865	411002	329388
其中:乡村户数	户	111268	246294	406533	286316	259402
年末总人口	万人	41	100	162	134	106
乡村人口	万人	38	80	140	107	93
年末单位从业人员数	人	19263	19466	49694	51605	27757
乡村从业人员数	人	226143	444380	764998	540191	417690
其中:农林牧渔业	人	119013	181205	311993	241835	181869
农业机械总动力	万千瓦特	18	31	44	32	29
本地电话年末用户	户	63119	208915	228325	191238	95100
二、综合经济						
第一产业增加值	万元	94449	184718	267021	202869	184296
第二产业增加值	万元	202246	382024	509418	231571	280408
地方财政一般预算收入	万元	35380	41405	47330	25423	41316
地方财政一般预算支出	万元	141482	215822	247179	221715	214015
城乡居民储蓄存款余额	万元	335751	1018263	1331320	887139	526719
年末金融机构各项贷款余额	万元	627721	329541	363004	285052	226372
三、农业、工业及投资						
粮食总产量	吨	168118	404163	575733	421876	432063
棉花产量	吨					
油料产量	吨	5225	26018	20829	13110	17078
肉类总产量	吨	33617	55066	94538	70780	62368
规模以上工业企业个数	个	41	90	86	42	48
规模以上工业总产值(现价)	万元	163912	389978	528775	119949	138594
城镇固定资产投资完成额	万元	750491	722000	774433	629273	605972
四、教育、卫生和社会保障						
普通中学在校学生数	人	17042	54911	102686	89350	71547
小学在校学生数	人	27016	56658	125968	102578	85639
医院、卫生院床位数	床	747	1999	2753	2406	1997
各种社会福利收养性单位数	个	26	45	52	60	33
各种社会福利收养性单位床位数	床	1430	2596	2924	3201	1760

2009年县(市)社会经济主要指标

重庆市

指　　标	单位	巫山县	巫溪县	石柱土家族自治县	秀山土家族苗族自治县	酉阳土家族苗族自治县
一、基本情况						
行政区域土地面积	平方公里	2958	4030	3012	2450	5173
乡(镇)个数	个	25	29	32	32	39
村民委员会个数	个	308	298	214	235	270
年末总户数	户	211463	175660	170254	178655	247823
其中:乡村户数	户	148815	128360	127354	152205	202138
年末总人口	万人	63	54	54	65	82
乡村人口	万人	52	47	44	57	73
年末单位从业人员数	人	17184	19795	24474	17246	23480
乡村从业人员数	人	282913	263838	280468	356675	446785
其中:农林牧渔业	人	138557	119923	200547	205730	301251
农业机械总动力	万千瓦特	24	22	22	25	37
本地电话年末用户	户	86357	86700	89286	63823	81281
二、综合经济						
第一产业增加值	万元	101685	77851	117761	98070	124034
第二产业增加值	万元	147501	100104	209307	297373	174357
地方财政一般预算收入	万元	19863	12002	33815	41535	33359
地方财政一般预算支出	万元	140320	144324	130037	162650	187594
城乡居民储蓄存款余额	万元	342048	270248	429925	322732	406073
年末金融机构各项贷款余额	万元	218283	148874	271125	308917	242126
三、农业、工业及投资						
粮食总产量	吨	225124	194100	254652	322793	365032
棉花产量	吨	92				
油料产量	吨	11847	8347	9498	31923	20476
肉类总产量	吨	39401	42073	33767	38207	58268
规模以上工业企业个数	个	42	42	50	93	70
规模以上工业总产值(现价)	万元	91474	85786	262501	455752	157091
城镇固定资产投资完成额	万元	374198	268984	390565	221373	463827
四、教育、卫生和社会保障						
普通中学在校学生数	人	37821	33365	37179	39684	59509
小学在校学生数	人	57996	35763	42353	53167	73462
医院、卫生院床位数	床	944	758	975	929	1441
各种社会福利收养性单位数	个	26	31	22	23	51
各种社会福利收养性单位床位数	床	950	1256	331	815	1200

2009 年县(市)社会经济主要指标

重庆市、四川省

指　　标	单位	彭水苗族土家族自治县	新都区	温江区	金堂县	双流县
一、基本情况						
行政区域土地面积	平方公里	3903	497	277	1156	1067
乡(镇)个数	个	39	11	3	21	21
村民委员会个数	个	274	229	36	222	234
年末总户数	户	200600	201258	146097	324399	343626
其中:乡村户数	户	159185	189192	71950	251803	250158
年末总人口	万人	68	68	37	88	97
乡村人口	万人	60	51	19	75	76
年末单位从业人员数	人	19832	95154	57887	33886	93722
乡村从业人员数	人	349945	339819	97972	418813	484247
其中:农林牧渔业	人	179105	112582	41054	208948	141443
农业机械总动力	万千瓦特	23	23	13	18	28
本地电话年末用户	户	98000	126000	139590	56890	271580
二、综合经济						
第一产业增加值	万元	117951	179000	122308	301407	287801
第二产业增加值	万元	233397	1663969	1048697	399816	1964336
地方财政一般预算收入	万元	50505	135794	151698	49116	260917
地方财政一般预算支出	万元	175983	180920	218523	146412	351656
城乡居民储蓄存款余额	万元	313883	1749860	1220309	651951	3155400
年末金融机构各项贷款余额	万元	560504	1197436	1603829	405422	3410600
三、农业、工业及投资						
粮食总产量	吨	295022	210659	60369	321660	300301
棉花产量	吨	1			7	
油料产量	吨	16597	19980	5078	40609	25910
肉类总产量	吨	47584	51110	20969	94733	97315
规模以上工业企业个数	个	46	390	308	113	460
规模以上工业总产值(现价)	万元	248452	4523534	3047443	570600	5101500
城镇固定资产投资完成额	万元	660394	2008495	2175729	997123	3157484
四、教育、卫生和社会保障						
普通中学在校学生数	人	44801	42633	21236	38113	69622
小学在校学生数	人	67356	47143	21215	53223	63264
医院、卫生院床位数	床	957	2650	2367	2166	3446
各种社会福利收养性单位数	个	15	14	5	22	24
各种社会福利收养性单位床位数	床	1273	1968	1237	880	3020

2009 年县(市)社会经济主要指标

四川省

指　　标	单位	郫　县	大邑县	蒲江县	新津县	都江堰市
一、基本情况						
行政区域土地面积	平方公里	438	1327	580	330	1208
乡(镇)个数	个	14	20	12	12	19
村民委员会个数	个	161	203	126	94	199
年末总户数	户	189109	191470	109202	137893	235264
其中:乡村户数	户	127029	133253	72504	91862	143401
年末总人口	万人	54	52	26	31	61
乡村人口	万人	38	44	24	23	43
年末单位从业人员数	人	51782	33238	13098	37563	102550
乡村从业人员数	人	234379	262130	126065	153540	269736
其中:农林牧渔业	人	98669	93747	66127	56168	84286
农业机械总动力	万千瓦特	19	18	11	15	19
本地电话年末用户	户	165248	78022	101275	63038	61661
二、综合经济						
第一产业增加值	万元	161635	176090	124486	106219	158705
第二产业增加值	万元	1096591	305492	202292	544647	395704
地方财政一般预算收入	万元	153538	33636	18578	73799	77692
地方财政一般预算支出	万元	149306	161172	65596	116067	320763
城乡居民储蓄存款余额	万元	1544000	742861	313160	622614	1592596
年末金融机构各项贷款余额	万元	1812200	430340	174544	740727	2061135
三、农业、工业及投资						
粮食总产量	吨	175134	216043	123010	124891	167487
棉花产量	吨					
油料产量	吨	13093	14496	17930	11601	18066
肉类总产量	吨	41055	105107	74274	57992	65035
规模以上工业企业个数	个	484	106	75	146	137
规模以上工业总产值(现价)	万元	5850513	656938	488081	1737700	650259
城镇固定资产投资完成额	万元	2449515	931707	185872	1223204	1825011
四、教育、卫生和社会保障						
普通中学在校学生数	人	30796	25316	15199	17207	34732
小学在校学生数	人	32676	23044	11458	15591	30193
医院、卫生院床位数	床	2129	1944	683	1079	2806
各种社会福利收养性单位数	个	11	14	4	5	14
各种社会福利收养性单位床位数	床	1859	1830	406	990	1400

2009年县(市)社会经济主要指标

四川省

指　　标	单位	彭州市	邛崃市	崇州市	荣　县	富顺县
一、基本情况						
行政区域土地面积	平方公里	1421	1384	1090	1599	1336
乡(镇)个数	个	20	24	25	27	26
村民委员会个数	个	327	252	231	301	319
年末总户数	户	283976	225650	247771	231559	316289
其中:乡村户数	户	209429	176019	172841	188740	241874
年末总人口	万人	80	66	67	70	108
乡村人口	万人	66	56	58	59	92
年末单位从业人员数	人	52123	35847	26064	18601	36945
乡村从业人员数	人	411912	326098	362947	342619	527866
其中:农林牧渔业	人	235149	141790	168454	182349	264055
农业机械总动力	万千瓦特	29	27	33	30	22
本地电话年末用户	户	81800	50846	119490	115643	146030
二、综合经济						
第一产业增加值	万元	271784	209907	219931	247951	246745
第二产业增加值	万元	594213	344144	372811	371421	459561
地方财政一般预算收入	万元	51037	41907	54725	20006	23368
地方财政一般预算支出	万元	220711	143033	182840	114824	149368
城乡居民储蓄存款余额	万元	1161528	768275	1134054	657112	904003
年末金融机构各项贷款余额	万元	878991	590108	767180	231684	356032
三、农业、工业及投资						
粮食总产量	吨	271095	283030	324925	426205	443377
棉花产量	吨					58
油料产量	吨	16024	38622	21816	13833	10582
肉类总产量	吨	90191	140690	105109	96317	106087
规模以上工业企业个数	个	124	135	109	76	111
规模以上工业总产值(现价)	万元	1392522	879323	891300	872889	1062099
城镇固定资产投资完成额	万元	904568	931580	621753	257323	322016
四、教育、卫生和社会保障						
普通中学在校学生数	人	39285	36621	30984	34294	54741
小学在校学生数	人	35506	30051	28811	28833	71481
医院、卫生院床位数	床	2150	1467	2558	1462	1445
各种社会福利收养性单位数	个	19	9	21	29	38
各种社会福利收养性单位床位数	床	1286	1691	3321	2370	2813

2009年县(市)社会经济主要指标

四川省

指　　标	单位	米易县	盐边县	泸　县	合江县	叙永县
一、基本情况						
行政区域土地面积	平方公里	2153	3269	1525	2414	2973
乡(镇)个数	个	12	16	19	27	25
村民委员会个数	个	88	164	251	284	231
年末总户数	户	64823	62339	312502	273084	197334
其中:乡村户数	户	52677	46318	275677	228397	162038
年末总人口	万人	22	21	108	89	71
乡村人口	万人	19	18	98	77	61
年末单位从业人员数	人	10970	7734	33042	34798	18156
乡村从业人员数	人	105680	101967	629908	458994	339366
其中:农林牧渔业	人	83595	68665	263158	245146	218976
农业机械总动力	万千瓦特	18	13	41	20	22
本地电话年末用户	户	30690	22878	98079	97685	93949
二、综合经济						
第一产业增加值	万元	78436	58149	277053	193899	130246
第二产业增加值	万元	218045	353113	532723	272376	164889
地方财政一般预算收入	万元	35050	33466	33468	21361	20978
地方财政一般预算支出	万元	91870	89772	138581	121837	128085
城乡居民储蓄存款余额	万元	215206	193673	857361	673093	282237
年末金融机构各项贷款余额	万元	250136	188956	336042	236301	134095
三、农业、工业及投资						
粮食总产量	吨	84440	71406	533322	458150	292936
棉花产量	吨		5	56	3	3
油料产量	吨	978	1056	9063	3175	3496
肉类总产量	吨	17748	21512	124732	95765	60568
规模以上工业企业个数	个	32	52	131	62	58
规模以上工业总产值(现价)	万元	447362	665248	1386294	396702	333330
城镇固定资产投资完成额	万元	370944	158687	443462	273824	97114
四、教育、卫生和社会保障						
普通中学在校学生数	人	12222	11057	71545	43168	36971
小学在校学生数	人	20938	21460	67647	61644	64353
医院、卫生院床位数	床	516	603	1904	1594	1040
各种社会福利收养性单位数	个	10	13	40	29	15
各种社会福利收养性单位床位数	床	935	958	2997	2287	935

2009年县(市)社会经济主要指标

四川省

指　　标	单位	古蔺县	中江县	罗江县	广汉市	什邡市
一、基本情况						
行政区域土地面积	平方公里	3184	2200	448	549	820
乡(镇)个数	个	26	45	10	18	14
村民委员会个数	个	269	760	109	182	124
年末总户数	户	197702	472278	92137	212713	159998
其中:乡村户数	户	172657	374231	74074	163616	121519
年末总人口	万人	84	143	25	60	44
乡村人口	万人	72	123	21	47	34
年末单位从业人员数	人	19693	23660	8673	30326	36712
乡村从业人员数	人	438927	810149	134544	292976	222702
其中:农林牧渔业	人	258542	376433	68907	146139	107737
农业机械总动力	万千瓦特	10	40	16	21	18
本地电话年末用户	户	85850	101080	28710	120171	69905
二、综合经济						
第一产业增加值	万元	120922	477067	116839	215960	148883
第二产业增加值	万元	282222	510922	216782	852888	637160
地方财政一般预算收入	万元	36299	20032	11284	51395	57558
地方财政一般预算支出	万元	150069	486573	127034	223898	255519
城乡居民储蓄存款余额	万元	214673	953846	253106	1179459	829872
年末金融机构各项贷款余额	万元	290683	432616	202984	677914	648861
三、农业、工业及投资						
粮食总产量	吨	247780	833096	137566	319096	193025
棉花产量	吨	38				
油料产量	吨	12184	70670	23417	28055	12862
肉类总产量	吨	66683	185826	45104	74655	36571
规模以上工业企业个数	个	55	158	75	247	132
规模以上工业总产值(现价)	万元	751926	881590	328689	3006169	1582425
城镇固定资产投资完成额	万元	207757	561600	743012	954397	670651
四、教育、卫生和社会保障						
普通中学在校学生数	人	53720	62614	10511	29329	20655
小学在校学生数	人	96126	72702	10148	27432	18928
医院、卫生院床位数	床	1021	2100	612	1763	1684
各种社会福利收养性单位数	个	27	43	12	22	21
各种社会福利收养性单位床位数	床	1415	323	845	1851	1243

2009 年县(市)社会经济主要指标

四川省

指　　标	单位	绵竹市	三台县	盐亭县	安　县	梓潼县
一、基本情况						
行政区域土地面积	平方公里	1246	2661	1648	1189	1442
乡(镇)个数	个	21	63	36	18	32
村民委员会个数	个	156	935	467	234	329
年末总户数	户	218541	475631	202223	167626	134944
其中:乡村户数	户	159642	396596	163239	125410	98533
年末总人口	万人	52	148	61	44	38
乡村人口	万人	40	130	54	38	34
年末单位从业人员数	人	33795	52021	17709	13964	15390
乡村从业人员数	人	243637	787844	280682	240788	158535
其中:农林牧渔业	人	123415	373932	155517	114956	82549
农业机械总动力	万千瓦特	22	38	22	25	23
本地电话年末用户	户	54957	127342	44269	38774	43644
二、综合经济						
第一产业增加值	万元	162865	402120	221644	162815	147068
第二产业增加值	万元	827781	343856	132752	175305	125646
地方财政一般预算收入	万元	33380	24212	6329	13318	8338
地方财政一般预算支出	万元	266467	446334	190665	288723	149235
城乡居民储蓄存款余额	万元	823286	921801	426948	435782	284918
年末金融机构各项贷款余额	万元	654349	521372	137029	391951	194652
三、农业、工业及投资						
粮食总产量	吨	276506	793666	310228	248041	204822
棉花产量	吨		7	37		254
油料产量	吨	15128	106800	28933	28450	39494
肉类总产量	吨	54001	173553	94117	55271	54443
规模以上工业企业个数	个	103	103	48	72	50
规模以上工业总产值(现价)	万元	3014202	613078	225126	456157	368004
城镇固定资产投资完成额	万元	757733	290520	181582	240941	142589
四、教育、卫生和社会保障						
普通中学在校学生数	人	18903	81652	28634	20134	18173
小学在校学生数	人	20832	80074	33892	20933	16033
医院、卫生院床位数	床	2131	2522	1270	1215	830
各种社会福利收养性单位数	个	21	44	35	18	22
各种社会福利收养性单位床位数	床	994	5225	3006	1170	370

2009年县(市)社会经济主要指标

四川省

指标	单位	北川羌族自治县	平武县	江油市	旺苍县	青川县
一、基本情况						
行政区域土地面积	平方公里	3084	5974	2719	2976	3216
乡(镇)个数	个	23	25	40	35	36
村民委员会个数	个	319	249	477	352	268
年末总户数	户	79237	59615	315088	161136	89297
其中:乡村户数	户	63826	48703	203557	100395	60593
年末总人口	万人	24	19	89	47	25
乡村人口	万人	19	17	64	36	21
年末单位从业人员数	人	8999	8407	50439	18956	10390
乡村从业人员数	人	116228	93774	389594	203496	106353
其中:农林牧渔业	人	54851	65334	168668	96146	83124
农业机械总动力	万千瓦特	7	9	42	20	7
本地电话年末用户	户	10749	13262	141886	59659	14707
二、综合经济						
第一产业增加值	万元	56417	44217	236032	107586	45406
第二产业增加值	万元	65619	65490	696704	163622	34383
地方财政一般预算收入	万元	7618	9861	42448	11018	5838
地方财政一般预算支出	万元	245280	146981	452109	273561	250747
城乡居民储蓄存款余额	万元	319837	171370	1215445	352018	217665
年末金融机构各项贷款余额	万元	542364	410075	644639	164662	158005
三、农业、工业及投资						
粮食总产量	吨	45409	55139	308339	178696	92104
棉花产量	吨		3	7	26	
油料产量	吨	4840	5421	37259	13096	6118
肉类总产量	吨	16866	13858	79359	48323	17242
规模以上工业企业个数	个	30	24	192	56	23
规模以上工业总产值(现价)	万元	89520	86295	1598112	319475	61711
城镇固定资产投资完成额	万元	617130	287420	435442	244716	320837
四、教育、卫生和社会保障						
普通中学在校学生数	人	12005	9917	42989	27163	13389
小学在校学生数	人	12709	10817	39914	35654	15478
医院、卫生院床位数	床	574	402	4480	1498	470
各种社会福利收养性单位数	个	6	5	23	10	10
各种社会福利收养性单位床位数	床	319	290	2730	189	700

2009年县(市)社会经济主要指标

四川省

指　　标	单位	剑阁县	苍溪县	蓬溪县	射洪县	大英县
一、基本情况						
行政区域土地面积	平方公里	3204	2330	1251	1496	703
乡(镇)个数	个	57	39	31	30	11
村民委员会个数	个	544	718	495	591	300
年末总户数	户	215379	257590	251237	354740	181278
其中:乡村户数	户	164948	181685	172816	230214	124330
年末总人口	万人	69	80	77	103	57
乡村人口	万人	60	63	57	75	45
年末单位从业人员数	人	17090	19303	37478	49701	28287
乡村从业人员数	人	314840	353844	297863	449086	238119
其中:农林牧渔业	人	222188	237174	139862	165374	118840
农业机械总动力	万千瓦特	51	60	18	23	18
本地电话年末用户	户	69428	112907	61208	130810	39195
二、综合经济						
第一产业增加值	万元	175098	201114	206978	268425	143240
第二产业增加值	万元	101702	146223	190522	794568	326236
地方财政一般预算收入	万元	11257	11027	8509	35236	12356
地方财政一般预算支出	万元	277396	264087	119931	208459	95900
城乡居民储蓄存款余额	万元	401262	577153	499770	844493	374722
年末金融机构各项贷款余额	万元	233150	262292	183616	606896	231753
三、农业、工业及投资						
粮食总产量	吨	431413	400120	350470	451562	264276
棉花产量	吨	6	4	163	6	
油料产量	吨	90522	43324	41065	27915	18745
肉类总产量	吨	85688	90687	89634	129493	63979
规模以上工业企业个数	个	40	25	53	91	66
规模以上工业总产值(现价)	万元	233300	241090	372020	1451600	1071278
城镇固定资产投资完成额	万元	249657	431355	312623	307750	605441
四、教育、卫生和社会保障						
普通中学在校学生数	人	43231	54666	38261	72656	31296
小学在校学生数	人	31703	48087	40860	53886	31424
医院、卫生院床位数	床	1398	1874	1243	1996	704
各种社会福利收养性单位数	个	31	21	23	30	1
各种社会福利收养性单位床位数	床	1050	1882	2154	860	316

2009年县(市)社会经济主要指标

四川省

指　　标	单位	威远县	资中县	隆昌县	犍为县	井研县
一、基本情况						
行政区域土地面积	平方公里	1289	1734	794	1375	841
乡(镇)个数	个	20	33	18	30	27
村民委员会个数	个	322	782	365	350	287
年末总户数	户	277079	442328	292496	200496	141984
其中:乡村户数	户	183621	334525	205583	129865	113217
年末总人口	万人	75	131	78	57	42
乡村人口	万人	58	114	64	46	34
年末单位从业人员数	人	35464	45682	45468	34086	15883
乡村从业人员数	人	307960	565332	376940	240612	231857
其中:农林牧渔业	人	129896	272576	229245	134024	116503
农业机械总动力	万千瓦特	33	29	24	21	18
本地电话年末用户	户	95482	99409	107837	82676	57803
二、综合经济						
第一产业增加值	万元	199158	320505	150376	141588	130357
第二产业增加值	万元	934095	486495	594695	320246	171732
地方财政一般预算收入	万元	41357	28051	24479	21825	8443
地方财政一般预算支出	万元	127700	171669	111607	99993	74505
城乡居民储蓄存款余额	万元	676301	906330	731719	416146	349958
年末金融机构各项贷款余额	万元	527323	413884	274305	225545	218220
三、农业、工业及投资						
粮食总产量	吨	313802	537902	252498	224768	208600
棉花产量	吨			2		
油料产量	吨	16064	30885	8378	7684	5464
肉类总产量	吨	75917	131877	71509	74516	68803
规模以上工业企业个数	个	114	128	126	65	63
规模以上工业总产值(现价)	万元	2940623	1356737	1838015	913235	561052
城镇固定资产投资完成额	万元	299763	453771	292906	235669	88389
四、教育、卫生和社会保障						
普通中学在校学生数	人	37226	62588	34538	27200	18097
小学在校学生数	人	38070	69108	42237	24474	17487
医院、卫生院床位数	床	1723	2313	1612	1348	753
各种社会福利收养性单位数	个	23	56	25	29	19
各种社会福利收养性单位床位数	床	900	3878	2078	1730	2464

2009年县(市)社会经济主要指标

四川省

指　　标	单位	夹江县	沐川县	峨边彝族自治县	马边彝族自治县	峨眉山市
一、基本情况						
行政区域土地面积	平方公里	749	1401	2395	2383	1168
乡(镇)个数	个	22	19	19	20	18
村民委员会个数	个	239	196	129	203	253
年末总户数	户	120701	77347	44937	58281	152949
其中:乡村户数	户	92642	66509	32405	46896	96407
年末总人口	万人	35	26	15	20	44
乡村人口	万人	30	23	12	18	30
年末单位从业人员数	人	18136	11505	13541	6794	43097
乡村从业人员数	人	187914	141381	72802	88221	180400
其中:农林牧渔业	人	111647	68595	48399	48105	107536
农业机械总动力	万千瓦特	29	8	8	3	19
本地电话年末用户	户	75026	29135	16932	18571	115355
二、综合经济						
第一产业增加值	万元	122767	78556	22672	53499	125772
第二产业增加值	万元	309483	133632	109639	61154	556933
地方财政一般预算收入	万元	23095	7900	15852	7019	60016
地方财政一般预算支出	万元	84289	52226	58018	58754	103613
城乡居民储蓄存款余额	万元	507752	136554	124762	86522	758356
年末金融机构各项贷款余额	万元	238225	163585	177267	126435	763415
三、农业、工业及投资						
粮食总产量	吨	123105	87205	42919	71130	108473
棉花产量	吨		2	3		
油料产量	吨	12160	4963	1371	2027	10688
肉类总产量	吨	43211	25501	11668	17420	39183
规模以上工业企业个数	个	124	44	40	35	83
规模以上工业总产值(现价)	万元	905591	303055	371531	97919	1615923
城镇固定资产投资完成额	万元	82477	165574	66668	132279	441975
四、教育、卫生和社会保障						
普通中学在校学生数	人	15438	11983	8116	7960	21093
小学在校学生数	人	16151	16499	11947	21161	21986
医院、卫生院床位数	床	1150	454	284	341	1591
各种社会福利收养性单位数	个	7	20	6	7	4
各种社会福利收养性单位床位数	床	320	1020	318	515	1372

2009年县(市)社会经济主要指标

四川省

指　　标	单位	南部县	营山县	蓬安县	仪陇县	西充县
一、基本情况						
行政区域土地面积	平方公里	2229	1633	1334	1771	1108
乡(镇)个数	个	72	53	39	56	44
村民委员会个数	个	1051	657	597	869	590
年末总户数	户	438991	281799	242563	350250	256467
其中:乡村户数	户	318680	242903	172612	277401	185401
年末总人口	万人	130	94	71	111	66
乡村人口	万人	113	83	59	100	56
年末单位从业人员数	人	31012	22443	20915	38698	19116
乡村从业人员数	人	735056	392675	299763	529500	325276
其中:农林牧渔业	人	381500	243238	196512	330113	171039
农业机械总动力	万千瓦特	31	23	23	20	16
本地电话年末用户	户	138708	97688	73992	96130	74571
二、综合经济						
第一产业增加值	万元	281733	200859	208572	287342	142665
第二产业增加值	万元	658388	271714	248241	202498	160065
地方财政一般预算收入	万元	24225	12970	17168	13989	8973
地方财政一般预算支出	万元	211640	148159	125270	162022	127440
城乡居民储蓄存款余额	万元	845407	705386	513158	609609	425252
年末金融机构各项贷款余额	万元	348568	239368	302581	317043	167691
三、农业、工业及投资						
粮食总产量	吨	538207	381614	343084	502116	370718
棉花产量	吨	466	668	273	87	42
油料产量	吨	68062	44250	32990	60005	34002
肉类总产量	吨	119745	108117	74172	128050	72031
规模以上工业企业个数	个	87	36	47	51	43
规模以上工业总产值(现价)	万元	1390111	613539	892499	440328	400745
城镇固定资产投资完成额	万元	534491	154166	367811	731077	228798
四、教育、卫生和社会保障						
普通中学在校学生数	人	81172	54530	38247	78662	41027
小学在校学生数	人	98068	67102	45101	96616	38399
医院、卫生院床位数	床	2120	2692	1405	2007	997
各种社会福利收养性单位数	个	60	54	46	58	30
各种社会福利收养性单位床位数	床	3472	585	1000	2970	2580

2009年县(市)社会经济主要指标

四川省

指　　标	单位	阆中市	仁寿县	彭山县	洪雅县	丹棱县
一、基本情况						
行政区域土地面积	平方公里	1877	2606	465	1948	449
乡(镇)个数	个	49	60	13	15	7
村民委员会个数	个	448	570	89	142	71
年末总户数	户	316034	538424	113093	108169	50663
其中:乡村户数	户	205087	399889	78409	90644	41475
年末总人口	万人	88	158	34	35	16
乡村人口	万人	64	145	26	31	13
年末单位从业人员数	人	21173	45123	16057	12912	5635
乡村从业人员数	人	362510	703507	160796	183275	78516
其中:农林牧渔业	人	183727	441585	80808	116007	37855
农业机械总动力	万千瓦特	27	59	22	19	15
本地电话年末用户	户	148065	210613	59104	48648	27500
二、综合经济						
第一产业增加值	万元	229810	427940	83058	94509	60113
第二产业增加值	万元	343511	699326	332017	265264	108976
地方财政一般预算收入	万元	23745	31055	23910	23177	6089
地方财政一般预算支出	万元	281738	280970	78100	91949	48310
城乡居民储蓄存款余额	万元	751557	1271755	421730	364204	161817
年末金融机构各项贷款余额	万元	399740	500251	187370	351082	88022
三、农业、工业及投资						
粮食总产量	吨	395983	822786	156022	137207	86723
棉花产量	吨	9	271			
油料产量	吨	36831	32746	9054	9507	7000
肉类总产量	吨	91669	177465	39843	34388	22930
规模以上工业企业个数	个	54	132	92	52	40
规模以上工业总产值(现价)	万元	974483	1310896	918584	431016	254778
城镇固定资产投资完成额	万元	537467	661355	627845	228773	150284
四、教育、卫生和社会保障						
普通中学在校学生数	人	48590	97040	13480	18466	7454
小学在校学生数	人	37645	97806	13920	15882	6802
医院、卫生院床位数	床	1897	2775	615	763	369
各种社会福利收养性单位数	个	25	117	9	12	11
各种社会福利收养性单位床位数	床	1548	13163	1156	1420	1309

2009年县(市)社会经济主要指标

四川省

指　　标	单位	青神县	宜宾县	南溪县	江安县	长宁县
一、基本情况						
行政区域土地面积	平方公里	387	2940	704	894	996
乡(镇)个数	个	10	26	15	18	18
村民委员会个数	个	76	535	214	297	269
年末总户数	户	68322	308959	138000	169192	131953
其中:乡村户数	户	54639	248494	100022	136663	108955
年末总人口	万人	20	102	42	55	44
乡村人口	万人	17	89	36	51	38
年末单位从业人员数	人	6201	43048	26620	20473	24437
乡村从业人员数	人	113725	489951	210374	309654	242385
其中:农林牧渔业	人	72833	280593	140493	160678	136103
农业机械总动力	万千瓦特	15	38	15	14	16
本地电话年末用户	户	8889	88576	46456	52740	45736
二、综合经济						
第一产业增加值	万元	52806	246633	120231	127249	130040
第二产业增加值	万元	165118	390298	198747	225846	226056
地方财政一般预算收入	万元	8893	28051	11615	12399	11048
地方财政一般预算支出	万元	53877	145923	78896	82306	81608
城乡居民储蓄存款余额	万元	219132	571310	276588	289424	262790
年末金融机构各项贷款余额	万元	112089	572265	247440	188435	169417
三、农业、工业及投资						
粮食总产量	吨	94899	483700	179622	250149	220506
棉花产量	吨		5	46	6	31
油料产量	吨	7480	28336	6159	4478	7359
肉类总产量	吨	23060	130238	51538	53002	55693
规模以上工业企业个数	个	56	64	43	39	36
规模以上工业总产值(现价)	万元	432882	768805	514409	674795	604641
城镇固定资产投资完成额	万元	175474	624436	285961	216630	267274
四、教育、卫生和社会保障						
普通中学在校学生数	人	9847	55593	26496	30460	24461
小学在校学生数	人	8288	66877	25424	36006	29676
医院、卫生院床位数	床	433	2045	1067	1026	1109
各种社会福利收养性单位数	个	11	30	16	18	18
各种社会福利收养性单位床位数	床	819	1885	976	2056	1320

2009年县(市)社会经济主要指标

四川省

指　　标	单位	高　县	珙　县	筠连县	兴文县	屏山县
一、基本情况						
行政区域土地面积	平方公里	1320	1145	1256	1380	1504
乡(镇)个数	个	19	17	18	15	16
村民委员会个数	个	285	262	243	322	261
年末总户数	户	160869	135604	109000	133365	84756
其中:乡村户数	户	131210	86752	93529	109715	68844
年末总人口	万人	52	42	41	46	30
乡村人口	万人	48	32	37	42	27
年末单位从业人员数	人	19130	30376	18177	21580	8793
乡村从业人员数	人	298594	212831	194170	254970	167171
其中:农林牧渔业	人	166503	106715	123357	167640	109593
农业机械总动力	万千瓦特	11	17	11	12	11
本地电话年末用户	户	51986	58180	42315	50025	27832
二、综合经济						
第一产业增加值	万元	119058	85976	93746	99785	75462
第二产业增加值	万元	261341	284140	295913	140730	45603
地方财政一般预算收入	万元	15448	18257	16606	13535	10008
地方财政一般预算支出	万元	87373	81948	82889	82722	60801
城乡居民储蓄存款余额	万元	259977	279777	148656	168793	161071
年末金融机构各项贷款余额	万元	139994	217029	90854	96618	91281
三、农业、工业及投资						
粮食总产量	吨	256840	151720	171318	193891	127790
棉花产量	吨	21	13	45	30	15
油料产量	吨	7331	6079	1958	2174	5172
肉类总产量	吨	57843	44275	43545	45574	29521
规模以上工业企业个数	个	53	62	59	48	21
规模以上工业总产值(现价)	万元	630770	625088	491575	177981	105384
城镇固定资产投资完成额	万元	301657	333045	160127	134421	85796
四、教育、卫生和社会保障						
普通中学在校学生数	人	25388	22642	25479	25611	15946
小学在校学生数	人	33395	34178	39478	44480	23802
医院、卫生院床位数	床	1084	1585	536	827	463
各种社会福利收养性单位数	个	22	19	18	22	16
各种社会福利收养性单位床位数	床	762	838	892	2503	462

2009年县(市)社会经济主要指标

四川省

指　　标	单位	岳池县	武胜县	邻水县	华蓥市	达　县
一、基本情况						
行政区域土地面积	平方公里	1457	966	1919	466	2694
乡(镇)个数	个	43	31	45	13	64
村民委员会个数	个	830	515	475	111	754
年末总户数	户	368685	278593	315371	131818	419134
其中:乡村户数	户	281224	207142	222673	77889	334672
年末总人口	万人	120	85	103	36	135
乡村人口	万人	108	73	78	26	116
年末单位从业人员数	人	25262	14266	17907	16290	48724
乡村从业人员数	人	573316	382245	426837	142190	624357
其中:农林牧渔业	人	383948	198796	210510	73441	318422
农业机械总动力	万千瓦特	28	15	28	11	37
本地电话年末用户	户	82195	68792	92487	50227	149582
二、综合经济						
第一产业增加值	万元	242762	228330	232749	71909	352470
第二产业增加值	万元	316237	359938	350791	370683	622281
地方财政一般预算收入	万元	25625	24779	24116	14360	34062
地方财政一般预算支出	万元	150088	126687	151697	90698	201805
城乡居民储蓄存款余额	万元	952928	734391	669941	465763	701141
年末金融机构各项贷款余额	万元	307685	241311	253048	197758	637120
三、农业、工业及投资						
粮食总产量	吨	550018	364736	463994	107443	612108
棉花产量	吨	18	50	53		101
油料产量	吨	25224	20764	33711	2186	56441
肉类总产量	吨	105485	110172	96945	29851	130247
规模以上工业企业个数	个	51	52	62	71	117
规模以上工业总产值(现价)	万元	600492	856818	672898	827339	1988064
城镇固定资产投资完成额	万元	151421	319422	284371	276007	784353
四、教育、卫生和社会保障						
普通中学在校学生数	人	64428	59877	79433	25301	65742
小学在校学生数	人	89420	57387	79203	26667	100814
医院、卫生院床位数	床	1745	1346	1771	804	2549
各种社会福利收养性单位数	个	60	33	38	14	25
各种社会福利收养性单位床位数	床	2128	1814	1757	817	490

2009年县(市)社会经济主要指标

四川省

指　　标	单位	宣汉县	开江县	大竹县	渠　县	万源市
一、基本情况						
行政区域土地面积	平方公里	4271	1033	2075	2013	4065
乡(镇)个数	个	54	20	50	60	52
村民委员会个数	个	494	194	384	496	371
年末总户数	户	389774	210053	395325	488695	194899
其中:乡村户数	户	287532	139004	278194	319609	144170
年末总人口	万人	129	59	111	147	60
乡村人口	万人	109	49	93	122	53
年末单位从业人员数	人	38529	20478	27900	41836	15875
乡村从业人员数	人	508309	262766	460034	535662	250145
其中:农林牧渔业	人	285782	125404	203848	242685	125598
农业机械总动力	万千瓦特	27	22	25	28	17
本地电话年末用户	户	117555	55497	101049	132439	61061
二、综合经济						
第一产业增加值	万元	332734	186425	331985	329663	166345
第二产业增加值	万元	386596	191621	626703	438932	233576
地方财政一般预算收入	万元	28778	15083	34876	23663	12506
地方财政一般预算支出	万元	207000	100518	173943	197413	129218
城乡居民储蓄存款余额	万元	767781	441212	952099	1055397	342232
年末金融机构各项贷款余额	万元	298281	152611	315807	380881	162268
三、农业、工业及投资						
粮食总产量	吨	583688	274296	560787	573584	293796
棉花产量	吨	176	39		678	57
油料产量	吨	80433	33108	40364	45898	24066
肉类总产量	吨	122544	73607	132964	134735	67382
规模以上工业企业个数	个	49	39	99	49	47
规模以上工业总产值(现价)	万元	592949	219993	1594043	832292	503143
城镇固定资产投资完成额	万元	1049802	269275	486063	557246	391264
四、教育、卫生和社会保障						
普通中学在校学生数	人	71778	37388	60718	86102	38508
小学在校学生数	人	116192	57480	79975	126401	45248
医院、卫生院床位数	床	2134	555	1869	2702	1270
各种社会福利收养性单位数	个	40	22	46	34	19
各种社会福利收养性单位床位数	床	3500	1800	3560	814	758

2009年县(市)社会经济主要指标

四川省

指标	单位	名山县	荥经县	汉源县	石棉县	天全县
一、基本情况						
行政区域土地面积	平方公里	614	1781	2388	2678	2491
乡(镇)个数	个	20	21	40	16	15
村民委员会个数	个	192	105	256	92	138
年末总户数	户	86415	62513	103736	43927	48184
其中:乡村户数	户	75381	44182	93217	27884	37939
年末总人口	万人	27	15	32	12	15
乡村人口	万人	25	13	29	9	13
年末单位从业人员数	人	6516	10163	9188	6861	8862
乡村从业人员数	人	141600	68514	178872	50581	72817
其中:农林牧渔业	人	88920	35343	122626	30835	37705
农业机械总动力	万千瓦特	19	15	17	8	9
本地电话年末用户	户	32344		37272		21177
二、综合经济						
第一产业增加值	万元	100078	41566	79346	34784	43335
第二产业增加值	万元	109077	174661	107892	239735	142769
地方财政一般预算收入	万元	5418	9097	15913	22707	8756
地方财政一般预算支出	万元	67217	41679	149266	119922	52748
城乡居民储蓄存款余额	万元	190452	205688	344202	175806	146174
年末金融机构各项贷款余额	万元	142882	110602	168061	269913	183092
三、农业、工业及投资						
粮食总产量	吨	104292	63318	120357	34585	74885
棉花产量	吨			1		
油料产量	吨	8991	5840	1386	2280	4813
肉类总产量	吨	47928	12570	31956	12853	19918
规模以上工业企业个数	个	75	61	18	38	60
规模以上工业总产值(现价)	万元	286599	368220	99303	369901	315313
城镇固定资产投资完成额	万元	180289	85758	960608	585291	204066
四、教育、卫生和社会保障						
普通中学在校学生数	人	11940	7948	18899	5474	8970
小学在校学生数	人	13442	9475	20192	9181	10358
医院、卫生院床位数	床	523	588	799	720	851
各种社会福利收养性单位数	个	5	4	4	5	5
各种社会福利收养性单位床位数	床	294	230	980	440	290

2009年县(市)社会经济主要指标

四川省

指　　标	单位	芦山县	宝兴县	通江县	南江县	平昌县
一、基本情况						
行政区域土地面积	平方公里	1166	3114	4126	3383	2227
乡(镇)个数	个	9	9	49	48	43
村民委员会个数	个	40	55	524	522	522
年末总户数	户	39101	17261	234545	222711	334591
其中:乡村户数	户	30969	14020	163717	150117	202978
年末总人口	万人	12	6	81	71	107
乡村人口	万人	11	5	67	57	85
年末单位从业人员数	人	4773	4565	22733	28007	28651
乡村从业人员数	人	56460	27304	338757	291389	438340
其中:农林牧渔业	人	35537	15280	225371	182549	280302
农业机械总动力	万千瓦特	10	7	23	24	33
本地电话年末用户	户	21685	6828	69800	96412	54900
二、综合经济						
第一产业增加值	万元	31901	21004	164082	148572	193471
第二产业增加值	万元	83208	77976	125961	158280	172571
地方财政一般预算收入	万元	2319	5265	6722	9985	10686
地方财政一般预算支出	万元	109997	59137	159955	241905	168748
城乡居民储蓄存款余额	万元	109380	70670	321624	408249	417236
年末金融机构各项贷款余额	万元	58692	49592	197763	200140	261169
三、农业、工业及投资						
粮食总产量	吨	51005	20272	387746	375976	398615
棉花产量	吨			55	74	202
油料产量	吨	4116	544	31188	18371	35769
肉类总产量	吨	12863	8506	108001	94811	103729
规模以上工业企业个数	个	47	31	25	18	22
规模以上工业总产值(现价)	万元	159263	98563	136724	284784	480129
城镇固定资产投资完成额	万元	136969	100640	172095	309407	124470
四、教育、卫生和社会保障						
普通中学在校学生数	人	7393	2645	54451	48432	65015
小学在校学生数	人	9995	4574	78188	71844	102408
医院、卫生院床位数	床	292	168	1354	1116	2650
各种社会福利收养性单位数	个	4	2	2	7	7
各种社会福利收养性单位床位数	床	230	116	94	1410	186

2009年县(市)社会经济主要指标

四川省

指　　标	单位	安岳县	乐至县	简阳市	汶川县	理　县
一、基本情况						
行政区域土地面积	平方公里	2690	1424	2215	4083	4318
乡(镇)个数	个	69	25	55	13	13
村民委员会个数	个	927	602	796	118	81
年末总户数	户	505437	311849	462295	36466	14690
其中:乡村户数	户	392031	235650	379940	18234	9008
年末总人口	万人	160	88	146	10	5
乡村人口	万人	139	70	125	7	4
年末单位从业人员数	人	33160	16865	50407	18477	3467
乡村从业人员数	人	793095	350139	640005	38670	23477
其中:农林牧渔业	人	474093	159306	247972	24392	18902
农业机械总动力	万千瓦特	45	25	43	5	3
本地电话年末用户	户	151051	77027	167828	11098	5549
二、综合经济						
第一产业增加值	万元	437118	219975	358679	14569	9188
第二产业增加值	万元	466951	327226	869531	152249	45087
地方财政一般预算收入	万元	31881	20613	55307	9669	3562
地方财政一般预算支出	万元	207390	136907	227670	162405	121631
城乡居民储蓄存款余额	万元	1032060	620309	1250424	169895	55693
年末金融机构各项贷款余额	万元	492228	282405	640347	228481	86787
三、农业、工业及投资						
粮食总产量	吨	788000	349510	665925	8392	8024
棉花产量	吨	4		16		
油料产量	吨	61623	37187	51495	594	220
肉类总产量	吨	202349	126978	189086	2893	1752
规模以上工业企业个数	个	146	81	168	34	12
规模以上工业总产值(现价)	万元	1223862	972583	2770794	285503	42248
城镇固定资产投资完成额	万元	227063	244133	636068	484354	341047
四、教育、卫生和社会保障						
普通中学在校学生数	人	63220	33731	69700	6445	2172
小学在校学生数	人	87940	40357	83901	5856	3130
医院、卫生院床位数	床	2997	1340	3322	226	147
各种社会福利收养性单位数	个	70	54	65	2	1
各种社会福利收养性单位床位数	床	4858	1842	3042	420	56

2009年县(市)社会经济主要指标

四川省

指　　标	单位	茂　县	松潘县	九寨沟县	金川县	小金县
一、基本情况						
行政区域土地面积	平方公里	4075	8486	5286	5524	5571
乡(镇)个数	个	21	25	17	23	21
村民委员会个数	个	149	142	120	109	134
年末总户数	户	32123	20339	20939	22941	24995
其中:乡村户数	户	23040	13094	12900	15229	17904
年末总人口	万人	11	7	7	7	8
乡村人口	万人	9	6	5	6	7
年末单位从业人员数	人	6065	4503	7737	3622	4351
乡村从业人员数	人	53175	33926	28901	34526	41696
其中:农林牧渔业	人	43708	26139	20934	26642	29386
农业机械总动力	万千瓦特	4	4	7	4	11
本地电话年末用户	户	12017	11809	22483	6498	6543
二、综合经济						
第一产业增加值	万元	23586	17394	11339	14480	14874
第二产业增加值	万元	67859	16128	43107	9787	16934
地方财政一般预算收入	万元	7018	4105	7218	1394	2003
地方财政一般预算支出	万元	156094	71283	63280	66091	102159
城乡居民储蓄存款余额	万元	121497	55396	81817	43925	62684
年末金融机构各项贷款余额	万元	113031	89809	312652	17014	57242
三、农业、工业及投资						
粮食总产量	吨	30240	23064	10736	19542	22844
棉花产量	吨					
油料产量	吨	878	645	388	83	1089
肉类总产量	吨	6848	6362	3893	5209	5920
规模以上工业企业个数	个	9	2	5	2	6
规模以上工业总产值(现价)	万元	77730	9588	63794	2488	7199
城镇固定资产投资完成额	万元	544001	200310	217183	61099	160514
四、教育、卫生和社会保障						
普通中学在校学生数	人	7302	3908	5599	3881	4955
小学在校学生数	人	9374	6906	6518	5571	6964
医院、卫生院床位数	床	282	212	284	167	194
各种社会福利收养性单位数	个	2	2	2	5	3
各种社会福利收养性单位床位数	床	370	160	243	220	260

2009年县(市)社会经济主要指标

四川省

指　　标	单位	黑水县	马尔康县	壤塘县	阿坝县	若尔盖县
一、基本情况						
行政区域土地面积	平方公里	4154	6639	6836	10435	10437
乡(镇)个数	个	17	14	12	19	17
村民委员会个数	个	124	104	60	83	96
年末总户数	户	16948	18555	10542	15005	17176
其中:乡村户数	户	12695	7569	6864	10853	11292
年末总人口	万人	6	6	4	7	8
乡村人口	万人	5	3	3	6	6
年末单位从业人员数	人	3347	9837	2527	3168	3954
乡村从业人员数	人	29180	17839	20002	28473	39978
其中:农林牧渔业	人	19922	10755	17595	26164	35677
农业机械总动力	万千瓦特	6	7	3	1	6
本地电话年末用户	户	6337	15585	2312	5178	3778
二、综合经济						
第一产业增加值	万元	11664	13588	16180	20717	40892
第二产业增加值	万元	43070	14608	3588	4307	6469
地方财政一般预算收入	万元	3190	3637	501	890	1494
地方财政一般预算支出	万元	118437	48227	55020	58855	58786
城乡居民储蓄存款余额	万元	55498	102843	15444	33260	32180
年末金融机构各项贷款余额	万元	117854	113083	5512	15440	26291
三、农业、工业及投资						
粮食总产量	吨	16016	9860	3265	10085	5276
棉花产量	吨					
油料产量	吨			71		1231
肉类总产量	吨	3990	5704	5384	9013	24094
规模以上工业企业个数	个	5	4			3
规模以上工业总产值(现价)	万元	32596	9774			8145
城镇固定资产投资完成额	万元	301232	159358	25940	42461	63269
四、教育、卫生和社会保障						
普通中学在校学生数	人	2262	4860	1546	2794	5150
小学在校学生数	人	6515	4219	4177	10032	10696
医院、卫生院床位数	床	107	394	59	197	164
各种社会福利收养性单位数	个	1	3	4	3	2
各种社会福利收养性单位床位数	床	150	250	430	340	370

2009 年县(市)社会经济主要指标

四川省

指　　标	单位	红原县	康定县	泸定县	丹巴县	九龙县
一、基本情况						
行政区域土地面积	平方公里	8398	11486	2165	4656	6766
乡(镇)个数	个	11	21	12	15	18
村民委员会个数	个	34	235	145	181	63
年末总户数	户	12749	31623	28613	16778	19635
其中:乡村户数	户	7061	16438	21593	11629	12597
年末总人口	万人	4	11	9	6	6
乡村人口	万人	3	7	7	5	5
年末单位从业人员数	人	2756	4043	3972	3954	3950
乡村从业人员数	人	16867	42823	31003	34326	31972
其中:农林牧渔业	人	15581	34313	27026	29097	29067
农业机械总动力	万千瓦特	1	7	4	4	5
本地电话年末用户	户	3773	40011	14736	5018	5469
二、综合经济						
第一产业增加值	万元	21243	25744	16791	14631	13021
第二产业增加值	万元	8324	119499	26207	20195	97899
地方财政一般预算收入	万元	809	33003	10897	6940	16145
地方财政一般预算支出	万元	38742	79560	47579	46742	47273
城乡居民储蓄存款余额	万元	19366	182236	100075	39521	28650
年末金融机构各项贷款余额	万元	55557	401472	130458	12444	122942
三、农业、工业及投资						
粮食总产量	吨		17016	19183	17921	14613
棉花产量	吨					
油料产量	吨	40	194	1867	290	55
肉类总产量	吨	8697	7209	5901	4359	4210
规模以上工业企业个数	个	4	19	11	7	8
规模以上工业总产值(现价)	万元	10444	125083	30328	16164	111186
城镇固定资产投资完成额	万元	64720	426246	153277	112692	205250
四、教育、卫生和社会保障						
普通中学在校学生数	人	2227	7678	5461	3171	2798
小学在校学生数	人	5943	10798	7996	5911	8490
医院、卫生院床位数	床	133	663	346	140	132
各种社会福利收养性单位数	个	4	4	1	4	1
各种社会福利收养性单位床位数	床	292	230	150	40	104

2009年县(市)社会经济主要指标

四川省

指　　标	单位	雅江县	道孚县	炉霍县	甘孜县	新龙县
一、基本情况						
行政区域土地面积	平方公里	7558	7053	4601	7303	8570
乡(镇)个数	个	17	22	16	22	19
村民委员会个数	个	113	158	171	219	95
年末总户数	户	11369	14281	11542	14449	9782
其中:乡村户数	户	8260	9344	7761	10984	6789
年末总人口	万人	5	6	5	6	5
乡村人口	万人	4	5	4	5	4
年末单位从业人员数	人	2347	3254	2768	2639	3241
乡村从业人员数	人	23175	26001	21854	35502	16492
其中:农林牧渔业	人	22698	23929	20085	34227	14246
农业机械总动力	万千瓦特	6	5	3	4	2
本地电话年末用户	户	3972	3725	3942	5219	2165
二、综合经济						
第一产业增加值	万元	12949	10144	10879	18532	15072
第二产业增加值	万元	10465	5585	2684	2533	2662
地方财政一般预算收入	万元	4301	2323	762	1010	600
地方财政一般预算支出	万元	42969	44929	35260	47173	39026
城乡居民储蓄存款余额	万元	20139	14920	16073	26138	9597
年末金融机构各项贷款余额	万元	58593	13704	4209	1920	2317
三、农业、工业及投资						
粮食总产量	吨	6580	7486	8491	22759	8609
棉花产量	吨					
油料产量	吨	21	599	276	1055	3
肉类总产量	吨	3585	4922	3311	6630	5409
规模以上工业企业个数	个		3			
规模以上工业总产值(现价)	万元		6486			
城镇固定资产投资完成额	万元	166575	10635	8942	7437	9034
四、教育、卫生和社会保障						
普通中学在校学生数	人	1626	1210	1868	2963	1706
小学在校学生数	人	5894	5241	5155	5775	4394
医院、卫生院床位数	床	103	95	105	215	134
各种社会福利收养性单位数	个	1	1	8	2	2
各种社会福利收养性单位床位数	床	11	80	165	36	90

2009 年县(市)社会经济主要指标

四川省

指　　标	单位	德格县	白玉县	石渠县	色达县	理塘县
一、基本情况						
行政区域土地面积	平方公里	11025	10386	24944	9332	13677
乡(镇)个数	个	26	17	22	17	24
村民委员会个数	个	171	156	165	66	214
年末总户数	户	21094	9380	20157	12720	13536
其中:乡村户数	户	18769	7940	18628	8692	10457
年末总人口	万人	8	5	7	5	6
乡村人口	万人	7	4	7	4	5
年末单位从业人员数	人	2755	2172	2749	2138	2810
乡村从业人员数	人	41653	27690	36812	26268	31781
其中:农林牧渔业	人	39489	27219	36115	24775	28571
农业机械总动力	万千瓦特		4			2
本地电话年末用户	户	3070	3108	1807	4151	4780
二、综合经济						
第一产业增加值	万元	13508	14400	18008	12053	18506
第二产业增加值	万元	3938	26508	1865	2085	6030
地方财政一般预算收入	万元	818	4390	560	524	1610
地方财政一般预算支出	万元	44181	44003	61329	43271	56443
城乡居民储蓄存款余额	万元	11976	12904	9581	27364	22935
年末金融机构各项贷款余额	万元	2442	4169	3835	4897	7891
三、农业、工业及投资						
粮食总产量	吨	8576	6572	5052	1873	8791
棉花产量	吨					
油料产量	吨		141	22		40
肉类总产量	吨	6855	5705	7103	7085	7076
规模以上工业企业个数	个		2			1
规模以上工业总产值(现价)	万元		42158			708
城镇固定资产投资完成额	万元	13315	13416	13627	7952	15447
四、教育、卫生和社会保障						
普通中学在校学生数	人	2352	1680	1053	801	1107
小学在校学生数	人	7845	4664	7050	3810	6095
医院、卫生院床位数	床	218	108	95	136	160
各种社会福利收养性单位数	个		3	5	2	3
各种社会福利收养性单位床位数	床		80	75	70	35

2009年县(市)社会经济主要指标

四川省

指　　标	单位	巴塘县	乡城县	稻城县	得荣县	西昌市
一、基本情况						
行政区域土地面积	平方公里	7852	5016	7323	2916	2654
乡(镇)个数	个	19	12	14	12	37
村民委员会个数	个	122	89	124	127	231
年末总户数	户	11907	4876	6837	4784	208462
其中:乡村户数	户	8480	3696	4926	3564	118495
年末总人口	万人	5	3	3	3	61
乡村人口	万人	4	2	3	2	43
年末单位从业人员数	人	2954	2770	1852	1973	65884
乡村从业人员数	人	27287	13672	14584	13693	251744
其中:农林牧渔业	人	24890	12897	13818	12857	197696
农业机械总动力	万千瓦特	2	3	5	2	35
本地电话年末用户	户	3893	2914	2636	2157	179592
二、综合经济						
第一产业增加值	万元	11005	9306	9263	7865	248236
第二产业增加值	万元	18033	11714	3976	6203	712492
地方财政一般预算收入	万元	2913	3490	1394	1601	110571
地方财政一般预算支出	万元	38792	36167	40458	34855	203893
城乡居民储蓄存款余额	万元	22418	12806	11327	11758	1318306
年末金融机构各项贷款余额	万元	8437	31071	2898	3957	1587264
三、农业、工业及投资						
粮食总产量	吨	10398	8442	9303	8403	292749
棉花产量	吨					
油料产量	吨	113	559	228	286	2578
肉类总产量	吨	3258	2252	2492	2057	88649
规模以上工业企业个数	个	4	3			71
规模以上工业总产值(现价)	万元	3081	4350			1421068
城镇固定资产投资完成额	万元	11697	112757	25569	22123	983343
四、教育、卫生和社会保障						
普通中学在校学生数	人	1560	1186	1189	914	54176
小学在校学生数	人	5271	3819	3300	3102	68980
医院、卫生院床位数	床	127	130	74	108	3329
各种社会福利收养性单位数	个	1		1		8
各种社会福利收养性单位床位数	床	21		80		281

2009年县(市)社会经济主要指标

四川省

指　　标	单位	木里藏族自治县	盐源县	德昌县	会理县	会东县
一、基本情况						
行政区域土地面积	平方公里	13253	8388	2284	4528	3227
乡(镇)个数	个	29	34	23	49	53
村民委员会个数	个	113	247	137	303	318
年末总户数	户	32964	94847	60762	127669	113868
其中:乡村户数	户	25976	78633	44164	102267	92124
年末总人口	万人	13	38	20	46	40
乡村人口	万人	12	33	18	41	37
年末单位从业人员数	人	5803	9756	8697	18182	14996
乡村从业人员数	人	73824	199633	97095	260609	214972
其中:农林牧渔业	人	68698	188087	72207	145962	167887
农业机械总动力	万千瓦特	6	20	13	28	18
本地电话年末用户	户	5597	14618	25884	52189	27970
二、综合经济						
第一产业增加值	万元	29672	101461	94331	238204	229444
第二产业增加值	万元	45178	194276	107938	513695	308694
地方财政一般预算收入	万元	11918	32978	20088	67856	52618
地方财政一般预算支出	万元	63899	94189	59590	157742	116739
城乡居民储蓄存款余额	万元	61348	99258	149483	334594	152422
年末金融机构各项贷款余额	万元	200928	53884	78081	250296	96975
三、农业、工业及投资						
粮食总产量	吨	51400	174914	92120	279900	253003
棉花产量	吨		4	1		
油料产量	吨	37	558	742	4325	18090
肉类总产量	吨	15118	41651	33392	95973	83934
规模以上工业企业个数	个	1	35	32	76	34
规模以上工业总产值(现价)	万元	23411	348679	241352	802587	636538
城镇固定资产投资完成额	万元	198164	159019	131317	429188	214247
四、教育、卫生和社会保障						
普通中学在校学生数	人	4853	20763	11875	26465	20991
小学在校学生数	人	16834	49773	22040	41926	41754
医院、卫生院床位数	床	297	659	763	902	818
各种社会福利收养性单位数	个	1	2	9	11	5
各种社会福利收养性单位床位数	床	138	468	311	485	840

2009年县(市)社会经济主要指标

四川省

指　　标	单位	宁南县	普格县	布拖县	金阳县	昭觉县
一、基本情况						
行政区域土地面积	平方公里	1667	1905	1686	1587	2698
乡(镇)个数	个	25	34	30	34	47
村民委员会个数	个	124	153	190	177	270
年末总户数	户	49809	44948	44856	45690	75004
其中:乡村户数	户	40726	32043	39491	41297	53992
年末总人口	万人	18	16	17	18	27
乡村人口	万人	17	14	15	16	22
年末单位从业人员数	人	5949	6596	3882	4560	6224
乡村从业人员数	人	101949	76389	87924	83070	128905
其中:农林牧渔业	人	85622	68034	80961	74550	121257
农业机械总动力	万千瓦特	6	5	2	4	6
本地电话年末用户	户	16718	7346	3109	5700	6612
二、综合经济						
第一产业增加值	万元	80380	46801	40811	43766	54621
第二产业增加值	万元	57881	31751	42167	52494	22974
地方财政一般预算收入	万元	14916	7006	4624	6991	4412
地方财政一般预算支出	万元	57455	44650	49833	58597	67960
城乡居民储蓄存款余额	万元	70907	42280	37385	21691	52602
年末金融机构各项贷款余额	万元	23684	26966	9015	10015	18088
三、农业、工业及投资						
粮食总产量	吨	76160	72315	69128	66932	101999
棉花产量	吨					
油料产量	吨	466	357	85	191	
肉类总产量	吨	25304	15278	14784	19040	30785
规模以上工业企业个数	个	19	8	5	10	7
规模以上工业总产值(现价)	万元	89938	85666	47986	63656	28979
城镇固定资产投资完成额	万元	122460	65088	37115	42496	59630
四、教育、卫生和社会保障						
普通中学在校学生数	人	10451	5018	5069	5941	9092
小学在校学生数	人	17923	21621	21522	23602	33374
医院、卫生院床位数	床	380	241	270	464	421
各种社会福利收养性单位数	个	2	5	2	1	2
各种社会福利收养性单位床位数	床	214	196	300	224	405

2009年县(市)社会经济主要指标

四川省

指　　标	单位	喜德县	冕宁县	越西县	甘洛县	美姑县
一、基本情况						
行政区域土地面积	平方公里	2206	4423	2256	2156	2573
乡(镇)个数	个	24	38	40	28	36
村民委员会个数	个	170	232	289	227	291
年末总户数	户	56786	104391	87897	56839	60725
其中:乡村户数	户	37566	82673	63116	42417	46006
年末总人口	万人	20	37	32	21	24
乡村人口	万人	15	33	26	18	20
年末单位从业人员数	人	4920	10825	6797	8612	4901
乡村从业人员数	人	89260	206730	154443	95268	104224
其中:农林牧渔业	人	75557	172242	121229	81657	95886
农业机械总动力	万千瓦特	6	12	6	5	2
本地电话年末用户	户	8833	36455	18176	12829	4907
二、综合经济						
第一产业增加值	万元	38871	113028	68322	36008	46810
第二产业增加值	万元	36497	163811	63331	87768	25857
地方财政一般预算收入	万元	6031	22028	10012	15016	3516
地方财政一般预算支出	万元	61222	83205	66156	63649	62981
城乡居民储蓄存款余额	万元	47477	188166	91922	78261	31639
年末金融机构各项贷款余额	万元	14736	87338	30099	38091	25654
三、农业、工业及投资						
粮食总产量	吨	80123	156680	118617	78077	77786
棉花产量	吨				1	
油料产量	吨	296	3218	7029	1397	5
肉类总产量	吨	18394	45048	33163	20022	30683
规模以上工业企业个数	个	13	32	15	17	9
规模以上工业总产值(现价)	万元	76428	202767	187906	104823	41232
城镇固定资产投资完成额	万元	35225	172859	56450	113219	46189
四、教育、卫生和社会保障						
普通中学在校学生数	人	7087	20091	8708	7311	6510
小学在校学生数	人	26348	47520	41094	27316	26280
医院、卫生院床位数	床	258	724	395	413	363
各种社会福利收养性单位数	个	1	4	1	1	2
各种社会福利收养性单位床位数	床	126	320	108	11	276

2009年县(市)社会经济主要指标

四川省、贵州省

指　　标	单位	雷波县	开阳县	息烽县	修文县	清镇市
一、基本情况						
行政区域土地面积	平方公里	2932	2026	1037	1076	1492
乡(镇)个数	个	49	16	10	10	10
村民委员会个数	个	281	108	161	217	299
年末总户数	户	67669	126742	75505	87329	148885
其中:乡村户数	户	52583	97471	60047	69568	113601
年末总人口	万人	25	43	25	30	50
乡村人口	万人	22	36	22	27	41
年末单位从业人员数	人	7899	28394	15548	13744	36811
乡村从业人员数	人	133229	205807	127692	165241	260595
其中:农林牧渔业	人	105521	112866	76187	101858	181975
农业机械总动力	万千瓦特	11	14	12	17	17
本地电话年末用户	户	11851	60921	27409	30101	46500
二、综合经济						
第一产业增加值	万元	63804	102765	54621	70166	91562
第二产业增加值	万元	96006	318620	322696	182238	428040
地方财政一般预算收入	万元	11383	36534	25588	23028	44856
地方财政一般预算支出	万元	63502	85801	76155	55640	105770
城乡居民储蓄存款余额	万元	77898	214795	136587	131112	315036
年末金融机构各项贷款余额	万元	34300	374261	179879	147681	313622
三、农业、工业及投资						
粮食总产量	吨	89938	142925	93329	106378	139201
棉花产量	吨	11				
油料产量	吨	1964	21094	9086	7984	9326
肉类总产量	吨	19040	37559	13310	16445	28726
规模以上工业企业个数	个	9	30	20	42	285
规模以上工业总产值(现价)	万元	88808	700406	1000328	401511	885639
城镇固定资产投资完成额	万元	318187	551600	180298	325108	637823
四、教育、卫生和社会保障						
普通中学在校学生数	人	9842	32440	15910	16572	32033
小学在校学生数	人	29855	33896	19248	20048	45699
医院、卫生院床位数	床	459	1145	575	547	1149
各种社会福利收养性单位数	个	1	13	10	7	10
各种社会福利收养性单位床位数	床	108	106	160	108	110

2009年县(市)社会经济主要指标

贵州省

指　　标	单位	六枝特区	水城县	盘县	遵义县	桐梓县
一、基本情况						
行政区域土地面积	平方公里	1792	3584	4056	4092	3202
乡(镇)个数	个	19	33	37	31	24
村民委员会个数	个	220	313	450	233	222
年末总户数	户	178122	214404	378344	341556	183046
其中:乡村户数	户	132623	191689	306922	289604	153051
年末总人口	万人	66	79	118	120	69
乡村人口	万人	54	74	103	112	62
年末单位从业人员数	人	25560	16552	63546	32810	13484
乡村从业人员数	人	310853	390940	557802	690929	342112
其中:农林牧渔业	人	163282	254852	392442	370806	165164
农业机械总动力	万千瓦特	12	35	59	58	31
本地电话年末用户	户	169822	43510	60482	66640	35604
二、综合经济						
第一产业增加值	万元	60072	75827	121048	238441	101621
第二产业增加值	万元	195257	297609	1223646	506636	155183
地方财政一般预算收入	万元	23270	45094	155449	62088	21047
地方财政一般预算支出	万元	119300	142046	272970	199706	101450
城乡居民储蓄存款余额	万元	236573		640619	575629	287207
年末金融机构各项贷款余额	万元	258122		853732	670047	213069
三、农业、工业及投资						
粮食总产量	吨	200051	270768	363323	668771	304975
棉花产量	吨					
油料产量	吨	6634	743	1279	68284	18398
肉类总产量	吨	19106	27878	46802	80862	34797
规模以上工业企业个数	个	28	22	57	105	57
规模以上工业总产值(现价)	万元	510182	578525	2038868	1075954	252008
城镇固定资产投资完成额	万元	124063	447426	606759	536284	320398
四、教育、卫生和社会保障						
普通中学在校学生数	人	37240	42462	97108	86948	45699
小学在校学生数	人	74715	104204	125204	103180	62886
医院、卫生院床位数	床	1197	791	2425	1127	611
各种社会福利收养性单位数	个	14	26	34	34	24
各种社会福利收养性单位床位数	床	498	1170	345	595	740

2009年县(市)社会经济主要指标

贵州省

指标	单位	绥阳县	正安县	道真仡佬族苗族自治县	务川仡佬族苗族自治县	凤冈县
一、基本情况						
行政区域土地面积	平方公里	2566	2595	2156	2777	1883
乡(镇)个数	个	15	19	14	15	14
村民委员会个数	个	108	144	80	109	82
年末总户数	户	140066	159437	93200	117525	110810
其中:乡村户数	户	118403	136247	79401	98998	99670
年末总人口	万人	53	62	34	44	43
乡村人口	万人	49	57	30	41	39
年末单位从业人员数	人	10113	11555	9530	9349	8993
乡村从业人员数	人	309160	361348	180363	252489	248760
其中:农林牧渔业	人	179222	175904	84925	154015	113860
农业机械总动力	万千瓦特	32	21	23	18	22
本地电话年末用户	户	34535	203801	46198	36783	18630
二、综合经济						
第一产业增加值	万元	111725	83551	48971	63565	72294
第二产业增加值	万元	46503	31809	20652	26646	31420
地方财政一般预算收入	万元	13347	15950	4706	10774	8261
地方财政一般预算支出	万元	86739	95056	67527	78412	73091
城乡居民储蓄存款余额	万元	226906	209714	176183	133279	140686
年末金融机构各项贷款余额	万元	109030	118693	105195	91844	96667
三、农业、工业及投资						
粮食总产量	吨	290612	251693	158861	183716	183186
棉花产量	吨				1	
油料产量	吨	28667	18401	7795	13094	17108
肉类总产量	吨	22526	24057	17245	19474	25318
规模以上工业企业个数	个	25	14	9	8	19
规模以上工业总产值(现价)	万元	105186	48741	25174	31682	49874
城镇固定资产投资完成额	万元	10953	83715	55221	94456	64692
四、教育、卫生和社会保障						
普通中学在校学生数	人	30170	35693	18473	25160	31602
小学在校学生数	人	50597	54122	30272	49929	43250
医院、卫生院床位数	床	440	774	872	655	689
各种社会福利收养性单位数	个	15	19	14	13	11
各种社会福利收养性单位床位数	床	316	320	270	300	180

2009年县(市)社会经济主要指标

贵州省

指　　标	单位	湄潭县	余庆县	习水县	赤水市	仁怀市
一、基本情况						
行政区域土地面积	平方公里	1845	1623	3128	1883	1788
乡(镇)个数	个	15	10	23	14	18
村民委员会个数	个	118	61	210	100	146
年末总户数	户	141489	93572	174340	96752	166730
其中:乡村户数	户	112775	81124	149918	62730	128385
年末总人口	万人	49	30	69	30	65
乡村人口	万人	43	27	62	22	56
年末单位从业人员数	人	13700	8925	20559	25539	299150
乡村从业人员数	人	270734	182133	343298	132962	316188
其中:农林牧渔业	人	164357	102256	177092	74097	177622
农业机械总动力	万千瓦特	23	22	32	12	31
本地电话年末用户	户	33977	21101	51000	48530	35500
二、综合经济						
第一产业增加值	万元	77470	76139	91056	54606	102760
第二产业增加值	万元	58242	61031	189404	150858	1020538
地方财政一般预算收入	万元	14086	14748	20994	13800	78563
地方财政一般预算支出	万元	94286	64633	121642	70952	143741
城乡居民储蓄存款余额	万元	247782	179184	247667	258732	343242
年末金融机构各项贷款余额	万元	151269	165026	121284	383895	240099
三、农业、工业及投资						
粮食总产量	吨	266652	199133	297670	147301	273936
棉花产量	吨		1	11		24
油料产量	吨	23502	20414	9311	471	14092
肉类总产量	吨	23075	30433	55321	11708	41083
规模以上工业企业个数	个	26	7	12	23	43
规模以上工业总产值(现价)	万元	128318	70930	386425	373577	1512010
城镇固定资产投资完成额	万元	80345	113058	255971	199056	318412
四、教育、卫生和社会保障						
普通中学在校学生数	人	30396	19955	44135	14468	46019
小学在校学生数	人	47552	27306	58526	20583	76168
医院、卫生院床位数	床	725	715	1298	680	570
各种社会福利收养性单位数	个	14	8	23	15	19
各种社会福利收养性单位床位数	床	272	100	335	360	340

2009年县(市)社会经济主要指标

贵州省

指　　标	单位	平坝县	普定县	镇宁布依族苗族自治县	关岭布依族苗族自治县	紫云苗族布依族自治县
一、基本情况						
行政区域土地面积	平方公里	999	1091	1718	1468	2284
乡(镇)个数	个	10	11	16	14	12
村民委员会个数	个	193	317	365	241	223
年末总户数	户	104730	132788	102120	96434	93810
其中:乡村户数	户	76584	102816	76293	73982	77107
年末总人口	万人	35	46	38	35	36
乡村人口	万人	29	41	34	33	35
年末单位从业人员数	人	12016	12015	11586	8303	7546
乡村从业人员数	人	187982	240179	191838	185301	211264
其中:农林牧渔业	人	131711	142284	128627	126021	141787
农业机械总动力	万千瓦特	23	17	17	14	12
本地电话年末用户	户	42581	27680	33635	20768	32706
二、综合经济						
第一产业增加值	万元	51378	54560	40890	58717	62808
第二产业增加值	万元	205145	139659	61732	49621	19541
地方财政一般预算收入	万元	25112	20777	13763	10611	7379
地方财政一般预算支出	万元	86873	76693	70045	59306	65743
城乡居民储蓄存款余额	万元	252842	7376	89908	109876	66030
年末金融机构各项贷款余额	万元	425065	285099	166490	216765	77889
三、农业、工业及投资						
粮食总产量	吨	115845	127025	117060	116584	116757
棉花产量	吨					
油料产量	吨	11589	9351	8964	4496	7229
肉类总产量	吨	14615	19346	10452	15197	28732
规模以上工业企业个数	个	42	26	26	11	9
规模以上工业总产值(现价)	万元	167878	287577	69562	67331	30830
城镇固定资产投资完成额	万元	39120	54251	43168	32727	25927
四、教育、卫生和社会保障						
普通中学在校学生数	人	20661	23776	19103	21867	23851
小学在校学生数	人	37188	52251	41266	35865	44514
医院、卫生院床位数	床	867	703	491	506	456
各种社会福利收养性单位数	个	6	12	16	7	5
各种社会福利收养性单位床位数	床	65	332	258	75	40

2009 年县(市)社会经济主要指标

贵州省

指　　标	单位	铜仁市	江口县	玉屏侗族自治县	石阡县	思南县
一、基本情况						
行政区域土地面积	平方公里	1514	1869	517	2173	2331
乡(镇)个数	个	12	9	6	18	27
村民委员会个数	个	150	148	84	301	564
年末总户数	户	109050	67486	45763	104768	182434
其中:乡村户数	户	70450	50519	33022	93502	152855
年末总人口	万人	38	23	15	40	67
乡村人口	万人	24	21	12	38	61
年末单位从业人员数	人	40555	6576	6261	11532	17536
乡村从业人员数	人	159840	118705	80384	233582	363106
其中:农林牧渔业	人	86720	72822	42950	134681	214032
农业机械总动力	万千瓦特	10	6	21	13	11
本地电话年末用户	户	103000	20315	14499	33702	56879
二、综合经济						
第一产业增加值	万元	76488	46334	33404	79082	129373
第二产业增加值	万元	164429	27071	122648	21439	63710
地方财政一般预算收入	万元	25031	6532	12075	8118	11516
地方财政一般预算支出	万元	77692	53049	46398	90384	114609
城乡居民储蓄存款余额	万元	405357	97053	86456	141490	221539
年末金融机构各项贷款余额	万元	609903	83010	246316	120755	357422
三、农业、工业及投资						
粮食总产量	吨	142570	91587	44791	169647	236522
棉花产量	吨	6				
油料产量	吨	9022	5280	4584	11514	22243
肉类总产量	吨	18596	13059	8682	20692	38454
规模以上工业企业个数	个	28	14	34	16	12
规模以上工业总产值(现价)	万元	390644	24714	334408	21858	66256
城镇固定资产投资完成额	万元	289065	96809	93067	39292	204282
四、教育、卫生和社会保障						
普通中学在校学生数	人	31963	14542	7642	28102	54050
小学在校学生数	人	37090	21539	12012	43713	79249
医院、卫生院床位数	床	2036	310	299	515	767
各种社会福利收养性单位数	个	8	10	5	13	11
各种社会福利收养性单位床位数	床	202	310	150	422	287

2009年县(市)社会经济主要指标

贵州省

指　　标	单位	印江土家族苗族自治县	德江县	沿河土家族自治县	松桃苗族自治县	万山特区
一、基本情况						
行政区域土地面积	平方公里	1961	2072	2469	3400	338
乡(镇)个数	个	17	20	22	28	5
村民委员会个数	个	347	355	382	507	44
年末总户数	户	121522	135696	163572	174809	20885
其中:乡村户数	户	104401	102968	136269	147548	13413
年末总人口	万人	43	51	63	70	6
乡村人口	万人	40	41	57	64	5
年末单位从业人员数	人	10866	16182	13102	18116	4229
乡村从业人员数	人	234168	257824	311453	403046	29610
其中:农林牧渔业	人	111760	162955	193492	231068	13484
农业机械总动力	万千瓦特	15	19	23	21	4
本地电话年末用户	户	20600	30762	31486	23462	7947
二、综合经济						
第一产业增加值	万元	101419	115649	110141	122664	11116
第二产业增加值	万元	39132	46466	45243	95374	31533
地方财政一般预算收入	万元	9056	11216	15766	14002	3636
地方财政一般预算支出	万元	79580	91528	104829	119373	41013
城乡居民储蓄存款余额	万元	162539	111184	181593	196925	21229
年末金融机构各项贷款余额	万元	108659	98894	132330	158775	17888
三、农业、工业及投资						
粮食总产量	吨	146200	171405	201745	260710	19859
棉花产量	吨	2				
油料产量	吨	14386	14528	11394	12745	905
肉类总产量	吨	25382	24250	28307	32137	3084
规模以上工业企业个数	个	26	20	18	35	18
规模以上工业总产值(现价)	万元	53141	58204	32734	215281	100026
城镇固定资产投资完成额	万元	39856	39757	241000	181382	29329
四、教育、卫生和社会保障						
普通中学在校学生数	人	27284	28413	40113	47966	2759
小学在校学生数	人	42959	64882	88160	81858	4983
医院、卫生院床位数	床	420	576	446	674	144
各种社会福利收养性单位数	个	12	1	16	14	5
各种社会福利收养性单位床位数	床	299	60	360	348	130

2009年县(市)社会经济主要指标

贵州省

指标	单位	兴义市	兴仁县	普安县	晴隆县	贞丰县
一、基本情况						
行政区域土地面积	平方公里	2911	1785	1429	1331	1512
乡(镇)个数	个	22	14	14	14	13
村民委员会个数	个	184	126	75	91	156
年末总户数	户	219072	135320	87089	86700	95652
其中:乡村户数	户	158013	101547	72850	64442	84099
年末总人口	万人	81	49	32	32	38
乡村人口	万人	65	41	30	28	36
年末单位从业人员数	人	57557	12692	9028	7360	9420
乡村从业人员数	人	392763	247077	167178	166533	221950
其中:农林牧渔业	人	263981	176918	146403	118512	141822
农业机械总动力	万千瓦特	45	14	6	13	15
本地电话年末用户	户	245373	32850	133763	26347	20764
二、综合经济						
第一产业增加值	万元	150261	65284	41949	34930	60740
第二产业增加值	万元	552656	145000	83976	52063	170358
地方财政一般预算收入	万元	89031	29306	22448	13056	19454
地方财政一般预算支出	万元	162020	98312	69447	69932	75187
城乡居民储蓄存款余额	万元	788501	136294	102148	86321	129155
年末金融机构各项贷款余额	万元	1048045	131455	167036	90623	151813
三、农业、工业及投资						
粮食总产量	吨	272113	187581	96388	96448	123506
棉花产量	吨					
油料产量	吨	11987	4784	1134	1367	5472
肉类总产量	吨	40755	19636	11235	10545	13227
规模以上工业企业个数	个	73	43	27	11	32
规模以上工业总产值(现价)	万元	1109323	202369	144110	113845	285094
城镇固定资产投资完成额	万元	514501	168121	126992	58612	158989
四、教育、卫生和社会保障						
普通中学在校学生数	人	62281	28316	21346	20405	23276
小学在校学生数	人	84981	58845	41291	35978	57001
医院、卫生院床位数	床	3617	610	545	319	441
各种社会福利收养性单位数	个	20	18	9	7	8
各种社会福利收养性单位床位数	床	253	106	123	70	107

2009年县(市)社会经济主要指标

贵州省

指　　标	单位	望谟县	册亨县	安龙县	毕节市	大方县
一、基本情况						
行政区域土地面积	平方公里	3005	2598	2238	3412	3228
乡(镇)个数	个	17	14	16	35	34
村民委员会个数	个	161	123	173	524	335
年末总户数	户	71504	57053	119546	350168	262774
其中:乡村户数	户	60291	48866	102390	247033	206062
年末总人口	万人	32	23	45	142	100
乡村人口	万人	30	22	41	105	80
年末单位从业人员数	人	6485	6327	12824	53940	22735
乡村从业人员数	人	161098	131932	271844	734145	574850
其中:农林牧渔业	人	115587	97169	194934	363183	344928
农业机械总动力	万千瓦特	9	14	24	6	19
本地电话年末用户	户	26130	16377	58500	201636	48700
二、综合经济						
第一产业增加值	万元	36903	36105	71143	179769	129624
第二产业增加值	万元	9000	15745	101120	381719	210103
地方财政一般预算收入	万元	6337	5362	17206	36381	48490
地方财政一般预算支出	万元	72550	61693	75580	188924	53184
城乡居民储蓄存款余额	万元	52885	61083	176285	669351	214015
年末金融机构各项贷款余额	万元	63722	67303	103900	639876	282537
三、农业、工业及投资						
粮食总产量	吨	84075	67482	190426	448175	356544
棉花产量	吨	3	1			
油料产量	吨	3587	2798	4192	7343	8139
肉类总产量	吨	14701	8929	23620	52881	33469
规模以上工业企业个数	个	9	8	33	28	34
规模以上工业总产值(现价)	万元	8225	16584	173577	596396	250865
城镇固定资产投资完成额	万元	28335	39521	34280	324924	
四、教育、卫生和社会保障						
普通中学在校学生数	人	17630	14479	27736	98632	63143
小学在校学生数	人	44727	27245	46476	197595	126477
医院、卫生院床位数	床	429	270	616	2622	1160
各种社会福利收养性单位数	个		12	1	22	13
各种社会福利收养性单位床位数	床		139	15	425	636

2009年县(市)社会经济主要指标

贵州省

指　　标	单位	黔西县	金沙县	织金县	纳雍县	威宁彝族回族苗族自治县
一、基本情况						
行政区域土地面积	平方公里	2554	2528	2868	2448	6296
乡(镇)个数	个	28	26	32	25	35
村民委员会个数	个	360	230	556	479	610
年末总户数	户	226384	198100	278479	229237	306200
其中:乡村户数	户	177754	148768	249066	196492	257572
年末总人口	万人	85	64	105	89	132
乡村人口	万人	68	49	95	75	114
年末单位从业人员数	人	24736	21875	19131	20243	25042
乡村从业人员数	人	439676	325747	517809	441808	667267
其中:农林牧渔业	人	217640	172669	291941	274041	475649
农业机械总动力	万千瓦特	27	7	3	12	28
本地电话年末用户	户	33084	41249	21351	45086	23350
二、综合经济						
第一产业增加值	万元	135325	109299	125487	152976	279915
第二产业增加值	万元	231579	398974	171388	301326	121241
地方财政一般预算收入	万元	38373	89726	52190	35131	35359
地方财政一般预算支出	万元	138307	157513	162099	72651	194282
城乡居民储蓄存款余额	万元	250567	247246	240891	156362	175003
年末金融机构各项贷款余额	万元	304860	231454	198355	220891	117881
三、农业、工业及投资						
粮食总产量	吨	357861	266584	382661	298783	370893
棉花产量	吨					
油料产量	吨	41804	32057	10198	1002	468
肉类总产量	吨	31352	26094	32948	28687	72060
规模以上工业企业个数	个	43	75	57	36	42
规模以上工业总产值(现价)	万元	343794	593980	129088	475381	165255
城镇固定资产投资完成额	万元	255008	149375	271507	187958	47709
四、教育、卫生和社会保障						
普通中学在校学生数	人	54433	34279	60735	51686	72424
小学在校学生数	人	93584	66065	134614	128572	263958
医院、卫生院床位数	床	1558	1125	875	941	757
各种社会福利收养性单位数	个	18		13	16	11
各种社会福利收养性单位床位数	床	152		245	543	140

2009年县(市)社会经济主要指标

贵州省

指　　标	单位	赫章县	凯里市	黄平县	施秉县	三穗县
一、基本情况						
行政区域土地面积	平方公里	3250	1306	1668	1544	1036
乡(镇)个数	个	27	10	14	8	9
村民委员会个数	个	456	204	243	60	159
年末总户数	户	180878	131368	88424	44343	67718
其中:乡村户数	户	163888	67358	78512	24675	50697
年末总人口	万人	74	49	36	14	22
乡村人口	万人	67	30	34	10	20
年末单位从业人员数	人	17952	51931	8385	9020	6086
乡村从业人员数	人	365099	171864	203226	86445	119432
其中:农林牧渔业	人	216293	90961	188956	63699	55487
农业机械总动力	万千瓦特	21	19	13	12	7
本地电话年末用户	户	39721	89724	78068	18633	29187
二、综合经济						
第一产业增加值	万元	117543	57310	52469	25727	26570
第二产业增加值	万元	64236	236088	17924	36794	30662
地方财政一般预算收入	万元	14153	48924	6952	10247	5091
地方财政一般预算支出	万元	130047	102233	67763	43226	48580
城乡居民储蓄存款余额	万元	170240	678706	89717	71619	92807
年末金融机构各项贷款余额	万元	100154	917933	84889	109123	63255
三、农业、工业及投资						
粮食总产量	吨	238634	116987	118026	69288	65597
棉花产量	吨				8	
油料产量	吨	406	4455	5856	4260	2356
肉类总产量	吨	29315	20163	10181	5897	10318
规模以上工业企业个数	个	23	80	9	4	13
规模以上工业总产值(现价)	万元	63741	414512	19735	85737	47986
城镇固定资产投资完成额	万元	44725	486247	12694	12932	24397
四、教育、卫生和社会保障						
普通中学在校学生数	人	61419	35123	20856	9679	10230
小学在校学生数	人	127435	51969	35952	16900	17556
医院、卫生院床位数	床	783	2509	448	386	459
各种社会福利收养性单位数	个	13	9	6	3	5
各种社会福利收养性单位床位数	床	528	210	31	6	48

2009年县(市)社会经济主要指标

贵州省

指　　标	单位	镇远县	岑巩县	天柱县	锦屏县	剑河县
一、基本情况						
行政区域土地面积	平方公里	1878	1487	2001	1597	2176
乡(镇)个数	个	12	11	16	15	12
村民委员会个数	个	110	129	315	205	301
年末总户数	户	73616	59185	107400	58289	58684
其中:乡村户数	户	49372	50627	85130	47392	52817
年末总人口	万人	26	23	40	22	22
乡村人口	万人	18	21	36	21	19
年末单位从业人员数	人	10621	6896	9364	7340	7400
乡村从业人员数	人	123560	121095	223967	120213	139412
其中:农林牧渔业	人	68884	74320	121556	60064	87751
农业机械总动力	万千瓦特	10	18	10	12	8
本地电话年末用户	户	29525	36000	38895	33815	18286
二、综合经济						
第一产业增加值	万元	55235	32655	58768	23258	36364
第二产业增加值	万元	68075	40037	78276	49876	20500
地方财政一般预算收入	万元	12567	4522	10118	5878	5724
地方财政一般预算支出	万元	40026	48801	48749	54528	55800
城乡居民储蓄存款余额	万元	116452	80392	189000	112985	103933
年末金融机构各项贷款余额	万元	99251	88490	99748	69919	69227
三、农业、工业及投资						
粮食总产量	吨	99865	76598	143967	69841	75859
棉花产量	吨	3	3		35	88
油料产量	吨	7888	5904	4455	3803	3924
肉类总产量	吨	8822	8226	18035	7492	11524
规模以上工业企业个数	个	26	15	14	7	12
规模以上工业总产值(现价)	万元	178371	114088	74733	88830	10682
城镇固定资产投资完成额	万元	44866	7966	89795	8204	69712
四、教育、卫生和社会保障						
普通中学在校学生数	人	12779	14257	24016	15653	13859
小学在校学生数	人	24322	23654	27089	18040	25594
医院、卫生院床位数	床	482	427	609	426	482
各种社会福利收养性单位数	个	8	7	2	5	6
各种社会福利收养性单位床位数	床	76	16	10	40	130

2009年县(市)社会经济主要指标

贵州省

指　　标	单位	台江县	黎平县	榕江县	从江县	雷山县
一、基本情况						
行政区域土地面积	平方公里	1108	4441	3316	3244	1204
乡(镇)个数	个	8	25	19	21	9
村民委员会个数	个	156	403	260	294	154
年末总户数	户	37338	130574	79512	80618	39670
其中:乡村户数	户	31664	109397	73536	70848	32892
年末总人口	万人	15	51	34	33	15
乡村人口	万人	13	48	32	32	14
年末单位从业人员数	人	5829	11868	9375	8276	6029
乡村从业人员数	人	86335	292993	185458	191091	94481
其中:农林牧渔业	人	45774	175159	129353	129987	54724
农业机械总动力	万千瓦特	6	21	9	11	12
本地电话年末用户	户	15203	26114	37000	18971	91698
二、综合经济						
第一产业增加值	万元	23777	61507	64903	53300	19363
第二产业增加值	万元	19535	61562	34072	47038	15687
地方财政一般预算收入	万元	5139	9021	6187	5997	4333
地方财政一般预算支出	万元	44686	92683	62914	40567	47940
城乡居民储蓄存款余额	万元	64388	182158	128831	78509	60920
年末金融机构各项贷款余额	万元	204933	132584	137447	70149	71609
三、农业、工业及投资						
粮食总产量	吨	52217	168075	102227	127282	55509
棉花产量	吨	3	465	38	125	
油料产量	吨	2157	7603	5789	6969	441
肉类总产量	吨	4086	14145	9828	11578	5005
规模以上工业企业个数	个	6	17	22	16	5
规模以上工业总产值(现价)	万元	44272	87801	38499	36309	35057
城镇固定资产投资完成额	万元	54832	255827	51634	48328	25690
四、教育、卫生和社会保障						
普通中学在校学生数	人	7370	34325	22347	20014	9082
小学在校学生数	人	16392	47110	36046	36497	13650
医院、卫生院床位数	床	371	828	630	528	397
各种社会福利收养性单位数	个	4	7	7	7	3
各种社会福利收养性单位床位数	床	20	117	154	73	39

2009 年县(市)社会经济主要指标

贵州省

指标	单位	麻江县	丹寨县	都匀市	福泉市	荔波县
一、基本情况						
行政区域土地面积	平方公里	1222	938	2274	1688	2432
乡(镇)个数	个	9	7	18	15	17
村民委员会个数	个	84	161	109	60	94
年末总户数	户	55485	41285	141967	110423	47668
其中:乡村户数	户	49093	36698	78217	67588	40993
年末总人口	万人	20	16	48	32	17
乡村人口	万人	20	16	31	25	16
年末单位从业人员数	人	6786	5323	42450	8270	7400
乡村从业人员数	人	119092	91457	193819	145933	98699
其中:农林牧渔业	人	76605	48212	108580	91562	64055
农业机械总动力	万千瓦特	11	3	26	15	18
本地电话年末用户	户	31764	19122	150000	24879	18100
二、综合经济						
第一产业增加值	万元	33785	24627	62500	59441	28899
第二产业增加值	万元	38941	25327	281502	222398	44382
地方财政一般预算收入	万元	5321	3890	39375	31951	10733
地方财政一般预算支出	万元	48451	42205	108940	78650	53357
城乡居民储蓄存款余额	万元	75030	61320	600535	201455	95705
年末金融机构各项贷款余额	万元	71495	39858	617332	277429	74881
三、农业、工业及投资						
粮食总产量	吨	80410	54850	122365	134088	62025
棉花产量	吨					100
油料产量	吨	4959	1018	7246	9508	4391
肉类总产量	吨	9738	6773	20433	12173	8426
规模以上工业企业个数	个	20	8	38	38	25
规模以上工业总产值(现价)	万元	107041	31797	372666	673524	88037
城镇固定资产投资完成额	万元	38897	27441	152823	207086	70236
四、教育、卫生和社会保障						
普通中学在校学生数	人	13489	8677	31287	21508	12136
小学在校学生数	人	18637	15210	35898	25836	16400
医院、卫生院床位数	床	384	347	2561	534	699
各种社会福利收养性单位数	个	1	4	6	6	6
各种社会福利收养性单位床位数	床	20	18	135	106	45

2009 年县（市）社会经济主要指标

贵州省

指　　标	单位	贵定县	瓮安县	独山县	平塘县	罗甸县
一、基本情况						
行政区域土地面积	平方公里	1631	1974	2445	2825	3013
乡(镇)个数	个	20	23	18	19	26
村民委员会个数	个	95	247	133	121	267
年末总户数	户	82158	135790	98668	83790	86131
其中:乡村户数	户	60912	110711	75136	73559	67065
年末总人口	万人	29	45	35	32	34
乡村人口	万人	25	43	31	30	30
年末单位从业人员数	人	9089	11504	10565	7498	10356
乡村从业人员数	人	144871	264539	191045	191082	171324
其中:农林牧渔业	人	93044	141277	115357	133491	103374
农业机械总动力	万千瓦特	12	31	19	13	10
本地电话年末用户	户	137876	17000	29036	16702	12000
二、综合经济						
第一产业增加值	万元	37000	73211	61000	44500	58020
第二产业增加值	万元	170159	115843	68254	35408	65622
地方财政一般预算收入	万元	10570	24301	10998	7579	9088
地方财政一般预算支出	万元	66812	91946	76209	73619	72436
城乡居民储蓄存款余额	万元	142509	244485	165119	79932	82534
年末金融机构各项贷款余额	万元	66364	100205	143101	59139	128199
三、农业、工业及投资						
粮食总产量	吨	97378	208181	135232	128759	126225
棉花产量	吨					9
油料产量	吨	5779	16987	6895	8718	2959
肉类总产量	吨	8410	35055	15469	11506	18057
规模以上工业企业个数	个	38	37	27	23	14
规模以上工业总产值(现价)	万元	125032	225728	205384	30610	110371
城镇固定资产投资完成额	万元	41356	88387	57489	62279	82859
四、教育、卫生和社会保障						
普通中学在校学生数	人	16896	31945	24743	20667	21081
小学在校学生数	人	29208	37466	27719	29644	33703
医院、卫生院床位数	床	495	1021	434	373	538
各种社会福利收养性单位数	个	10	11	3	3	2
各种社会福利收养性单位床位数	床	325	180	120	130	116

2009 年县(市)社会经济主要指标

贵州省、云南省

指　　标	单位	长顺县	龙里县	惠水县	三都水族自治县	呈贡县
一、基本情况						
行政区域土地面积	平方公里	1543	1521	2470	2400	461
乡(镇)个数	个	17	14	25	21	
村民委员会个数	个	75	159	201	270	
年末总户数	户	70492	62882	113847	91837	61370
其中:乡村户数	户	54669	43726	88270	76814	49262
年末总人口	万人	26	22	44	34	18
乡村人口	万人	24	19	41	33	14
年末单位从业人员数	人	6099	8795	14293	8764	16843
乡村从业人员数	人	132733	111222	259112	187852	93462
其中:农林牧渔业	人	86060	83854	152298	116885	75088
农业机械总动力	万千瓦特	8	10	17	12	11
本地电话年末用户	户	1918	13155	27626	35330	19316
二、综合经济						
第一产业增加值	万元	39000	26432	75000	45368	74554
第二产业增加值	万元	34705	171795	85656	24731	303108
地方财政一般预算收入	万元	7095	15110	10767	5620	53078
地方财政一般预算支出	万元	39110	54978	79845	65237	74778
城乡居民储蓄存款余额	万元	13308	97062	115401	98090	882200
年末金融机构各项贷款余额	万元	86813	68258	129634	79833	912700
三、农业、工业及投资						
粮食总产量	吨	115594	94214	166662	111865	10448
棉花产量	吨			7	22	
油料产量	吨	5660	4048	3964	8480	7
肉类总产量	吨	10771	7553	17202	12993	4652
规模以上工业企业个数	个	16	22	42	21	62
规模以上工业总产值(现价)	万元	93785	339469	266564	32459	829838
城镇固定资产投资完成额	万元	32905	67530	87022	26361	920542
四、教育、卫生和社会保障						
普通中学在校学生数	人	13315	12206	30135	20079	8792
小学在校学生数	人	29091	20010	49799	41947	16885
医院、卫生院床位数	床	292	368	511	276	468
各种社会福利收养性单位数	个	1		2	5	8
各种社会福利收养性单位床位数	床	20		50	125	246

2009年县(市)社会经济主要指标

云南省

指　　标	单位	晋宁县	富民县	宜良县	石林彝族自治县	嵩明县
一、基本情况						
行政区域土地面积	平方公里	1336	993	1914	1680	1357
乡(镇)个数	个	8	6	8	7	6
村民委员会个数	个	129	73	133	88	97
年末总户数	户	108126	47173	133021	80144	84212
其中:乡村户数	户	76316	35221	103346	57270	64739
年末总人口	万人	28	15	42	24	29
乡村人口	万人	23	13	37	21	26
年末单位从业人员数	人	23180	12411	27038	13615	19835
乡村从业人员数	人	145177	80213	232145	126202	142180
其中:农林牧渔业	人	107433	54872	168299	101272	86049
农业机械总动力	万千瓦特	15	10	30	22	40
本地电话年末用户	户	31790	1262	28000	18092	27398
二、综合经济						
第一产业增加值	万元	108454	53025	244515	93040	99705
第二产业增加值	万元	251493	111533	250838	83304	177269
地方财政一般预算收入	万元	46977	12106	38309	25953	32876
地方财政一般预算支出	万元	89521	43190	84201	71161	91066
城乡居民储蓄存款余额	万元	371300	160200	514100	222100	289900
年末金融机构各项贷款余额	万元	250400	159900	344500	377500	252400
三、农业、工业及投资						
粮食总产量	吨	68782	59414	183841	122793	101862
棉花产量	吨					
油料产量	吨	1945	909	999	1124	50
肉类总产量	吨	25008	15544	83569	32793	31448
规模以上工业企业个数	个	46	49	45	30	59
规模以上工业总产值(现价)	万元	530890	208953	385881	108050	327012
城镇固定资产投资完成额	万元	231424	85109	216018	210657	239524
四、教育、卫生和社会保障						
普通中学在校学生数	人	15230	7381	23424	14289	20396
小学在校学生数	人	22822	11740	32752	22911	31069
医院、卫生院床位数	床	823	342	1259	711	1220
各种社会福利收养性单位数	个	7	7	7	7	6
各种社会福利收养性单位床位数	床	302	205	216	239	393

2009 年县(市)社会经济主要指标

云南省

指　　标	单位	禄劝彝族苗族自治县	寻甸回族彝族自治县	安宁市	马龙县	陆良县
一、基本情况						
行政区域土地面积	平方公里	4235	4010	1302	1614	2019
乡(镇)个数	个	16	14	7	8	10
村民委员会个数	个	192	167	65	64	139
年末总户数	户	126832	139580	106866	53849	211343
其中:乡村户数	户	109022	122127	40068	45634	151009
年末总人口	万人	47	53	27	20	64
乡村人口	万人	44	49	12	18	55
年末单位从业人员数	人	12043	19248	66985	10470	33310
乡村从业人员数	人	252730	294094	81610	108177	315710
其中:农林牧渔业	人	225425	239536	46485	89054	223347
农业机械总动力	万千瓦特	19	28	21	11	37
本地电话年末用户	户	26800	28001	64389	10471	46000
二、综合经济						
第一产业增加值	万元	99242	107975	71377	48116	282891
第二产业增加值	万元	68836	83144	715278	81508	289786
地方财政一般预算收入	万元	23098	27096	128009	20176	33802
地方财政一般预算支出	万元	94887	108586	153108	57604	117119
城乡居民储蓄存款余额	万元	171700	216400	724600	124100	337400
年末金融机构各项贷款余额	万元	227500	253300	976900	129500	318200
三、农业、工业及投资						
粮食总产量	吨	182788	198128	53289	80214	286650
棉花产量	吨					
油料产量	吨	1902	4762	1077	1204	5185
肉类总产量	吨	47696	77955	41615	35047	149649
规模以上工业企业个数	个	23	20	90	21	48
规模以上工业总产值(现价)	万元	57017	330990	3612639	286315	502319
城镇固定资产投资完成额	万元	255754	225987	398053	79667	232931
四、教育、卫生和社会保障						
普通中学在校学生数	人	21873	35558	15329	13173	50172
小学在校学生数	人	39908	48832	28658	22078	65832
医院、卫生院床位数	床	1324	853	2327	489	1147
各种社会福利收养性单位数	个	12		4	6	10
各种社会福利收养性单位床位数	床	377	400	460	560	565

2009年县(市)社会经济主要指标

云南省

指　　标	单位	师宗县	罗平县	富源县	会泽县	沾益县
一、基本情况						
行政区域土地面积	平方公里	2783	3018	3271	5884	2801
乡(镇)个数	个	8	12	11	21	8
村民委员会个数	个	109	153	159	376	112
年末总户数	户	105675	167652	189894	281650	115190
其中:乡村户数	户	89028	137191	174948	230499	90017
年末总人口	万人	41	60	77	98	42
乡村人口	万人	36	53	68	88	36
年末单位从业人员数	人	23727	19295	47076	33634	25175
乡村从业人员数	人	200738	295266	373931	553675	209083
其中:农林牧渔业	人	159623	236386	261981	377999	154894
农业机械总动力	万千瓦特	23	15	21	18	23
本地电话年末用户	户	16616	27900	28000	47996	17581
二、综合经济						
第一产业增加值	万元	151702	174421	183000	164805	179463
第二产业增加值	万元	146616	258772	521260	488834	379808
地方财政一般预算收入	万元	25113	30068	71802	55116	47162
地方财政一般预算支出	万元	90323	101067	149670	174474	94491
城乡居民储蓄存款余额	万元	205200	239400	453500	326500	227300
年末金融机构各项贷款余额	万元	215600	260300	690800	233700	560200
三、农业、工业及投资						
粮食总产量	吨	163304	244597	291094	361091	238014
棉花产量	吨					
油料产量	吨	4832	56261	13181	1499	339
肉类总产量	吨	75973	116927	129875	199262	105227
规模以上工业企业个数	个	43	38	103	18	27
规模以上工业总产值(现价)	万元	268655	396187	979064	184414	1000462
城镇固定资产投资完成额	万元	166813	191200	493404	319208	522897
四、教育、卫生和社会保障						
普通中学在校学生数	人	28366	41528	61331	53421	28573
小学在校学生数	人	45930	67922	99622	93104	41331
医院、卫生院床位数	床	912	1613	1380	1887	614
各种社会福利收养性单位数	个	6	1	12	22	9
各种社会福利收养性单位床位数	床	352	36	296	803	215

2009 年县(市)社会经济主要指标

云南省

指　　标	单位	宣威市	江川县	澄江县	通海县	华宁县
一、基本情况						
行政区域土地面积	平方公里	6053	850	756	721	1313
乡(镇)个数	个	22	7	6	9	5
村民委员会个数	个	356	72	40	69	77
年末总户数	户	433949	91343	55442	90058	65255
其中:乡村户数	户	359680	74522	42093	72019	51574
年末总人口	万人	146	27	16	28	21
乡村人口	万人	127	25	14	24	18
年末单位从业人员数	人	296223	11408	10024	19773	10891
乡村从业人员数	人	739796	159157	94022	151819	113844
其中:农林牧渔业	人	496209	117331	78032	110195	92280
农业机械总动力	万千瓦特	70	19	13	49	24
本地电话年末用户	户	110287	23916	17611	32426	18973
二、综合经济						
第一产业增加值	万元	278832	98273	57370	86377	84958
第二产业增加值	万元	566604	77984	118654	172563	87066
地方财政一般预算收入	万元	79377	20899	24195	24136	17889
地方财政一般预算支出	万元	245812	62379	59163	60106	53810
城乡居民储蓄存款余额	万元	719700	264300	186000	398600	152700
年末金融机构各项贷款余额	万元	580200	190200	175800	349400	149900
三、农业、工业及投资						
粮食总产量	吨	600182	39826	37090	35510	63547
棉花产量	吨					
油料产量	吨	463	9130	1747	3076	4153
肉类总产量	吨	325335	22425	12359	28650	31625
规模以上工业企业个数	个	65	26	24	58	26
规模以上工业总产值(现价)	万元	772535	125675	232222	396948	74235
城镇固定资产投资完成额	万元	696634	71394	102040	82630	128800
四、教育、卫生和社会保障						
普通中学在校学生数	人	113068	18748	9621	18252	11328
小学在校学生数	人	147735	26553	15743	27081	18902
医院、卫生院床位数	床	3245	631	441	1059	621
各种社会福利收养性单位数	个	7	12	6	10	5
各种社会福利收养性单位床位数	床	75	480	148	290	160

2009年县(市)社会经济主要指标

云南省

指　　标	单位	易门县	峨山彝族自治县	新平彝族傣族自治县	元江哈尼族彝族傣族自治县	施甸县
一、基本情况						
行政区域土地面积	平方公里	1571	1972	4223	2858	2009
乡(镇)个数	个	7	8	12	10	13
村民委员会个数	个	56	76	120	79	135
年末总户数	户	56784	50105	82485	59818	83722
其中:乡村户数	户	38733	34107	61454	45735	77475
年末总人口	万人	17	15	27	20	34
乡村人口	万人	14	12	24	18	32
年末单位从业人员数	人	13808	16104	18205	13298	11111
乡村从业人员数	人	87908	80473	152532	105241	189219
其中:农林牧渔业	人	60956	59946	118958	88829	154210
农业机械总动力	万千瓦特	14	32	20	11	17
本地电话年末用户	户	24570	21847	24434	20508	11979
二、综合经济						
第一产业增加值	万元	58663	49231	76147	86291	69234
第二产业增加值	万元	132110	130075	205431	67160	37931
地方财政一般预算收入	万元	21311	21833	42523	14297	8294
地方财政一般预算支出	万元	56057	57070	109168	68897	80782
城乡居民储蓄存款余额	万元	171900	169100	192200	126600	120000
年末金融机构各项贷款余额	万元	177900	165400	275100	127600	87900
三、农业、工业及投资						
粮食总产量	吨	55287	53103	95734	59575	132735
棉花产量	吨					
油料产量	吨	5579	10053	3302	4136	4722
肉类总产量	吨	32881	20430	32706	16519	34142
规模以上工业企业个数	个	35	23	16	17	9
规模以上工业总产值(现价)	万元	303914	319902	695470	98125	43003
城镇固定资产投资完成额	万元	117300	122801	216540	58042	87822
四、教育、卫生和社会保障						
普通中学在校学生数	人	9020	10197	12029	12352	19203
小学在校学生数	人	15084	13697	23175	18886	28679
医院、卫生院床位数	床	928	588	651	436	443
各种社会福利收养性单位数	个	7	10	12	11	1
各种社会福利收养性单位床位数	床	206	160	351	278	27

2009年县(市)社会经济主要指标

云南省

指　　标	单位	腾冲县	龙陵县	昌宁县	昭阳区	鲁甸县
一、基本情况						
行政区域土地面积	平方公里	5845	2887	3888	2240	1519
乡(镇)个数	个	18	10	13	20	12
村民委员会个数	个	213	116	121	129	80
年末总户数	户	163614	72360	93095	245110	110664
其中:乡村户数	户	146225	60760	78758	173371	91193
年末总人口	万人	65	28	35	82	42
乡村人口	万人	60	26	31	67	39
年末单位从业人员数	人	30503	11942	13727	55783	17241
乡村从业人员数	人	340265	152093	195930	371682	197467
其中:农林牧渔业	人	256655	131360	165190	269977	162551
农业机械总动力	万千瓦特	31	14	25	18	9
本地电话年末用户	户	46207	18564	28133	52010	12888
二、综合经济						
第一产业增加值	万元	156124	73400	116240	132682	60420
第二产业增加值	万元	165096	93200	72874	402171	80026
地方财政一般预算收入	万元	50081	14031	14516	40711	10886
地方财政一般预算支出	万元	163910	77328	80816	148513	87938
城乡居民储蓄存款余额	万元	527700	157600	133300	572100	74600
年末金融机构各项贷款余额	万元	561000	185300	147500	892400	101400
三、农业、工业及投资						
粮食总产量	吨	312386	105988	156201	260790	137370
棉花产量	吨					
油料产量	吨	36848	1264	4190	256	1443
肉类总产量	吨	69507	22156	60346	58212	22939
规模以上工业企业个数	个	34	16	20	54	13
规模以上工业总产值(现价)	万元	224854	149412	72844	700407	141286
城镇固定资产投资完成额	万元	397626	179000	135328	279496	123053
四、教育、卫生和社会保障						
普通中学在校学生数	人	42571	16393	22301	54681	27772
小学在校学生数	人	62591	24362	30978	100365	59822
医院、卫生院床位数	床	1485	434	655	2231	629
各种社会福利收养性单位数	个	8	2	2	6	4
各种社会福利收养性单位床位数	床	362	20	28	290	96

2009年县(市)社会经济主要指标

云南省

指　　标	单位	巧家县	盐津县	大关县	永善县	绥江县
一、基本情况						
行政区域土地面积	平方公里	3245	2092	1802	2278	777
乡(镇)个数	个	16	10	9	15	5
村民委员会个数	个	179	78	76	134	32
年末总户数	户	165364	107325	79714	131376	45336
其中:乡村户数	户	133344	81293	59146	102682	33522
年末总人口	万人	56	38	28	44	17
乡村人口	万人	52	36	25	39	14
年末单位从业人员数	人	11934	10438	7537	11142	6890
乡村从业人员数	人	290808	176736	125906	209926	65828
其中:农林牧渔业	人	240179	107064	102122	162084	47857
农业机械总动力	万千瓦特	11	6	4	7	1
本地电话年末用户	户	15780	20500	13270	20360	12005
二、综合经济						
第一产业增加值	万元	102146	53914	42343	78010	22600
第二产业增加值	万元	67444	70463	26210	85437	35356
地方财政一般预算收入	万元	8560	8668	4656	10442	6426
地方财政一般预算支出	万元	93411	70299	58262	89106	41654
城乡居民储蓄存款余额	万元	109200	116600	80400	166900	105600
年末金融机构各项贷款余额	万元	91500	73800	69700	103700	70300
三、农业、工业及投资						
粮食总产量	吨	176062	118192	84490	146085	39411
棉花产量	吨					
油料产量	吨	1095	8591	682	7057	1738
肉类总产量	吨	50497	28927	21870	28714	12784
规模以上工业企业个数	个	14	14	11	8	9
规模以上工业总产值(现价)	万元	55203	96007	21982	24165	24364
城镇固定资产投资完成额	万元	85476	108050	60934	235250	83557
四、教育、卫生和社会保障						
普通中学在校学生数	人	24980	25151	14236	23191	9522
小学在校学生数	人	58873	47836	37393	55467	15622
医院、卫生院床位数	床	471	564	292	793	303
各种社会福利收养性单位数	个	1	5	2	4	7
各种社会福利收养性单位床位数	床	60	580	235	27	117

2009年县(市)社会经济主要指标

云南省

指标	单位	镇雄县	彝良县	威信县	水富县	玉龙纳西族自治县
一、基本情况						
行政区域土地面积	平方公里	3696	2800	1416	440	6393
乡(镇)个数	个	28	15	10	3	16
村民委员会个数	个	234	133	83	21	102
年末总户数	户	373444	149064	112549	35386	60546
其中:乡村户数	户	317677	134565	80418	17620	51180
年末总人口	万人	146	57	41	10	22
乡村人口	万人	137	55	38	7	20
年末单位从业人员数	人	22849	12835	8799	10858	12407
乡村从业人员数	人	638332	298207	182957	36935	118400
其中:农林牧渔业	人	474493	248659	124081	23364	97092
农业机械总动力	万千瓦特	15	8	7	1	13
本地电话年末用户	户	35690	16340	17720	28180	21656
二、综合经济						
第一产业增加值	万元	142000	78210	44142	13105	54068
第二产业增加值	万元	124360	92206	64734	161610	53054
地方财政一般预算收入	万元	20090	11575	10089	12776	14129
地方财政一般预算支出	万元	199966	104363	74266	38194	75006
城乡居民储蓄存款余额	万元	244400	146500	126800	127900	85300
年末金融机构各项贷款余额	万元	253000	81500	82100	314000	67800
三、农业、工业及投资						
粮食总产量	吨	356594	157731	145397	21205	102498
棉花产量	吨					
油料产量	吨	5132	3410	5890	784	4898
肉类总产量	吨	74517	30685	20159	6584	27006
规模以上工业企业个数	个	67	35	32	10	6
规模以上工业总产值(现价)	万元	183334	108700	49500	226333	32902
城镇固定资产投资完成额	万元	166598	145469	205212	362875	112640
四、教育、卫生和社会保障						
普通中学在校学生数	人	108425	32860	31505	8105	13156
小学在校学生数	人	218309	76146	66150	9957	16177
医院、卫生院床位数	床	1475	708	775	416	585
各种社会福利收养性单位数	个	10	4	7	2	1
各种社会福利收养性单位床位数	床	171	223	86	224	80

2009年县(市)社会经济主要指标

云南省

指　　标	单位	永胜县	华坪县	宁蒗彝族自治县	思茅区	宁洱哈尼族彝族自治县
一、基本情况						
行政区域土地面积	平方公里	5099	2266	6206	4093	3670
乡(镇)个数	个	15	8	15	7	9
村民委员会个数	个	147	60	91	60	85
年末总户数	户	122094	53521	75272	68438	56912
其中:乡村户数	户	96336	33801	58006	32651	38393
年末总人口	万人	40	17	27	22	19
乡村人口	万人	36	13	23	13	15
年末单位从业人员数	人	11998	16063	10515	47550	10323
乡村从业人员数	人	222655	69090	130896	78311	90856
其中:农林牧渔业	人	176280	51824	109788	63881	72403
农业机械总动力	万千瓦特	24	6	3	13	18
本地电话年末用户	户	28115	15488	15787	97958	35837
二、综合经济						
第一产业增加值	万元	76900	33000	37100	56120	59964
第二产业增加值	万元	84632	127043	31820	180302	44903
地方财政一般预算收入	万元	13741	26516	7316	33100	11926
地方财政一般预算支出	万元	102332	75916	87281	77274	60750
城乡居民储蓄存款余额	万元	212800	242400	75100	491200	132800
年末金融机构各项贷款余额	万元	154700	164800	34200	965900	131100
三、农业、工业及投资						
粮食总产量	吨	151089	64716	72862	50882	69972
棉花产量	吨	243	6			
油料产量	吨	2583	1076	117	953	1551
肉类总产量	吨	26906	12536	13888	12830	12605
规模以上工业企业个数	个	17	24	12	23	15
规模以上工业总产值(现价)	万元	107736	233462	28792	282810	62938
城镇固定资产投资完成额	万元	60007	125148	66480	179698	78907
四、教育、卫生和社会保障						
普通中学在校学生数	人	22208	8356	16956	18537	9559
小学在校学生数	人	35371	12799	31479	24269	12672
医院、卫生院床位数	床	727	624	476	1936	397
各种社会福利收养性单位数	个	3	9	8	8	9
各种社会福利收养性单位床位数	床	27	406	300	155	272

2009年县(市)社会经济主要指标

云南省

指　　标	单位	墨江哈尼族自治县	景东彝族自治县	景谷傣族彝族自治县	镇沅彝族哈尼族拉祜族自治县	江城哈尼族彝族自治县
一、基本情况						
行政区域土地面积	平方公里	5459	4532	7777	4223	3476
乡(镇)个数	个	15	13	10	9	7
村民委员会个数	个	163	166	132	109	48
年末总户数	户	96041	103359	87861	62502	31111
其中:乡村户数	户	66411	85052	66233	52887	24249
年末总人口	万人	37	36	32	21	11
乡村人口	万人	30	33	27	19	10
年末单位从业人员数	人	10834	14442	14688	8260	6138
乡村从业人员数	人	172973	193233	171286	112222	63521
其中:农林牧渔业	人	155440	161770	145313	92215	53936
农业机械总动力	万千瓦特	16	23	19	19	11
本地电话年末用户	户	47602	34543	43029	22458	20144
二、综合经济						
第一产业增加值	万元	57109	116177	131530	59550	34921
第二产业增加值	万元	78767	51044	121950	31552	46624
地方财政一般预算收入	万元	12166	18000	18406	7203	5108
地方财政一般预算支出	万元	91269	92890	75277	63284	43936
城乡居民储蓄存款余额	万元	136300	129800	134000	105300	51400
年末金融机构各项贷款余额	万元	121500	123000	170500	90100	88700
三、农业、工业及投资						
粮食总产量	吨	117802	132653	127531	82617	35861
棉花产量	吨	6				
油料产量	吨	3036	1535	2567	1831	708
肉类总产量	吨	15345	24102	14624	14325	4959
规模以上工业企业个数	个	9	10	25	11	6
规模以上工业总产值(现价)	万元	67176	43997	168458	30422	13068
城镇固定资产投资完成额	万元	144184	59942	98891	34708	85344
四、教育、卫生和社会保障						
普通中学在校学生数	人	15665	14482	11688	8905	5628
小学在校学生数	人	22271	28267	22810	13018	9504
医院、卫生院床位数	床	507	614	539	289	192
各种社会福利收养性单位数	个	5	4	6	17	1
各种社会福利收养性单位床位数	床	317	275	103	410	30

2009 年县(市)社会经济主要指标

云南省

指　　标	单位	孟连傣族拉祜族佤族自治县	澜沧拉祜族自治县	西盟佤族自治县	临翔区	凤庆县
一、基本情况						
行政区域土地面积	平方公里	1957	8807	1391	2652	3451
乡(镇)个数	个	6	20	7	8	13
村民委员会个数	个	39	155	36	93	183
年末总户数	户	35905	133970	29836	83002	108798
其中:乡村户数	户	29219	101294	20095	58051	100873
年末总人口	万人	13	50	9	30	43
乡村人口	万人	11	40	7	23	42
年末单位从业人员数	人	9211	13540	7925	22381	10781
乡村从业人员数	人	64688	247556	39819	140766	222126
其中:农林牧渔业	人	61607	228668	37755	104949	155931
农业机械总动力	万千瓦特	10	22	4	10	16
本地电话年末用户	户	25124	41235	10770	58076	31819
二、综合经济						
第一产业增加值	万元	35039	80108	12016	68336	116200
第二产业增加值	万元	19167	74977	7223	70627	65530
地方财政一般预算收入	万元	4062	12359	2119	14298	14338
地方财政一般预算支出	万元	43632	130367	45789	80524	102524
城乡居民储蓄存款余额	万元	140400	129400	24100	244700	129400
年末金融机构各项贷款余额	万元	89300	109500	14500	694200	222700
三、农业、工业及投资						
粮食总产量	吨	47721	182831	33304	79940	142051
棉花产量	吨	4	5			
油料产量	吨	844	1851	183	9970	2309
肉类总产量	吨	4607	19996	2410	14140	35231
规模以上工业企业个数	个	5	9	2	13	11
规模以上工业总产值(现价)	万元	19027	94397	6070	71429	48857
城镇固定资产投资完成额	万元	11878	75254	12425	81321	98183
四、教育、卫生和社会保障						
普通中学在校学生数	人	6639	20570	5581	17087	21856
小学在校学生数	人	12143	35194	8230	25910	32985
医院、卫生院床位数	床	173	602	169	1212	679
各种社会福利收养性单位数	个		14	1	5	1
各种社会福利收养性单位床位数	床		255	30	195	13

2009 年县(市)社会经济主要指标

云南省

指　　标	单位	云　县	永德县	镇康县	双江拉祜族佤族布朗族傣族自治县	耿马傣族佤族自治县
一、基本情况						
行政区域土地面积	平方公里	3760	3296	2642	2292	3837
乡(镇)个数	个	12	10	7	6	9
村民委员会个数	个	190	116	71	72	82
年末总户数	户	114449	82847	42105	42121	71787
其中:乡村户数	户	96123	76455	33165	34667	50351
年末总人口	万人	43	34	17	17	27
乡村人口	万人	39	31	15	14	22
年末单位从业人员数	人	14694	14336	6782	6057	13109
乡村从业人员数	人	225854	188097	84669	76126	129476
其中:农林牧渔业	人	183589	167570	76415	63563	114723
农业机械总动力	万千瓦特	15	20	11	10	18
本地电话年末用户	户	31593	22028	22527	18770	26719
二、综合经济						
第一产业增加值	万元	137227	75462	38876	45549	118444
第二产业增加值	万元	183724	52987	50475	32134	66479
地方财政一般预算收入	万元	19505	7312	6489	4078	8507
地方财政一般预算支出	万元	88765	74430	64822	58208	79654
城乡居民储蓄存款余额	万元	139300	82800	93000	54300	127400
年末金融机构各项贷款余额	万元	144400	92700	87000	57600	77700
三、农业、工业及投资						
粮食总产量	吨	159622	129247	63250	57180	86331
棉花产量	吨					6
油料产量	吨	2006	857	91	1263	2406
肉类总产量	吨	47187	26470	10092	11185	12522
规模以上工业企业个数	个	12	9	7	10	9
规模以上工业总产值(现价)	万元	109719	65853	82868	72365	66931
城镇固定资产投资完成额	万元	106291	110468	97158	58610	104750
四、教育、卫生和社会保障						
普通中学在校学生数	人	20273	17023	8895	8599	14160
小学在校学生数	人	36457	32885	18886	15097	30745
医院、卫生院床位数	床	566	452	434	270	597
各种社会福利收养性单位数	个	4	2	2	2	1
各种社会福利收养性单位床位数	床	220	68	230	150	150

2009年县(市)社会经济主要指标

云南省

指标	单位	沧源佤族自治县	楚雄市	双柏县	牟定县	南华县
一、基本情况						
行政区域土地面积	平方公里	2539	4482	4045	1494	2343
乡(镇)个数	个	10	15	8	7	10
村民委员会个数	个	90	141	82	84	123
年末总户数	户	46463	157510	46417	58494	63811
其中:乡村户数	户	33635	87954	35597	45983	53227
年末总人口	万人	17	51	16	21	24
乡村人口	万人	14	36	14	19	22
年末单位从业人员数	人	8237	53932	7847	8633	11333
乡村从业人员数	人	80632	223936	88634	115315	130573
其中:农林牧渔业	人	73781	167426	78652	88743	108903
农业机械总动力	万千瓦特	6	39	17	7	13
本地电话年末用户	户	14868	110466	12188	16305	24405
二、综合经济						
第一产业增加值	万元	37108	142150	49961	62892	68910
第二产业增加值	万元	28189	795697	23250	52701	53100
地方财政一般预算收入	万元	4359	83054	7930	7370	9779
地方财政一般预算支出	万元	69012	146386	54227	56894	64464
城乡居民储蓄存款余额	万元	68100	720363	75909	105560	108183
年末金融机构各项贷款余额	万元	36000	1204326	46201	69312	135281
三、农业、工业及投资						
粮食总产量	吨	53398	187894	57132	85243	102606
棉花产量	吨					
油料产量	吨	874	8183	1544	5446	3497
肉类总产量	吨	8220	46682	24507	20348	26931
规模以上工业企业个数	个	8	54	11	16	11
规模以上工业总产值(现价)	万元	26775	1113523	36502	48182	78076
城镇固定资产投资完成额	万元	47057	342502	66426	80661	40589
四、教育、卫生和社会保障						
普通中学在校学生数	人	8292	34231	6944	9327	12111
小学在校学生数	人	16434	43022	12012	14813	21846
医院、卫生院床位数	床	352	3377	358	612	461
各种社会福利收养性单位数	个	1	16	8	7	10
各种社会福利收养性单位床位数	床	48	378	215	250	176

2009年县(市)社会经济主要指标

云南省

指　　标	单位	姚安县	大姚县	永仁县	元谋县	武定县
一、基本情况						
行政区域土地面积	平方公里	1803	4146	2189	1803	3322
乡(镇)个数	个	9	12	7	10	11
村民委员会个数	个	73	126	60	73	126
年末总户数	户	55598	85139	32552	63133	75301
其中:乡村户数	户	49236	67409	23405	47714	62581
年末总人口	万人	21	28	11	22	27
乡村人口	万人	19	26	9	19	25
年末单位从业人员数	人	8164	15997	5659	10050	10603
乡村从业人员数	人	119355	158145	56763	119849	156106
其中:农林牧渔业	人	87125	126413	49020	104621	131080
农业机械总动力	万千瓦特	8	15	12	15	17
本地电话年末用户	户	18803	29529	10061	21125	22630
二、综合经济						
第一产业增加值	万元	62449	77525	39177	78700	67672
第二产业增加值	万元	50811	80749	24046	35211	65894
地方财政一般预算收入	万元	6197	10840	6758	8476	14229
地方财政一般预算支出	万元	76914	78636	55113	56990	76150
城乡居民储蓄存款余额	万元	109342	141374	56748	119719	133874
年末金融机构各项贷款余额	万元	68428	141573	36276	65106	142095
三、农业、工业及投资						
粮食总产量	吨	84481	109631	43492	73341	94250
棉花产量	吨					
油料产量	吨	5679	2634	1632	2058	3366
肉类总产量	吨	22820	27168	16759	18466	45460
规模以上工业企业个数	个	9	14	10	11	14
规模以上工业总产值(现价)	万元	16441	139085	22555	46098	51693
城镇固定资产投资完成额	万元	58734	73895	66837	89729	58832
四、教育、卫生和社会保障						
普通中学在校学生数	人	11606	15695	5278	10969	14379
小学在校学生数	人	15512	19263	8023	17399	22191
医院、卫生院床位数	床	520	563	259	697	796
各种社会福利收养性单位数	个	10	13	7	10	11
各种社会福利收养性单位床位数	床	173	292	189	102	611

2009年县(市)社会经济主要指标

云南省

指　　标	单位	禄丰县	个旧市	开远市	蒙自县	屏边苗族自治县
一、基本情况						
行政区域土地面积	平方公里	3631	1587	1950	2228	1906
乡(镇)个数	个	14	9	7	11	7
村民委员会个数	个	158	79	52	86	76
年末总户数	户	130624	132759	88723	107918	39984
其中:乡村户数	户	88700	47545	42865	66942	29764
年末总人口	万人	43	39	27	36	15
乡村人口	万人	35	18	17	28	13
年末单位从业人员数	人	26491	62438	31176	37350	6480
乡村从业人员数	人	206254	112962	105411	183207	71938
其中:农林牧渔业	人	161386	80031	83868	157651	65203
农业机械总动力	万千瓦特	25	23	25	29	3
本地电话年末用户	户	46904	120000	95000	45123	13500
二、综合经济						
第一产业增加值	万元	152500	66113	98833	107011	33834
第二产业增加值	万元	283055	658426	352621	309316	30268
地方财政一般预算收入	万元	40175	77271	50125	58129	4691
地方财政一般预算支出	万元	116114	152063	89053	111607	44517
城乡居民储蓄存款余额	万元	328780	874777	486327	464445	61277
年末金融机构各项贷款余额	万元	255063	791770	612252	898855	49289
三、农业、工业及投资						
粮食总产量	吨	183680	61561	94636	132170	62423
棉花产量	吨					
油料产量	吨	11656	1639	2041	2365	885
肉类总产量	吨	57009	33535	28991	55553	19014
规模以上工业企业个数	个	32	42	20	20	10
规模以上工业总产值(现价)	万元	846880	2023818	688755	904320	37833
城镇固定资产投资完成额	万元	435726	372171	368094	323561	58044
四、教育、卫生和社会保障						
普通中学在校学生数	人	21312	20579	15013	22368	7967
小学在校学生数	人	36437	31970	26588	36097	10884
医院、卫生院床位数	床	1221	3061	1962	1729	254
各种社会福利收养性单位数	个	14	13	3	8	5
各种社会福利收养性单位床位数	床	767	1014	133	285	78

2009年县(市)社会经济主要指标

云南省

指标	单位	建水县	石屏县	弥勒县	泸西县	元阳县
一、基本情况						
行政区域土地面积	平方公里	3759	3037	4004	1674	2190
乡(镇)个数	个	14	9	12	8	14
村民委员会个数	个	142	112	129	81	133
年末总户数	户	156982	90555	150871	116546	93906
其中:乡村户数	户	121050	79105	119168	91241	81163
年末总人口	万人	52	30	52	41	41
乡村人口	万人	44	27	45	35	37
年末单位从业人员数	人	24215	16980	27915	20704	7510
乡村从业人员数	人	276276	173095	285350	210167	215672
其中:农林牧渔业	人	220661	132057	227285	174881	190952
农业机械总动力	万千瓦特	36	23	35	33	4
本地电话年末用户	户	70900	39000	58000	12000	12500
二、综合经济						
第一产业增加值	万元	134992	105094	109590	77526	63113
第二产业增加值	万元	201228	59315	951426	94962	43186
地方财政一般预算收入	万元	37841	16977	56022	26141	10511
地方财政一般预算支出	万元	114346	81228	131022	91463	81049
城乡居民储蓄存款余额	万元	495711	251896	428432	282710	102328
年末金融机构各项贷款余额	万元	305954	163943	574873	231650	82852
三、农业、工业及投资						
粮食总产量	吨	174109	100234	187576	147022	137039
棉花产量	吨					3
油料产量	吨	2809	1802	4872	12648	1525
肉类总产量	吨	93853	58407	79686	53130	29201
规模以上工业企业个数	个	15	14	34	13	5
规模以上工业总产值(现价)	万元	228523	65810	1407456	187217	35837
城镇固定资产投资完成额	万元	341583	140017	367911	217252	125052
四、教育、卫生和社会保障						
普通中学在校学生数	人	30999	15623	31582	25424	21397
小学在校学生数	人	44454	27097	45267	44171	40604
医院、卫生院床位数	床	1671	992	1679	1078	479
各种社会福利收养性单位数	个	12	5	10	8	1
各种社会福利收养性单位床位数	床	409	96	123	355	24

2009年县(市)社会经济主要指标

云南省

指　　标	单位	红河县	金平苗族瑶族傣族自治县	绿春县	河口瑶族自治县	文山县
一、基本情况						
行政区域土地面积	平方公里	2057	3677	3097	1332	2977
乡(镇)个数	个	13	13	9	6	15
村民委员会个数	个	88	93	81	27	137
年末总户数	户	71685	89639	50762	29783	137678
其中:乡村户数	户	61325	69858	41677	10504	81255
年末总人口	万人	30	37	22	9	47
乡村人口	万人	28	32	20	5	35
年末单位从业人员数	人	6950	9874	7202	10048	46488
乡村从业人员数	人	151189	176929	116071	26336	206085
其中:农林牧渔业	人	120199	154441	102302	25196	166475
农业机械总动力	万千瓦特	4	11	3	2	17
本地电话年末用户	户	12100	10689	10638	17613	70000
二、综合经济						
第一产业增加值	万元	54600	46912	32440	29553	96684
第二产业增加值	万元	21300	83802	29035	35281	388373
地方财政一般预算收入	万元	3353	13971	7181	8970	53608
地方财政一般预算支出	万元	65689	86663	68548	52381	116801
城乡居民储蓄存款余额	万元	62695	89207	47879	136991	593100
年末金融机构各项贷款余额	万元	57889	93867	60954	102300	1119100
三、农业、工业及投资						
粮食总产量	吨	91002	116092	79380	17965	148629
棉花产量	吨	69	32	6		
油料产量	吨	393	1752	1566	242	7857
肉类总产量	吨	19461	21220	15005	4058	42475
规模以上工业企业个数	个	4	21	2	5	24
规模以上工业总产值(现价)	万元	13993	120359	9644	20376	567871
城镇固定资产投资完成额	万元	71145	107794	96911	80578	340729
四、教育、卫生和社会保障						
普通中学在校学生数	人	17974	18804	13500	4854	33051
小学在校学生数	人	37842	37052	23795	9292	46454
医院、卫生院床位数	床	290	407	525	610	2134
各种社会福利收养性单位数	个	14	3	1		2
各种社会福利收养性单位床位数	床	484	14	200		78

2009年县(市)社会经济主要指标

云南省

指　　标	单位	砚山县	西畴县	麻栗坡县	马关县	丘北县
一、基本情况						
行政区域土地面积	平方公里	3822	1506	2334	2676	4997
乡(镇)个数	个	11	9	11	13	12
村民委员会个数	个	100	72	96	124	99
年末总户数	户	120792	68689	74636	100566	130350
其中:乡村户数	户	95343	56067	60288	78321	97319
年末总人口	万人	49	26	29	37	52
乡村人口	万人	43	23	26	33	44
年末单位从业人员数	人	18504	7545	12791	13478	12898
乡村从业人员数	人	245767	138241	153295	199634	237240
其中:农林牧渔业	人	208410	106754	110470	167837	196074
农业机械总动力	万千瓦特	39	10	10	11	17
本地电话年末用户	户	33411	23405	17769	37859	34986
二、综合经济						
第一产业增加值	万元	93015	45420	57995	73850	98038
第二产业增加值	万元	183578	13725	82927	118408	37546
地方财政一般预算收入	万元	23688	5080	13600	19666	13168
地方财政一般预算支出	万元	95932	65274	87424	91676	96566
城乡居民储蓄存款余额	万元	184900	84700	148300	190700	119200
年末金融机构各项贷款余额	万元	203900	98100	178800	228200	134300
三、农业、工业及投资						
粮食总产量	吨	195157	89940	95781	138108	180212
棉花产量	吨			1		
油料产量	吨	7323	1817	2413	4388	5166
肉类总产量	吨	39319	31145	34284	36307	70333
规模以上工业企业个数	个	27	3	19	18	15
规模以上工业总产值(现价)	万元	332215	9962	123749	229902	57851
城镇固定资产投资完成额	万元	246338	30422	155107	127328	94113
四、教育、卫生和社会保障						
普通中学在校学生数	人	30264	13543	15927	15662	26798
小学在校学生数	人	51615	24285	26167	29328	62470
医院、卫生院床位数	床	842	415	795	701	656
各种社会福利收养性单位数	个				3	4
各种社会福利收养性单位床位数	床				20	61

2009 年县(市)社会经济主要指标

云南省

指　　标	单位	广南县	富宁县	景洪市	勐海县	勐腊县
一、基本情况						
行政区域土地面积	平方公里	7810	5352	6959	5511	7124
乡(镇)个数	个	18	13	10	11	10
村民委员会个数	个	174	145	83	84	52
年末总户数	户	193684	104460	119299	78033	65886
其中:乡村户数	户	160071	83367	53382	56477	31801
年末总人口	万人	82	43	40	32	22
乡村人口	万人	75	38	23	26	14
年末单位从业人员数	人	16834	10491	54413	17155	27562
乡村从业人员数	人	438999	232633	149344	160805	83854
其中:农林牧渔业	人	323530	165653	138477	144058	82009
农业机械总动力	万千瓦特	30	11	33	33	20
本地电话年末用户	户	42988	39349	120699	27800	63414
二、综合经济						
第一产业增加值	万元	153000	84100	175944	77186	143207
第二产业增加值	万元	71646	102044	247607	131074	73555
地方财政一般预算收入	万元	13460	15008	36206	11292	15704
地方财政一般预算支出	万元	126673	107954	122393	77557	72453
城乡居民储蓄存款余额	万元	175500	128700	732919	184520	259179
年末金融机构各项贷款余额	万元	197300	158300	888587	145330	167605
三、农业、工业及投资						
粮食总产量	吨	258901	128562	123617	155141	79062
棉花产量	吨		3	3	11	1
油料产量	吨	15997	3837	749	855	480
肉类总产量	吨	73273	33960	11662	9574	7298
规模以上工业企业个数	个	14	13	24	29	9
规模以上工业总产值(现价)	万元	84328	95518	98546	145951	63168
城镇固定资产投资完成额	万元	282849	209379	405075	70122	83744
四、教育、卫生和社会保障						
普通中学在校学生数	人	47740	21563	23974	14071	12165
小学在校学生数	人	85631	44991	38924	25843	25128
医院、卫生院床位数	床	966	481	2638	759	1151
各种社会福利收养性单位数	个	2	6	1	3	2
各种社会福利收养性单位床位数	床	31	146	22	117	26

2009 年县(市)社会经济主要指标

云南省

指　　标	单位	大理市	漾濞彝族自治县	祥云县	宾川县	弥渡县
一、基本情况						
行政区域土地面积	平方公里	1815	1957	2425	2627	1523
乡(镇)个数	个	11	9	10	10	8
村民委员会个数	个	111	66	136	81	87
年末总户数	户	187549	31179	133340	96157	92610
其中:乡村户数	户	103220	22939	123616	79482	79163
年末总人口	万人	62	10	46	35	32
乡村人口	万人	40	9	44	31	30
年末单位从业人员数	人	110016	4352	26380	13797	11458
乡村从业人员数	人	234730	50930	252342	192701	186754
其中:农林牧渔业	人	122817	42895	183450	155623	135622
农业机械总动力	万千瓦特	33	6	30	33	11
本地电话年末用户	户	142565	11335	93993	34575	32049
二、综合经济						
第一产业增加值	万元	126236	26250	149532	192778	64048
第二产业增加值	万元	797524	45475	235887	86473	54629
地方财政一般预算收入	万元	122855	6826	28503	16058	10855
地方财政一般预算支出	万元	194215	35226	99683	91867	68647
城乡居民储蓄存款余额	万元	1217500	51500	271430	175400	153500
年末金融机构各项贷款余额	万元	1763800	41800	217600	176700	116200
三、农业、工业及投资						
粮食总产量	吨	146743	50040	167528	152613	138563
棉花产量	吨					
油料产量	吨	1792	1469	5317	12519	4283
肉类总产量	吨	67474	13809	35006	40832	41328
规模以上工业企业个数	个	69	10	27	11	8
规模以上工业总产值(现价)	万元	1322600	72508	513719	48833	24597
城镇固定资产投资完成额	万元	568768	71137	106903	165327	26024
四、教育、卫生和社会保障						
普通中学在校学生数	人	38644	4630	26731	18210	15895
小学在校学生数	人	48100	7476	44898	27173	28515
医院、卫生院床位数	床	3815	301	1154	1006	573
各种社会福利收养性单位数	个	5	3	2	2	5
各种社会福利收养性单位床位数	床	126	255	100	25	360

2009年县(市)社会经济主要指标

云南省

指标	单位	南涧彝族自治县	巍山彝族回族自治县	永平县	云龙县	洱源县
一、基本情况						
行政区域土地面积	平方公里	1732	2200	2884	4401	2614
乡(镇)个数	个	8	10	7	11	9
村民委员会个数	个	80	81	73	86	90
年末总户数	户	63070	84740	55689	61238	73058
其中:乡村户数	户	55251	72620	44218	57450	63858
年末总人口	万人	23	31	18	21	29
乡村人口	万人	21	29	16	20	26
年末单位从业人员数	人	6371	16188	6534	6727	10238
乡村从业人员数	人	126312	172897	89192	105358	143994
其中:农林牧渔业	人	101355	135009	71196	85966	112446
农业机械总动力	万千瓦特	7	12	8	7	14
本地电话年末用户	户	32915	22177	26218	26348	29920
二、综合经济						
第一产业增加值	万元	60580	76058	61232	53854	79695
第二产业增加值	万元	20813	45446	34490	59660	61775
地方财政一般预算收入	万元	12119	9692	9596	8923	10068
地方财政一般预算支出	万元	50541	61044	52173	59225	64028
城乡居民储蓄存款余额	万元	79500	126300	76800	77200	118900
年末金融机构各项贷款余额	万元	202200	85700	79500	102700	102800
三、农业、工业及投资						
粮食总产量	吨	94205	132414	75021	95992	149368
棉花产量	吨					
油料产量	吨	2279	7837	2415	1838	3519
肉类总产量	吨	32253	34668	20037	36819	31536
规模以上工业企业个数	个	7	9	12	6	9
规模以上工业总产值(现价)	万元	17325	28970	16859	26622	205705
城镇固定资产投资完成额	万元	15688	53395	48833	176795	74096
四、教育、卫生和社会保障						
普通中学在校学生数	人	11426	16621	8696	6825	14094
小学在校学生数	人	18941	29262	14559	15385	24894
医院、卫生院床位数	床	346	727	454	346	546
各种社会福利收养性单位数	个		2	1	5	1
各种社会福利收养性单位床位数	床		100		3	54

2009 年县(市)社会经济主要指标

云南省

指　　标	单位	剑川县	鹤庆县	瑞丽市	潞西市	梁河县
一、基本情况						
行政区域土地面积	平方公里	2270	2395	1020	2987	1159
乡(镇)个数	个	8	9	6	11	9
村民委员会个数	个	93	113	29	80	62
年末总户数	户	47420	76064	38579	90784	41269
其中:乡村户数	户	40518	61573	20081	67657	36193
年末总人口	万人	18	28	12	36	16
乡村人口	万人	16	25	8	30	15
年末单位从业人员数	人	7058	11521	19925	33519	7378
乡村从业人员数	人	85738	147360	53813	177325	85176
其中:农林牧渔业	人	59001	111265	40891	146114	70254
农业机械总动力	万千瓦特	8	18	12	32	11
本地电话年末用户	户	21570	16580	69230	60282	10892
二、综合经济						
第一产业增加值	万元	30052	57191	56342	98075	23529
第二产业增加值	万元	47649	93304	60599	103349	27778
地方财政一般预算收入	万元	9362	14988	22092	25521	5720
地方财政一般预算支出	万元	49828	72868	71237	103507	53230
城乡居民储蓄存款余额	万元	88900	187700	637000	374900	78400
年末金融机构各项贷款余额	万元	77300	210000	273100	604500	81700
三、农业、工业及投资						
粮食总产量	吨	71323	118014	69317	181932	50017
棉花产量	吨					
油料产量	吨	1401	580	1890	2843	2678
肉类总产量	吨	18695	41280	13343	19233	7607
规模以上工业企业个数	个	6	16	14	26	8
规模以上工业总产值(现价)	万元	56264	144199	116821	171432	41194
城镇固定资产投资完成额	万元	37723	240238	130249	242322	37556
四、教育、卫生和社会保障						
普通中学在校学生数	人	9531	12976	7722	19598	6839
小学在校学生数	人	16113	23564	15067	32013	14077
医院、卫生院床位数	床	327	580	725	1839	318
各种社会福利收养性单位数	个		4	1	4	
各种社会福利收养性单位床位数	床		370	6	207	

2009年县(市)社会经济主要指标

云南省

指　　标	单位	盈江县	陇川县	泸水县	福贡县	贡山独龙族怒族自治县
一、基本情况						
行政区域土地面积	平方公里	4429	1931	2938	2756	4506
乡(镇)个数	个	15	9	9	7	5
村民委员会个数	个	97	68	71	57	26
年末总户数	户	69918	48951	50574	28412	11953
其中:乡村户数	户	55229	33393	35349	21999	8335
年末总人口	万人	28	18	17	10	4
乡村人口	万人	25	14	14	9	3
年末单位从业人员数	人	17227	13119	13952	4220	2639
乡村从业人员数	人	140922	87795	81459	48374	16151
其中:农林牧渔业	人	124528	80616	73822	42672	14192
农业机械总动力	万千瓦特	19	25	7	1	2
本地电话年末用户	户	54459	18006	22337	4000	2812
二、综合经济						
第一产业增加值	万元	90248	58981	20506	9642	7763
第二产业增加值	万元	131419	36598	59308	18163	11277
地方财政一般预算收入	万元	21724	6933	10827	2321	2302
地方财政一般预算支出	万元	98394	65037	68823	47222	27936
城乡居民储蓄存款余额	万元	183300	99000	116000	22900	15900
年末金融机构各项贷款余额	万元	246600	110000	239400	29000	15300
三、农业、工业及投资						
粮食总产量	吨	147953	99127	56945	30965	10065
棉花产量	吨					
油料产量	吨	4376	7496	404	1134	96
肉类总产量	吨	21512	9944	13634	4810	1916
规模以上工业企业个数	个	32	5	5	5	1
规模以上工业总产值(现价)	万元	155114	31108	57778	4367	2968
城镇固定资产投资完成额	万元	230668	37655	86441	53759	34763
四、教育、卫生和社会保障						
普通中学在校学生数	人	16434	9377	10008	5104	1774
小学在校学生数	人	29214	17501	15962	11516	3322
医院、卫生院床位数	床	870	610	740	219	101
各种社会福利收养性单位数	个	1	2	1		2
各种社会福利收养性单位床位数	床	300	330	200		175

2009 年县(市)社会经济主要指标

云南省、西藏自治区

指　　标	单位	兰坪白族普米族自治县	香格里拉县	德钦县	维西傈僳族自治县	林周县
一、基本情况						
行政区域土地面积	平方公里	4372	11613	7272	4661	4100
乡(镇)个数	个	8	11	8	10	10
村民委员会个数	个	104	64	41	79	46
年末总户数	户	60983	38885	13661	41473	11530
其中:乡村户数	户	43640	26240	10641	35249	9858
年末总人口	万人	21	14	6	16	6
乡村人口	万人	18	12	5	14	6
年末单位从业人员数	人	12444	10782	4094	6007	1447
乡村从业人员数	人	106517	65624	30709	83609	29402
其中:农林牧渔业	人	93881	54321	25668	69175	24670
农业机械总动力	万千瓦特	5	18	2	9	11
本地电话年末用户	户	11188	25810	4350	5807	6840
二、综合经济						
第一产业增加值	万元	21320	30984	9555	31402	15872
第二产业增加值	万元	117930	180387	51351	58724	15618
地方财政一般预算收入	万元	21018	16606	4470	5820	1597
地方财政一般预算支出	万元	77742	76150	63781	66215	21312
城乡居民储蓄存款余额	万元	119800	125600	32800	59100	5493
年末金融机构各项贷款余额	万元	151100	390300	30500	50700	16746
三、农业、工业及投资						
粮食总产量	吨	76593	63279	21859	59684	58618
棉花产量	吨					
油料产量	吨	249	2851	24	1382	1986
肉类总产量	吨	10987	12129	2182	8684	4237
规模以上工业企业个数	个	4	15	3	4	
规模以上工业总产值(现价)	万元	179700	125103	55912	11472	
城镇固定资产投资完成额	万元	33649	520540	137484	150041	34600
四、教育、卫生和社会保障						
普通中学在校学生数	人	11633	7063	2857	9172	3693
小学在校学生数	人	19631	13028	4985	13764	4713
医院、卫生院床位数	床	447	125	200	205	70
各种社会福利收养性单位数	个		1	1	1	2
各种社会福利收养性单位床位数	床		20	20	16	98

2009 年县(市)社会经济主要指标

西藏自治区

指标	单位	当雄县	尼木县	曲水县	堆龙德庆县	达孜县
一、基本情况						
行政区域土地面积	平方公里	10234	3266	1624	2672	1361
乡(镇)个数	个	8	8	6	7	6
村民委员会个数	个	28	32	17	34	20
年末总户数	户	10299	6340	7680	12379	7436
其中:乡村户数	户	8438	4878	6994	11041	6140
年末总人口	万人	5	3	3	5	3
乡村人口	万人	4	3	3	4	3
年末单位从业人员数	人	3121			6413	
乡村从业人员数	人	19053	15515	18285	24280	13594
其中:农林牧渔业	人	8595	9376	12522	14635	11371
农业机械总动力	万千瓦特		3	10	14	19
本地电话年末用户	户	1060	4289	4437	22077	6000
二、综合经济						
第一产业增加值	万元	19300	7216	6985	11549	8260
第二产业增加值	万元	15565	9800	25095	54163	24100
地方财政一般预算收入	万元	2680	696	1556	6554	1250
地方财政一般预算支出	万元	18152	12140	14678	25375	13987
城乡居民储蓄存款余额	万元	5885	491	5868	53136	2938
年末金融机构各项贷款余额	万元	17854	6047	13037	27949	13674
三、农业、工业及投资						
粮食总产量	吨		12590	24765	24446	23397
棉花产量	吨					
油料产量	吨		1165	2210	2351	1500
肉类总产量	吨	8224	1798	1368	2347	2314
规模以上工业企业个数	个		1	6	35	5
规模以上工业总产值(现价)	万元		4532	2449	49288	17074
城镇固定资产投资完成额	万元	44900	2360	49638	168603	
四、教育、卫生和社会保障						
普通中学在校学生数	人	2667	1279	1531	1592	1652
小学在校学生数	人	4875	2426	3110	3767	2441
医院、卫生院床位数	床	65	53	60	54	40
各种社会福利收养性单位数	个	1	6	8	27	1
各种社会福利收养性单位床位数	床	51	24	291	184	100

2009年县(市)社会经济主要指标

西藏自治区

指　　标	单位	墨竹工卡县	昌都县	江达县	贡觉县	类乌齐县
一、基本情况						
行政区域土地面积	平方公里	5492	10794	13164	6323	6355
乡(镇)个数	个	8	15	13	12	10
村民委员会个数	个	40	167	95	149	82
年末总户数	户	9452	22769	12225	7344	8861
其中:乡村户数	户	8025	12108	10421	5896	7535
年末总人口	万人	5	11	7	4	5
乡村人口	万人	5	7	7	4	4
年末单位从业人员数	人	1175	2892	2774	1044	1380
乡村从业人员数	人	18965	28840	42663	17539	14582
其中:农林牧渔业	人	12204	21188	30767	15088	12949
农业机械总动力	万千瓦特	18	3	3	3	9
本地电话年末用户	户	8580		2463	2486	3200
二、综合经济						
第一产业增加值	万元	16290	27125	29157	11417	16683
第二产业增加值	万元	62806	17830	11342	3660	8257
地方财政一般预算收入	万元	5121	3503	1368	945	1130
地方财政一般预算支出	万元	21055	24801	19218	14198	13615
城乡居民储蓄存款余额	万元	6810	6684	4058		7620
年末金融机构各项贷款余额	万元	14849	9585	10484	14434	7800
三、农业、工业及投资						
粮食总产量	吨	21381	17589	11282	6015	8164
棉花产量	吨					
油料产量	吨	2721	380	319	221	
肉类总产量	吨	7392	10187	12586	3324	6250
规模以上工业企业个数	个	4	29	1	1	5
规模以上工业总产值(现价)	万元	33914	2084	162	337	1135
城镇固定资产投资完成额	万元	81400	23032	1916		14775
四、教育、卫生和社会保障						
普通中学在校学生数	人	2868	4846	3587	2015	1390
小学在校学生数	人	4288	9463	7413	4134	5786
医院、卫生院床位数	床	65	174	84	100	98
各种社会福利收养性单位数	个	3				2
各种社会福利收养性单位床位数	床	71				42

2009年县(市)社会经济主要指标

西藏自治区

指　　标	单位	丁青县	察雅县	八宿县	左贡县	芒康县
一、基本情况						
行政区域土地面积	平方公里	12408	8251	12336	11837	11576
乡(镇)个数	个	13	13	14	10	16
村民委员会个数	个	64	138	110	128	61
年末总户数	户	10436	9408	6996	7677	11897
其中:乡村户数	户	9035	8212	5636	6783	10270
年末总人口	万人	7	6	4	5	8
乡村人口	万人	6	5	4	4	8
年末单位从业人员数	人	1738	1540	1705	3517	2984
乡村从业人员数	人	25733	23873	17046	20519	47089
其中:农林牧渔业	人	23565	20103	15220	19482	41162
农业机械总动力	万千瓦特	10	2	2	2	7
本地电话年末用户	户	1850	899	4586	4790	6200
二、综合经济						
第一产业增加值	万元	29655	14730	9200	14566	26767
第二产业增加值	万元	7844	7902	7724	8151	23600
地方财政一般预算收入	万元	2281	963	1166	1260	2068
地方财政一般预算支出	万元	17842	18824	15105	14923	21870
城乡居民储蓄存款余额	万元	7108	5049	3951	1599	7264
年末金融机构各项贷款余额	万元	11726	6128	7501	8632	9417
三、农业、工业及投资						
粮食总产量	吨	23999	10756	7970	16473	26890
棉花产量	吨					
油料产量	吨	820	326	226	195	572
肉类总产量	吨	5374	7254	5238	5210	7174
规模以上工业企业个数	个	2	4	1	3	8
规模以上工业总产值(现价)	万元	790	500	4170	1523	3600
城镇固定资产投资完成额	万元	3837	3540	7714	23959	119239
四、教育、卫生和社会保障						
普通中学在校学生数	人	3450	3017	2327	2248	4054
小学在校学生数	人	7565	6394	4882	5226	8072
医院、卫生院床位数	床	104	95	59	84	141
各种社会福利收养性单位数	个		4	1	2	
各种社会福利收养性单位床位数	床		69	20	13	

2009年县(市)社会经济主要指标

西藏自治区

指　　标	单位	洛隆县	边坝县	乃东县	扎囊县	贡嘎县
一、基本情况						
行政区域土地面积	平方公里	8048	8774	2185	2142	2386
乡(镇)个数	个	11	11	7	5	8
村民委员会个数	个	66	82	47	62	41
年末总户数	户	8240	6520	20897	9470	11885
其中:乡村户数	户	7469	5644	9897	7094	9360
年末总人口	万人	5	3	6	4	5
乡村人口	万人	4	3	4	4	5
年末单位从业人员数	人	1344	1281	2157	1546	610
乡村从业人员数	人	15598	14409	20357	14769	23259
其中:农林牧渔业	人	14560	13087	10312	12053	17680
农业机械总动力	万千瓦特	3	4	7	2	3
本地电话年末用户	户	2728	2748	8571	1430	5140
二、综合经济						
第一产业增加值	万元	17026	13878	7220	4980	4140
第二产业增加值	万元	12473	5100	70032	8850	16347
地方财政一般预算收入	万元	820	860	3633	569	3377
地方财政一般预算支出	万元	14009	12549	17295	12469	17847
城乡居民储蓄存款余额	万元	12483	2294	16897	7180	
年末金融机构各项贷款余额	万元	7302	7094	12535	9468	13054
三、农业、工业及投资						
粮食总产量	吨	19081	7787	21508	21201	29583
棉花产量	吨					
油料产量	吨	509	417	1655	3056	1293
肉类总产量	吨	5096	5726	2938	2342	2234
规模以上工业企业个数	个	1			4	
规模以上工业总产值(现价)	万元	529			15	
城镇固定资产投资完成额	万元	4514	13666	28950	24000	34355
四、教育、卫生和社会保障						
普通中学在校学生数	人	2374	1706	1100	2238	2611
小学在校学生数	人	5034	3746	2647	3325	4554
医院、卫生院床位数	床	59	61	25	30	50
各种社会福利收养性单位数	个	2	2	9	6	
各种社会福利收养性单位床位数	床	39	9	136	41	

2009年县(市)社会经济主要指标

西藏自治区

指　　标	单位	桑日县	琼结县	曲松县	措美县	洛扎县
一、基本情况						
行政区域土地面积	平方公里	2634	1030	2070	4178	5031
乡(镇)个数	个	4	4	5	4	7
村民委员会个数	个	42	20	21	16	26
年末总户数	户	4415	4882	4838	3986	5743
其中:乡村户数	户	3895	3899	3836	3337	4455
年末总人口	万人	2	2	2	1	2
乡村人口	万人	2	2	2	1	2
年末单位从业人员数	人	1429	932	732	790	1100
乡村从业人员数	人	7146	8940	6995	6973	9182
其中:农林牧渔业	人	4143	8264	5472	5481	3950
农业机械总动力	万千瓦特	2	2	1	4	1
本地电话年末用户	户	2189	2300	3200	3309	2653
二、综合经济						
第一产业增加值	万元	2740	1767	1910	1681	3013
第二产业增加值	万元	22959	5225	17843	4795	3875
地方财政一般预算收入	万元	2047	578	1891	485	573
地方财政一般预算支出	万元	12713	9964	10550	8447	10655
城乡居民储蓄存款余额	万元		4382	5395	4248	
年末金融机构各项贷款余额	万元	6404	4316	3963	3877	4172
三、农业、工业及投资						
粮食总产量	吨	7734	11539	7147	3000	9247
棉花产量	吨					
油料产量	吨	941	1158	929	200	790
肉类总产量	吨	1680	819	1878	973	717
规模以上工业企业个数	个	5		5		
规模以上工业总产值(现价)	万元	20000		24555		
城镇固定资产投资完成额	万元	30000	1924	19840	21644	14024
四、教育、卫生和社会保障						
普通中学在校学生数	人	919	858	920	630	943
小学在校学生数	人	1556	1313	1544	1308	1584
医院、卫生院床位数	床	36	41	28	77	61
各种社会福利收养性单位数	个		1	2		
各种社会福利收养性单位床位数	床		49	16		

2009 年县(市)社会经济主要指标

西藏自治区

指　　标	单位	加查县	隆子县	错那县	浪卡子县	日喀则市
一、基本情况						
行政区域土地面积	平方公里	7982	4385	9894	34979	3654
乡(镇)个数	个	7	11	10	10	12
村民委员会个数	个	77	80	24	98	171
年末总户数	户	5819	10217	4998	9709	23036
其中:乡村户数	户	4813	9147	4594	7323	10408
年末总人口	万人	2	4	2	4	11
乡村人口	万人	2	3	1	3	7
年末单位从业人员数	人	875	948	741	1926	3334
乡村从业人员数	人	7583	16210	7133	19128	40395
其中:农林牧渔业	人	6501	12528	6264	12431	23406
农业机械总动力	万千瓦特	3	4	1	1	15
本地电话年末用户	户	4560	5300	2476	768	
二、综合经济						
第一产业增加值	万元	4030	3504	1550	3130	31236
第二产业增加值	万元	23628	11669	4399	8587	88678
地方财政一般预算收入	万元	3095	804	453	608	5106
地方财政一般预算支出	万元	13048	13548	10836	13226	31046
城乡居民储蓄存款余额	万元	5195	6287	7565	7935	31104
年末金融机构各项贷款余额	万元	2827	5037	2723	5982	19142
三、农业、工业及投资						
粮食总产量	吨	7337	15730	3962	5233	67766
棉花产量	吨					
油料产量	吨	431	879	372	491	2679
肉类总产量	吨	1705	2072	840	2943	3747
规模以上工业企业个数	个					2
规模以上工业总产值(现价)	万元					3833
城镇固定资产投资完成额	万元	113559	9060	14366	30257	4184
四、教育、卫生和社会保障						
普通中学在校学生数	人	1101	1639	735	1944	4488
小学在校学生数	人	1986	2845	1224	3169	6832
医院、卫生院床位数	床	70	53	40	45	80
各种社会福利收养性单位数	个	2			1	1
各种社会福利收养性单位床位数	床	30			20	12

2009年县(市)社会经济主要指标

西藏自治区

指　　标	单位	南木林县	江孜县	定日县	萨迦县	拉孜县
一、基本情况						
行政区域土地面积	平方公里	8113	3859	13858	7510	4505
乡(镇)个数	个	17	19	13	11	11
村民委员会个数	个	146	156	175	107	98
年末总户数	户	12438	10747	9384	8421	9611
其中:乡村户数	户	12401	10702	9191	8408	8736
年末总人口	万人	8	7	5	5	5
乡村人口	万人	8	6	5	5	5
年末单位从业人员数	人	1559	5742	1428	3645	1444
乡村从业人员数	人	39962	29633	28144	22989	28534
其中:农林牧渔业	人	37040	24942	17673	18259	12948
农业机械总动力	万千瓦特	8	12	3	7	7
本地电话年末用户	户	4018	6448	780	1700	8300
二、综合经济						
第一产业增加值	万元	21306	20255	11926	11213	14029
第二产业增加值	万元	8651	9985	6347	4766	4633
地方财政一般预算收入	万元	707	1250	1702	510	676
地方财政一般预算支出	万元	20305	21847	17381	13641	15636
城乡居民储蓄存款余额	万元	5690	8381	3049	3001	6225
年末金融机构各项贷款余额	万元	860	9554	5839	6846	9229
三、农业、工业及投资						
粮食总产量	吨	20613	58799	25804	24495	35968
棉花产量	吨					
油料产量	吨	2265	5111	1055	2286	4405
肉类总产量	吨	2378	2192	1771	2415	1514
规模以上工业企业个数	个		1			
规模以上工业总产值(现价)	万元		954	528		
城镇固定资产投资完成额	万元		30340	12768	12132	18047
四、教育、卫生和社会保障						
普通中学在校学生数	人	4566	5105	3504	3222	3060
小学在校学生数	人	7468	5621	5455	4076	5113
医院、卫生院床位数	床	109	193		45	96
各种社会福利收养性单位数	个		1		2	1
各种社会福利收养性单位床位数	床		65		21	8

2009年县(市)社会经济主要指标

西藏自治区

指　　标	单位	昂仁县	谢通门县	白朗县	仁布县	康马县
一、基本情况						
行政区域土地面积	平方公里	20105	13960	2806	2122	6165
乡(镇)个数	个	17	19	11	9	9
村民委员会个数	个	185	95	111	73	47
年末总户数	户	9918	8915	6355	5213	3954
其中:乡村户数	户	9891	7895	6317	4889	3571
年末总人口	万人	5	4	5	3	2
乡村人口	万人	5	4	4	3	2
年末单位从业人员数	人	1295	1518	1229	1032	9463
乡村从业人员数	人	25917	24805	23021	19091	9463
其中:农林牧渔业	人	20875	20840	15945	10877	6827
农业机械总动力	万千瓦特	2	4	7	4	3
本地电话年末用户	户	2100	2530	4230	2300	3254
二、综合经济						
第一产业增加值	万元	11278	12275	14946	5229	5215
第二产业增加值	万元	5358	12704	7593	4499	2601
地方财政一般预算收入	万元	525	3062	558	341	490
地方财政一般预算支出	万元	15728	19089	12564	10215	10176
城乡居民储蓄存款余额	万元	1179	5228	4496	4720	7213
年末金融机构各项贷款余额	万元	7879	6926	7678	7825	3911
三、农业、工业及投资						
粮食总产量	吨	17622	14373	39734	8076	10279
棉花产量	吨					
油料产量	吨	882	1568	2169	710	778
肉类总产量	吨	3312	2011	1229	645	1126
规模以上工业企业个数	个	1	2	3	1	
规模以上工业总产值(现价)	万元	282	15513	1180	583	
城镇固定资产投资完成额	万元		3381	29300	18448	10020
四、教育、卫生和社会保障						
普通中学在校学生数	人	2815	2635	2468	1223	816
小学在校学生数	人	5409	4205	4028	2482	1943
医院、卫生院床位数	床	91	155	47	54	60
各种社会福利收养性单位数	个		1	12	1	1
各种社会福利收养性单位床位数	床		12	12	14	12

2009年县(市)社会经济主要指标

西藏自治区

指　　标	单位	定结县	仲巴县	亚东县	吉隆县	聂拉木县
一、基本情况						
行政区域土地面积	平方公里	5816	43594	4306	9009	7903
乡(镇)个数	个	10	13	7	5	7
村民委员会个数	个	70	58	25	43	44
年末总户数	户	4397	5056	3549	2585	3068
其中:乡村户数	户	3423	4442	2669	2177	2868
年末总人口	万人	2	2	1	1	2
乡村人口	万人	2	2	1	1	1
年末单位从业人员数	人	1076	826	6299	914	943
乡村从业人员数	人	10407	10576	6299	6904	8309
其中:农林牧渔业	人	9027	8050	4930	6155	6663
农业机械总动力	万千瓦特	2	15	3	2	2
本地电话年末用户	户	1815	970	6054	372	3688
二、综合经济						
第一产业增加值	万元	4335	12545	3506	3908	5873
第二产业增加值	万元	2796	4940	4207	3165	6243
地方财政一般预算收入	万元	262	728	612	274	833
地方财政一般预算支出	万元	10394	14025	10099	9467	12815
城乡居民储蓄存款余额	万元	2350		13578	7590	2593
年末金融机构各项贷款余额	万元	3635	3086	3070	2407	4727
三、农业、工业及投资						
粮食总产量	吨	5869		1454	4487	5987
棉花产量	吨					
油料产量	吨	528		40	704	514
肉类总产量	吨	974	4033	692	1063	1167
规模以上工业企业个数	个				1	1
规模以上工业总产值(现价)	万元				162	1680
城镇固定资产投资完成额	万元	7031	19593	5357	16792	19551
四、教育、卫生和社会保障						
普通中学在校学生数	人	968	1238	518	1045	970
小学在校学生数	人	1895	2634	1000	1689	1826
医院、卫生院床位数	床	58	80	43	28	82
各种社会福利收养性单位数	个	1	1	1	1	
各种社会福利收养性单位床位数	床	8	9	4	18	

2009年县(市)社会经济主要指标

西藏自治区

指　　标	单位	萨嘎县	岗巴县	那曲县	嘉黎县	比如县
一、基本情况						
行政区域土地面积	平方公里	12411	3936	16195	13056	11680
乡(镇)个数	个	8	5	12	10	10
村民委员会个数	个	38	29	142	121	175
年末总户数	户	2550	1828	16039	6181	11341
其中:乡村户数	户	2515	1817	14761	5078	10753
年末总人口	万人	1	1	8	3	6
乡村人口	万人	1	1	8	3	6
年末单位从业人员数	人	764	827	1946	1369	1594
乡村从业人员数	人	5972	5498	33187	12405	21168
其中:农林牧渔业	人	5931	4859	25619	10923	19599
农业机械总动力	万千瓦特	2	1	3	4	3
本地电话年末用户	户	198	1500		879	3296
二、综合经济						
第一产业增加值	万元	3614	2232	16681	5592	13683
第二产业增加值	万元	3111	1620	13154	8754	11222
地方财政一般预算收入	万元	306	270	3008	1649	446
地方财政一般预算支出	万元	9279	8329	22812	14296	16409
城乡居民储蓄存款余额	万元		1952	8232	4199	4337
年末金融机构各项贷款余额	万元		1205		9946	15396
三、农业、工业及投资						
粮食总产量	吨	1224	3195		783	2952
棉花产量	吨					
油料产量	吨	59	255			
肉类总产量	吨	1937	1031	12669	3403	6707
规模以上工业企业个数	个		1		2	
规模以上工业总产值(现价)	万元		82		9120	
城镇固定资产投资完成额	万元	14355	1188	14690	13390	34671
四、教育、卫生和社会保障						
普通中学在校学生数	人	828	447	2163	1720	2405
小学在校学生数	人	1717	1024	15526	4493	6340
医院、卫生院床位数	床	60	33	83	78	80
各种社会福利收养性单位数	个	1	2			4
各种社会福利收养性单位床位数	床	10	22			65

2009 年县(市)社会经济主要指标

西藏自治区

指　　标	单位	聂荣县	安多县	申扎县	索县	班戈县
一、基本情况						
行政区域土地面积	平方公里	9017	43411	25546	5744	2838
乡(镇)个数	个	10	13	8	10	10
村民委员会个数	个	142	74	62	124	86
年末总户数	户	11065	8321	4000	8633	8412
其中:乡村户数	户	6511	7708	3516	7697	8059
年末总人口	万人	3	4	2	4	4
乡村人口	万人	3	4	2	4	4
年末单位从业人员数	人	1087	1502	878	1753	1393
乡村从业人员数	人	14431	15968	9017	15727	17897
其中:农林牧渔业	人	12712	12593	6610	13974	16572
农业机械总动力	万千瓦特		1	1	3	9
本地电话年末用户	户	2800	2500	2310	4977	2500
二、综合经济						
第一产业增加值	万元	5566	7136	4080	7376	9811
第二产业增加值	万元	9430	9323	4653	6638	7992
地方财政一般预算收入	万元	385	1169	446	722	517
地方财政一般预算支出	万元	13020	13873	9180	13324	12425
城乡居民储蓄存款余额	万元	1820	2884		3206	2606
年末金融机构各项贷款余额	万元	6670	11026	4975	8912	7505
三、农业、工业及投资						
粮食总产量	吨				5819	
棉花产量	吨					
油料产量	吨				40	
肉类总产量	吨	7006	11626	4772	2964	5806
规模以上工业企业个数	个			2		
规模以上工业总产值(现价)	万元			200		
城镇固定资产投资完成额	万元	4945	6289	14455		
四、教育、卫生和社会保障						
普通中学在校学生数	人	706	1980	1078	1487	1740
小学在校学生数	人	5240	4663	2303	4417	4104
医院、卫生院床位数	床	63	30	48	60	85
各种社会福利收养性单位数	个	1			4	3
各种社会福利收养性单位床位数	床	8			48	31

2009 年县(市)社会经济主要指标

西藏自治区

指　　标	单位	巴青县	尼玛县	普兰县	札达县	噶尔县
一、基本情况						
行政区域土地面积	平方公里	10326	72499	13179	24601	10083
乡(镇)个数	个	10	14	3	6	5
村民委员会个数	个	156	77	9	14	12
年末总户数	户	8236	7602	2402	2219	2337
其中:乡村户数	户	7696	7358	1614	1316	1660
年末总人口	万人	5	3	1	1	1
乡村人口	万人	4	3	1	1	1
年末单位从业人员数	人	1211	724	502	876	489
乡村从业人员数	人	20556	15528	4120	2930	5112
其中:农林牧渔业	人	12398	1520	4120	2783	4909
农业机械总动力	万千瓦特	6	1	1	1	2
本地电话年末用户	户			3800	1700	86
二、综合经济						
第一产业增加值	万元	9835	7079	2563	1556	2987
第二产业增加值	万元	7905	5285	1556	1768	3021
地方财政一般预算收入	万元	406	712	400	326	1392
地方财政一般预算支出	万元	15252	10991	10833	10202	10427
城乡居民储蓄存款余额	万元	4697	1130	3375	326	4983
年末金融机构各项贷款余额	万元	17505	7350	2002	1020	3125
三、农业、工业及投资						
粮食总产量	吨	185	194	2896	915	489
棉花产量	吨					
油料产量	吨			116	18	23
肉类总产量	吨	9515	7568	554	401	1105
规模以上工业企业个数	个					
规模以上工业总产值(现价)	万元			929	580	108
城镇固定资产投资完成额	万元	3311		1844	1925	2100
四、教育、卫生和社会保障						
普通中学在校学生数	人	2207	2899	285	227	840
小学在校学生数	人	4912	2760	1048	944	1730
医院、卫生院床位数	床	104	121	46	31	45
各种社会福利收养性单位数	个	1	1	1		
各种社会福利收养性单位床位数	床	18	16			

2009年县(市)社会经济主要指标

西藏自治区

指　　标	单位	日土县	革吉县	改则县	措勤县	林芝县
一、基本情况						
行政区域土地面积	平方公里	77096	46117	135025	22980	8536
乡(镇)个数	个	5	5	7	5	7
村民委员会个数	个	13	19	47	21	67
年末总户数	户	2502	3973	5563	3557	7670
其中:乡村户数	户	1784	3408	4646	2943	3457
年末总人口	万人	1	2	2	1	5
乡村人口	万人	1	1	2	1	2
年末单位从业人员数	人	733	492	3200	722	15933
乡村从业人员数	人	4578	8680	9653	5974	7132
其中:农林牧渔业	人	3512	6080	8917	5974	4106
农业机械总动力	万千瓦特	3	3	3	2	12
本地电话年末用户	户	2300	1150	756	1850	3290
二、综合经济						
第一产业增加值	万元	4552	5319	12799	4673	8947
第二产业增加值	万元	2071	2886	2466	1550	75330
地方财政一般预算收入	万元	599	981	1045	456	3618
地方财政一般预算支出	万元	10384	12169	9782	8290	16761
城乡居民储蓄存款余额	万元	690		911	2593	26057
年末金融机构各项贷款余额	万元	1583	2622	2539	1700	9420
三、农业、工业及投资						
粮食总产量	吨	868				11350
棉花产量	吨					
油料产量	吨	23				936
肉类总产量	吨	1237	3184	5597	1700	2171
规模以上工业企业个数	个		3	4		6
规模以上工业总产值(现价)	万元	428	7192	770	62	43695
城镇固定资产投资完成额	万元	5422	1645	5176	2192	141726
四、教育、卫生和社会保障						
普通中学在校学生数	人	203	210	232	759	900
小学在校学生数	人	1166	1601	1668	1854	4183
医院、卫生院床位数	床	67	50	70	36	225
各种社会福利收养性单位数	个	1				1
各种社会福利收养性单位床位数	床	7				19

2009年县(市)社会经济主要指标

西藏自治区

指　　　标	单位	工布江达县	米林县	墨脱县	波密县	察隅县
一、基本情况						
行政区域土地面积	平方公里	12960	9507	31395	16768	31305
乡(镇)个数	个	9	8	8	10	6
村民委员会个数	个	79	66	46	84	96
年末总户数	户	7069	5356	2730	7568	4980
其中:乡村户数	户	5624	3343	1594	4342	4380
年末总人口	万人	3	2	1	3	3
乡村人口	万人	3	2	1	2	2
年末单位从业人员数	人	1513	1350	832	2067	1731
乡村从业人员数	人	12359	7562	4786	12072	11124
其中:农林牧渔业	人	11567	7390	4786	9964	10589
农业机械总动力	万千瓦特	10	13		6	16
本地电话年末用户	户	5389	6101	1310	7643	5000
二、综合经济						
第一产业增加值	万元	10512	8677	1515	14459	6718
第二产业增加值	万元	25815	12080	5370	12850	6440
地方财政一般预算收入	万元	3386	2508	273	3008	1345
地方财政一般预算支出	万元	16044	15791	10515	17086	14912
城乡居民储蓄存款余额	万元	750	1394	3727	15437	9604
年末金融机构各项贷款余额	万元	7452	4650	1428	7045	5656
三、农业、工业及投资						
粮食总产量	吨	5911	10052	5054	16696	18776
棉花产量	吨					
油料产量	吨	416	510	17	1137	266
肉类总产量	吨	2207	1612	356	1618	1331
规模以上工业企业个数	个	4			7	
规模以上工业总产值(现价)	万元	652			2728	
城镇固定资产投资完成额	万元	15550	35009	4	39056	29918
四、教育、卫生和社会保障						
普通中学在校学生数	人	1098	797	622	1286	1259
小学在校学生数	人	2893	2302	1343	3717	3588
医院、卫生院床位数	床	55	70	95	152	95
各种社会福利收养性单位数	个	2	4		1	1
各种社会福利收养性单位床位数	床	15	52		40	8

2009年县(市)社会经济主要指标

西藏自治区、陕西省

指　　标	单位	朗　县	长安区	蓝田县	周至县	户　县
一、基本情况						
行政区域土地面积	平方公里	4114	1580	1969	2949	1282
乡(镇)个数	个	6	5	22	22	16
村民委员会个数	个	51	671	519	376	518
年末总户数	户	4484	260213	176525	170032	178691
其中:乡村户数	户	3516	204791	138025	138623	118953
年末总人口	万人	2	98	64	67	60
乡村人口	万人	1	82	56	59	48
年末单位从业人员数	人	1143	50441	19000	21109	33668
乡村从业人员数	人	7256	425589	320450	346046	283029
其中:农林牧渔业	人	6807	207003	196222	218255	171806
农业机械总动力	万千瓦特	2	43	26	35	36
本地电话年末用户	户	2400	225000	73258	79252	116000
二、综合经济						
第一产业增加值	万元	4972	192100	130309	111100	124400
第二产业增加值	万元	5072	1084700	202700	112500	515600
地方财政一般预算收入	万元	548	95124	10587	6038	26083
地方财政一般预算支出	万元	10911	157795	96725	98075	92851
城乡居民储蓄存款余额	万元	5594	1399749	412424	280404	745020
年末金融机构各项贷款余额	万元	6359	622070	178770	121918	444503
三、农业、工业及投资						
粮食总产量	吨	6385	415756	331133	282258	363020
棉花产量	吨		6	266	3	7
油料产量	吨	253	2198	3375	2233	417
肉类总产量	吨	1603	16025	15516	23370	14429
规模以上工业企业个数	个		60	37	27	84
规模以上工业总产值(现价)	万元		1258400	226500	90300	829178
城镇固定资产投资完成额	万元	6870	1729343	322542	216603	604813
四、教育、卫生和社会保障						
普通中学在校学生数	人	731	59620	43770	52925	42678
小学在校学生数	人	1421	53324	46758	40621	36409
医院、卫生院床位数	床	60	1720	1112	668	1849
各种社会福利收养性单位数	个		7	1	1	7
各种社会福利收养性单位床位数	床		300	300	108	418

2009年县(市)社会经济主要指标

陕西省

指　　标	单位	高陵县	耀州区	宜君县	陈仓区	凤翔县
一、基本情况						
行政区域土地面积	平方公里	294	1543	1476	2517	1179
乡(镇)个数	个	8	14	10	18	17
村民委员会个数	个	88	189	178	332	233
年末总户数	户	83479	79755	30762	159085	153850
其中:乡村户数	户	52810	52989	20078	122855	117792
年末总人口	万人	31	26	10	60	52
乡村人口	万人	21	19	7	49	48
年末单位从业人员数	人	21758	19850	5793	37969	19091
乡村从业人员数	人	116122	106000	47277	266283	250137
其中:农林牧渔业	人	59516	60000	38229	120279	159267
农业机械总动力	万千瓦特	22	14	8	25	33
本地电话年末用户	户	46000	98200	20096	112832	82000
二、综合经济						
第一产业增加值	万元	92000	43950	28630	138900	141920
第二产业增加值	万元	930300	381870	47550	580600	498886
地方财政一般预算收入	万元	40138	16166	5133	17226	19001
地方财政一般预算支出	万元	80088	76893	40343	146028	85375
城乡居民储蓄存款余额	万元	458100	263923	4219	596076	414000
年末金融机构各项贷款余额	万元	130101	128201	24678	442164	367000
三、农业、工业及投资						
粮食总产量	吨	210622	96836	78382	271110	301579
棉花产量	吨				10	7
油料产量	吨		4750	3581	2382	5951
肉类总产量	吨	5188	3201	3427	33093	21205
规模以上工业企业个数	个	93	59	7	67	41
规模以上工业总产值(现价)	万元	2532218	925200	65114	961300	1338529
城镇固定资产投资完成额	万元	1319800	285886	58258	440468	515600
四、教育、卫生和社会保障						
普通中学在校学生数	人	15413	13189	5324	40029	36793
小学在校学生数	人	14099	19415	5326	37842	31221
医院、卫生院床位数	床	822	952	273	1886	964
各种社会福利收养性单位数	个	1	7	3	11	1
各种社会福利收养性单位床位数	床	200	56	65	290	238

2009年县(市)社会经济主要指标

陕西省

指　　标	单位	岐山县	扶风县	眉　县	陇　县	千阳县
一、基本情况						
行政区域土地面积	平方公里	856	746	863	2285	996
乡(镇)个数	个	14	11	10	15	11
村民委员会个数	个	144	169	123	158	98
年末总户数	户	138040	116360	91341	72403	39071
其中:乡村户数	户	114630	94736	68725	55104	29841
年末总人口	万人	47	44	31	26	13
乡村人口	万人	38	39	26	22	11
年末单位从业人员数	人	22344	20139	15525	10137	8844
乡村从业人员数	人	187920	205330	147556	137049	50693
其中:农林牧渔业	人	80392	97259	82922	83525	23327
农业机械总动力	万千瓦特	21	28	16	9	9
本地电话年末用户	户	81193	62000	52000	28189	12500
二、综合经济						
第一产业增加值	万元	122535	98900	84807	97143	50285
第二产业增加值	万元	498682	237500	255314	78832	46239
地方财政一般预算收入	万元	13572	7808	6453	8399	3383
地方财政一般预算支出	万元	70091	66890	53438	53666	35363
城乡居民储蓄存款余额	万元	594381	457500	315947	204709	108994
年末金融机构各项贷款余额	万元	213673	279600	171457	74115	51531
三、农业、工业及投资						
粮食总产量	吨	291840	283065	148747	113662	64281
棉花产量	吨	40	89	16		
油料产量	吨	3749	31	1243	2438	1113
肉类总产量	吨	15720	16773	14988	7008	7707
规模以上工业企业个数	个	60	39	40	19	10
规模以上工业总产值(现价)	万元	843700	362300	346400	94586	72400
城镇固定资产投资完成额	万元	456966	268000	322938	172953	182435
四、教育、卫生和社会保障						
普通中学在校学生数	人	33435	21281	24550	18422	7578
小学在校学生数	人	28959	32256	18294	19755	10075
医院、卫生院床位数	床	1507	1402	1086	767	414
各种社会福利收养性单位数	个	15	4	5	15	4
各种社会福利收养性单位床位数	床	450	455	416	715	220

2009 年县(市)社会经济主要指标

陕西省

指标	单位	麟游县	凤县	太白县	三原县	泾阳县
一、基本情况						
行政区域土地面积	平方公里	1704	3187	2698	577	777
乡(镇)个数	个	10	12	8	14	16
村民委员会个数	个	100	100	66	208	231
年末总户数	户	25024	32687	17654	139165	148749
其中:乡村户数	户	19125	19713	10196	82912	107091
年末总人口	万人	9	10	5	42	51
乡村人口	万人	8	7	4	33	45
年末单位从业人员数	人	5901	12065	7780	22507	20250
乡村从业人员数	人	31360	45185	23974	168247	234337
其中:农林牧渔业	人	24829	28493	15945	147754	128994
农业机械总动力	万千瓦特	5	8	2	20	35
本地电话年末用户	户	40500	23000	4500	38658	29000
二、综合经济						
第一产业增加值	万元	34905	24708	26087	174970	276920
第二产业增加值	万元	36324	345197	30496	394360	249170
地方财政一般预算收入	万元	3086	18778	2006	12580	11385
地方财政一般预算支出	万元	28633	40662	26403	70818	78065
城乡居民储蓄存款余额	万元	58821	130432	59745	394110	342792
年末金融机构各项贷款余额	万元	30869	90260	33921	149663	195271
三、农业、工业及投资						
粮食总产量	吨	69600	32058	11113	214738	277391
棉花产量	吨					442
油料产量	吨	1152	411	281	4866	3078
肉类总产量	吨	7680	6900	2798	10163	19547
规模以上工业企业个数	个	5	55	5	90	76
规模以上工业总产值(现价)	万元	54900	843900	57300	851000	525300
城镇固定资产投资完成额	万元	237250	431681	75022	401195	390310
四、教育、卫生和社会保障						
普通中学在校学生数	人	6444	5872	3326	34435	41747
小学在校学生数	人	7003	5983	4091	23917	28945
医院、卫生院床位数	床	414	355	284	1058	1322
各种社会福利收养性单位数	个	11	1	6	3	2
各种社会福利收养性单位床位数	床	167	300	82	150	60

2009年县(市)社会经济主要指标

陕西省

指　　标	单位	乾　县	礼泉县	永寿县	彬　县	长武县
一、基本情况						
行政区域土地面积	平方公里	1003	1011	886	1185	568
乡(镇)个数	个	20	15	13	16	11
村民委员会个数	个	256	317	249	247	160
年末总户数	户	164834	159292	57833	93885	51270
其中:乡村户数	户	121511	104880	42104	71380	40895
年末总人口	万人	59	50	21	34	18
乡村人口	万人	52	42	17	29	16
年末单位从业人员数	人	20150	21101	10311	20937	9575
乡村从业人员数	人	278992	241550	73848	143141	84133
其中:农林牧渔业	人	175275	204260	41847	86357	53734
农业机械总动力	万千瓦特	28	25	11	6	9
本地电话年末用户	户	40000	64521	16120	23899	18029
二、综合经济						
第一产业增加值	万元	130470	171320	69690	71480	36990
第二产业增加值	万元	243060	167310	49650	431120	90530
地方财政一般预算收入	万元	8713	9009	4271	38397	7949
地方财政一般预算支出	万元	75100	71257	45768	89357	53286
城乡居民储蓄存款余额	万元	331489	320200	112124	332800	150862
年末金融机构各项贷款余额	万元	199786	134000	42140	349146	50139
三、农业、工业及投资						
粮食总产量	吨	291027	128861	96583	120883	64141
棉花产量	吨	36				1
油料产量	吨	12734	2100	3371	7523	1038
肉类总产量	吨	16117	7800	8792	4633	3268
规模以上工业企业个数	个	39	16	11	16	8
规模以上工业总产值(现价)	万元	45600	315200	86001	701400	124747
城镇固定资产投资完成额	万元	418957	489000	157100	450090	361140
四、教育、卫生和社会保障						
普通中学在校学生数	人	53899	33549	16903	28824	8181
小学在校学生数	人	47811	47223	19499	27225	12164
医院、卫生院床位数	床	1069	1024	465	1011	506
各种社会福利收养性单位数	个	3	9	1	4	5
各种社会福利收养性单位床位数	床	60	58	30	38	430

2009年县(市)社会经济主要指标

陕西省

指　　标	单位	旬邑县	淳化县	武功县	兴平市	华　县
一、基本情况						
行政区域土地面积	平方公里	1787	976	391	508	1139
乡(镇)个数	个	14	15	12	11	14
村民委员会个数	个	187	204	210	223	242
年末总户数	户	80884	61939	122644	157691	105808
其中:乡村户数	户	56749	45377	87485	107348	70848
年末总人口	万人	28	20	44	59	35
乡村人口	万人	25	17	33	45	27
年末单位从业人员数	人	16330		26423	42691	24470
乡村从业人员数	人	136092	102964	181302	240355	158276
其中:农林牧渔业	人	90775	68653	96420	170692	127239
农业机械总动力	万千瓦特	8	15	23	25	17
本地电话年末用户	户	19932	10960	65630	51236	57400
二、综合经济						
第一产业增加值	万元	94273	133630	122702	133510	45097
第二产业增加值	万元	189000	59440	189470	481990	485590
地方财政一般预算收入	万元	10616	2853	5211	16208	48482
地方财政一般预算支出	万元	60600	43718	59721	81539	84112
城乡居民储蓄存款余额	万元	186000	100537	295632	608600	353862
年末金融机构各项贷款余额	万元	74000	44619	156316	274300	140891
三、农业、工业及投资						
粮食总产量	吨	104656	108800	229782	233882	150268
棉花产量	吨			12		1852
油料产量	吨	1630	5371	3578	1368	2501
肉类总产量	吨	13312	11300	21715	34156	6591
规模以上工业企业个数	个	15	13	20	52	25
规模以上工业总产值(现价)	万元	325000	113438	282721	1161700	891599
城镇固定资产投资完成额	万元	242330	103643	140709	532814	383105
四、教育、卫生和社会保障						
普通中学在校学生数	人	26085	16208	39850	31596	20729
小学在校学生数	人	22187	29832	39006	42166	20310
医院、卫生院床位数	床	550	509	1181	28	1127
各种社会福利收养性单位数	个	3	6	3	1	1
各种社会福利收养性单位床位数	床	84	160	50	42	30

2009年县(市)社会经济主要指标

陕西省

指　　标	单位	潼关县	大荔县	合阳县	澄城县	蒲城县
一、基本情况						
行政区域土地面积	平方公里	526	1776	1227	1121	1584
乡(镇)个数	个	8	26	16	14	24
村民委员会个数	个	84	415	353	266	359
年末总户数	户	49591	196669	139249	129497	223236
其中:乡村户数	户	28027	157330	98432	76008	161136
年末总人口	万人	16	72	46	40	78
乡村人口	万人	12	64	39	31	66
年末单位从业人员数	人	13142	27153	18070	26189	35105
乡村从业人员数	人	74047	365390	202470	184303	379800
其中:农林牧渔业	人	51786	249059	139931	111737	283273
农业机械总动力	万千瓦特	8	86	24	24	59
本地电话年末用户	户	28829	132678	77300	87000	132363
二、综合经济						
第一产业增加值	万元	15051	141060	71790	95845	135950
第二产业增加值	万元	74530	98740	80040	149400	287060
地方财政一般预算收入	万元	7268	5540	6267	12550	19600
地方财政一般预算支出	万元	44510	109720	78998	79989	115513
城乡居民储蓄存款余额	万元	237892	385898	290500	388004	602632
年末金融机构各项贷款余额	万元	112272	244372	129900	170155	666071
三、农业、工业及投资						
粮食总产量	吨	52856	315671	247514	182454	392648
棉花产量	吨	655	22162	5170	9040	21270
油料产量	吨	4056	32781	3845	4870	2474
肉类总产量	吨	3837	27846	7782	42576	9548
规模以上工业企业个数	个	23	38	21	27	35
规模以上工业总产值(现价)	万元	195400	165600	140132	346000	530203
城镇固定资产投资完成额	万元	107488	26106	183157	399081	592416
四、教育、卫生和社会保障						
普通中学在校学生数	人	9668	54426	38309	35079	60405
小学在校学生数	人	10571	48356	32591	27597	49170
医院、卫生院床位数	床	463	1191	891	1135	1546
各种社会福利收养性单位数	个	1	7	5	7	1
各种社会福利收养性单位床位数	床	45	535	240	80	16

2009年县(市)社会经济主要指标

陕西省

指　　标	单位	白水县	富平县	韩城市	华阴市	延长县
一、基本情况						
行政区域土地面积	平方公里	960	1242	1621	817	2368
乡(镇)个数	个	14	24	14	7	12
村民委员会个数	个	194	337	275	186	288
年末总户数	户	97490	234188	123449	83485	54276
其中:乡村户数	户	57686	166503	70424	42653	25502
年末总人口	万人	29	78	40	26	15
乡村人口	万人	24	68	27	19	11
年末单位从业人员数	人	14890	30565	48472	22868	9012
乡村从业人员数	人	134412	378120	145605	104026	45957
其中:农林牧渔业	人	87426	250101	80430	80570	39982
农业机械总动力	万千瓦特	24	47	25	4	7
本地电话年末用户	户	41701	114500	96000	41524	17398
二、综合经济						
第一产业增加值	万元	85800	136950	76617	31500	33518
第二产业增加值	万元	75620	154760	841790	214550	119530
地方财政一般预算收入	万元	7500	10792	55208	12133	23330
地方财政一般预算支出	万元	61899	120641	107521	53267	56058
城乡居民储蓄存款余额	万元	249750	452276	883600	207626	123524
年末金融机构各项贷款余额	万元	81656	250288	980800	152914	58474
三、农业、工业及投资						
粮食总产量	吨	115652	413882	79493	95504	36336
棉花产量	吨	12	1435	84	1838	389
油料产量	吨	3044	2608	1004	1586	3478
肉类总产量	吨	8824	16986	6819	2324	2422
规模以上工业企业个数	个	17	34	80	13	
规模以上工业总产值(现价)	万元	145098	467400	2731873	328500	
城镇固定资产投资完成额	万元	130432	275769	660897	286569	170780
四、教育、卫生和社会保障						
普通中学在校学生数	人	15010	65144	29733	9925	8559
小学在校学生数	人	18530	51104	26795	14493	9361
医院、卫生院床位数	床	435	1560	1200	1320	248
各种社会福利收养性单位数	个	1	4	2	1	2
各种社会福利收养性单位床位数	床	10	47	49	47	45

2009年县(市)社会经济主要指标

陕西省

指　　标	单位	延川县	子长县	安塞县	志丹县	吴起县
一、基本情况						
行政区域土地面积	平方公里	1985	2395	2950	3763	3791
乡(镇)个数	个	14	13	12	11	12
村民委员会个数	个	346	358	211	200	164
年末总户数	户	64553	83594	57601	55178	41079
其中:乡村户数	户	31795	45232	34015	21871	25769
年末总人口	万人	20	27	18	15	13
乡村人口	万人	14	19	14	11	11
年末单位从业人员数	人	10890	15654	11708	14834	13939
乡村从业人员数	人	59859	76556	56462	49696	45454
其中:农林牧渔业	人	38167	59370	36392	32530	31755
农业机械总动力	万千瓦特	7	10	6	12	14
本地电话年末用户	户	25171	29781	20006	15874	17890
二、综合经济						
第一产业增加值	万元	29368	47060	35954	30507	33725
第二产业增加值	万元	409980	345050	516640	1059150	682430
地方财政一般预算收入	万元	17376	70416	73366	140112	160717
地方财政一般预算支出	万元	64251	127255	100549	150650	185612
城乡居民储蓄存款余额	万元	174649	197159	139252	191266	210546
年末金融机构各项贷款余额	万元	363002	100150	69952	142737	121964
三、农业、工业及投资						
粮食总产量	吨	45723	80432	65106	55913	51036
棉花产量	吨	85				
油料产量	吨	1425	524	2209	2132	1825
肉类总产量	吨	2574	6669	2303	2770	5002
规模以上工业企业个数	个	6	18	1	6	9
规模以上工业总产值(现价)	万元	11820	247903	1400	11665	13243
城镇固定资产投资完成额	万元	80186	383894	290766	562807	639743
四、教育、卫生和社会保障						
普通中学在校学生数	人	12614	16435	11556	9262	13289
小学在校学生数	人	13648	20532	13699	13766	12178
医院、卫生院床位数	床	405	507	418	373	318
各种社会福利收养性单位数	个	10	1	1	2	1
各种社会福利收养性单位床位数	床	143	40	11	40	8

2009年县(市)社会经济主要指标

陕西省

指　　标	单位	甘泉县	富　县	洛川县	宜川县	黄龙县
一、基本情况						
行政区域土地面积	平方公里	2285	4180	1799	2931	2759
乡(镇)个数	个	8	13	16	12	10
村民委员会个数	个	117	240	371	202	87
年末总户数	户	32594	49898	68680	38902	17719
其中:乡村户数	户	11103	28074	40477	24857	9266
年末总人口	万人	8	15	21	12	5
乡村人口	万人	5	11	17	9	3
年末单位从业人员数	人	9432	10385	15600	6656	5228
乡村从业人员数	人	27233	61390	89299	41925	12843
其中:农林牧渔业	人	22550	53846	78134	34866	11251
农业机械总动力	万千瓦特	7	13	21	17	6
本地电话年末用户	户	12117	16877	47173	15752	8871
二、综合经济						
第一产业增加值	万元	21352	50339	113267	40235	26005
第二产业增加值	万元	110780	24360	762360	7348	3840
地方财政一般预算收入	万元	35216	6565	11410	4028	1041
地方财政一般预算支出	万元	45583	54565	64330	52350	34153
城乡居民储蓄存款余额	万元	84646	123735	217451	99397	43170
年末金融机构各项贷款余额	万元	44205	98836	479771	27185	18575
三、农业、工业及投资						
粮食总产量	吨	35921	47240	97282	40932	73964
棉花产量	吨				9	
油料产量	吨	573	765	1317	640	170
肉类总产量	吨	3682	2297	14300	1962	2027
规模以上工业企业个数	个	8	2	2	1	
规模以上工业总产值(现价)	万元	75975	6576	26441	540	
城镇固定资产投资完成额	万元	120742	85068	300372	56663	30538
四、教育、卫生和社会保障						
普通中学在校学生数	人	5643	11715	20389	9369	3150
小学在校学生数	人	6241	15013	21645	6488	3288
医院、卫生院床位数	床	213	358	565	219	165
各种社会福利收养性单位数	个		2	2	1	4
各种社会福利收养性单位床位数	床		160	20	26	410

2009年县(市)社会经济主要指标

陕西省

指　　标	单位	黄陵县	南郑县	城固县	洋　县	西乡县
一、基本情况						
行政区域土地面积	平方公里	2290	2849	2265	3206	3240
乡(镇)个数	个	10	30	24	26	23
村民委员会个数	个	191	500	392	368	267
年末总户数	户	43692	179092	181527	138869	135679
其中:乡村户数	户	20254	136672	122916	105429	99707
年末总人口	万人	13	56	53	44	41
乡村人口	万人	8	46	43	36	34
年末单位从业人员数	人	20990	25260	28715	18149	12870
乡村从业人员数	人	41081	270407	200490	177386	169833
其中:农林牧渔业	人	29754	137440	89966	100755	85841
农业机械总动力	万千瓦特	21	13	14	14	19
本地电话年末用户	户	20606	49164	107721	53101	61260
二、综合经济						
第一产业增加值	万元	30252	106724	207827	109882	87902
第二产业增加值	万元	437890	287000	175450	154310	71680
地方财政一般预算收入	万元	46560	22438	6719	7182	6767
地方财政一般预算支出	万元	75570	105050	79692	75167	70061
城乡居民储蓄存款余额	万元	274389	476936	515350	393000	336178
年末金融机构各项贷款余额	万元	145510	221824	236056	262000	187885
三、农业、工业及投资						
粮食总产量	吨	50286	159429	150956	167528	105037
棉花产量	吨				5	4
油料产量	吨	2267	30094	22572	23179	21446
肉类总产量	吨	2368	25939	37564	35869	39050
规模以上工业企业个数	个	31	42	38	24	31
规模以上工业总产值(现价)	万元	717579	438844	426458	265858	107908
城镇固定资产投资完成额	万元	370870	142679	227074	232363	116588
四、教育、卫生和社会保障						
普通中学在校学生数	人	11422	30899	30271	25607	20988
小学在校学生数	人	10040	36138	36021	28818	25431
医院、卫生院床位数	床	645	965	1205	1018	900
各种社会福利收养性单位数	个	1	15	29	9	14
各种社会福利收养性单位床位数	床	20	467	1044	320	310

2009年县(市)社会经济主要指标

陕西省

指　　标	单位	勉　县	宁强县	略阳县	镇巴县	留坝县
一、基本情况						
行政区域土地面积	平方公里	2382	3247	2831	3414	1958
乡(镇)个数	个	25	26	21	24	9
村民委员会个数	个	237	269	183	221	98
年末总户数	户	140419	104574	63597	80181	14325
其中:乡村户数	户	106312	82438	35740	61617	9974
年末总人口	万人	42	34	20	29	5
乡村人口	万人	33	30	14	24	4
年末单位从业人员数	人	29506	14170	17429	10395	3696
乡村从业人员数	人	163038	151428	72945	95075	13664
其中:农林牧渔业	人	73633	78983	37038	47022	12358
农业机械总动力	万千瓦特	10	11	16	6	2
本地电话年末用户	户	73400	48000	39582	55902	7241
二、综合经济						
第一产业增加值	万元	96736	87216	42666	74867	14254
第二产业增加值	万元	241600	67814	144880	29670	10080
地方财政一般预算收入	万元	13090	5782	11580	3034	938
地方财政一般预算支出	万元	134676	142687	126114	56162	19603
城乡居民储蓄存款余额	万元	470907	236157	236927	130964	29000
年末金融机构各项贷款余额	万元	324117	119588	217423	66301	36047
三、农业、工业及投资						
粮食总产量	吨	144774	88548	50346	96245	13005
棉花产量	吨	1				
油料产量	吨	23032	10184	3407	9728	798
肉类总产量	吨	32216	25034	11182	25521	2778
规模以上工业企业个数	个	39	41	33	14	6
规模以上工业总产值(现价)	万元	691858	108749	399129	22136	4109
城镇固定资产投资完成额	万元	220482	198725	195604	89825	38928
四、教育、卫生和社会保障						
普通中学在校学生数	人	27180	21679	9776	17389	2550
小学在校学生数	人	26152	27007	10648	21216	2895
医院、卫生院床位数	床	1300	813	750	517	206
各种社会福利收养性单位数	个	18		6	6	3
各种社会福利收养性单位床位数	床	245		625	79	38

2009年县(市)社会经济主要指标

陕西省

指　　标	单位	佛坪县	神木县	府谷县	横山县	靖边县
一、基本情况						
行政区域土地面积	平方公里	1267	7635	3229	4333	5088
乡(镇)个数	个	9	19	20	18	22
村民委员会个数	个	59	631	331	361	214
年末总户数	户	11402	119812	80556	99373	93855
其中:乡村户数	户	7358	89782	50581	59830	61184
年末总人口	万人	3	41	23	35	32
乡村人口	万人	3	37	19	32	27
年末单位从业人员数	人	2766	37197	15353	15779	23109
乡村从业人员数	人	9320	151729	98259	149845	145502
其中:农林牧渔业	人	6004	67628	49851	118526	79355
农业机械总动力	万千瓦特	4	28	26	21	36
本地电话年末用户	户	5426	53078	54031	45412	27900
二、综合经济						
第一产业增加值	万元	5575	65169	23744	124600	89329
第二产业增加值	万元	7800	2997200	1326800	362000	1710100
地方财政一般预算收入	万元	739	216000	105716	15000	100000
地方财政一般预算支出	万元	16795	276980	136478	92015	138500
城乡居民储蓄存款余额	万元	40726	1863700	1145244	154000	294556
年末金融机构各项贷款余额	万元	11479	1696000	1193386	131000	354018
三、农业、工业及投资						
粮食总产量	吨	8532	136113	70907	154507	230746
棉花产量	吨			26		
油料产量	吨	330	3058	4709	1300	5724
肉类总产量	吨	1861	22688	7967	13221	24479
规模以上工业企业个数	个	5	271	225	36	30
规模以上工业总产值(现价)	万元	3285	5279700	2300000	255775	2908700
城镇固定资产投资完成额	万元	27315	1185600	1531684	851000	783500
四、教育、卫生和社会保障						
普通中学在校学生数	人	1995	37295	19277	26124	28809
小学在校学生数	人	2092	28047	17632	26055	30792
医院、卫生院床位数	床	166	1656	832	704	1037
各种社会福利收养性单位数	个	6	1	6	2	8
各种社会福利收养性单位床位数	床	148	150	500	118	200

2009 年县(市)社会经济主要指标

陕西省

指　　标	单位	定边县	绥德县	米脂县	佳　县	吴堡县
一、基本情况						
行政区域土地面积	平方公里	6920	1853	1212	2029	428
乡(镇)个数	个	25	20	13	20	8
村民委员会个数	个	335	661	396	653	221
年末总户数	户	86266	117310	73343	86214	32011
其中:乡村户数	户	63094	82714	42525	65340	19640
年末总人口	万人	33	36	22	26	8
乡村人口	万人	29	30	17	25	8
年末单位从业人员数	人	19800	16484	10334	9685	6084
乡村从业人员数	人	157163	139949	83490	96600	25870
其中:农林牧渔业	人	122914	67429	45801	46650	8985
农业机械总动力	万千瓦特	41	11	10	9	
本地电话年末用户	户	31190	29741	41734	36381	15158
二、综合经济						
第一产业增加值	万元	81237	50680	32603	60945	13680
第二产业增加值	万元	991610	35500	65400	33200	28060
地方财政一般预算收入	万元	71036	3808	3228	1860	1497
地方财政一般预算支出	万元	142705	90700	70005	82363	37518
城乡居民储蓄存款余额	万元	309521	223209	129719	52694	46991
年末金融机构各项贷款余额	万元	168442	189234	67278	38861	36250
三、农业、工业及投资						
粮食总产量	吨	259155	90370	94208	72889	17319
棉花产量	吨					5
油料产量	吨	12780	17191	3785	802	1220
肉类总产量	吨	15107	3388	3231	3820	522
规模以上工业企业个数	个	22	7	15	17	5
规模以上工业总产值(现价)	万元	383551	11000	121937	45297	23625
城镇固定资产投资完成额	万元	412901	84981	202582	51300	62435
四、教育、卫生和社会保障						
普通中学在校学生数	人	22240	26539	11529	11036	4722
小学在校学生数	人	23712	21220	8805	21921	4799
医院、卫生院床位数	床	711	1275	449	560	333
各种社会福利收养性单位数	个	3	6	4	3	1
各种社会福利收养性单位床位数	床	225	225	162	60	12

2009年县(市)社会经济主要指标

陕西省

指　　标	单位	清涧县	子洲县	汉阴县	石泉县	宁陕县
一、基本情况						
行政区域土地面积	平方公里	1881	2042	1364	1525	3678
乡(镇)个数	个	15	18	18	15	14
村民委员会个数	个	639	550	179	202	98
年末总户数	户	72552	105066	100336	61711	24499
其中:乡村户数	户	62712	70969	72515	43278	16847
年末总人口	万人	22	31	30	18	8
乡村人口	万人	19	29	26	15	6
年末单位从业人员数	人	11084	10276	8762	7570	3726
乡村从业人员数	人	81230	154228	155711	84498	32273
其中:农林牧渔业	人	54382	85199	78534	42327	20373
农业机械总动力	万千瓦特	11	8	14	8	4
本地电话年末用户	户	42065	18000	37665	29440	14930
二、综合经济						
第一产业增加值	万元	57315	44565	80880	44570	25670
第二产业增加值	万元	34790	100570	74610	114950	42940
地方财政一般预算收入	万元	1951	3508	6433	4499	2246
地方财政一般预算支出	万元	65440	65607	64728	50084	31944
城乡居民储蓄存款余额	万元	76204	67598	201444	157880	53696
年末金融机构各项贷款余额	万元	47064	42354	90888	133988	27542
三、农业、工业及投资						
粮食总产量	吨	69056	106713	102374	69938	21070
棉花产量	吨	46		10		
油料产量	吨	8054	10663	22287	10570	460
肉类总产量	吨	3915	4642	22343	14460	3288
规模以上工业企业个数	个	15	11	33	31	9
规模以上工业总产值(现价)	万元	51814	173869	133079	161715	38780
城镇固定资产投资完成额	万元	94562	60092	154241	160814	100266
四、教育、卫生和社会保障						
普通中学在校学生数	人	9737	20175	17823	10990	4079
小学在校学生数	人	9278	18704	23074	13299	4452
医院、卫生院床位数	床	638	538	525	571	252
各种社会福利收养性单位数	个	9	1	85	1	10
各种社会福利收养性单位床位数	床	550	20	1762	50	699

2009 年县(市)社会经济主要指标

陕西省

指　　标	单位	紫阳县	岚皋县	平利县	镇坪县	旬阳县
一、基本情况						
行政区域土地面积	平方公里	2204	1956	2647	1498	3554
乡(镇)个数	个	25	17	12	10	28
村民委员会个数	个	212	188	190	78	292
年末总户数	户	104734	60069	84597	19801	140322
其中:乡村户数	户	71549	40172	49572	13794	99955
年末总人口	万人	34	18	24	6	45
乡村人口	万人	28	15	18	5	36
年末单位从业人员数	人	8930	6977	8627	3476	15761
乡村从业人员数	人	150572	81206	94801	27507	197021
其中:农林牧渔业	人	77605	37517	50977	16562	122242
农业机械总动力	万千瓦特	11	5	9	4	10
本地电话年末用户	户	35636	22686	34633	10467	55722
二、综合经济						
第一产业增加值	万元	88740	42480	66030	18130	89920
第二产业增加值	万元	57330	36750	63790	15620	201970
地方财政一般预算收入	万元	8036	3516	4529	2200	16388
地方财政一般预算支出	万元	69063	46856	57361	25708	98640
城乡居民储蓄存款余额	万元	160594	114998	145678	36813	299840
年末金融机构各项贷款余额	万元	73888	66071	74019	15649	259302
三、农业、工业及投资						
粮食总产量	吨	111747	67080	77037	28780	123465
棉花产量	吨					
油料产量	吨	7807	3794	9614	874	17325
肉类总产量	吨	22554	14642	20649	9973	31650
规模以上工业企业个数	个	19	13	22	8	33
规模以上工业总产值(现价)	万元	65109	47152	122900	20882	261197
城镇固定资产投资完成额	万元	187306	137051	135422	47366	286824
四、教育、卫生和社会保障						
普通中学在校学生数	人	18791	8768	13064	3567	32218
小学在校学生数	人	27349	9766	14307	4181	26214
医院、卫生院床位数	床	415	457	486	242	905
各种社会福利收养性单位数	个	1	69	51	7	35
各种社会福利收养性单位床位数	床	13	1970	2616	430	1668

2009年县(市)社会经济主要指标

陕西省

指　　标	单位	白河县	商州区	洛南县	丹凤县	商南县
一、基本情况						
行政区域土地面积	平方公里	1455	2672	2830	2438	2307
乡(镇)个数	个	15	26	25	21	16
村民委员会个数	个	124	405	381	202	164
年末总户数	户	61210	148249	136284	91651	77567
其中:乡村户数	户	47925	117092	98182	69091	53929
年末总人口	万人	21	55	45	30	24
乡村人口	万人	18	43	36	26	18
年末单位从业人员数	人	7663	38792	18889	9367	11011
乡村从业人员数	人	107291	196595	170239	120582	97526
其中:农林牧渔业	人	44840	137398	130106	82833	39183
农业机械总动力	万千瓦特	6	13	14	4	5
本地电话年末用户	户	38226	104766	62686	42000	30954
二、综合经济						
第一产业增加值	万元	49150	76848	103491	64325	60500
第二产业增加值	万元	53120	200320	144870	97500	63860
地方财政一般预算收入	万元	4519	15603	15165	7553	8988
地方财政一般预算支出	万元	54800	91649	89504	62623	62036
城乡居民储蓄存款余额	万元	119239	1322595	338247	248156	190855
年末金融机构各项贷款余额	万元	66438	613050	152451	94907	107401
三、农业、工业及投资						
粮食总产量	吨	58174	121716	160038	67889	63153
棉花产量	吨			15		
油料产量	吨	5068	406	1026	1305	8855
肉类总产量	吨	11338	15806	27013	18933	13086
规模以上工业企业个数	个	20	21	19	9	19
规模以上工业总产值(现价)	万元	98053	329100	188011	57001	85972
城镇固定资产投资完成额	万元	132717	418700	240160	214400	212300
四、教育、卫生和社会保障						
普通中学在校学生数	人	16633	37439	31189	22362	17390
小学在校学生数	人	14655	43856	29621	25727	16569
医院、卫生院床位数	床	364	1923	968	675	551
各种社会福利收养性单位数	个	31	9	2	10	12
各种社会福利收养性单位床位数	床	1648	267	20	586	689

2009年县(市)社会经济主要指标

陕西省、甘肃省

指标	单位	山阳县	镇安县	柞水县	永登县	皋兰县
一、基本情况						
行政区域土地面积	平方公里	3535	3487	2332	6090	2556
乡(镇)个数	个	30	25	16	18	7
村民委员会个数	个	320	204	120	240	71
年末总户数	户	127435	82923	46558	149372	54757
其中:乡村户数	户	102256	67225	37093	113400	39948
年末总人口	万人	44	30	15	49	17
乡村人口	万人	40	25	13	45	15
年末单位从业人员数	人	19525	14822	11871	25620	10222
乡村从业人员数	人	164804	133145	62495	244000	81430
其中:农林牧渔业	人	85946	51495	39608	136000	50063
农业机械总动力	万千瓦特	16	11	5	31	32
本地电话年末用户	户	57540	61769	25988	65199	15200
二、综合经济						
第一产业增加值	万元	63881	64130	33322	78859	36460
第二产业增加值	万元	111600	124570	103460	305158	117121
地方财政一般预算收入	万元	9760	8250	7506	24323	9191
地方财政一般预算支出	万元	86179	73878	51792	116689	57327
城乡居民储蓄存款余额	万元	314801	187302	129646	374900	198798
年末金融机构各项贷款余额	万元	162156	106436	92850	308024	210706
三、农业、工业及投资						
粮食总产量	吨	117808	100000	45849	162979	48031
棉花产量	吨		2			
油料产量	吨	1668	4964	258	7424	4924
肉类总产量	吨	13461	14150	9093	11053	3455
规模以上工业企业个数	个	23	17	19	54	31
规模以上工业总产值(现价)	万元	136218	61800	196623	818657	291288
城镇固定资产投资完成额	万元	206030	234900	221816	292862	99565
四、教育、卫生和社会保障						
普通中学在校学生数	人	33324	20140	11054	36551	16250
小学在校学生数	人	38100	18610	14773	33161	13979
医院、卫生院床位数	床	862	693	402	895	250
各种社会福利收养性单位数	个	22		13	15	7
各种社会福利收养性单位床位数	床	721		210	42	20

2009年县(市)社会经济主要指标

甘肃省

指　　标	单位	榆中县	永昌县	靖远县	会宁县	景泰县
一、基本情况						
行政区域土地面积	平方公里	3302	5877	5809	6439	5483
乡(镇)个数	个	23	10	18	28	11
村民委员会个数	个	268	111	175	284	136
年末总户数	户	114258	70786	131557	154426	67216
其中:乡村户数	户	95497	48295	98776	115138	46840
年末总人口	万人	43	26	46	58	23
乡村人口	万人	39	19	44	55	19
年末单位从业人员数	人	16148	21031	15657	20005	14449
乡村从业人员数	人	202264	107642	227740	294231	104200
其中:农林牧渔业	人	132547	74326	170045	220951	68688
农业机械总动力	万千瓦特	35	65	53	29	44
本地电话年末用户	户	32000	21810	32881	48454	59830
二、综合经济						
第一产业增加值	万元	80225	80983	126477	90555	62170
第二产业增加值	万元	171903	163031	94952	80744	130895
地方财政一般预算收入	万元	19701	11498	6016	3152	7648
地方财政一般预算支出	万元	108499	68148	105118	127255	64556
城乡居民储蓄存款余额	万元	396151	249539	196066	195004	183337
年末金融机构各项贷款余额	万元	321627	200691	111396	144689	259527
三、农业、工业及投资						
粮食总产量	吨	152219	292198	180877	227741	142200
棉花产量	吨			225		
油料产量	吨	6618	8117	3741	3244	7040
肉类总产量	吨	9185	7732	15929	33081	13030
规模以上工业企业个数	个	30	32	27	10	40
规模以上工业总产值(现价)	万元	677571	412804	86642	41258	210005
城镇固定资产投资完成额	万元	175100	263639	120693	63967	122733
四、教育、卫生和社会保障						
普通中学在校学生数	人	30184	20652	52951	68544	26185
小学在校学生数	人	29164	19051	43988	61564	19691
医院、卫生院床位数	床	783	638	779	1400	628
各种社会福利收养性单位数	个	12	1	3	1	
各种社会福利收养性单位床位数	床	450	78	88	120	

2009年县(市)社会经济主要指标

甘肃省

指　　标	单位	清水县	秦安县	甘谷县	武山县	张家川回族自治县
一、基本情况						
行政区域土地面积	平方公里	2012	1602	1573	2011	1311
乡(镇)个数	个	18	17	15	15	15
村民委员会个数	个	260	428	405	344	258
年末总户数	户	71901	153089	159311	123413	69905
其中:乡村户数	户	62269	123925	120554	89472	61982
年末总人口	万人	31	60	58	43	31
乡村人口	万人	30	58	57	42	31
年末单位从业人员数	人	9004	13113	18003	14453	11016
乡村从业人员数	人	148986	298495	308866	226583	186121
其中:农林牧渔业	人	103551	207400	160104	134449	134553
农业机械总动力	万千瓦特	10	20	14	17	9
本地电话年末用户	户	23400	64163	75000	54389	29810
二、综合经济						
第一产业增加值	万元	57041	84767	81916	91975	30485
第二产业增加值	万元	38670	60987	94510	54371	30521
地方财政一般预算收入	万元	3355	8862	11612	4536	4150
地方财政一般预算支出	万元	89874	99169	60340	101062	86439
城乡居民储蓄存款余额	万元	103650	229860	280286	182804	102531
年末金融机构各项贷款余额	万元	73392	95312	168039	102543	57976
三、农业、工业及投资						
粮食总产量	吨	149725	188000	160288	118880	100704
棉花产量	吨			11		
油料产量	吨	14103	7406	9042	6968	4301
肉类总产量	吨	11745	13744	10966	8168	4632
规模以上工业企业个数	个	10	12	16	14	13
规模以上工业总产值(现价)	万元	25076	30208	87117	57028	19254
城镇固定资产投资完成额	万元	96358	106602	172343	165156	112287
四、教育、卫生和社会保障						
普通中学在校学生数	人	15668	45933	50489	28532	25517
小学在校学生数	人	33708	66775	87660	53292	46727
医院、卫生院床位数	床	524	628	441	754	438
各种社会福利收养性单位数	个	14	5	9	12	10
各种社会福利收养性单位床位数	床	105	60	76	127	70

2009年县(市)社会经济主要指标

甘肃省

指　　标	单位	凉州区	民勤县	古浪县	天祝藏族自治县	甘州区
一、基本情况						
行政区域土地面积	平方公里	5081	15907	5130	7147	4240
乡(镇)个数	个	37	18	19	19	18
村民委员会个数	个	449	249	251	176	245
年末总户数	户	215200	76564	95075	53092	163157
其中:乡村户数	户	194185	58000	82456	40186	91933
年末总人口	万人	100	30	40	22	51
乡村人口	万人	81	24	37	17	35
年末单位从业人员数	人	71452	9643	12290	9561	46233
乡村从业人员数	人	415600	121000	199200	103100	215024
其中:农林牧渔业	人	265640	96000	142371	73400	112236
农业机械总动力	万千瓦特	137	115	42	18	61
本地电话年末用户	户	209002	22186	39892	34584	163150
二、综合经济						
第一产业增加值	万元	323469	122359	60555	28801	212232
第二产业增加值	万元	502825	68607	84832	76671	292203
地方财政一般预算收入	万元	18100	5129	4218	7443	16681
地方财政一般预算支出	万元	237803	121835	91288	91918	125875
城乡居民储蓄存款余额	万元	914974	337493	156100	136200	743353
年末金融机构各项贷款余额	万元	788953	211692	93000	77900	709878
三、农业、工业及投资						
粮食总产量	吨	609134	154274	157061	32582	351886
棉花产量	吨		16170			
油料产量	吨	20780	21276	9980	3470	8071
肉类总产量	吨	68939	13425	13912	12925	40645
规模以上工业企业个数	个	91	26	14	28	47
规模以上工业总产值(现价)	万元	882946	20448	104232	106174	549545
城镇固定资产投资完成额	万元	481678	131963	166095	170019	304510
四、教育、卫生和社会保障						
普通中学在校学生数	人	38670	31170	35315	16636	24925
小学在校学生数	人	101500	22754	56943	16189	38351
医院、卫生院床位数	床	4235	740	754	530	2201
各种社会福利收养性单位数	个	14	5	12	1	19
各种社会福利收养性单位床位数	床	420	526	25	306	535

2009年县(市)社会经济主要指标

甘肃省

指标	单位	肃南裕固族自治县	民乐县	临泽县	高台县	山丹县
一、基本情况						
行政区域土地面积	平方公里	20456	3687	3148	4426	5402
乡(镇)个数	个	8	10	7	9	8
村民委员会个数	个	101	172	71	136	115
年末总户数	户	13241	73928	48522	52638	64943
其中:乡村户数	户	7178	54871	33021	36194	38271
年末总人口	万人	4	24	15	16	20
乡村人口	万人	3	22	12	13	15
年末单位从业人员数	人	5273	13075	8753	8034	32158
乡村从业人员数	人	12978	129070	70158	80869	85600
其中:农林牧渔业	人	9681	103593	46130	60858	39500
农业机械总动力	万千瓦特	6	44	33	24	30
本地电话年末用户	户	6950	73920	31282	35127	27922
二、综合经济						
第一产业增加值	万元	20508	77205	76757	95501	54678
第二产业增加值	万元	70492	71332	97975	87612	105521
地方财政一般预算收入	万元	8888	5936	5663	5570	6080
地方财政一般预算支出	万元	42452	67999	65270	66945	63705
城乡居民储蓄存款余额	万元	38033	123073	144684	161235	167546
年末金融机构各项贷款余额	万元	25123	110978	100662	124043	62969
三、农业、工业及投资						
粮食总产量	吨	16661	255473	136955	105249	162880
棉花产量	吨	5		275	5500	
油料产量	吨	149	34622	180	2387	12548
肉类总产量	吨	8285	12940	12707	11649	6707
规模以上工业企业个数	个	25	15	22	25	22
规模以上工业总产值(现价)	万元	137725	138144	185094	140501	127998
城镇固定资产投资完成额	万元	189230	87651	93976	82265	88972
四、教育、卫生和社会保障						
普通中学在校学生数	人	1794	20359	9236	10876	11806
小学在校学生数	人	2647	20146	10214	13790	13538
医院、卫生院床位数	床	354	1095	517	469	667
各种社会福利收养性单位数	个		4	8	9	9
各种社会福利收养性单位床位数	床		254	160	307	181

2009年县(市)社会经济主要指标

甘肃省

指　　标	单位	崆峒区	泾川县	灵台县	崇信县	华亭县
一、基本情况						
行政区域土地面积	平方公里	1936	1409	2038	850	1182
乡(镇)个数	个	17	14	13	6	10
村民委员会个数	个	252	215	184	79	114
年末总户数	户	157882	90736	69132	28316	59887
其中:乡村户数	户	75173	73020	51514	19142	31556
年末总人口	万人	48	34	23	10	18
乡村人口	万人	32	31	21	8	13
年末单位从业人员数	人	43356	12421	7945	7009	28084
乡村从业人员数	人	171297	164135	109642	50184	68523
其中:农林牧渔业	人	108885	97277	68697	25634	34542
农业机械总动力	万千瓦特	22	11	10	5	6
本地电话年末用户	户	80724	24209	18150	13912	31010
二、综合经济						
第一产业增加值	万元	79955	87017	65021	34421	37281
第二产业增加值	万元	285041	85218	25382	80050	340259
地方财政一般预算收入	万元	16409	4426	3252	10352	29328
地方财政一般预算支出	万元	133403	77046	74442	46091	83464
城乡居民储蓄存款余额	万元	632900	225280	133273	75067	259872
年末金融机构各项贷款余额	万元	764400	147933	85760	65118	331298
三、农业、工业及投资						
粮食总产量	吨	182709	141063	154062	50846	75100
棉花产量	吨					
油料产量	吨	8061	7469	18937	6516	4478
肉类总产量	吨	13834	12675	6719	5917	9383
规模以上工业企业个数	个	39	6	5	11	16
规模以上工业总产值(现价)	万元	315175	20140	14308	121601	582282
城镇固定资产投资完成额	万元	515665	153666	89136	290425	311997
四、教育、卫生和社会保障						
普通中学在校学生数	人	29824	26775	18007	9318	10649
小学在校学生数	人	48584	31503	18463	8747	14718
医院、卫生院床位数	床	1565	701	480	265	718
各种社会福利收养性单位数	个	15	10	18	7	12
各种社会福利收养性单位床位数	床	95	330	511	249	158

2009年县(市)社会经济主要指标

甘肃省

指　　标	单位	庄浪县	静宁县	肃州区	金塔县	瓜州县
一、基本情况						
行政区域土地面积	平方公里	1553	2194	3386	18798	24130
乡(镇)个数	个	18	24	15	10	13
村民委员会个数	个	293	392	123	86	73
年末总户数	户	102362	123807	109920	47759	44330
其中:乡村户数	户	88192	94849	58743	29459	25807
年末总人口	万人	44	47	37	15	12
乡村人口	万人	42	45	22	11	11
年末单位从业人员数	人	15018	13399	36616	7704	7613
乡村从业人员数	人	226746	229181	118470	60023	61392
其中:农林牧渔业	人	124846	170688	69390	49483	50221
农业机械总动力	万千瓦特	14	16	57	38	25
本地电话年末用户	户	16923	40437	102800	22848	18533
二、综合经济						
第一产业增加值	万元	62885	67270	153051	99052	56979
第二产业增加值	万元	33954	52317	361874	70620	160120
地方财政一般预算收入	万元	3594	4331	11391	4644	7604
地方财政一般预算支出	万元	100884	120463	88301	55333	26332
城乡居民储蓄存款余额	万元	166643	177700	872733	160745	161004
年末金融机构各项贷款余额	万元	98476	110100	659562	100420	299135
三、农业、工业及投资						
粮食总产量	吨	130515	156706	162346	69989	37011
棉花产量	吨			158	21700	11982
油料产量	吨	5906	11521	2535	5700	1172
肉类总产量	吨	10201	9446	24566	12723	5242
规模以上工业企业个数	个	5	10	61	22	25
规模以上工业总产值(现价)	万元	21591	74700	675789	54381	167215
城镇固定资产投资完成额	万元	99546	232560	365661	76664	828173
四、教育、卫生和社会保障						
普通中学在校学生数	人	39685	42686	20857	10232	9264
小学在校学生数	人	47968	45952	29024	12752	13184
医院、卫生院床位数	床	791	1034	2032	395	392
各种社会福利收养性单位数	个	11	1	6	1	2
各种社会福利收养性单位床位数	床	65	11	800	4	50

2009年县(市)社会经济主要指标

甘肃省

指标	单位	肃北蒙古族自治县	阿克塞哈萨克自治县	玉门市	敦煌市	西峰区
一、基本情况						
行政区域土地面积	平方公里	66748	31241	13496	31200	996
乡(镇)个数	个	3	3	12	8	7
村民委员会个数	个	26	10	57	56	100
年末总户数	户	4696	3329	60667	48333	101608
其中:乡村户数	户	2000	1046	25410	26453	58391
年末总人口	万人	1	1	18	18	34
乡村人口	万人	1		10	10	25
年末单位从业人员数	人	2353	2004	22324	12274	284831
乡村从业人员数	人	3300	1871	53499	53003	128900
其中:农林牧渔业	人	2800	1385	35866	33926	77971
农业机械总动力	万千瓦特	3	2	27	25	23
本地电话年末用户	户	2840	2262	33408	43450	89120
二、综合经济						
第一产业增加值	万元	3286	2820	60030	94879	76637
第二产业增加值	万元	120918	37228	697783	103611	371788
地方财政一般预算收入	万元	14729	3104	10943	19306	26640
地方财政一般预算支出	万元	29015	18636	68163	31401	114393
城乡居民储蓄存款余额	万元	16466	17715	273031	747816	650188
年末金融机构各项贷款余额	万元	8898	11437	165958	218985	407960
三、农业、工业及投资						
粮食总产量	吨	4775	1619	80764	4105	120013
棉花产量	吨			5134	24401	
油料产量	吨	291	12	3770		12601
肉类总产量	吨	1705	1225	7310	5700	5323
规模以上工业企业个数	个	24	12	44	21	13
规模以上工业总产值(现价)	万元	181240	85168	2023778	74402	115145
城镇固定资产投资完成额	万元	128206	41151	788517	173113	615530
四、教育、卫生和社会保障						
普通中学在校学生数	人	688	570	8004	12016	34321
小学在校学生数	人	837	691	12307	13514	33447
医院、卫生院床位数	床	88	82	552	590	1968
各种社会福利收养性单位数	个	1	1	5	6	6
各种社会福利收养性单位床位数	床	15	48	198	72	190

2009年县(市)社会经济主要指标

甘肃省

指　　标	单位	庆城县	环　县	华池县	合水县	正宁县
一、基本情况						
行政区域土地面积	平方公里	2692	9236	3776	2942	1320
乡(镇)个数	个	15	20	15	12	10
村民委员会个数	个	153	250	111	80	94
年末总户数	户	86256	84500	38526	48098	68269
其中:乡村户数	户	53900	67600	24852	34499	49108
年末总人口	万人	32	34	13	17	23
乡村人口	万人	24	33	11	15	21
年末单位从业人员数	人	10451	8527	7079	6318	19598
乡村从业人员数	人	124900	169300	61042	81300	114500
其中:农林牧渔业	人	96500	128500	52417	52176	85300
农业机械总动力	万千瓦特	16	12	10	10	11
本地电话年末用户	户	64319	9295	22300	21000	34568
二、综合经济						
第一产业增加值	万元	47439	36776	26369	38455	46623
第二产业增加值	万元	669715	103228	435173	61477	23947
地方财政一般预算收入	万元	17571	8188	6579	3888	17487
地方财政一般预算支出	万元	80653	110326	66052	56477	73674
城乡居民储蓄存款余额	万元	373000	107149	89998	99617	163193
年末金融机构各项贷款余额	万元	143000	86295	41263	67516	53800
三、农业、工业及投资						
粮食总产量	吨	123098	137763	106178	93863	90032
棉花产量	吨					
油料产量	吨	13400	8424	7536	8257	11503
肉类总产量	吨	5064	12615	4386	3714	2491
规模以上工业企业个数	个	16	6	5	4	6
规模以上工业总产值(现价)	万元	758526	31591	5125	21683	8882
城镇固定资产投资完成额	万元	256800	268236	220478	213516	282986
四、教育、卫生和社会保障						
普通中学在校学生数	人	18635	23477	9739	12998	18729
小学在校学生数	人	22500	37208	10456	14526	20700
医院、卫生院床位数	床	665	485	418	360	439
各种社会福利收养性单位数	个	14	1		4	
各种社会福利收养性单位床位数	床	260	159		96	

2009年县(市)社会经济主要指标

甘肃省

指　　标	单位	宁　县	镇原县	安定区	通渭县	陇西县
一、基本情况						
行政区域土地面积	平方公里	2653	3500	3638	2913	2409
乡(镇)个数	个	18	19	19	18	17
村民委员会个数	个	257	215	306	332	215
年末总户数	户	146300	139893	127481	110040	136885
其中:乡村户数	户	112400	109200	89945	87466	96588
年末总人口	万人	51	50	47	46	49
乡村人口	万人	50	49	36	41	43
年末单位从业人员数	人	11567	12374	25901	14572	19574
乡村从业人员数	人	255500	222500	199056	223820	197717
其中:农林牧渔业	人	152300	140000	123036	140363	117455
农业机械总动力	万千瓦特	19	23	57	24	26
本地电话年末用户	户	51000	38000	56913	29980	35500
二、综合经济						
第一产业增加值	万元	82077	80636	62139	51895	69445
第二产业增加值	万元	62091	84826	66026	14781	95587
地方财政一般预算收入	万元	6301	10551	9522	2839	10434
地方财政一般预算支出	万元	100573	119041	112280	101260	103949
城乡居民储蓄存款余额	万元	238820	222477	376793	109069	279385
年末金融机构各项贷款余额	万元	135361	110153	366737	93292	257881
三、农业、工业及投资						
粮食总产量	吨	237117	200627	248366	238941	162532
棉花产量	吨					
油料产量	吨	30838	15250	6987	11514	2660
肉类总产量	吨	11059	11097	14160	10843	10735
规模以上工业企业个数	个	11	8	16	5	21
规模以上工业总产值(现价)	万元	34058	57000	49833	11614	176168
城镇固定资产投资完成额	万元	431909	245075	178298	65712	189555
四、教育、卫生和社会保障						
普通中学在校学生数	人	31700	40880	24348	42395	46559
小学在校学生数	人	51214	56616	29912	52061	47320
医院、卫生院床位数	床	630	680	553	718	983
各种社会福利收养性单位数	个	14		13	7	10
各种社会福利收养性单位床位数	床	165		46	17	75

2009年县(市)社会经济主要指标

甘肃省

指　　　　标	单位	渭源县	临洮县	漳　县	岷　县	武都区
一、基本情况						
行政区域土地面积	平方公里	2066	2851	2164	3500	4683
乡(镇)个数	个	16	18	13	18	36
村民委员会个数	个	217	323	136	300	684
年末总户数	户	84558	149001	43792	116502	129600
其中:乡村户数	户	77346	116800	40816	94683	116400
年末总人口	万人	35	54	19	44	52
乡村人口	万人	33	50	19	44	48
年末单位从业人员数	人	8720	17596	5518	9749	20640
乡村从业人员数	人	166470	256715	97041	224418	248500
其中:农林牧渔业	人	122000	175496	49391	164682	212500
农业机械总动力	万千瓦特	20	38	11	12	24
本地电话年末用户	户	16000	25100	9813	27380	36400
二、综合经济						
第一产业增加值	万元	54254	79802	30321	52464	71755
第二产业增加值	万元	10086	69172	9708	29400	73339
地方财政一般预算收入	万元	2900	9302	2206	4743	8100
地方财政一般预算支出	万元	75944	104445	49166	84558	51200
城乡居民储蓄存款余额	万元	95868	316091	58335	144717	229252
年末金融机构各项贷款余额	万元	71906	228034	42339	102222	177580
三、农业、工业及投资						
粮食总产量	吨	119650	203166	66395	74878	151056
棉花产量	吨					15
油料产量	吨	2194	4478	1093	1003	2500
肉类总产量	吨	7289	18278	5523	10027	15101
规模以上工业企业个数	个	2	19	3	10	11
规模以上工业总产值(现价)	万元	5489	90873	7340	25964	27365
城镇固定资产投资完成额	万元	104030	153960	69160	121050	305200
四、教育、卫生和社会保障						
普通中学在校学生数	人	24087	45836	14979	28685	22100
小学在校学生数	人	33084	32112	24884	46416	73300
医院、卫生院床位数	床	759	1229	358	469	1800
各种社会福利收养性单位数	个	4	1	5	1	1
各种社会福利收养性单位床位数	床	10	60	35	30	13

2009年县(市)社会经济主要指标

甘肃省

指　　标	单位	成　县	文　县	宕昌县	康　县	西和县
一、基本情况						
行政区域土地面积	平方公里	1701	4994	3331	2958	1856
乡(镇)个数	个	17	20	25	21	20
村民委员会个数	个	245	305	334	350	384
年末总户数	户	71383	79435	66546	58622	105484
其中:乡村户数	户	52762	58100	61383	45200	76900
年末总人口	万人	26	24	31	19	38
乡村人口	万人	22	22	29	18	37
年末单位从业人员数	人	15206	12126	9493	7375	14803
乡村从业人员数	人	117200	121995	166625	98500	196100
其中:农林牧渔业	人	73500	78082	118934	72400	144500
农业机械总动力	万千瓦特	18	15	8	18	10
本地电话年末用户	户	39100	16773	11180	18000	34036
二、综合经济						
第一产业增加值	万元	56674	28951	26522	26336	44257
第二产业增加值	万元	78231	49134	17794	20233	22322
地方财政一般预算收入	万元	14358	8509	4348	4041	5770
地方财政一般预算支出	万元	134273	157954	113306	129520	146951
城乡居民储蓄存款余额	万元	264043	158998	101164	96058	205738
年末金融机构各项贷款余额	万元	211274	162840	66478	78643	114162
三、农业、工业及投资						
粮食总产量	吨	142239	65453	72133	55891	162204
棉花产量	吨					
油料产量	吨	7069	3250	2841	591	1533
肉类总产量	吨	8449	6852	5732	4797	6632
规模以上工业企业个数	个	16	24	8	5	11
规模以上工业总产值(现价)	万元	119928	92076	13171	45167	32534
城镇固定资产投资完成额	万元	98579	304025	76081	181167	187300
四、教育、卫生和社会保障						
普通中学在校学生数	人	20588	14802	13632	11733	29301
小学在校学生数	人	28715	23622	35801	16191	57024
医院、卫生院床位数	床	611	412	301	270	749
各种社会福利收养性单位数	个	1	2	2		
各种社会福利收养性单位床位数	床		13	5		

2009年县(市)社会经济主要指标

甘肃省

指　　标	单位	礼　县	徽　县	两当县	临夏市	临夏县
一、基本情况						
行政区域土地面积	平方公里	4300	2722	1374	88	1212
乡(镇)个数	个	29	15	12	4	25
村民委员会个数	个	568	213	118	41	219
年末总户数	户	122400	63907	16308	52056	80679
其中:乡村户数	户	99996	45200	9594	24200	78379
年末总人口	万人	50	22	5	22	38
乡村人口	万人	49	18	4	10	36
年末单位从业人员数	人	14435	9062	4326	29985	10230
乡村从业人员数	人	254446	99400	21214	52200	197297
其中:农林牧渔业	人	154300	51400	15100	26000	117647
农业机械总动力	万千瓦特	14	14	4	4	10
本地电话年末用户	户	41072	25000	11050	30661	30950
二、综合经济						
第一产业增加值	万元	51976	68780	12328	20846	38223
第二产业增加值	万元	34247	75821	3229	45509	32130
地方财政一般预算收入	万元	10129	10688	1335	9829	2280
地方财政一般预算支出	万元	151528	114284	66862	64879	80407
城乡居民储蓄存款余额	万元	204265	186560	40349	367798	76016
年末金融机构各项贷款余额	万元	85766	763055	39499	144273	43727
三、农业、工业及投资						
粮食总产量	吨	131343	153052	32684	21530	128006
棉花产量	吨		9			
油料产量	吨	9083	8549	408	90	4736
肉类总产量	吨	12928	12452	1818	3608	6938
规模以上工业企业个数	个	12	17	3	12	9
规模以上工业总产值(现价)	万元	55382	106321	3589	55306	19263
城镇固定资产投资完成额	万元	137675	126949	48539	94039	58423
四、教育、卫生和社会保障						
普通中学在校学生数	人	35556	14475	3617	18785	22725
小学在校学生数	人	63717	16899	3774	20600	35430
医院、卫生院床位数	床	730	441	115	1017	853
各种社会福利收养性单位数	个	16		5	9	2
各种社会福利收养性单位床位数	床	90		32	218	15

2009年县(市)社会经济主要指标

甘肃省

指　　　标	单位	康乐县	永靖县	广河县	和政县	东乡族自治县
一、基本情况						
行政区域土地面积	平方公里	1083	1894	538	960	1510
乡(镇)个数	个	15	17	9	13	24
村民委员会个数	个	152	139	102	122	229
年末总户数	户	50640	51300	51924	44542	52900
其中:乡村户数	户	47945	36913	35500	40498	50700
年末总人口	万人	25	20	22	19	28
乡村人口	万人	24	16	20	18	27
年末单位从业人员数	人	7876	13464	7077	6042	8878
乡村从业人员数	人	125855	86213	105800	96100	133100
其中:农林牧渔业	人	103180	57740	75700	64300	89900
农业机械总动力	万千瓦特	9	13	11	6	11
本地电话年末用户	户	18200	28967	16900	42500	3260
二、综合经济						
第一产业增加值	万元	28470	32249	17036	22966	24205
第二产业增加值	万元	12752	130754	20599	14587	19862
地方财政一般预算收入	万元	2139	11480	2634	3379	2090
地方财政一般预算支出	万元	52954	78726	59245	55554	86135
城乡居民储蓄存款余额	万元	68538	228824	68335	56702	41210
年末金融机构各项贷款余额	万元	48048	231599	56951	42767	26256
三、农业、工业及投资						
粮食总产量	吨	80843	91909	78334	50409	67211
棉花产量	吨					
油料产量	吨	8210	3030	3750	19710	423
肉类总产量	吨	4558	8155	1888	4922	10996
规模以上工业企业个数	个	1	31	5	3	3
规模以上工业总产值(现价)	万元	3965	290334	43893	7584	12468
城镇固定资产投资完成额	万元	42756	162130	101143	102279	55643
四、教育、卫生和社会保障						
普通中学在校学生数	人	14264	15965	14327	9186	13500
小学在校学生数	人	30072	17629	32832	21447	36800
医院、卫生院床位数	床	527	584	400	363	334
各种社会福利收养性单位数	个	2	2	1	2	2
各种社会福利收养性单位床位数	床	30	35	110	34	225

2009年县(市)社会经济主要指标

甘肃省

指标	单位	积石山保安族东乡族撒拉族自治县	合作市	临潭县	卓尼县	舟曲县
一、基本情况						
行政区域土地面积	平方公里	910	2291	1558	5694	3010
乡(镇)个数	个	17	6	16	15	19
村民委员会个数	个	145	38	141	97	210
年末总户数	户	46743	27048	38593	21800	39816
其中:乡村户数	户	44964	5600	30898	17584	28012
年末总人口	万人	23	9	15	10	13
乡村人口	万人	23	3	13	9	12
年末单位从业人员数	人	8147	14053	7167	7125	7612
乡村从业人员数	人	122612	20600	73440	46267	68079
其中:农林牧渔业	人	77117	18000	55205	38324	43766
农业机械总动力	万千瓦特	5		8	4	12
本地电话年末用户	户	21381	28700	34629	5918	39700
二、综合经济						
第一产业增加值	万元	18046	10799	17100	20510	19164
第二产业增加值	万元	10293	26047	10486	18086	10491
地方财政一般预算收入	万元	1989	7938	1769	2040	1815
地方财政一般预算支出	万元	67379	128186	76832	64276	131815
城乡居民储蓄存款余额	万元	46407	71270	50166	32580	90834
年末金融机构各项贷款余额	万元	29452	121000	47935	23165	58026
三、农业、工业及投资						
粮食总产量	吨	69010	9390	14529	12832	30704
棉花产量	吨					
油料产量	吨	10200	2367	8842	4120	2407
肉类总产量	吨	3120	3545	4699	7881	4619
规模以上工业企业个数	个	3	7	6	4	9
规模以上工业总产值(现价)	万元	7280	38829	12840	3487	13049
城镇固定资产投资完成额	万元	69287	81376	37182	66373	104758
四、教育、卫生和社会保障						
普通中学在校学生数	人	11715	7439	11644	5278	10585
小学在校学生数	人	35219	8929	21162	11659	28285
医院、卫生院床位数	床	281	627	246	244	314
各种社会福利收养性单位数	个	1		1	3	2
各种社会福利收养性单位床位数	床	40		40	43	120

2009 年县(市)社会经济主要指标

甘肃省、青海省

指　　标	单位	迭部县	玛曲县	碌曲县	夏河县	大通回族土族自治县
一、基本情况						
行政区域土地面积	平方公里	5108	10191	5299	6274	3090
乡(镇)个数	个	11	8	7	13	20
村民委员会个数	个	52	36	24	65	289
年末总户数	户	15134	10293	8903	20494	117235
其中:乡村户数	户	7900	7361	4758	11900	81344
年末总人口	万人	5	5	3	8	45
乡村人口	万人	4	4	3	7	35
年末单位从业人员数	人	7313	4705	2668	4538	38728
乡村从业人员数	人	20900	19614	15174	37488	204355
其中:农林牧渔业	人	17600	18155	14089	29233	90305
农业机械总动力	万千瓦特	3		1	2	43
本地电话年末用户	户	5975	3200	2116	10899	58720
二、综合经济						
第一产业增加值	万元	12311	25716	13864	23635	66702
第二产业增加值	万元	11962	31121	14180	12569	471298
地方财政一般预算收入	万元	2665	8392	3724	1761	23314
地方财政一般预算支出	万元	51580	50389	5652	57325	120972
城乡居民储蓄存款余额	万元	46466	24624	15681	42748	267916
年末金融机构各项贷款余额	万元	96742	19241	15331	56861	482127
三、农业、工业及投资						
粮食总产量	吨	8411		2131	8764	83789
棉花产量	吨					
油料产量	吨	378		331	2415	52199
肉类总产量	吨	3010	12549	5428	9797	29800
规模以上工业企业个数	个	4	7	4	4	40
规模以上工业总产值(现价)	万元	9009	60905	29944	22936	1142506
城镇固定资产投资完成额	万元	101355	34521	38442	27335	224347
四、教育、卫生和社会保障						
普通中学在校学生数	人	3176	2233	1852	4583	24761
小学在校学生数	人	6989	6242	5018	9180	41316
医院、卫生院床位数	床	100	176	183	163	1094
各种社会福利收养性单位数	个	1		1	2	1
各种社会福利收养性单位床位数	床	30		12	39	100

2009 年县(市)社会经济主要指标

青海省

指　　标	单位	湟中县	湟源县	平安县	民和回族土族自治县	乐都县
一、基本情况						
行政区域土地面积	平方公里	2430	1509	750	1780	3050
乡(镇)个数	个	15	9	8	22	19
村民委员会个数	个	393	146	111	312	354
年末总户数	户	127749	41731	39264	102688	87310
其中:乡村户数	户	98198	25823	18666	72799	58682
年末总人口	万人	46	14	12	41	29
乡村人口	万人	42	11	8	35	24
年末单位从业人员数	人	21661	7106	8726	12507	9029
乡村从业人员数	人	253103	57778	44688	175089	128968
其中:农林牧渔业	人	119544	46556	23139	86612	59522
农业机械总动力	万千瓦特	66	17	7	31	21
本地电话年末用户	户	37210	24500	136443	135066	175748
二、综合经济						
第一产业增加值	万元	76896	24410	19240	46020	53064
第二产业增加值	万元	491835	78412	84979	76500	85478
地方财政一般预算收入	万元	6042	5977	4773	9137	5356
地方财政一般预算支出	万元	106316	60908	56466	98860	96804
城乡居民储蓄存款余额	万元	185845	95131	143756	141524	182542
年末金融机构各项贷款余额	万元	140915	57469	150564	50562	46596
三、农业、工业及投资						
粮食总产量	吨	144065	28610	48856	132909	68906
棉花产量	吨					
油料产量	吨	42389	6800	11760	23413	5841
肉类总产量	吨	20860	8851	5459	13489	21626
规模以上工业企业个数	个	35	16	17	23	20
规模以上工业总产值(现价)	万元	1118741	126075	162895	73695	143286
城镇固定资产投资完成额	万元	389777	63507	92383	54136	113385
四、教育、卫生和社会保障						
普通中学在校学生数	人	29145	8347	5058	16750	11092
小学在校学生数	人	40487	10268	9247	43805	18499
医院、卫生院床位数	床	643	378	304	646	384
各种社会福利收养性单位数	个	1	1			2
各种社会福利收养性单位床位数	床	84	40			91

2009年县(市)社会经济主要指标

青海省

指标	单位	互助土族自治县	化隆回族自治县	循化撒拉族自治县	门源回族自治县	祁连县
一、基本情况						
行政区域土地面积	平方公里	3321	2740	1750	7167	14681
乡(镇)个数	个	19	19	9	12	7
村民委员会个数	个	294	362	154	109	45
年末总户数	户	103108	57536	35574	41172	15268
其中:乡村户数	户	81109	46283	24198	27819	8653
年末总人口	万人	39	27	14	15	5
乡村人口	万人	34	23	12	13	4
年末单位从业人员数	人	14769	6042	5973	7689	3661
乡村从业人员数	人	181761	115809	53750	68197	20500
其中:农林牧渔业	人	113688	76897	24889	41907	15751
农业机械总动力	万千瓦特	41	25	8	27	5
本地电话年末用户	户	176218	93766	70061	80901	37695
二、综合经济						
第一产业增加值	万元	83421	29545	20442	38144	23319
第二产业增加值	万元	108493	107279	26729	41398	32273
地方财政一般预算收入	万元	8000	5574	4672	3793	2444
地方财政一般预算支出	万元	118687	73296	54679	48683	29786
城乡居民储蓄存款余额	万元	147875	57587	78118	64232	25936
年末金融机构各项贷款余额	万元	70408	45899	28984	31849	17923
三、农业、工业及投资						
粮食总产量	吨	137350	59885	31571	35112	3432
棉花产量	吨					
油料产量	吨	65275	25784	8119	39447	1290
肉类总产量	吨	29270	9803	5821	10682	12511
规模以上工业企业个数	个	31	9	7	21	20
规模以上工业总产值(现价)	万元	188520	203778	32960	42532	23240
城镇固定资产投资完成额	万元	116259	7427	60140	72134	70428
四、教育、卫生和社会保障						
普通中学在校学生数	人	13929	7921	5196	7927	3052
小学在校学生数	人	29340	24766	14621	16609	5927
医院、卫生院床位数	床	557	305	198	176	113
各种社会福利收养性单位数	个	1		4	1	2
各种社会福利收养性单位床位数	床	24		138	60	49

2009年县(市)社会经济主要指标

青海省

指　　标	单位	海晏县	刚察县	同仁县	尖扎县	泽库县
一、基本情况						
行政区域土地面积	平方公里	4067	8153	3275	2174	6986
乡(镇)个数	个	6	5	12	9	7
村民委员会个数	个	29	31	72	81	64
年末总户数	户	11358	13709	27466	17943	19408
其中:乡村户数	户	5232	6592	12507	9124	13753
年末总人口	万人	4	4	9	6	7
乡村人口	万人	2	3	6	4	6
年末单位从业人员数	人	10921	3774	7853	5361	1813
乡村从业人员数	人	14874	13196	34760	21848	27571
其中:农林牧渔业	人	8532	11308	27430	15142	25206
农业机械总动力	万千瓦特	4	2	5	5	1
本地电话年末用户	户	43590	36754	8659	5100	890
二、综合经济						
第一产业增加值	万元	8927	21101	23651	12313	37165
第二产业增加值	万元	104598	9352	12145	99161	5637
地方财政一般预算收入	万元	6457	1610	1885	4944	345
地方财政一般预算支出	万元	68446	28535	39746	32345	31485
城乡居民储蓄存款余额	万元	15222	46181	61072	41274	12921
年末金融机构各项贷款余额	万元	16004	34464	30775	34494	24936
三、农业、工业及投资						
粮食总产量	吨	4499	1287	14253	14430	
棉花产量	吨					
油料产量	吨	970	7428	3822	729	381
肉类总产量	吨	5121	10876	3199	3010	14627
规模以上工业企业个数	个	18	6	1	7	
规模以上工业总产值(现价)	万元	233262	4588	1248	198620	
城镇固定资产投资完成额	万元	74394	23723	41093	39803	13978
四、教育、卫生和社会保障						
普通中学在校学生数	人	2839	1862	6918	4137	2086
小学在校学生数	人	4711	4227	12233	6872	9630
医院、卫生院床位数	床	429	123	50	194	71
各种社会福利收养性单位数	个	1	1			3
各种社会福利收养性单位床位数	床	30	50			38

2009 年县(市)社会经济主要指标

青海省

指　　标	单位	河南蒙古族自治县	共和县	同德县	贵德县	兴海县
一、基本情况						
行政区域土地面积	平方公里	6997	17209	5001	3504	12182
乡(镇)个数	个	5	11	5	7	7
村民委员会个数	个	39	100	73	119	57
年末总户数	户	10314	42186	14643	31927	18516
其中:乡村户数	户	6222	19112	9869	20356	12703
年末总人口	万人	4	14	6	11	7
乡村人口	万人	3	9	5	8	6
年末单位从业人员数	人	2113	13569	3421	3669	3882
乡村从业人员数	人	15790	45294	26682	45883	25693
其中:农林牧渔业	人	15061	36019	23935	20925	23777
农业机械总动力	万千瓦特		12	4	8	2
本地电话年末用户	户	1163	13348	2762	10088	3565
二、综合经济						
第一产业增加值	万元	36269	37914	34360	15618	33135
第二产业增加值	万元	7660	95376	12654	96817	43165
地方财政一般预算收入	万元	728	5262	1330	5635	3676
地方财政一般预算支出	万元	22134	51556	29616	39054	29829
城乡居民储蓄存款余额	万元	10374	97021	10613	89354	17271
年末金融机构各项贷款余额	万元	8033	38210	11858	17295	10844
三、农业、工业及投资						
粮食总产量	吨		37501	10251	34649	12141
棉花产量	吨					
油料产量	吨		14814	2910	7513	5610
肉类总产量	吨	12814	16368	10225	4297	11458
规模以上工业企业个数	个		13	2	4	3
规模以上工业总产值(现价)	万元		135203	351	76159	30254
城镇固定资产投资完成额	万元	34403	54136	14138	27923	59526
四、教育、卫生和社会保障						
普通中学在校学生数	人	1914	9034	3304	6528	3431
小学在校学生数	人	4615	13525	8634	9558	8865
医院、卫生院床位数	床	145	606	207	260	110
各种社会福利收养性单位数	个	3	3		1	1
各种社会福利收养性单位床位数	床	30	106		48	80

2009 年县(市)社会经济主要指标

青海省

指　　标	单位	贵南县	玛沁县	班玛县	甘德县	达日县
一、基本情况						
行政区域土地面积	平方公里	6650	13307	6139	7046	14630
乡(镇)个数	个	6	8	9	7	10
村民委员会个数	个	75	35	32	36	33
年末总户数	户	20894	14756	7022	7815	10560
其中:乡村户数	户	10344	7109	5064	6342	5810
年末总人口	万人	8	5	3	3	3
乡村人口	万人	6	3	2	3	2
年末单位从业人员数	人	5610	6372	1216	1152	1190
乡村从业人员数	人	24709	14902	9289	12514	10164
其中:农林牧渔业	人	21586	13972	8868	12033	9860
农业机械总动力	万千瓦特	7	1	1		
本地电话年末用户	户	3485	9366	1832	1527	2238
二、综合经济						
第一产业增加值	万元	36352	12939	6490	5380	5207
第二产业增加值	万元	11366	28825	2807	2379	4050
地方财政一般预算收入	万元	1336	1847	500	281	440
地方财政一般预算支出	万元	37227	19828	19305	16725	19029
城乡居民储蓄存款余额	万元	14485		3690	2476	3311
年末金融机构各项贷款余额	万元	10733		280		2032
三、农业、工业及投资						
粮食总产量	吨	23408	124	1336		
棉花产量	吨					
油料产量	吨	16157	66	65		
肉类总产量	吨	11507	5576	5202	4921	3259
规模以上工业企业个数	个	1	4	2	1	1
规模以上工业总产值(现价)	万元	65	71047	263	290	31
城镇固定资产投资完成额	万元	15710	33076	15602	11191	22545
四、教育、卫生和社会保障						
普通中学在校学生数	人	4183	1598	1144	1196	1009
小学在校学生数	人	8369	5662	2976	3840	4236
医院、卫生院床位数	床	298	65	58	96	30
各种社会福利收养性单位数	个	2	3	7	7	13
各种社会福利收养性单位床位数	床	40	116	66	104	141

2009年县(市)社会经济主要指标

青海省

指　　标	单位	久治县	玛多县	玉树县	杂多县	称多县
一、基本情况						
行政区域土地面积	平方公里	8708	26541	17596	34171	14744
乡(镇)个数	个	6	4	9	8	7
村民委员会个数	个	22	30	62	31	57
年末总户数	户	5265	4931	34835	15431	17518
其中:乡村户数	户	4565	3412	18134	11106	13348
年末总人口	万人	2	1	10	5	6
乡村人口	万人	2	1	8	5	5
年末单位从业人员数	人	1228	1179	6682	1549	1869
乡村从业人员数	人	8022	5897	38038	23379	24103
其中:农林牧渔业	人	7628	5897	35805	23087	23290
农业机械总动力	万千瓦特			4		3
本地电话年末用户	户	2332	1230	2500	2000	1800
二、综合经济						
第一产业增加值	万元	6352	3783	31045	38111	15940
第二产业增加值	万元	2822	1913	7658	6066	5964
地方财政一般预算收入	万元	274	244	2747	313	415
地方财政一般预算支出	万元	14606	16198	36264		24517
城乡居民储蓄存款余额	万元	11378	1901			2466
年末金融机构各项贷款余额	万元	500	185			2376
三、农业、工业及投资						
粮食总产量	吨			6196		3163
棉花产量	吨					
油料产量	吨			62		100
肉类总产量	吨	4408	1419	6712	3328	3737
规模以上工业企业个数	个	2	3			
规模以上工业总产值(现价)	万元	91	56			
城镇固定资产投资完成额	万元	15606	10778	47503		32031
四、教育、卫生和社会保障						
普通中学在校学生数	人	1247	720	3159	2432	2793
小学在校学生数	人	2996	1693	16622	6453	6930
医院、卫生院床位数	床	85	46	111	65	65
各种社会福利收养性单位数	个	7	2	1		
各种社会福利收养性单位床位数	床	114	75	23		

2009 年县(市)社会经济主要指标

青海省

指　　标	单位	治多县	囊谦县	曲麻莱县	格尔木市	德令哈市
一、基本情况						
行政区域土地面积	平方公里	80040	12695	47516	118954	27358
乡(镇)个数	个	6	10	6	4	4
村民委员会个数	个	20	69	19	42	51
年末总户数	户	10119	23165	9827	46307	25124
其中:乡村户数	户	7198	17419	6587	6050	8111
年末总人口	万人	3	9	3	12	7
乡村人口	万人	3	8	3	2	4
年末单位从业人员数	人	1647	2206	1925	24342	10346
乡村从业人员数	人	13065	32392	12130	15488	17845
其中:农林牧渔业	人	13042	32104	9888	11403	13865
农业机械总动力	万千瓦特	1	4		10	7
本地电话年末用户	户	1500	1200	912	71029	15000
二、综合经济						
第一产业增加值	万元	24358	25932	22885	10398	12672
第二产业增加值	万元	3596	5501	5786	1247124	139589
地方财政一般预算收入	万元	306	535	421	81826	10522
地方财政一般预算支出	万元	21536	535	21095	121069	61782
城乡居民储蓄存款余额	万元	3000	5877	2450	567263	132912
年末金融机构各项贷款余额	万元	7000	441	3576	1116414	281407
三、农业、工业及投资						
粮食总产量	吨		9728		10694	20637
棉花产量	吨					
油料产量	吨		344		554	2727
肉类总产量	吨	6101	7226	4809	3527	2892
规模以上工业企业个数	个	1	2	2	48	10
规模以上工业总产值(现价)	万元	55	325	255	1385639	151148
城镇固定资产投资完成额	万元	16800	25715	24309	452144	204564
四、教育、卫生和社会保障						
普通中学在校学生数	人	609	2673	1189	10620	4429
小学在校学生数	人	4550	9724	3524	19827	6706
医院、卫生院床位数	床	52	105	48	544	234
各种社会福利收养性单位数	个	3		3	2	1
各种社会福利收养性单位床位数	床	161		136	50	72

2009年县(市)社会经济主要指标

青海省、宁夏回族自治区

指　　标	单位	乌兰县	都兰县	天峻县	永宁县	贺兰县
一、基本情况						
行政区域土地面积	平方公里	12971	45270	25000	934	1599
乡(镇)个数	个	4	8	10	6	5
村民委员会个数	个	38	107	62	69	59
年末总户数	户	12995	22834	6367	69027	69400
其中:乡村户数	户	5489	13852	3125	43793	37513
年末总人口	万人	4	7	2	21	20
乡村人口	万人	2	6	2	17	14
年末单位从业人员数	人	3788	3750	2780	19708	14725
乡村从业人员数	人	14531	30024	7910	94227	81096
其中:农林牧渔业	人	10397	27278	7660	60330	55103
农业机械总动力	万千瓦特	5	12	1	39	41
本地电话年末用户	户	6000	8729	3037	28600	26710
二、综合经济						
第一产业增加值	万元	10986	23056	15235	77220	85430
第二产业增加值	万元	89663	30534	198589	293832	233900
地方财政一般预算收入	万元	5287	4750	26935	24049	36095
地方财政一般预算支出	万元	36856	42378	43490	82308	86803
城乡居民储蓄存款余额	万元	33089	45617	49032	247800	183800
年末金融机构各项贷款余额	万元	45253	21351	29074	387000	215216
三、农业、工业及投资						
粮食总产量	吨	8012	46203		249475	251487
棉花产量	吨					
油料产量	吨	2090	8060		706	1099
肉类总产量	吨	3946	4807	6299	13255	8124
规模以上工业企业个数	个	6	14	3	44	108
规模以上工业总产值(现价)	万元	191178	34922	361316	605906	531029
城镇固定资产投资完成额	万元		27323	34500	312563	149268
四、教育、卫生和社会保障						
普通中学在校学生数	人	2278	2965	1030	13355	12592
小学在校学生数	人	3159	7016	2600	19663	17334
医院、卫生院床位数	床	133	119	90	315	330
各种社会福利收养性单位数	个	1	1	1	1	1
各种社会福利收养性单位床位数	床	30	6	21	160	160

2009 年县（市）社会经济主要指标

宁夏回族自治区

指　　标	单位	灵武市	平罗县	盐池县	同心县	青铜峡市
一、基本情况						
行政区域土地面积	平方公里	4539	2086	8558	460	2445
乡(镇)个数	个	8	13	8	11	8
村民委员会个数	个	76	141	96	195	82
年末总户数	户	85419	97544	56676	109878	93652
其中:乡村户数	户	36419	57168	33694	86584	47611
年末总人口	万人	24	28	16	37	28
乡村人口	万人	16	21	12	35	19
年末单位从业人员数	人	16306	15675	7266	10503	27082
乡村从业人员数	人	82628	115010	65473	164422	102798
其中:农林牧渔业	人	41997	69445	36218	84847	64624
农业机械总动力	万千瓦特	44	59	36	22	54
本地电话年末用户	户	52010	64131	12674	20692	51160
二、综合经济						
第一产业增加值	万元	55795	105480	34153	57111	94825
第二产业增加值	万元	882282	387781	94992	61485	510962
地方财政一般预算收入	万元	63004	42112	15301	6235	43760
地方财政一般预算支出	万元	145938	125584	94617	130749	129415
城乡居民储蓄存款余额	万元	406235	345557	130434	105500	411504
年末金融机构各项贷款余额	万元	1009699	355403	111207	78515	1050820
三、农业、工业及投资						
粮食总产量	吨	195408	355574	86919	216135	275084
棉花产量	吨					
油料产量	吨	3002	14370	6156	6778	975
肉类总产量	吨	13840	13882	12859	13316	25022
规模以上工业企业个数	个	56	111	16	15	73
规模以上工业总产值(现价)	万元	1361716	879995	128820	141477	1476280
城镇固定资产投资完成额	万元	2629685	337561	168894	149523	285922
四、教育、卫生和社会保障						
普通中学在校学生数	人	13690	15941	11101	25404	16069
小学在校学生数	人	23125	22027	14262	45227	23294
医院、卫生院床位数	床	653	785	515	532	877
各种社会福利收养性单位数	个	1	12	4	2	6
各种社会福利收养性单位床位数	床	178	693	213	380	210

2009年县(市)社会经济主要指标

宁夏回族自治区

指　　标	单位	西吉县	隆德县	泾源县	彭阳县	中宁县
一、基本情况						
行政区域土地面积	平方公里	3130	992	1131	2529	4327
乡(镇)个数	个	19	13	7	12	11
村民委员会个数	个	306	127	109	156	118
年末总户数	户	126045	51082	34208	68923	97144
其中:乡村户数	户	91811	37211	25502	54686	73572
年末总人口	万人	43	17	11	25	32
乡村人口	万人	42	16	11	23	27
年末单位从业人员数	人	12980	7492	5958	9092	15953
乡村从业人员数	人	210079	76034	57956	131522	139936
其中:农林牧渔业	人	130280	45286	25109	82948	94756
农业机械总动力	万千瓦特	42	19	15	36	43
本地电话年末用户	户	30224	19758	12435	21000	48643
二、综合经济						
第一产业增加值	万元	66511	24688	16175	63982	90926
第二产业增加值	万元	45916	17055	15722	44637	283602
地方财政一般预算收入	万元	3303	2363	2223	6020	25199
地方财政一般预算支出	万元	141778	75522	54643	97672	123919
城乡居民储蓄存款余额	万元	93987	75280	40000	60041	363303
年末金融机构各项贷款余额	万元	64707	44093	35200	48573	606766
三、农业、工业及投资						
粮食总产量	吨	210787	88837	39687	159926	247096
棉花产量	吨					
油料产量	吨	11480	7583	1148	3425	4001
肉类总产量	吨	16719	7988	7027	18904	25807
规模以上工业企业个数	个	2	3	3	6	31
规模以上工业总产值(现价)	万元	17414	3603	20469	40744	609086
城镇固定资产投资完成额	万元	72109	22761	23409	81814	221688
四、教育、卫生和社会保障						
普通中学在校学生数	人	28578	20667	6733	19699	25822
小学在校学生数	人	75624	20924	13964	26746	36986
医院、卫生院床位数	床	606	308	228	509	747
各种社会福利收养性单位数	个	11	3	5	6	6
各种社会福利收养性单位床位数	床	380	282	197	492	285

2009年县(市)社会经济主要指标

宁夏回族自治区、新疆维吾尔自治区

指　　标	单位	海原县	乌鲁木齐县	吐鲁番市	鄯善县	托克逊县
一、基本情况						
行政区域土地面积	平方公里	4989	4261	13589	38282	15600
乡(镇)个数	个	17	9	9	10	7
村民委员会个数	个	168	59	60	65	54
年末总户数	户	121150	29557	77256	68373	33791
其中:乡村户数	户	75609	17468	42189	37548	21575
年末总人口	万人	41	9	27	22	12
乡村人口	万人	36	7	18	16	9
年末单位从业人员数	人	9287	4093	26125	32999	19043
乡村从业人员数	人	199321	40937	97557	94843	52222
其中:农林牧渔业	人	84847	31737	76524	84283	42586
农业机械总动力	万千瓦特	41	8	18	21	9
本地电话年末用户	户	28126	26992	75700	61116	24738
二、综合经济						
第一产业增加值	万元	54011	50705	80184	72022	47071
第二产业增加值	万元	27178	39582	129942	612600	146190
地方财政一般预算收入	万元	5181	15027	30890	67406	20400
地方财政一般预算支出	万元	147784	36160	76819	83866	61700
城乡居民储蓄存款余额	万元	79907	51808	242830	295027	87400
年末金融机构各项贷款余额	万元	49591	63094	164317	132047	84900
三、农业、工业及投资						
粮食总产量	吨	152751	35240	7105		8299
棉花产量	吨		60	6337	7693	12671
油料产量	吨	22222	3858			1763
肉类总产量	吨	11408	13430	20386	9813	8405
规模以上工业企业个数	个	4	10	23	27	15
规模以上工业总产值(现价)	万元	5855	46645	288933	839035	212799
城镇固定资产投资完成额	万元	131334	106443	126319	515879	167432
四、教育、卫生和社会保障						
普通中学在校学生数	人	25013	3256	15229	12403	6726
小学在校学生数	人	60283	6056	22864	19742	8999
医院、卫生院床位数	床	702	100	899	715	395
各种社会福利收养性单位数	个	6	1	3	4	3
各种社会福利收养性单位床位数	床	240	120	71	55	270

2009 年县(市)社会经济主要指标

新疆维吾尔自治区

指　　标	单位	哈密市	巴里坤哈萨克自治县	伊吾县	昌吉市	阜康市
一、基本情况						
行政区域土地面积	平方公里	85035	36901	19519	8385	11726
乡(镇)个数	个	17	12	7	10	6
村民委员会个数	个	91	47	32	87	106
年末总户数	户	148580	34319	7041	121383	59003
其中:乡村户数	户	34225	18060	5024	31564	16531
年末总人口	万人	44	10	2	38	17
乡村人口	万人	12	7	2	12	6
年末单位从业人员数	人	59810	9338	3021	56386	17109
乡村从业人员数	人	66875	34582	8514	67866	40142
其中:农林牧渔业	人	53426	22376	7588	51601	30935
农业机械总动力	万千瓦特	13	12	3	25	13
本地电话年末用户	户	172100	41306	4500	209876	60126
二、综合经济						
第一产业增加值	万元	125243	44919	26761	212627	106294
第二产业增加值	万元	440530	50728	36472	666989	454045
地方财政一般预算收入	万元	82187	7384	7832	84667	41380
地方财政一般预算支出	万元	119066	57156	34233	136479	66230
城乡居民储蓄存款余额	万元	1043512	55058	23559	829197	218844
年末金融机构各项贷款余额	万元	670757	21349	7916	946080	310427
三、农业、工业及投资						
粮食总产量	吨	35410	94757	7471	260544	163057
棉花产量	吨	20374	190	19	35578	216
油料产量	吨	2722	455	26	16079	9592
肉类总产量	吨	19663	15114	7241	68150	56987
规模以上工业企业个数	个	80	18	3	132	43
规模以上工业总产值(现价)	万元	595331	57160	16948	1423533	533512
城镇固定资产投资完成额	万元	623057	101520	228815	512134	217848
四、教育、卫生和社会保障						
普通中学在校学生数	人	32412	3626	899	28578	7983
小学在校学生数	人	33925	5354	1553	28376	8625
医院、卫生院床位数	床	2420	178	175	2941	507
各种社会福利收养性单位数	个	6	3	2	7	3
各种社会福利收养性单位床位数	床	860	130	150	500	164

2009年县(市)社会经济主要指标

新疆维吾尔自治区

指标	单位	呼图壁县	玛纳斯县	奇台县	吉木萨尔县	木垒哈萨克自治县
一、基本情况						
行政区域土地面积	平方公里	9513	11067	19300	8144	22171
乡(镇)个数	个	7	12	15	9	10
村民委员会个数	个	49	126	102	55	60
年末总户数	户	76524	59248	72640	44809	28945
其中:乡村户数	户	19651	24419	34566	24084	19588
年末总人口	万人	22	18	24	14	9
乡村人口	万人	8	10	15	9	7
年末单位从业人员数	人	68143	15244	11094	5948	5688
乡村从业人员数	人	43429	51795	78602	53734	38501
其中:农林牧渔业	人	37869	40566	65689	46471	35279
农业机械总动力	万千瓦特	28	27	39	18	13
本地电话年末用户	户	48760	48300	57103	13000	14800
二、综合经济						
第一产业增加值	万元	260707	364659	226030	98278	57046
第二产业增加值	万元	242051	281526	99539	84397	23636
地方财政一般预算收入	万元	20809	26302	20179	23594	8500
地方财政一般预算支出	万元	56226	61111	83169	63465	43529
城乡居民储蓄存款余额	万元	271721	229879	209159	109652	55796
年末金融机构各项贷款余额	万元	176614	264375	157436	49415	30394
三、农业、工业及投资						
粮食总产量	吨	191025	153802	684001	171289	150479
棉花产量	吨	36948	58360		26	
油料产量	吨	5948	14720	8775	5320	2901
肉类总产量	吨	61485	56170	98619	37115	34107
规模以上工业企业个数	个	67	36	23	19	10
规模以上工业总产值(现价)	万元	309940	455531	126304	93190	39528
城镇固定资产投资完成额	万元	83267	267284	178167	98613	37005
四、教育、卫生和社会保障						
普通中学在校学生数	人	9059	7727	13438	4091	3983
小学在校学生数	人	11435	10235	13377	7283	5328
医院、卫生院床位数	床	785	522	734	385	320
各种社会福利收养性单位数	个	5	1	4	3	2
各种社会福利收养性单位床位数	床	115	168	220	126	58

2009 年县(市)社会经济主要指标

新疆维吾尔自治区

指　　标	单位	博乐市	精河县	温泉县	库尔勒市	轮台县
一、基本情况						
行政区域土地面积	平方公里	7956	11275	5894	7219	14184
乡(镇)个数	个	5	5	6	12	11
村民委员会个数	个	130	55	65	59	65
年末总户数	户	91645	48515	26494	181700	30289
其中:乡村户数	户	19759	20691	10684	19070	17786
年末总人口	万人	26	14	8	51	11
乡村人口	万人	9	7	4	7	7
年末单位从业人员数	人	14010	15077	8739	74672	6445
乡村从业人员数	人	41788	28236	19575	35033	32410
其中:农林牧渔业	人	29044	21587	16067	29706	29439
农业机械总动力	万千瓦特	18	15	10	29	11
本地电话年末用户	户	114800	39695	15016	168753	28808
二、综合经济						
第一产业增加值	万元	161385	89363	43155	204101	83614
第二产业增加值	万元	132390	39277	11453	2763699	125907
地方财政一般预算收入	万元	23010	7564	2712	117088	44435
地方财政一般预算支出	万元	73953	54584	39907	152661	64388
城乡居民储蓄存款余额	万元	238115	126474	46152	1399346	145431
年末金融机构各项贷款余额	万元	271637	177219	38993	1157018	196299
三、农业、工业及投资						
粮食总产量	吨	214076	69699	185609	17743	70123
棉花产量	吨	24335	51626		83468	45560
油料产量	吨	2453	997	29687		
肉类总产量	吨	7499	5857	6334	18117	7246
规模以上工业企业个数	个	24	10	4	56	10
规模以上工业总产值(现价)	万元	105010	33302	6939	3343002	209936
城镇固定资产投资完成额	万元	140878	59763	23058	1407922	135337
四、教育、卫生和社会保障						
普通中学在校学生数	人	10920	7667	2274	23031	5241
小学在校学生数	人	13832	9938	3642	39543	9844
医院、卫生院床位数	床	792	393	209	2710	517
各种社会福利收养性单位数	个	2	2	2	14	8
各种社会福利收养性单位床位数	床	60	220	280	1050	251

2009年县(市)社会经济主要指标

新疆维吾尔自治区

指　　标	单位	尉犁县	若羌县	且末县	焉耆回族自治县	和静县
一、基本情况						
行政区域土地面积	平方公里	59339	202298	138645	2571	34976
乡(镇)个数	个	8	8	12	8	12
村民委员会个数	个	49	25	53	49	55
年末总户数	户	38328	11271	17339	42158	65965
其中:乡村户数	户	12566	5616	8163	17877	18956
年末总人口	万人	11	3	6	14	19
乡村人口	万人	5	2	4	7	8
年末单位从业人员数	人	5316	4981	5201	9224	10897
乡村从业人员数	人	20352	17684	13203	28914	40149
其中:农林牧渔业	人	18709	8588	11182	22211	34245
农业机械总动力	万千瓦特	19	3	7	13	14
本地电话年末用户	户	23122	8600	11148	42150	32816
二、综合经济						
第一产业增加值	万元	136002	40553	40658	80551	115490
第二产业增加值	万元	47316	115171	16134	96499	147502
地方财政一般预算收入	万元	10987	13960	13252	13099	19689
地方财政一般预算支出	万元	48369	41924	46241	51637	74275
城乡居民储蓄存款余额	万元	111354	44247	58446	139283	153590
年末金融机构各项贷款余额	万元	151257	36710	44808	62148	92418
三、农业、工业及投资						
粮食总产量	吨	11215	12807	49152	90675	76401
棉花产量	吨	79585	5892	21627	756	6047
油料产量	吨	39		57	4633	3418
肉类总产量	吨	5063	2165	7430	9074	21180
规模以上工业企业个数	个	7	4	2	10	20
规模以上工业总产值(现价)	万元	78949	197929	3328	58581	306210
城镇固定资产投资完成额	万元	50201	211990	37235	82944	176066
四、教育、卫生和社会保障						
普通中学在校学生数	人	3868	1118	4189	6710	8219
小学在校学生数	人	5771	1958	4316	8789	10040
医院、卫生院床位数	床	234	112	506	635	410
各种社会福利收养性单位数	个	4	2	1	9	1
各种社会福利收养性单位床位数	床	730	105	112	128	200

2009年县(市)社会经济主要指标

新疆维吾尔自治区

指　　标	单位	和硕县	博湖县	阿克苏市	温宿县	库车县
一、基本情况						
行政区域土地面积	平方公里	12753	3581	18000	14569	14603
乡(镇)个数	个	7	7	6	10	14
村民委员会个数	个	23	26	122	104	210
年末总户数	户	25423	18549	137063	64498	105375
其中:乡村户数	户	7210	8147	32665	31573	65810
年末总人口	万人	8	6	48	24	48
乡村人口	万人	3	3	15	14	31
年末单位从业人员数	人	7176	5650	43169	20540	24801
乡村从业人员数	人	12816	16798	60753	44375	151945
其中:农林牧渔业	人	11058	14926	40259	40546	125254
农业机械总动力	万千瓦特	8	11	19	28	22
本地电话年末用户	户	11047	17388	105412	21832	60976
二、综合经济						
第一产业增加值	万元	75341	49732	120420	108737	116406
第二产业增加值	万元	26155	22214	173722	37530	294644
地方财政一般预算收入	万元	7876	3717	64680	13048	106744
地方财政一般预算支出	万元	37893	32504	121559	78107	147345
城乡居民储蓄存款余额	万元	69619	63041	854373	142813	353159
年末金融机构各项贷款余额	万元	35619	106458	913700	115206	215515
三、农业、工业及投资						
粮食总产量	吨	33274	34286	186060	338284	217588
棉花产量	吨	22334	7102	91365	55739	70998
油料产量	吨	1938	2396	120	11723	470
肉类总产量	吨	4588	4539	35102	15562	40213
规模以上工业企业个数	个	8	8	35	18	36
规模以上工业总产值(现价)	万元	30981	33082	332739	36244	940182
城镇固定资产投资完成额	万元	41453	22995	254116	103762	322681
四、教育、卫生和社会保障						
普通中学在校学生数	人	2287	2657	26659	14878	29375
小学在校学生数	人	4256	3360	45276	20866	43617
医院、卫生院床位数	床	231	239	3285	612	1515
各种社会福利收养性单位数	个	1	1	6	9	9
各种社会福利收养性单位床位数	床	100	134	176	207	274

2009 年县(市)社会经济主要指标

新疆维吾尔自治区

指　　标	单位	沙雅县	新和县	拜城县	乌什县	阿瓦提县
一、基本情况						
行政区域土地面积	平方公里	31955	5818	19100	8889	13259
乡(镇)个数	个	9	8	14	9	8
村民委员会个数	个	152	110	150	107	119
年末总户数	户	63083	45831	61886	52150	54564
其中:乡村户数	户	42982	31574	35392	38876	33483
年末总人口	万人	24	16	23	21	23
乡村人口	万人	17	13	16	17	16
年末单位从业人员数	人	11691	7669	15625	6365	9584
乡村从业人员数	人	68900	58420	70543	57650	75181
其中:农林牧渔业	人	59660	55130	66218	50420	67174
农业机械总动力	万千瓦特	20	12	23	15	31
本地电话年末用户	户	16194	22000	21000	18327	23615
二、综合经济						
第一产业增加值	万元	89840	70179	58138	45627	97164
第二产业增加值	万元	39028	19669	112073	12306	28391
地方财政一般预算收入	万元	29158	17139	42615	3058	5275
地方财政一般预算支出	万元	75473	70252	91698	60163	74452
城乡居民储蓄存款余额	万元	147871	89962	141565	66475	148089
年末金融机构各项贷款余额	万元	178564	91824	90213	46783	151635
三、农业、工业及投资						
粮食总产量	吨	160659	130194	248489	149305	159539
棉花产量	吨	87152	51615	2098	8689	87363
油料产量	吨	604	60	4770	2710	
肉类总产量	吨	8741	4714	16502	13511	8082
规模以上工业企业个数	个	11	7	19	1	4
规模以上工业总产值(现价)	万元	82722	26053	164913	10004	10927
城镇固定资产投资完成额	万元	84181	37819	100021	31143	38566
四、教育、卫生和社会保障						
普通中学在校学生数	人	15190	8387	14385	8733	14531
小学在校学生数	人	26225	16629	19181	22962	24291
医院、卫生院床位数	床	638	455	658	446	524
各种社会福利收养性单位数	个	6	5	8	7	9
各种社会福利收养性单位床位数	床	200	130	700	200	577

2009年县(市)社会经济主要指标

新疆维吾尔自治区

指　　标	单位	柯坪县	阿图什市	阿克陶县	阿合奇县	乌恰县
一、基本情况						
行政区域土地面积	平方公里	12047	16151	24176	12737	19200
乡(镇)个数	个	5	7	13	6	11
村民委员会个数	个	33	77	109	18	34
年末总户数	户	10487	55149	46986	11132	16728
其中:乡村户数	户	7876	36772	37523	7553	7961
年末总人口	万人	5	24	21	4	6
乡村人口	万人	4	17	16	3	3
年末单位从业人员数	人	3498	18665	8293	4935	5671
乡村从业人员数	人	17223	63786	65089	7060	11892
其中:农林牧渔业	人	15790	43717	60995	6365	10555
农业机械总动力	万千瓦特	3	9	12	1	2
本地电话年末用户	户	3450	37164	12800	6581	4000
二、综合经济						
第一产业增加值	万元	9462	34432	28152	5568	5956
第二产业增加值	万元	5379	20690	16300	4810	16292
地方财政一般预算收入	万元	678	9965	5381	1700	5856
地方财政一般预算支出	万元	38028	157000	75668	40171	50134
城乡居民储蓄存款余额	万元	10530	156408	43126	14639	16904
年末金融机构各项贷款余额	万元	9613	86782	73906	4203	4260
三、农业、工业及投资						
粮食总产量	吨	21245	72288	144419	9321	7307
棉花产量	吨	9473	3217	4847		23
油料产量	吨	30	192	10	426	243
肉类总产量	吨	2100	12110	11741	4702	4919
规模以上工业企业个数	个	1	6	7		4
规模以上工业总产值(现价)	万元	2350	21942	27869		11503
城镇固定资产投资完成额	万元	17769	37162	76984	44142	37293
四、教育、卫生和社会保障						
普通中学在校学生数	人	2558	18824	12234	1671	2037
小学在校学生数	人	4501	23101	20254	4312	4698
医院、卫生院床位数	床	180	992	630	210	316
各种社会福利收养性单位数	个	1	2	4	3	2
各种社会福利收养性单位床位数	床	43	240	315	160	180

2009年县(市)社会经济主要指标

新疆维吾尔自治区

指　　标	单位	喀什市	疏附县	疏勒县	英吉沙县	泽普县
一、基本情况						
行政区域土地面积	平方公里	555	3162	2398	3375	988
乡(镇)个数	个	8	12	14	13	11
村民委员会个数	个	106	165	223	163	138
年末总户数	户	131225	77018	80453	59520	57532
其中:乡村户数	户	38575	58000	53802	48706	25656
年末总人口	万人	46	33	33	26	20
乡村人口	万人	18	27	27	22	10
年末单位从业人员数	人	51884	9929	18200	9200	6967
乡村从业人员数	人	65726	85000	57000	101927	32128
其中:农林牧渔业	人	30527	65400	52400	96780	29628
农业机械总动力	万千瓦特	5	21	19	9	12
本地电话年末用户	户	115900	19000	10047	58375	23500
二、综合经济						
第一产业增加值	万元	41732	102134	119822	75348	66887
第二产业增加值	万元	256600	39773	147896	39525	57839
地方财政一般预算收入	万元	51346	4150	8744	4552	13898
地方财政一般预算支出	万元	225500	95585	93892	82282	67809
城乡居民储蓄存款余额	万元	665098		4500	50278	174924
年末金融机构各项贷款余额	万元	363742		3900	44745	41911
三、农业、工业及投资						
粮食总产量	吨	71043	280946	247007	181432	127892
棉花产量	吨			16686	11640	13020
油料产量	吨		778	83	333	975
肉类总产量	吨	22508	34840	35095	17000	23997
规模以上工业企业个数	个	24	2	19	4	3
规模以上工业总产值(现价)	万元	284483	2958	73375	8809	10625
城镇固定资产投资完成额	万元	322205	86710	282166	106	112163
四、教育、卫生和社会保障						
普通中学在校学生数	人	36562	25506	22862	17582	12663
小学在校学生数	人	53149	33947	37016	25065	19501
医院、卫生院床位数	床	3391	677	690	706	474
各种社会福利收养性单位数	个	9	13	4	13	13
各种社会福利收养性单位床位数	床	336	489	250	305	294

2009年县(市)社会经济主要指标

新疆维吾尔自治区

指　　标	单位	莎车县	叶城县	麦盖提县	岳普湖县	伽师县
一、基本情况						
行政区域土地面积	平方公里	8966	28300	15200	3023	6669
乡(镇)个数	个	28	19	9	8	13
村民委员会个数	个	504	309	128	87	297
年末总户数	户	163364	100884	61175	35240	85491
其中:乡村户数	户	119352	65955	30162	26673	72986
年末总人口	万人	74	42	21	16	39
乡村人口	万人	57	31	13	12	34
年末单位从业人员数	人	22015	13647	7827	5975	9916
乡村从业人员数	人	193648	99250	55870	47068	95500
其中:农林牧渔业	人	191418	81613	51169	42263	84868
农业机械总动力	万千瓦特	31	15	16	9	19
本地电话年末用户	户	142275	17500	12595	19240	11319
二、综合经济						
第一产业增加值	万元	207486	144823	93540	43100	154215
第二产业增加值	万元	88916	65203	47390	29686	47515
地方财政一般预算收入	万元	14566	14687	7306	3164	6862
地方财政一般预算支出	万元	214669	140943	73854	65983	100182
城乡居民储蓄存款余额	万元	246370	62570	112173	41554	73195
年末金融机构各项贷款余额	万元	98929	40758	69824	27344	35601
三、农业、工业及投资						
粮食总产量	吨	555572	388022	161062	90748	240261
棉花产量	吨	67000	11850	65535	13658	30660
油料产量	吨	3893	3150		240	
肉类总产量	吨	45527	48118	17846	12370	32861
规模以上工业企业个数	个	8	2	2	2	5
规模以上工业总产值(现价)	万元	15423	23416	10118	11056	18533
城镇固定资产投资完成额	万元	162682	188979	48652	67045	66267
四、教育、卫生和社会保障						
普通中学在校学生数	人	52142	33033	13848	9615	24376
小学在校学生数	人	81711	62406	21079	13477	41493
医院、卫生院床位数	床	2198	975	635	425	936
各种社会福利收养性单位数	个	25	20	11	5	2
各种社会福利收养性单位床位数	床	593	161	268	400	320

2009 年县(市)社会经济主要指标

新疆维吾尔自治区

指　　标	单位	巴楚县	塔什库尔干塔吉克自治县	和田市	和田县	墨玉县
一、基本情况						
行政区域土地面积	平方公里	21700	25000	496	40877	25624
乡(镇)个数	个	11	11	7	11	16
村民委员会个数	个	186	47	111	212	364
年末总户数	户	74826	10222	79934	60162	130234
其中:乡村户数	户	42708	5429	36778	57357	101633
年末总人口	万人	32	4	30	26	49
乡村人口	万人	20	3	16	24	43
年末单位从业人员数	人	12170	2401	22314	9126	13153
乡村从业人员数	人	68315	9929	53661	87489	134022
其中:农林牧渔业	人	63318	8229	34786	69627	98954
农业机械总动力	万千瓦特	21	1	6	7	11
本地电话年末用户	户	18951	1825	75788		17624
二、综合经济						
第一产业增加值	万元	153477	6436	27446	53069	65586
第二产业增加值	万元	91150	32862	64327	24348	18480
地方财政一般预算收入	万元	11250	3234	19863	4231	5200
地方财政一般预算支出	万元	102094	42231	196061	82435	129587
城乡居民储蓄存款余额	万元	174249	34162	307299	18356	72999
年末金融机构各项贷款余额	万元	85066	6335	133647	9347	41122
三、农业、工业及投资						
粮食总产量	吨	238202	6428	93151	162090	254915
棉花产量	吨	76800		2275	5085	7464
油料产量	吨			490	641	556
肉类总产量	吨	32001	5131	8732	8606	17527
规模以上工业企业个数	个	3		10	5	1
规模以上工业总产值(现价)	万元	20921		45479	22900	631
城镇固定资产投资完成额	万元	201225	93540	190309	118704	100800
四、教育、卫生和社会保障						
普通中学在校学生数	人	20124	1762	19376	16458	30912
小学在校学生数	人	28711	4916	31479	32881	64077
医院、卫生院床位数	床	938	168	1951	833	2103
各种社会福利收养性单位数	个	10	1	7	10	18
各种社会福利收养性单位床位数	床	110	8	158	354	426

2009年县(市)社会经济主要指标

新疆维吾尔自治区

指　　标	单位	皮山县	洛浦县	策勒县	于田县	民丰县
一、基本情况						
行政区域土地面积	平方公里	39820	14287	31343	39126	57575
乡(镇)个数	个	15	8	8	15	6
村民委员会个数	个	169	207	123	170	30
年末总户数	户	66936	61145	46997	70051	11860
其中:乡村户数	户	43716	53791	36500	54591	6309
年末总人口	万人	25	23	15	25	4
乡村人口	万人	18	20	13	21	2
年末单位从业人员数	人	8202	7692	6623	9028	2894
乡村从业人员数	人	66167	88393	44982	82841	6751
其中:农林牧渔业	人	56313	75968	39096	75540	5167
农业机械总动力	万千瓦特	5	8	5	7	2
本地电话年末用户	户	7350	8648	10958	16872	4060
二、综合经济						
第一产业增加值	万元	37629	35530	28780	41987	10311
第二产业增加值	万元	9824	17575	7767	9603	5716
地方财政一般预算收入	万元	4189	4052	2320	3532	1603
地方财政一般预算支出	万元	80213	71944	70438	88189	33300
城乡居民储蓄存款余额	万元	43242	55551	30553	42713	18028
年末金融机构各项贷款余额	万元	22859	30823	22564	28794	3777
三、农业、工业及投资						
粮食总产量	吨	125819	140857	97482	158156	18257
棉花产量	吨	4648	9492	3287	10958	2437
油料产量	吨	1155	1118	2247	2164	160
肉类总产量	吨	5643	7249	6801	11385	2916
规模以上工业企业个数	个	1	1			
规模以上工业总产值(现价)	万元	4280	11195			
城镇固定资产投资完成额	万元	58260	56097	23887	56058	18467
四、教育、卫生和社会保障						
普通中学在校学生数	人	13386	12955	6893	15632	1576
小学在校学生数	人	23462	19096	11216	22454	2584
医院、卫生院床位数	床	556	481	506	1005	245
各种社会福利收养性单位数	个	15	9	9	13	2
各种社会福利收养性单位床位数	床	293	280	261	689	62

2009年县(市)社会经济主要指标

新疆维吾尔自治区

指　　标	单位	伊宁市	奎屯市	伊宁县	察布查尔锡伯自治县	霍城县
一、基本情况						
行政区域土地面积	平方公里	676	1110	4682	4472	5430
乡(镇)个数	个	9	1	18	13	10
村民委员会个数	个	46	4	131	58	75
年末总户数	户	143928	55766	112046	62550	133137
其中:乡村户数	户	32130	337	66520	27053	43746
年末总人口	万人	46	15	41	19	39
乡村人口	万人	15		32	12	20
年末单位从业人员数	人	63418	15403	24663	8915	11239
乡村从业人员数	人	69898	709	161746	63638	117863
其中:农林牧渔业	人	41656	674	126553	53361	95341
农业机械总动力	万千瓦特	6		22	14	17
本地电话年末用户	户	183592	100645	48550	21611	69180
二、综合经济						
第一产业增加值	万元	38698	29966	136792	90573	146355
第二产业增加值	万元	227679	342524	107365	34606	86144
地方财政一般预算收入	万元	66983	57828	16401	8456	16395
地方财政一般预算支出	万元	148897	86552	104970	68617	81978
城乡居民储蓄存款余额	万元	852767	568295	113199	74798	201008
年末金融机构各项贷款余额	万元	697091	472802	181568	63226	114113
三、农业、工业及投资						
粮食总产量	吨	95454	884	479712	276765	189054
棉花产量	吨	3	1528	95	11507	550
油料产量	吨	4490	162	22009	11918	14025
肉类总产量	吨	10014	2769	33436	15995	28761
规模以上工业企业个数	个	34	27	31	10	33
规模以上工业总产值(现价)	万元	229752	382938	151053	52076	110435
城镇固定资产投资完成额	万元	372295	138620	142313	84000	71514
四、教育、卫生和社会保障						
普通中学在校学生数	人	34064	18718	22289	10824	15339
小学在校学生数	人	46523	14222	38288	15103	25077
医院、卫生院床位数	床	3204	1905	1300	358	827
各种社会福利收养性单位数	个	10	8	3	1	5
各种社会福利收养性单位床位数	床	652	482	100	90	220

2009年县(市)社会经济主要指标

新疆维吾尔自治区

指　　　标	单位	巩留县	新源县	昭苏县	特克斯县	尼勒克县
一、基本情况						
行政区域土地面积	平方公里	4327	6814	11128	7764	11700
乡(镇)个数	个	8	11	10	8	11
村民委员会个数	个	53	83	73	59	75
年末总户数	户	57884	91340	57622	49001	50439
其中:乡村户数	户	24961	41551	23182	21286	26464
年末总人口	万人	19	30	18	16	18
乡村人口	万人	12	21	11	11	12
年末单位从业人员数	人	7578	19609	9702	9028	10736
乡村从业人员数	人	40370	86948	38528	54115	49058
其中:农林牧渔业	人	35121	65908	29592	41481	37613
农业机械总动力	万千瓦特	13	15	9	6	8
本地电话年末用户	户	32657	48536	16728	23600	33200
二、综合经济						
第一产业增加值	万元	62326	134092	76081	46495	47225
第二产业增加值	万元	46944	175660	32711	14391	88538
地方财政一般预算收入	万元	6400	26088	4478	4336	13583
地方财政一般预算支出	万元	61121	87306	65930	66701	67490
城乡居民储蓄存款余额	万元	78256	186583	83185	54393	83484
年末金融机构各项贷款余额	万元	62638	122900	66270	51250	65817
三、农业、工业及投资						
粮食总产量	吨	212122	293944	137819	113828	140565
棉花产量	吨					
油料产量	吨	12487	10135	37386	13972	6451
肉类总产量	吨	25857	31068	20940	19138	25761
规模以上工业企业个数	个	9	12	9	4	13
规模以上工业总产值(现价)	万元	41491	162921	51922	14165	90400
城镇固定资产投资完成额	万元	24781	126784	14396	62464	108431
四、教育、卫生和社会保障						
普通中学在校学生数	人	10094	20904	9244	8697	8872
小学在校学生数	人	16185	26133	12867	17113	14438
医院、卫生院床位数	床	540	711	560	570	562
各种社会福利收养性单位数	个	4	3	3	3	4
各种社会福利收养性单位床位数	床	160	136	94	100	172

2009 年县(市)社会经济主要指标

新疆维吾尔自治区

指　　标	单位	塔城市	乌苏市	额敏县	沙湾县	托里县
一、基本情况						
行政区域土地面积	平方公里	4353	13729	9532	13110	19670
乡(镇)个数	个	6	14	11	12	7
村民委员会个数	个	115	134	139	227	65
年末总户数	户	54546	71144	54340	67481	26457
其中:乡村户数	户	26544	27371	38652	38219	13715
年末总人口	万人	17	22	16	21	10
乡村人口	万人	8	11	12	14	6
年末单位从业人员数	人	23221	27715	22265	14528	8004
乡村从业人员数	人	41509	57918	48008	83105	31911
其中:农林牧渔业	人	33726	49064	42324	72040	26532
农业机械总动力	万千瓦特	23	42	22	46	7
本地电话年末用户	户	58300	49800	17265	43310	11275
二、综合经济						
第一产业增加值	万元	84743	166746	89601	194118	20457
第二产业增加值	万元	75761	284249	101820	300212	118268
地方财政一般预算收入	万元	13488	33286	10059	28966	9551
地方财政一般预算支出	万元	118273	86812	63077	86833	50144
城乡居民储蓄存款余额	万元	207900	240645	109681	272176	54480
年末金融机构各项贷款余额	万元	238400	173000	77438	227633	23425
三、农业、工业及投资						
粮食总产量	吨	399082	209867	259943	266070	48604
棉花产量	吨		65861		66335	160
油料产量	吨	10449	9028	33602	23093	4913
肉类总产量	吨	15307	27161	23489	46215	17014
规模以上工业企业个数	个	11	16	8	25	9
规模以上工业总产值(现价)	万元	70714	230061	68895	560760	130840
城镇固定资产投资完成额	万元	59311	253229	110218	152582	81029
四、教育、卫生和社会保障						
普通中学在校学生数	人	6700	15301	9244	15919	4600
小学在校学生数	人	10700	17763	12052	16028	9244
医院、卫生院床位数	床	941	754	364	788	236
各种社会福利收养性单位数	个	3	1	1	3	1
各种社会福利收养性单位床位数	床	236	96	120	224	56

2009年县(市)社会经济主要指标

新疆维吾尔自治区

指　　标	单位	裕民县	和布克赛尔蒙古自治县	阿勒泰市	布尔津县	富蕴县
一、基本情况						
行政区域土地面积	平方公里	6220	33460	10829	10357	33700
乡(镇)个数	个	6	6	11	7	9
村民委员会个数	个	51	55	95	63	68
年末总户数	户	17112	19405	59536	22742	25947
其中:乡村户数	户	7679	8829	22050	13148	14104
年末总人口	万人	5	5	20	7	9
乡村人口	万人	3	2	9	6	6
年末单位从业人员数	人	5721	11916	33999	9567	19397
乡村从业人员数	人	19420	13999	42054	26437	25360
其中:农林牧渔业	人	17512	10888	35332	21931	17137
农业机械总动力	万千瓦特	11	3	13	6	7
本地电话年末用户	户	8725	5780	63320	23871	33564
二、综合经济						
第一产业增加值	万元	27800	21468	49716	22860	52013
第二产业增加值	万元	15471	73500	47254	31400	199675
地方财政一般预算收入	万元	2140	35800	13400	7699	46502
地方财政一般预算支出	万元	36428	60854	92613	47888	85615
城乡居民储蓄存款余额	万元	45866	56443	183707	52821	79306
年末金融机构各项贷款余额	万元	24642	21557	210784	32243	55267
三、农业、工业及投资						
粮食总产量	吨	120395	6334	38451	33524	42940
棉花产量	吨		9495			
油料产量	吨	12272	923	17168	16416	12773
肉类总产量	吨	10837	9296	15352	9215	16398
规模以上工业企业个数	个	1	9	13	6	17
规模以上工业总产值(现价)	万元	1011	87408	74793	17545	238622
城镇固定资产投资完成额	万元	30019	121172	66551	116505	211200
四、教育、卫生和社会保障						
普通中学在校学生数	人	2750	2586	11139	3955	5118
小学在校学生数	人	3657	3774	11085	5593	7762
医院、卫生院床位数	床	120	270	833	248	352
各种社会福利收养性单位数	个	1	1	1	4	4
各种社会福利收养性单位床位数	床	40	51	56	66	68

2009 年县(市)社会经济主要指标

新疆维吾尔自治区

指　　标	单位	福海县	哈巴河县	青河县	吉木乃县	石河子市
一、基本情况						
行政区域土地面积	平方公里	33251	8167	15757	7146	7762
乡(镇)个数	个	6	7	7	7	2
村民委员会个数	个	61	113	52	41	21
年末总户数	户	19422	23685	17069	12908	231814
其中:乡村户数	户	10267	17635	8489	7975	5869
年末总人口	万人	6	8	6	4	64
乡村人口	万人	4	6	4	2	2
年末单位从业人员数	人	7841	9700	5898	5626	162000
乡村从业人员数	人	20772	22935	19627	10076	10143
其中:农林牧渔业	人	15655	17915	14604	9317	8896
农业机械总动力	万千瓦特	8	8	5	2	59
本地电话年末用户	户	10200	22706	19258	12000	264100
二、综合经济						
第一产业增加值	万元	42254	39679	21443	11932	376737
第二产业增加值	万元	40700	117533	29024	6347	580153
地方财政一般预算收入	万元	11245	22964	4660	1873	102524
地方财政一般预算支出	万元	55574	67799	51819	38405	155547
城乡居民储蓄存款余额	万元	66652	51186	31906	34218	1472091
年末金融机构各项贷款余额	万元	34288	49010	28404	15713	1359725
三、农业、工业及投资						
粮食总产量	吨	24653	43330	47904	17918	198112
棉花产量	吨					296010
油料产量	吨	1717	7103	719	2597	3356
肉类总产量	吨	11456	10362	7365	4902	43814
规模以上工业企业个数	个	7	7	8	6	88
规模以上工业总产值(现价)	万元	17039	130173	23371	4374	1728645
城镇固定资产投资完成额	万元	67681	98875	70904	36578	850206
四、教育、卫生和社会保障						
普通中学在校学生数	人	3784	4579	2377	1928	45506
小学在校学生数	人	4673	7176	4940	2837	45598
医院、卫生院床位数	床	277	237	160	176	3764
各种社会福利收养性单位数	个	2	1	1	1	17
各种社会福利收养性单位床位数	床	50	30	26	60	1253

2009年县(市)社会经济主要指标

新疆维吾尔自治区

指　　标	单位	阿拉尔市	图木舒克市	五家渠市
一、基本情况				
行政区域土地面积	平方公里	4196	1914	711
乡(镇)个数	个	1	10	
村民委员会个数	个	9	157	
年末总户数	户	49375	42169	40792
其中:乡村户数	户	975	22155	
年末总人口	万人	18	15	10
乡村人口	万人		8	
年末单位从业人员数	人	42092	53121	18432
乡村从业人员数	人	1203	32611	
其中:农林牧渔业	人	1025	29280	
农业机械总动力	万千瓦特	32	10	7
本地电话年末用户	户	78600	18130	43000
二、综合经济				
第一产业增加值	万元	250371	80112	49268
第二产业增加值	万元	92216	26528	185767
地方财政一般预算收入	万元	10102	3016	14975
地方财政一般预算支出	万元	15359	10396	20484
城乡居民储蓄存款余额	万元	220795	44674	210387
年末金融机构各项贷款余额	万元	46580	27260	387246
三、农业、工业及投资				
粮食总产量	吨	78960	79912	40502
棉花产量	吨	205767	64885	5892
油料产量	吨	12		2573
肉类总产量	吨	9939	7278	15963
规模以上工业企业个数	个	19	8	30
规模以上工业总产值(现价)	万元	194297	42805	208300
城镇固定资产投资完成额	万元	282980	65951	322326
四、教育、卫生和社会保障				
普通中学在校学生数	人	10066	10702	8720
小学在校学生数	人	14105	16926	8073
医院、卫生院床位数	床	869	420	840
各种社会福利收养性单位数	个			2
各种社会福利收养性单位床位数	床			120

分区域社会经济基本情况

丘陵县(市)社会经济基本情况

指　　标	单位	2008 年	2009 年	2009 年为 2008 年%
一、基本情况				
县(市)个数	个	531	531	100.0
行政区域土地面积	平方公里		2031126	
乡(镇)个数	个	8012	8066	100.7
村民委员会个数	个	150089	148697	99.1
年末总户数	户	88625880	90471026	102.1
其中:乡村户数	户	64152525	64579816	100.7
年末总人口	万人	28888	29089	100.7
乡村人口	万人	23695	23796	100.4
年末单位从业人员数	人	17221849	18115142	105.2
乡村从业人员数	人	128471330	129869605	101.1
其中:农林牧渔业	人	71103259	70612381	99.3
农业机械总动力	万千瓦特	18110	19530	107.8
本地电话年末用户	户	51477481	48735586	94.7
二、综合经济				
第一产业增加值	万元	84669286	88838678	104.9
第二产业增加值	万元	257163614	290125374	112.8
地方财政一般预算收入	万元	20926518	25339300	121.1
地方财政一般预算支出	万元	52651463	66067596	125.5
城乡居民储蓄存款余额	万元	253430837	298205943	117.7
年末金融机构各项贷款余额	万元	173144078	231387068	133.6
三、农业、工业及投资				
粮食总产量	吨	158040514	157843688	99.9
棉花产量	吨	390896	376135	96.2
油料产量	吨	8316951	8448714	101.6
肉类总产量	吨	24236228	25597877	105.6
规模以上工业企业个数	个	60476	68166	112.7
规模以上工业总产值(现价)	万元	654865669	737597398	112.6
城镇固定资产投资完成额	万元	196151497	274712169	140.1
四、教育、卫生和社会保障				
普通中学在校学生数	人	16823298	16369973	97.3
小学在校学生数	人	21545858	20751407	96.3
医院、卫生院床位数	床	580023	623502	107.5
各种社会福利收养性单位数	个	12062	9034	74.9
各种社会福利收养性单位床位数	床	515680	554082	107.4

山区县(市)社会经济基本情况

指　　标	单位	2008 年	2009 年	2009 年为 2008 年%
一、基本情况				
县(市)个数	个	895	895	100.0
行政区域土地面积	平方公里		4237731	
乡(镇)个数	个	13463	13505	100.3
村民委员会个数	个	190909	191287	100.2
年末总户数	户	90557431	92936065	102.6
其中:乡村户数	户	67973053	69066334	101.6
年末总人口	万人	31009	31384	101.2
乡村人口	万人	25968	26213	100.9
年末单位从业人员数	人	17292167	17845394	103.2
乡村从业人员数	人	143051646	145081467	101.4
其中:农林牧渔业	人	88006207	88038932	100.0
农业机械总动力	万千瓦特	15665	17064	108.9
本地电话年末用户	户	49037115	47450433	96.8
二、综合经济				
第一产业增加值	万元	73817268	78702956	106.6
第二产业增加值	万元	191920228	211251706	110.1
地方财政一般预算收入	万元	18415780	22147787	120.3
地方财政一般预算支出	万元	61326698	78831268	128.5
城乡居民储蓄存款余额	万元	213228724	253293936	118.8
年末金融机构各项贷款余额	万元	161482699	216140478	133.8
三、农业、工业及投资				
粮食总产量	吨	111097276	114312804	102.9
棉花产量	吨	124269	133444	107.4
油料产量	吨	6588511	7100604	107.8
肉类总产量	吨	20322333	22083145	108.7
规模以上工业企业个数	个	49845	54985	110.3
规模以上工业总产值(现价)	万元	434540473	491083776	113.0
城镇固定资产投资完成额	万元	156538666	215980016	138.0
四、教育、卫生和社会保障				
普通中学在校学生数	人	18127174	18152261	100.1
小学在校学生数	人	26729190	25932114	97.0
医院、卫生院床位数	床	639287	693986	108.6
各种社会福利收养性单位数	个	10814	9446	87.3
各种社会福利收养性单位床位数	床	501018	539675	107.7

平原县(市)社会经济基本情况

指　　标	单位	2008 年	2009 年	2009 年为 2008 年%
一、基本情况				
县(市)个数	个	643	643	100.0
行政区域土地面积	平方公里		2610731	
乡(镇)个数	个	8805	8827	100.2
村民委员会个数	个	190727	186066	97.6
年末总户数	户	112213982	113856023	101.5
其中:乡村户数	户	81874124	82659941	101.0
年末总人口	万人	37863	38180	100.8
乡村人口	万人	30668	30818	100.5
年末单位从业人员数	人	21574898	22590293	104.7
乡村从业人员数	人	167378911	168851787	100.9
其中:农林牧渔业	人	88606059	87001128	98.2
农业机械总动力	万千瓦特	35821	37991	106.1
本地电话年末用户	户	79240107	72883136	92.0
二、综合经济				
第一产业增加值	万元	117626518	127875800	108.7
第二产业增加值	万元	411209111	454850952	110.6
地方财政一般预算收入	万元	35796448	41923974	117.1
地方财政一般预算支出	万元	72014927	88695639	123.2
城乡居民储蓄存款余额	万元	414963205	489014504	117.8
年末金融机构各项贷款余额	万元	362362080	487347804	134.5
三、农业、工业及投资				
粮食总产量	吨	254677710	261242881	102.6
棉花产量	吨	6095516	5420977	88.9
油料产量	吨	12660506	12802515	101.1
肉类总产量	吨	29454915	31368274	106.5
规模以上工业企业个数	个	118283	136589	115.5
规模以上工业总产值(现价)	万元	1199837562	1388635304	115.7
城镇固定资产投资完成额	万元	259850791	358192919	137.8
四、教育、卫生和社会保障				
普通中学在校学生数	人	23545556	22459387	95.4
小学在校学生数	人	29568231	28882468	97.7
医院、卫生院床位数	床	792109	856112	108.1
各种社会福利收养性单位数	个	9931	9962	100.3
各种社会福利收养性单位床位数	床	727836	813599	111.8

民族县(市)社会经济基本情况

指　　　标	单位	2008 年	2009 年	2009 年为 2008 年%
一、基本情况				
县(市)个数	个	633	633	100.0
行政区域土地面积	平方公里		5837314	
乡(镇)个数	个	7609	7604	99.9
村民委员会个数	个	82524	82176	99.6
年末总户数	户	46033893	47369926	102.9
其中:乡村户数	户	30734383	31331785	101.9
年末总人口	万人	16084	16243	101.0
乡村人口	万人	12588	12710	101.0
年末单位从业人员数	人	9081489	9010350	99.2
乡村从业人员数	人	69322676	70338597	101.5
其中:农林牧渔业	人	49515779	49916489	100.8
农业机械总动力	万千瓦特	9904	11005	111.1
本地电话年末用户	户	23129865	22965871	99.3
二、综合经济				
第一产业增加值	万元	45206475	48277974	106.8
第二产业增加值	万元	93168668	106597485	114.4
地方财政一般预算收入	万元	9999064	12160513	121.6
地方财政一般预算支出	万元	37335341	48790620	130.7
城乡居民储蓄存款余额	万元	94477268	114080377	120.7
年末金融机构各项贷款余额	万元	83386438	113631446	136.3
三、农业、工业及投资				
粮食总产量	吨	75646662	78325598	103.5
棉花产量	吨	2338279	2087653	89.3
油料产量	吨	3548277	3639866	102.6
肉类总产量	吨	12714350	13678579	107.6
规模以上工业企业个数	个	14572	15843	108.7
规模以上工业总产值(现价)	万元	176801423	178583302	101.0
城镇固定资产投资完成额	万元	96604720	140658844	145.6
四、教育、卫生和社会保障				
普通中学在校学生数	人	8858233	8708882	98.3
小学在校学生数	人	14216290	13870815	97.6
医院、卫生院床位数	床	360131	396525	110.1
各种社会福利收养性单位数	个	9163	4310	47.0
各种社会福利收养性单位床位数	床	205508	171951	83.7

陆地边境县(市)社会经济基本情况

指　　标	单位	2008 年	2009 年	2009 年为2008 年%
一、基本情况				
县(市)个数	个	129	129	100.0
行政区域土地面积	平方公里		1909560	
乡(镇)个数	个	1132	1131	99.9
村民委员会个数	个	10190	10161	99.7
年末总户数	户	6078400	6255037	102.9
其中:乡村户数	户	3374831	3489590	103.4
年末总人口	万人	2064	2078	100.7
乡村人口	万人	1365	1393	102.0
年末单位从业人员数	人	1563751	1553806	99.4
乡村从业人员数	人	7469935	7610779	101.9
其中:农林牧渔业	人	5996312	6063594	101.1
农业机械总动力	万千瓦特	1515	1681	111.0
本地电话年末用户	户	3944407	3750601	95.1
二、综合经济				
第一产业增加值	万元	6790539	7569048	111.5
第二产业增加值	万元	13047156	15532721	119.1
地方财政一般预算收入	万元	1758528	2083108	118.5
地方财政一般预算支出	万元	6792204	9133845	134.5
城乡居民储蓄存款余额	万元	17901470	21446016	119.8
年末金融机构各项贷款余额	万元	11729991	15924286	135.8
三、农业、工业及投资				
粮食总产量	吨	13052123	14733697	112.9
棉花产量	吨	218571	161097	73.7
油料产量	吨	605504	617012	101.9
肉类总产量	吨	1589110	1657870	104.3
规模以上工业企业个数	个	2293	2537	110.6
规模以上工业总产值(现价)	万元	18101330	24451645	135.1
城镇固定资产投资完成额	万元	17125239	24814810	144.9
四、教育、卫生和社会保障				
普通中学在校学生数	人	1085791	1056596	97.3
小学在校学生数	人	1657573	1611766	97.2
医院、卫生院床位数	床	58035	61056	105.2
各种社会福利收养性单位数	个	697	503	72.2
各种社会福利收养性单位床位数	床	20817	21549	103.5

牧区、半牧区县(市)社会经济基本情况

指　　标	单位	2008 年	2009 年	2009 年为 2008 年%
一、基本情况				
县(市)个数	个	264	264	100.0
行政区域土地面积	平方公里		3894053	
乡(镇)个数	个	3347	3356	100.3
村民委员会个数	个	31176	31101	99.8
年末总户数	户	13912607	14446803	103.8
其中:乡村户数	户	8455113	8657124	102.4
年末总人口	万人	4505	4536	100.7
乡村人口	万人	3298	3349	101.6
年末单位从业人员数	人	2679762	2700773	100.8
乡村从业人员数	人	17400963	17692511	101.7
其中:农林牧渔业	人	13408245	13503154	100.7
农业机械总动力	万千瓦特	4477	5104	114.0
本地电话年末用户	户	6757263	6619840	98.0
二、综合经济				
第一产业增加值	万元	16852282	18103008	107.4
第二产业增加值	万元	37142283	46080947	124.1
地方财政一般预算收入	万元	3879817	4835344	124.6
地方财政一般预算支出	万元	14568972	18711953	128.4
城乡居民储蓄存款余额	万元	27271408	33001159	121.0
年末金融机构各项贷款余额	万元	28967658	41149623	142.1
三、农业、工业及投资				
粮食总产量	吨	48646390	46943654	96.5
棉花产量	吨	490512	419646	85.6
油料产量	吨	2156339	1832923	85.0
肉类总产量	吨	5497895	5817858	105.8
规模以上工业企业个数	个	5252	5575	106.2
规模以上工业总产值(现价)	万元	82849941	74412157	89.8
城镇固定资产投资完成额	万元	41112108	64751810	157.5
四、教育、卫生和社会保障				
普通中学在校学生数	人	2390979	2318843	97.0
小学在校学生数	人	3512658	3398317	96.7
医院、卫生院床位数	床	103805	112563	108.4
各种社会福利收养性单位数	个	1342	1338	99.7
各种社会福利收养性单位床位数	床	62572	73585	117.6

九大农区县(市)社会经济基本情况

东北区

指　　标	单位	2008 年	2009 年	2009 年为 2008 年%
一、基本情况				
县(市)个数	个	153	153	100.0
行政区域土地面积	平方公里		841107	
乡(镇)个数	个	2025	2019	99.7
村民委员会个数	个	24993	25014	100.1
年末总户数	户	21635355	22062540	102.0
其中:乡村户数	户	12841735	12906770	100.5
年末总人口	万人	6599	6612	100.2
乡村人口	万人	4610	4584	99.4
年末单位从业人员数	人	3898588	3980599	102.1
乡村从业人员数	人	23008222	23305521	101.3
其中:农林牧渔业	人	15666619	15746651	100.5
农业机械总动力	万千瓦特	5481	6107	111.4
本地电话年末用户	户	13800015	13257177	96.1
二、综合经济				
第一产业增加值	万元	29308958	31702876	108.2
第二产业增加值	万元	48167387	61168576	127.0
地方财政一般预算收入	万元	4098638	5171675	126.2
地方财政一般预算支出	万元	13870611	17645441	127.2
城乡居民储蓄存款余额	万元	57634649	66273324	115
年末金融机构各项贷款余额	万元	39918901	48699421	122
三、农业、工业及投资				
粮食总产量	吨	99386970	94015300	94.6
棉花产量	吨	6370	2336	36.7
油料产量	吨	1884506	1424871	75.6
肉类总产量	吨	10666642	10533126	98.7
规模以上工业企业个数	个	12501	15337	122.7
规模以上工业总产值(现价)	万元	89599805	130687810	145.9
城镇固定资产投资完成额	万元	49555452	76055292	153.5
四、教育、卫生和社会保障				
普通中学在校学生数	人	3154635	3003537	95.2
小学在校学生数	人	3735223	3584001	96.0
医院、卫生院床位数	床	154866	161170	104.1
各种社会福利收养性单位数	个	2134	2100	98.4
各种社会福利收养性单位床位数	床	143229	156703	109.4

九大农区县(市)社会经济基本情况

内蒙古及长城沿线区

指　　标	单位	2008 年	2009 年	2009 年为 2008 年%
一、基本情况				
县(市)个数	个	119	119	100.0
行政区域土地面积	平方公里		767221	
乡(镇)个数	个	1358	1389	102.3
村民委员会个数	个	24564	24450	99.5
年末总户数	户	10608960	10972680	103.4
其中:乡村户数	户	6698033	6775883	101.2
年末总人口	万人	3178	3198	100.6
乡村人口	万人	2345	2367	100.9
年末单位从业人员数	人	1938086	1940824	100.1
乡村从业人员数	人	12363549	12130724	98.1
其中:农林牧渔业	人	8223450	8206751	99.8
农业机械总动力	万千瓦特	2673	2983	111.6
本地电话年末用户	户	4754312	5080804	106.9
二、综合经济				
第一产业增加值	万元	9871010	10212418	103.5
第二产业增加值	万元	38736480	44857978	115.8
地方财政一般预算收入	万元	3584863	4580537	127.8
地方财政一般预算支出	万元	9686452	12381190	127.8
城乡居民储蓄存款余额	万元	30258072	36442843	120.4
年末金融机构各项贷款余额	万元	25146196	35719543	142.0
三、农业、工业及投资				
粮食总产量	吨	20694336	17105809	82.7
棉花产量	吨	1359	572	42.1
油料产量	吨	620041	454683	73.3
肉类总产量	吨	2840912	3104982	109.3
规模以上工业企业个数	个	4921	5193	105.5
规模以上工业总产值(现价)	万元	92433914	77269983	83.6
城镇固定资产投资完成额	万元	36535422	52654164	144.1
四、教育、卫生和社会保障				
普通中学在校学生数	人	1793399	1706133	95.1
小学在校学生数	人	2166894	2109031	97.3
医院、卫生院床位数	床	75285	79683	105.8
各种社会福利收养性单位数	个	1086	1092	100.6
各种社会福利收养性单位床位数	床	57893	68614	118.5

九大农区县(市)社会经济基本情况

黄淮海区

指　　标	单位	2008 年	2009 年	2009 年为 2008 年%
一、基本情况				
县(市)个数	个	318	318	100.0
行政区域土地面积	平方公里		370435	
乡(镇)个数	个	4547	4546	100.0
村民委员会个数	个	149903	145933	97.4
年末总户数	户	63626314	64692372	101.7
其中:乡村户数	户	50096363	50535743	100.9
年末总人口	万人	22216	22479	101.2
乡村人口	万人	18846	18946	100.5
年末单位从业人员数	人	11377602	11779924	103.5
乡村从业人员数	人	105436283	106516501	101.0
其中:农林牧渔业	人	56323964	55375101	98.3
农业机械总动力	万千瓦特	27635	28877	104.5
本地电话年末用户	户	40044792	36977440	92.3
二、综合经济				
第一产业增加值	万元	66505120	71351482	107.3
第二产业增加值	万元	227313516	250040752	110
地方财政一般预算收入	万元	14484273	17427935	120.3
地方财政一般预算支出	万元	33115115	41538951	125.4
城乡居民储蓄存款余额	万元	196069287	226171849	115.4
年末金融机构各项贷款余额	万元	132518045	174455191	131.6
三、农业、工业及投资				
粮食总产量	吨	140188184	146295242	104.4
棉花产量	吨	2631065	2337084	88.8
油料产量	吨	8898722	8704122	97.8
肉类总产量	吨	16055857	17315240	107.8
规模以上工业企业个数	个	52109	60551	116.2
规模以上工业总产值(现价)	万元	652916429	762637282	116.8
城镇固定资产投资完成额	万元	160321866	203913675	127.2
四、教育、卫生和社会保障				
普通中学在校学生数	人	13585985	12922676	95.1
小学在校学生数	人	17658667	17545946	99.4
医院、卫生院床位数	床	451461	496282	109.9
各种社会福利收养性单位数	个	5495	5440	99.0
各种社会福利收养性单位床位数	床	440709	503786	114.3

九大农区县(市)社会经济基本情况

黄土高原区

指　标	单位	2008 年	2009 年	2009 年为 2008 年%
一、基本情况				
县(市)个数	个	211	211	100.0
行政区域土地面积	平方公里		379986	
乡(镇)个数	个	2719	2823	103.8
村民委员会个数	个	54533	54506	100.0
年末总户数	户	20531787	21206124	103.3
其中:乡村户数	户	14947047	15154932	101.4
年末总人口	万人	7055	7098	100.6
乡村人口	万人	5996	5998	100.0
年末单位从业人员数	人	4294865	4352195	101.3
乡村从业人员数	人	31120298	31262543	100.5
其中:农林牧渔业	人	18950366	18666197	98.5
农业机械总动力	万千瓦特	5037	5328	105.8
本地电话年末用户	户	11136415	11142159	100.1
二、综合经济				
第一产业增加值	万元	12829487	14042569	109.5
第二产业增加值	万元	68085295	70483294	103.5
地方财政一般预算收入	万元	5217120	5845936	112.1
地方财政一般预算支出	万元	14298617	18119636	126.7
城乡居民储蓄存款余额	万元	59467642	69578233	117.0
年末金融机构各项贷款余额	万元	35698250	44352270	124.2
三、农业、工业及投资				
粮食总产量	吨	27922281	28436360	101.8
棉花产量	吨	172202	141841	82.4
油料产量	吨	1143385	1186546	103.8
肉类总产量	吨	2103174	2373885	112.9
规模以上工业企业个数	个	7764	8214	105.8
规模以上工业总产值(现价)	万元	139459438	146092940	104.8
城镇固定资产投资完成额	万元	49349347	69046322	139.9
四、教育、卫生和社会保障				
普通中学在校学生数	人	5142526	4861201	94.5
小学在校学生数	人	6395565	6065906	94.8
医院、卫生院床位数	床	164792	170437	103.4
各种社会福利收养性单位数	个	1495	1518	101.5
各种社会福利收养性单位床位数	床	56203	65096	115.8

九大农区县(市)社会经济基本情况

长江中下游区

指　　标	单位	2008年	2009年	2009年为2008年%
一、基本情况				
县(市)个数	个	446	446	100.0
行政区域土地面积	平方公里		861679	
乡(镇)个数	个	6967	6967	100.0
村民委员会个数	个	129498	127592	98.5
年末总户数	户	81942326	83065973	101.4
其中:乡村户数	户	60606908	61186159	101.0
年末总人口	万人	26375	26629	101.0
乡村人口	万人	21870	22080	101.0
年末单位从业人员数	人	16294496	17467053	107.2
乡村从业人员数	人	120146549	121564665	101.2
其中:农林牧渔业	人	58384635	57567828	98.6
农业机械总动力	万千瓦特	15352	16656	108.5
本地电话年末用户	户	59883545	55241117	92.2
二、综合经济				
第一产业增加值	万元	74853959	81252928	108.5
第二产业增加值	万元	277693176	309755511	111.5
地方财政一般预算收入	万元	28360119	33339594	117.6
地方财政一般预算支出	万元	50928334	64019055	125.7
城乡居民储蓄存款余额	万元	281976538	339201881	120.3
年末金融机构各项贷款余额	万元	284470871	388085020	136.4
三、农业、工业及投资				
粮食总产量	吨	123757097	128874484	104.1
棉花产量	吨	1328118	1266104	95.3
油料产量	吨	8645602	9568252	110.7
肉类总产量	吨	17889587	19333862	108.1
规模以上工业企业个数	个	103299	119215	115.4
规模以上工业总产值(现价)	万元	856757062	970875645	113.3
城镇固定资产投资完成额	万元	166845497	229168975	137.4
四、教育、卫生和社会保障				
普通中学在校学生数	人	15007343	14575758	97.1
小学在校学生数	人	18417425	18162929	98.6
医院、卫生院床位数	床	513212	541749	105.6
各种社会福利收养性单位数	个	10863	9107	83.8
各种社会福利收养性单位床位数	床	689805	701712	101.7

九大农区县(市)社会经济基本情况

西南区

指　　标	单位	2008 年	2009 年	2009 年为 2008 年%
一、基本情况				
县(市)个数	个	385	385	100.0
行政区域土地面积	平方公里		936031	
乡(镇)个数	个	7825	7837	100.2
村民委员会个数	个	93560	93845	100.3
年末总户数	户	55796581	57293183	102.7
其中:乡村户数	户	42913388	43410714	101.2
年末总人口	万人	18562	18713	100.8
乡村人口	万人	15847	15880	100.2
年末单位从业人员数	人	8848098	9416418	106.4
乡村从业人员数	人	89656314	90749494	101.2
其中:农林牧渔业	人	54157824	53944633	99.6
农业机械总动力	万千瓦特	6583	7175	109.0
本地电话年末用户	户	22842796	21852220	95.7
二、综合经济				
第一产业增加值	万元	40778703	42309108	103.8
第二产业增加值	万元	75889372	86132248	113.5
地方财政一般预算收入	万元	7871779	9791494	124.4
地方财政一般预算支出	万元	35375494	42921731	121.3
城乡居民储蓄存款余额	万元	111751623	134903989	120.7
年末金融机构各项贷款余额	万元	75467593	105490893	139.8
三、农业、工业及投资				
粮食总产量	吨	71784183	73474725	102.4
棉花产量	吨	22353	13624	60.9
油料产量	吨	4029626	4468362	110.9
肉类总产量	吨	15126608	16300767	107.8
规模以上工业企业个数	个	17913	19842	110.8
规模以上工业总产值(现价)	万元	146626915	181979038	124.1
城镇固定资产投资完成额	万元	76247614	112343947	147.3
四、教育、卫生和社会保障				
普通中学在校学生数	人	10595163	10738981	101.4
小学在校学生数	人	15961469	15382236	96.4
医院、卫生院床位数	床	358529	402382	112.2
各种社会福利收养性单位数	个	6642	6045	91.0
各种社会福利收养性单位床位数	床	239310	304846	127.4

九大农区县(市)社会经济基本情况

华南区

指　　标	单位	2008年	2009年	2009年为2008年%
一、基本情况				
县(市)个数	个	171	171	100.0
行政区域土地面积	平方公里		410476	
乡(镇)个数	个	2100	2086	99.3
村民委员会个数	个	30207	30295	100.3
年末总户数	户	27798042	28227373	101.5
其中:乡村户数	户	20815457	21060283	101.2
年末总人口	万人	10424	10523	101.0
乡村人口	万人	8612	8722	101.3
年末单位从业人员数	人	6762365	6872583	101.6
乡村从业人员数	人	46474668	47316005	101.8
其中:农林牧渔业	人	27556531	27519261	99.9
农业机械总动力	万千瓦特	3701	4005	108.2
本地电话年末用户	户	20764724	19220122	92.6
二、综合经济				
第一产业增加值	万元	30222913	31451213	104.1
第二产业增加值	万元	97179128	103576460	106.6
地方财政一般预算收入	万元	8759212	9985236	114.0
地方财政一般预算支出	万元	17284515	21896849	126.7
城乡居民储蓄存款余额	万元	118727934	137198843	115.6
年末金融机构各项贷款余额	万元	80044021	106883935	133.5
三、农业、工业及投资				
粮食总产量	吨	22638314	23751748	104.9
棉花产量	吨	651	640	98.3
油料产量	吨	1015107	1086393	107.0
肉类总产量	吨	6504568	7014851	107.8
规模以上工业企业个数	个	26869	27952	104.0
规模以上工业总产值(现价)	万元	270506659	299980078	110.9
城镇固定资产投资完成额	万元	46269431	64885280	140.2
四、教育、卫生和社会保障				
普通中学在校学生数	人	7145021	7169418	100.3
小学在校学生数	人	10346362	9622383	93.0
医院、卫生院床位数	床	187300	204415	109.1
各种社会福利收养性单位数	个	4174	2212	53.0
各种社会福利收养性单位床位数	床	87724	69192	78.9

九大农区县(市)社会经济基本情况

甘新区

指　　标	单位	2008 年	2009 年	2009 年为 2008 年%
一、基本情况				
县(市)个数	个	124	124	100.0
行政区域土地面积	平方公里		2336222	
乡(镇)个数	个	1195	1187	99.3
村民委员会个数	个	12885	12860	99.8
年末总户数	户	7665084	7886483	102.9
其中:乡村户数	户	3851207	3989738	103.6
年末总人口	万人	2628	2667	101.5
乡村人口	万人	1615	1646	101.9
年末单位从业人员数	人	2220691	2262715	101.9
乡村从业人员数	人	7573716	7739083	102.2
其中:农林牧渔业	人	5880294	6008161	102.2
农业机械总动力	万千瓦特	2567	2794	108.8
本地电话年末用户	户	5648735	5315561	94.1
二、综合经济				
第一产业增加值	万元	9907298	11082847	111.9
第二产业增加值	万元	23585603	25758196	109.2
地方财政一般预算收入	万元	2402839	2798530	116.5
地方财政一般预算支出	万元	7710649	10383809	134.7
城乡居民储蓄存款余额	万元	22780526	27100079	119.0
年末金融机构各项贷款余额	万元	19479448	26014963	133.6
三、农业、工业及投资				
粮食总产量	吨	15678248	19683105	125.5
棉花产量	吨	2448520	2168349	88.6
油料产量	吨	1129456	1260974	111.6
肉类总产量	吨	2133688	2354923	110.4
规模以上工业企业个数	个	2558	2842	111.1
规模以上工业总产值(现价)	万元	37303577	43389281	116.3
城镇固定资产投资完成额	万元	21999483	32378224	147.2
四、教育、卫生和社会保障				
普通中学在校学生数	人	1713414	1624942	94.8
小学在校学生数	人	2367859	2313763	97.7
医院、卫生院床位数	床	88703	99291	111.9
各种社会福利收养性单位数	个	624	639	102.4
各种社会福利收养性单位床位数	床	23258	28573	122.9

九大农区县(市)社会经济基本情况

青藏高原区

指　　标	单位	2008 年	2009 年	2009 年为 2008 年%
一、基本情况				
县(市)个数	个	143	143	100.0
行政区域土地面积	平方公里		1976431	
乡(镇)个数	个	1544	1544	100.0
村民委员会个数	个	11582	11555	99.8
年末总户数	户	1792844	1856386	103.5
其中:乡村户数	户	1229564	1285869	104.6
年末总人口	万人	724	734	101.4
乡村人口	万人	591	604	102.3
年末单位从业人员数	人	454123	478518	105.4
乡村从业人员数	人	3122288	3218323	103.1
其中:农林牧渔业	人	2571842	2617858	101.8
农业机械总动力	万千瓦特	566	661	116.7
本地电话年末用户	户	879369	982555	111.7
二、综合经济				
第一产业增加值	万元	1835625	2011994	109.6
第二产业增加值	万元	3642995	4455018	122.3
地方财政一般预算收入	万元	359903	470125	130.6
地方财政一般预算支出	万元	3723302	4687841	125.9
城乡居民储蓄存款余额	万元	2956496	3643343	123.2
年末金融机构各项贷款余额	万元	4245532	5174114	121.9
三、农业、工业及投资				
粮食总产量	吨	1765888	1762600	99.8
棉花产量	吨	43	5	12.6
油料产量	吨	199524	197630	99.1
肉类总产量	吨	692441	717662	103.6
规模以上工业企业个数	个	670	594	88.7
规模以上工业总产值(现价)	万元	3639905	4404422	121.0
城镇固定资产投资完成额	万元	5416842	8439225	155.8
四、教育、卫生和社会保障				
普通中学在校学生数	人	358542	378975	105.7
小学在校学生数	人	793815	779794	98.2
医院、卫生院床位数	床	17271	18191	105.3
各种社会福利收养性单位数	个	294	289	98.3
各种社会福利收养性单位床位数	床	6403	8834	138.0

沿海开放县(市)社会经济基本情况

指　　标	单位	2008年	2009年	2009年为2008年%
一、基本情况				
县(市)个数	个	197	197	100.0
行政区域土地面积	平方公里		317899	
乡(镇)个数	个	2830	2806	99.2
村民委员会个数	个	67394	67025	99.5
年末总户数	户	44350629	44421721	100.2
其中:乡村户数	户	33955574	34158558	100.6
年末总人口	万人	14431	14486	100.4
乡村人口	万人	11689	11774	100.7
年末单位从业人员数	人	12950823	13534852	104.5
乡村从业人员数	人	63409837	63934972	100.8
其中:农林牧渔业	人	26524033	26164432	98.6
农业机械总动力	万千瓦特	9170	9591	104.6
本地电话年末用户	户	48611663	43884063	90.3
二、综合经济				
第一产业增加值	万元	48512953	52705994	108.6
第二产业增加值	万元	294150589	321243881	109.2
地方财政一般预算收入	万元	28343949	32913368	116.1
地方财政一般预算支出	万元	36518596	44118743	120.8
城乡居民储蓄存款余额	万元	273388830	321759448	117.7
年末金融机构各项贷款余额	万元	276486730	370196667	133.9
三、农业、工业及投资				
粮食总产量	吨	51882693	53186348	102.5
棉花产量	吨	409828	325858	79.5
油料产量	吨	3731630	3699965	99.2
肉类总产量	吨	9471578	10300327	108.7
规模以上工业企业个数	个	98010	110604	112.8
规模以上工业总产值(现价)	万元	1010408816	1139424618	112.8
城镇固定资产投资完成额	万元	136206717	177035805	130.0
四、教育、卫生和社会保障				
普通中学在校学生数	人	9128363	8904914	97.6
小学在校学生数	人	10928544	10272648	94.0
医院、卫生院床位数	床	357253	376192	105.3
各种社会福利收养性单位数	个	3855	3894	101.0
各种社会福利收养性单位床位数	床	304151	324230	106.6

粮食生产大县(市)社会经济基本情况

指　　标	单位	2008 年	2009 年	2009 年为 2008 年%
一、基本情况				
县(市)个数	个	453	453	100.0
行政区域土地面积	平方公里		1166774	
乡(镇)个数	个	7709	7697	99.8
村民委员会个数	个	154078	151255	98.2
年末总户数	户	100344137	102026252	101.7
其中:乡村户数	户	73699821	74356421	100.9
年末总人口	万人	33085	33337	100.8
乡村人口	万人	27189	27324	100.5
年末单位从业人员数	人	18647740	19657263	105.4
乡村从业人员数	人	148358576	150308199	101.3
其中:农林牧渔业	人	78387720	77864949	99.3
农业机械总动力	万千瓦特	25962	27934	107.6
本地电话年末用户	户	66439541	60946208	91.7
二、综合经济				
第一产业增加值	万元	104456034	112022843	107.2
第二产业增加值	万元	328994887	372370693	113.2
地方财政一般预算收入	万元	28315688	33761833	119.2
地方财政一般预算支出	万元	59018958	73787536	125.0
城乡居民储蓄存款余额	万元	326698803	383924215	117.5
年末金融机构各项贷款余额	万元	277488838	367979435	132.6
三、农业、工业及投资				
粮食总产量	吨	241121134	240043754	99.6
棉花产量	吨	806468	757470	93.9
油料产量	吨	11457313	11484165	100.2
肉类总产量	吨	30851739	32422924	105.1
规模以上工业企业个数	个	93869	109232	116.4
规模以上工业总产值(现价)	万元	955883746	1119464188	117.1
城镇固定资产投资完成额	万元	227258676	314142156	138.2
四、教育、卫生和社会保障				
普通中学在校学生数	人	19773491	19110723	96.6
小学在校学生数	人	24257440	23470536	96.8
医院、卫生院床位数	床	666702	720080	108.0
各种社会福利收养性单位数	个	10722	9694	90.4
各种社会福利收养性单位床位数	床	694932	754997	108.6

棉花生产大县(市)社会经济基本情况

指　　　标	单位	2008 年	2009 年	2009 年为 2008 年%
一、基本情况				
县(市)个数	个	130	130	100.0
行政区域土地面积	平方公里		378873	
乡(镇)个数	个	2243	2236	99.7
村民委员会个数	个	58594	57455	98.1
年末总户数	户	32219813	32635752	101.3
其中:乡村户数	户	23933354	24076396	100.6
年末总人口	万人	10820	10914	100.9
乡村人口	万人	8869	8913	100.5
年末单位从业人员数	人	5308927	6004385	113.1
乡村从业人员数	人	48582999	48663088	100.2
其中:农林牧渔业	人	26162156	25407037	97.1
农业机械总动力	万千瓦特	10481	11083	105.7
本地电话年末用户	户	19981641	18810559	94.1
二、综合经济				
第一产业增加值	万元	33156828	36284756	109.4
第二产业增加值	万元	90231627	101060754	112.0
地方财政一般预算收入	万元	7633408	9040137	118.4
地方财政一般预算支出	万元	16926685	20781204	122.8
城乡居民储蓄存款余额	万元	91913678	107788340	117.3
年末金融机构各项贷款余额	万元	73069343	97058611	132.8
三、农业、工业及投资				
粮食总产量	吨	66344633	70401962	106.1
棉花产量	吨	3069258	2743211	89.4
油料产量	吨	5188927	5353770	103.2
肉类总产量	吨	7800657	8502295	109.0
规模以上工业企业个数	个	28150	33066	117.5
规模以上工业总产值(现价)	万元	274362528	323420562	117.9
城镇固定资产投资完成额	万元	53058605	69382621	130.8
四、教育、卫生和社会保障				
普通中学在校学生数	人	6539795	6177025	94.5
小学在校学生数	人	8148934	8031775	98.6
医院、卫生院床位数	床	200114	215094	107.5
各种社会福利收养性单位数	个	2739	3013	110.0
各种社会福利收养性单位床位数	床	225342	264557	117.4

长江三角洲经济区县(市)社会经济基本情况

指　　标	单位	2008年	2009年	2009年为2008年%
一、基本情况				
县(市)个数	个	74	74	100.0
行政区域土地面积	平方公里		95178	
乡(镇)个数	个	1045	1031	98.7
村民委员会个数	个	24411	24188	99.1
年末总户数	户	19425897	19380612	99.8
其中:乡村户数	户	15249893	15127421	99.2
年末总人口	万人	5532	5552	100.3
乡村人口	万人	4554	4561	100.2
年末单位从业人员数	人	5711862	6192747	108.4
乡村从业人员数	人	26781859	26686530	99.6
其中:农林牧渔业	人	6969036	6754945	96.9
农业机械总动力	万千瓦特	2841	2900	102.1
本地电话年末用户	户	25693213	22820642	88.8
二、综合经济				
第一产业增加值	万元	14978153	17336807	115.7
第二产业增加值	万元	158431570	172841497	109.1
地方财政一般预算收入	万元	17743898	20333121	114.6
地方财政一般预算支出	万元	19473069	23103907	118.6
城乡居民储蓄存款余额	万元	143793799	174599358	121.4
年末金融机构各项贷款余额	万元	194666317	264590030	135.9
三、农业、工业及投资				
粮食总产量	吨	20531178	20675961	100.7
棉花产量	吨	198658	157468	79.3
油料产量	吨	1272917	1346296	105.8
肉类总产量	吨	2558536	2711342	106.0
规模以上工业企业个数	个	64930	74288	114.4
规模以上工业总产值(现价)	万元	591946278	649035232	109.6
城镇固定资产投资完成额	万元	61136457	75191856	123.0
四、教育、卫生和社会保障				
普通中学在校学生数	人	3078281	2936688	95.4
小学在校学生数	人	3360332	3293975	98.0
医院、卫生院床位数	床	156557	164063	104.8
各种社会福利收养性单位数	个	1638	1815	110.8
各种社会福利收养性单位床位数	床	188210	200436	106.5

环渤海经济区县(市)社会经济基本情况

指　　标	单位	2008 年	2009 年	2009 年为 2008 年%
一、基本情况				
县(市)个数	个	82	82	100.0
行政区域土地面积	平方公里		143297	
乡(镇)个数	个	1249	1246	99.8
村民委员会个数	个	40572	40361	99.5
年末总户数	户	16153076	16292031	100.9
其中:乡村户数	户	12349181	12480320	101.1
年末总人口	万人	5004	5032	100.6
乡村人口	万人	4018	4059	101.0
年末单位从业人员数	人	4063637	4103049	101.0
乡村从业人员数	人	21099198	21441779	101.6
其中:农林牧渔业	人	10637547	10699379	100.6
农业机械总动力	万千瓦特	6143	6345	103.3
本地电话年末用户	户	14596570	13432631	92.0
二、综合经济				
第一产业增加值	万元	20793483	22260010	107.1
第二产业增加值	万元	92478805	102608493	111.0
地方财政一般预算收入	万元	6863623	8283510	120.7
地方财政一般预算支出	万元	12039353	15134852	125.7
城乡居民储蓄存款余额	万元	80513814	95127839	118.2
年末金融机构各项贷款余额	万元	57385298	76860074	133.9
三、农业、工业及投资				
粮食总产量	吨	28695635	29441708	102.6
棉花产量	吨	192016	166083	86.5
油料产量	吨	2117717	1937214	91.5
肉类总产量	吨	5551896	6202685	111.7
规模以上工业企业个数	个	22516	25549	113.5
规模以上工业总产值(现价)	万元	281520056	334131918	118.7
城镇固定资产投资完成额	万元	63517444	84139507	132.5
四、教育、卫生和社会保障				
普通中学在校学生数	人	2718216	2657889	97.8
小学在校学生数	人	2973025	2889953	97.2
医院、卫生院床位数	床	147450	157240	106.6
各种社会福利收养性单位数	个	1485	1391	93.7
各种社会福利收养性单位床位数	床	130127	140132	107.7

南部沿海经济区县(市)社会经济基本情况

指　　标	单位	2008 年	2009 年	2009 年为 2008 年%
一、基本情况				
县(市)个数	个	102	102	100.0
行政区域土地面积	平方公里		182783	
乡(镇)个数	个	1348	1334	99.0
村民委员会个数	个	22335	22432	100.4
年末总户数	户	19392804	19554473	100.8
其中:乡村户数	户	14640477	14784413	101.0
年末总人口	万人	7342	7395	100.7
乡村人口	万人	5950	6057	101.8
年末单位从业人员数	人	5485634	5623447	102.5
乡村从业人员数	人	30934828	31513503	101.9
其中:农林牧渔业	人	16074735	15925666	99.1
农业机械总动力	万千瓦特	2219	2383	107.4
本地电话年末用户	户	17116010	15844482	92.6
二、综合经济				
第一产业增加值	万元	23125041	23867644	103.2
第二产业增加值	万元	88007202	93397109	106.1
地方财政一般预算收入	万元	7656079	8707543	113.7
地方财政一般预算支出	万元	12687405	15584789	122.8
城乡居民储蓄存款余额	万元	105648737	120928679	114.5
年末金融机构各项贷款余额	万元	68207892	90088771	132.1
三、农业、工业及投资				
粮食总产量	吨	13157553	13650903	103.7
棉花产量	吨	167	136	81.4
油料产量	吨	779192	807185	103.6
肉类总产量	吨	4142223	4389387	106.0
规模以上工业企业个数	个	26012	26918	103.5
规模以上工业总产值(现价)	万元	256643399	285317657	111.2
城镇固定资产投资完成额	万元	35531973	48081876	135.3
四、教育、卫生和社会保障				
普通中学在校学生数	人	5476335	5506789	100.6
小学在校学生数	人	7285404	6602881	90.6
医院、卫生院床位数	床	129588	138170	106.6
各种社会福利收养性单位数	个	1504	1686	112.1
各种社会福利收养性单位床位数	床	51623	53151	103.0

国家扶贫工作重点县(市)社会经济基本情况

指　　标	单位	2008 年	2009 年	2009 年为 2008 年%
一、基本情况				
县(市)个数	个	581	581	100.0
行政区域土地面积	平方公里		2403045	
乡(镇)个数	个	9279	9358	100.9
村民委员会个数	个	137806	138151	100.3
年末总户数	户	65674427	67485028	102.8
其中:乡村户数	户	49558284	50285268	101.5
年末总人口	万人	23043	23285	101.1
乡村人口	万人	19798	19923	100.6
年末单位从业人员数	人	9430385	9380419	99.5
乡村从业人员数	人	108086594	108934579	100.8
其中:农林牧渔业	人	69108414	68635994	99.3
农业机械总动力	万千瓦特	12668	13840	109.2
本地电话年末用户	户	26403912	25912506	98.1
二、综合经济				
第一产业增加值	万元	48051235	51293620	106.7
第二产业增加值	万元	84724404	95516310	112.7
地方财政一般预算收入	万元	8159320	10081524	123.6
地方财政一般预算支出	万元	40870102	53777270	131.6
城乡居民储蓄存款余额	万元	109437410	130506562	119.3
年末金融机构各项贷款余额	万元	71170614	92281808	129.7
三、农业、工业及投资				
粮食总产量	吨	105464863	107320998	101.8
棉花产量	吨	816122	699522	85.7
油料产量	吨	5751955	5875401	102.1
肉类总产量	吨	13736585	14884246	108.4
规模以上工业企业个数	个	16360	18673	114.1
规模以上工业总产值(现价)	万元	166546312	165122740	99.1
城镇固定资产投资完成额	万元	95543264	136069923	142.4
四、教育、卫生和社会保障				
普通中学在校学生数	人	13877030	13713398	98.8
小学在校学生数	人	21680760	21166520	97.6
医院、卫生院床位数	床	389715	432965	111.1
各种社会福利收养性单位数	个	8139	6902	84.8
各种社会福利收养性单位床位	床	335817	373358	111.2

按主要经济指标分组资料

按地方财政一般预算收入分组的社会经济基本情况

指　　标	单　　位	地方财政一般预算收入(2009 年)				
		0.5 亿元以下	0.5—1 亿元	1—2 亿元	2—5 亿元	5 亿元以上
一、基本情况						
县(市)个数	个	258	274	448	644	445
行政区域土地面积	平方公里	2360164	1175356	2039292	1993552	1311223
乡(镇)个数	个	2938	3647	6479	10453	6881
村民委员会个数	个	31979	50500	105343	189589	148639
年末总户数	户	9439096	22485901	53774568	114477830	97085719
其中:乡村户数	户	6806597	16125295	39177257	82952834	71244108
年末总人口	万人	3390	7647	18362	38081	31174
乡村人口	万人	2848	6358	15287	31470	24864
年末单位从业人员数	人	1552643	3323535	8231467	18621301	26821883
乡村从业人员数	人	14679444	33950662	84279692	172600393	138292668
其中:农林牧渔业	人	10256406	22653292	52618145	99421077	60703521
农业机械总动力	万千瓦特	2313	6010	15296	27308	23659
本地电话年末用户	户	3591617	9404378	23171664	54167719	78733777
二、综合经济						
第一产业增加值	万元	8092537	20360635	52006505	116267628	98690129
第二产业增加值	万元	6978066	23731350	81165672	232975821	611377123
地方财政一般预算收入	万元	655847	2032590	6474271	20026153	60222200
地方财政一般预算支出	万元	11399893	19767553	38519288	72176550	91731220
城乡居民储蓄存款余额	万元	14384613	47102526	129433114	295996399	553597731
年末金融机构各项贷款余额	万元	9752817	30906060	83184411	203108817	607923245
三、农业、工业及投资						
粮食总产量	吨	15978660	45514016	110316291	207953096	153637310
棉花产量	吨	245525	663568	1519625	1868889	1632948
油料产量	吨	696251	1820827	5828895	12473493	7532368
肉类总产量	吨	2059884	5148177	13534316	33358879	24948041
规模以上工业企业个数	个	1842	6183	21000	59583	171132
规模以上工业总产值(现价)	万元	8288840	40648737	161601830	529706659	1877070413
城镇固定资产投资完成额	万元	16462728	40452378	110416772	258157767	423395460
四、教育、卫生和社会保障						
普通中学在校学生数	人	1922451	4328661	10693682	21641850	18394977
小学在校学生数	人	3148165	6102364	15126904	29667776	21520780
医院、卫生院床位数	床	69801	160692	367399	740400	835308
各种社会福利收养性单位数	个	1236	2038	5388	11216	8564
各种社会福利收养性单位床位数	床	47977	101950	281164	720803	755462

地方财政一般预算收入达5亿元的县(市)分布

(2009年)

单位:万元

地　区	县(市)名称	地方财政一般预算收入
北京市	大兴区	230857
	怀柔区	164675
	平谷区	122765
	密云县	129269
	延庆县	63500
天津市	宝坻区	167103
	宁河县	56629
	静海县	96182
	蓟县	79040
河北省	平山县	52697
	藁城市	63598
	鹿泉市	57270
	丰南区	98639
	丰润区	79180
	滦县	53000
	滦南县	56984
	迁西县	61983
	遵化市	89885
	迁安市	223852
	涉县	81482
	磁县	69124
	永年县	57174
	武安市	137889
	涿州市	88831
	任丘市	93648
	霸州市	86372
	三河市	178140
山西省	古交市	53261
	盂县	57592
	长治县	67466
	襄垣县	80419
	沁源县	71611
	沁水县	52703
	阳城县	55099
	泽州县	81168
	高平市	73457
	山阴县	78836
	灵石县	101409
	介休市	87449
	河津市	61337
	洪洞县	72581
	乡宁县	66473
	离石区	68531
	柳林县	110536
	孝义市	130858
内蒙古自治区	土默特左旗	91516
	托克托县	93348
	和林格尔县	58114
	土默特右旗	73353
	达尔罕茂明安联合旗	80077
	霍林郭勒市	108223
	东胜区	452769
	达拉特旗	97861
	准格尔旗	388100
	鄂托克旗	97549
	乌审旗	78984
	伊金霍洛旗	316199
	满洲里市	105532
	临河区	72862
	乌拉特前旗	52919
	乌拉特后旗	62182
	锡林浩特市	87665
	西乌珠穆沁旗	57616
	阿拉善左旗	65712
辽宁省	辽中县	63678
	法库县	57397
	新民市	81003
	瓦房店市	250788
	普兰店市	140615
	庄河市	181168
	海城市	212016
	宽甸满族自治县	60067
	东港市	100588
	凤城市	101377
	凌海市	81555
	大石桥市	136540
	辽阳县	68900
	灯塔市	75700
	大洼县	71600
	铁岭县	68000
	调兵山市	50000
	开原市	122085
	朝阳县	53968
	建平县	71540
	北票市	63600
	凌源市	53318
吉林省	九台市	64666
	桦甸市	54114
	磐石市	63922
	公主岭市	58438
	梅河口市	66100
	前郭尔罗斯蒙古族自治县	70515
	延吉市	113827
	敦化市	59658
黑龙江省	阿城区	55571
	双城市	54067
	肇东市	58305
上海市	奉贤区	319597
	崇明县	369836
江苏省	六合区	276605
	溧水县	144188
	高淳县	106702
	江阴市	1107679
	宜兴市	450208
	丰县	90180
	沛县	151056
	铜山县	196016
	睢宁县	82169
	新沂市	105910
	邳州市	192134
	武进区	678800
	溧阳市	231688

续表 1　　　　单位:万元

省　份	县　名	地方财政 一般预算收入	省　份	县　名	地方财政 一般预算收入
	金坛市	140822		奉化市	144213
	常熟市	780778		永嘉县	115877
	张家港市	1050018		平阳县	99451
	昆山市	1331331		苍南县	129345
	吴江市	702000		瑞安市	274038
	太仓市	588003		乐清市	272332
	通州区	241912		嘉善县	159700
	海安县	155797		海盐县	108816
	如东县	153346		海宁市	239510
	启东市	213132		平湖市	208229
	如皋市	216529		桐乡市	225734
	海门市	227155		德清县	148235
	赣榆县	117132		长兴县	184703
	东海县	113479		安吉县	105432
	灌云县	105029		绍兴县	435832
	灌南县	116004		新昌县	106438
	涟水县	76088		诸暨市	295666
	洪泽县	75217		上虞市	227646
	盱眙县	88115		嵊州市	108594
	金湖县	55010		武义县	73445
	盐都区	175550		浦江县	72146
	响水县	68008		兰溪市	90218
	滨海县	90290		义乌市	386255
	阜宁县	100666		东阳市	151531
	射阳县	100088		永康市	177160
	建湖县	131278		龙游县	50011
	东台市	176600		江山市	65879
	大丰市	132880		岱山县	51058
	宝应县	97410		玉环县	165568
	仪征市	147873		三门县	66069
	高邮市	102889		天台县	65442
	江都市	193820		温岭市	250238
	丹徒区	84800		临海市	173388
	丹阳市	230015		青田县	73922
	扬中市	113403	安徽省	长丰县	62302
	句容市	112122		肥东县	96180
	兴化市	158000		肥西县	102030
	靖江市	271158		芜湖县	69938
	泰兴市	188300		繁昌县	74320
	姜堰市	144753		南陵县	51974
	宿豫区	66599		凤台县	100492
	沭阳县	175471		当涂县	91900
	泗阳县	85593		濉溪县	50636
	泗洪县	96634		铜陵县	50663
浙江省	萧山区	695281		怀宁县	59114
	余杭区	596701		桐城市	56463
	桐庐县	95011		天长市	66699
	淳安县	55893		颍上县	58715
	建德市	105736		无为县	77614
	富阳市	275699		霍邱县	57639
	临安市	140369		广德县	55708
	鄞州区	832959		宁国市	89603
	象山县	167067	福建省	闽侯县	163950
	宁海县	179067		连江县	75050
	余姚市	390273		福清市	210498
	慈溪市	491037		长乐市	117100

续表 2

单位:万元

省份	县名	地方财政一般预算收入	省份	县名	地方财政一般预算收入
	仙游县	56666		新泰市	232909
	永安市	74422		肥城市	183109
	惠安县	157942		文登市	235945
	安溪县	87229		荣成市	277288
	永春县	53502		乳山市	132867
	石狮市	154143		沂水县	65000
	晋江市	370720		临邑县	60400
	南安市	163508		齐河县	63518
	漳浦县	51369		茌平县	101098
	龙海市	174029		高唐县	71778
	永定县	56849		临清市	58535
	上杭县	67050		无棣县	76112
	福安市	55547		博兴县	108744
	福鼎市	53058		邹平县	283823
江西省	南昌县	122051		曹县	65296
	新建县	66947		单县	63332
	乐平市	65907		巨野县	62111
	分宜县	73334		郓城县	73006
	贵溪市	76795		东明县	64588
	丰城市	129063	河南省	中牟县	90566
	樟树市	60471		巩义市	158529
	高安市	52875		荥阳市	101626
	广丰县	60548		新密市	128077
	德兴市	74945		新郑市	126913
山东省	济阳县	50091		登封市	147968
	章丘市	230230		新安县	105077
	胶州市	208377		栾川县	105909
	即墨市	225849		伊川县	92288
	平度市	165365		偃师市	111385
	胶南市	261567		宝丰县	50368
	莱西市	141235		舞钢市	74091
	桓台县	131462		汝州市	76200
	沂源县	75516		安阳县	87568
	滕州市	226606		林州市	80777
	垦利县	70117		新乡县	50104
	广饶县	126856		辉县市	90139
	龙口市	291660		博爱县	50298
	莱阳市	70050		沁阳市	73372
	莱州市	191288		孟州市	60268
	蓬莱市	127730		禹州市	142399
	招远市	180000		长葛市	64503
	海阳市	100008		渑池县	85078
	昌乐县	82200		陕县	57217
	青州市	147274		义马市	50188
	诸城市	246166		灵宝市	77718
	寿光市	251189		西峡县	53736
	安丘市	50050		永城市	112736
	高密市	142800		济源市	200066
	昌邑市	95776	湖北省	大冶市	70089
	微山县	110606		夷陵区	67850
	嘉祥县	50336		宜都市	68509
	曲阜市	86878		汉川市	50199
	兖州市	192259		仙桃市	50518
	邹城市	245597	湖南省	长沙县	217892
	宁阳县	62056		望城县	83239
	东平县	53173		宁乡县	86792

续表 3　　单位：万元

省份	县名	地方财政一般预算收入	省份	县名	地方财政一般预算收入
	浏阳市	123659		双流县	260917
	攸县	60876		郫县	153538
	醴陵市	90326		新津县	73799
	湘潭县	59161		都江堰市	77692
	耒阳市	80618		彭州市	51037
	汨罗市	55492		崇州市	54725
	桂阳县	50762		广汉市	51395
	资兴市	54165		什邡市	57558
	冷水江市	55755		峨眉山市	60016
广东省	增城市	316568		简阳市	55307
	从化市	153363		西昌市	110571
	斗门区	107034		会理县	67856
	潮阳区	68392		会东县	52618
	澄海区	86432	贵州省	盘县	155449
	禅城区	513142		遵义县	62088
	南海区	858448		仁怀市	78563
	顺德区	1156819		兴义市	89031
	三水区	164498		金沙县	89726
	高明区	118005		织金县	52190
	新会区	186862	云南省	呈贡县	53078
	台山市	116659		安宁市	128009
	开平市	91986		富源县	71802
	鹤山市	94187		会泽县	55116
	怀集县	132136		宣威市	79377
	高要市	107833		腾冲县	50081
	四会市	134151		楚雄市	83054
	惠阳区	225557		个旧市	77271
	博罗县	123769		开远市	50125
	惠东县	76063		蒙自县	58129
	梅县	54866		弥勒县	56022
	海丰县	55228		文山县	53608
	陆丰市	57066		大理市	122855
	清新县	58445	陕西省	长安区	95124
	英德市	83919		韩城市	55208
	潮安县	70074		子长县	70416
	普宁市	80457		安塞县	73366
广西壮族自治区	临桂县	50699		志丹县	140112
	平果县	58994		吴起县	160717
海南省	琼海市	58761		神木县	216000
	万宁市	50855		府谷县	105716
	澄迈县	53339		靖边县	100000
重庆市	长寿区	118728		定边县	71036
	江津区	159824	青海省	格尔木市	81826
	合川区	136641	宁夏回族自治区	灵武市	63004
	永川区	221138	新疆维吾尔自治区	鄯善县	67406
	南川区	62867		哈密市	82187
	綦江县	90466		昌吉市	84667
	铜梁县	94811		库尔勒市	117088
	大足县	72236		阿克苏市	64680
	荣昌县	141526		库车县	106744
	璧山县	86327		喀什市	51346
	梁平县	53101		伊宁市	66983
	彭水苗族土家族自治县	50505		奎屯市	57828
四川省	新都区	135794		石河子市	102524
	温江区	151698			

按农民人均纯收入分组的社会经济基本情况

指 标	单 位	农民人均纯收入(2009年)				
		2000元以下	2000—4000元	4000—6000元	6000—8000元	8000元以上
一、基本情况						
县(市)个数	个	55	733	765	365	151
行政区域土地面积	平方公里	284401	3453143	2671852	1861403	608789
乡(镇)个数	个	634	11374	11599	4805	1986
村民委员会个数	个	7370	161481	204432	103450	49317
年末总户数	户	3164712	76514529	124829779	59418215	33335879
其中:乡村户数	户	2130398	57411567	89495228	41882621	25386277
年末总人口	万人	1086	26589	41730	19225	10023
乡村人口	万人	852	22728	34158	15103	7985
年末单位从业人员数	人	546167	11641994	19776797	14212003	12373868
乡村从业人员数	人	4333083	124461779	186808558	82573533	45625906
其中:农林牧渔业	人	3363275	79033185	106690193	41858796	14706992
农业机械总动力	万千瓦特	575	15727	32304	18643	7337
本地电话年末用户	户	1038056	30272900	58712163	40605079	38440957
二、综合经济						
第一产业增加值	万元	1920183	57903318	126416787	71780793	37396353
第二产业增加值	万元	3098612	89462218	279394161	267694896	316578147
地方财政一般预算收入	万元	541256	10146924	23430863	22704332	32587686
地方财政一般预算支出	万元	3337282	60588138	82055182	46337601	41276300
城乡居民储蓄存款余额	万元	6668373	154087550	338086145	237691163	303981152
年末金融机构各项贷款余额	万元	4546973	111938487	223734518	214074956	380580414
三、农业、工业及投资						
粮食总产量	吨	6018185	115348489	242926204	126872590	42233905
棉花产量	吨	11924	844018	2845734	1544380	684499
油料产量	吨	127793	5805299	14060145	5520520	2838076
肉类总产量	吨	537838	17510982	35161675	17833100	8005701
规模以上工业企业个数	个	623	20627	65839	65876	106775
规模以上工业总产值(现价)	万元	5793712	157314039	621985392	726004880	1106218456
城镇固定资产投资完成额	万元	5564633	136134109	291121333	238338156	177726873
四、教育、卫生和社会保障						
普通中学在校学生数	人	568946	15736816	24205206	10804763	5665890
小学在校学生数	人	939865	24171660	31657583	12503979	6292902
医院、卫生院床位数	床	25590	519176	844959	459154	324721
各种社会福利收养性单位数	个	249	7648	12142	5546	2857
各种社会福利收养性单位床位数	床	10457	397421	774857	416689	307932

农民人均纯收入达 8000 元的县(市)分布

(2009 年)

单位:元

地　区	县(市)名称	农民人均纯收入	地　区	县(市)名称	农民人均纯收入
北京市	大兴区	11132		崇明县	9314
	怀柔区	11013	江苏省	六合区	9545
	平谷区	10872		溧水县	9547
	密云县	10682		高淳县	9881
	延庆县	10470		江阴市	13172
天津市	宝坻区	9966		宜兴市	11230
	宁河县	10311		武进区	12341
	静海县	9968		溧阳市	10096
	蓟县	9965		金坛市	10433
河北省	迁安市	9776		常熟市	12985
	香河县	8207		张家港市	12969
山西省	河津市	8625		昆山市	13133
内蒙古自治区	土默特左旗	8577		吴江市	12907
	托克托县	8321		太仓市	12976
	霍林郭勒市	9846		通州区	9250
	海拉尔区	10134		海安县	8310
	陈巴尔虎旗	8049		如东县	8003
	额尔古纳市	9965		启东市	9287
	锡林浩特市	8381		海门市	10002
	东乌珠穆沁旗	9997		盐都区	8361
	西乌珠穆沁旗	8249		东台市	8811
辽宁省	辽中县	8155		大丰市	8750
	新民市	8116		仪征市	8007
	长海县	18655		江都市	8864
	瓦房店市	9106		丹徒区	8862
	普兰店市	9005		丹阳市	10058
	庄河市	9148		扬中市	11210
	海城市	8570		句容市	8835
	东港市	8030		靖江市	8976
	大石桥市	9376		泰兴市	8179
	大洼县	8435		姜堰市	8003
	盘山县	8443	浙江省	萧山区	14390
	开原市	8190		余杭区	13956
黑龙江省	尚志市	8622		桐庐县	10411
	东宁县	10051		建德市	8879
	绥芬河市	8906		富阳市	11851
	漠河县	8443		临安市	10735
上海市	奉贤区	11814		鄞州区	13931

续表　　单位:元

地　区	县(市)名称	农民人均纯收入	地　区	县(市)名称	农民人均纯收入
	宁海县	9367		即墨市	9123
	余姚市	10716		平度市	8850
	慈溪市	10365		胶南市	9119
	平阳县	8254		莱西市	8867
	瑞安市	11060		桓台县	8740
	乐清市	12268		长岛县	10805
	嘉善县	12751		龙口市	9886
	海盐县	12582		莱州市	9238
	海宁市	12781		蓬莱市	9334
	平湖市	12532		招远市	9275
	桐乡市	12609		海阳市	8051
	德清县	12002		诸城市	8327
	长兴县	11751		寿光市	8274
	安吉县	11326		文登市	9160
	绍兴县	14682		荣成市	9900
	新昌县	9965		乳山市	8193
	诸暨市	12762	河南省	巩义市	8480
	上虞市	11945		新郑市	8315
	嵊州市	10087	湖南省	长沙县	9999
	浦江县	8288		望城县	9343
	义乌市	12899		宁乡县	8216
	东阳市	10039		浏阳市	9203
	永康市	9744		韶山市	9340
	江山市	8294	广东省	增城市	9281
	岱山县	12791		斗门区	8532
	嵊泗县	12018		禅城区	11367
	玉环县	12192		南海区	13031
	温岭市	11313		顺德区	11850
	临海市	9595		三水区	9613
福建省	福清市	9269		新会区	8734
	长乐市	8914		惠阳区	16114
	惠安县	8738	四川省	温江区	8264
	石狮市	11555	新疆维吾尔自治区	呼图壁县	8428
	晋江市	9828		玛纳斯县	9678
	南安市	8723		若羌县	11592
山东省	长清区	8041		沙湾县	8936
	章丘市	9010		石河子市	8915
	胶州市	9152			

按粮食总产量分组的社会经济基本情况

指　　标	单　位	粮食总产量(2009 年)				
		5 万吨以下	5—10 万吨	10—25 万吨	25—50 万吨	50 万吨以上
一、基本情况						
县(市)个数	个	343	338	658	414	316
行政区域土地面积	平方公里	3733741	1046886	2023675	1163189	912097
乡(镇)个数	个	3206	4351	9591	7151	6099
村民委员会个数	个	33696	59288	158636	143322	131108
年末总户数	户	13056562	27097881	88728768	84236891	84143012
其中:乡村户数	户	7688767	18785177	66244518	61927422	61660207
年末总人口	万人	4161	8789	29979	27767	27957
乡村人口	万人	2912	6951	25060	22855	23048
年末单位从业人员数	人	4173476	6368935	19037121	15118134	13853163
乡村从业人员数	人	15780712	37748710	137818801	125692413	126762223
其中:农林牧渔业	人	9787094	23228501	76019587	68148505	68468754
农业机械总动力	万千瓦特	2842	5048	18192	21323	27180
本地电话年末用户	户	9870371	16877826	53601432	45294746	43424780
二、综合经济						
第一产业增加值	万元	12580215	22488563	81679544	83146135	95522979
第二产业增加值	万元	71195170	89006045	311296914	263703126	221026777
地方财政一般预算收入	万元	7853375	9614191	31929699	22663464	17350332
地方财政一般预算支出	万元	20578821	28361542	76226155	58066747	50361237
城乡居民储蓄存款余额	万元	85610559	99975086	352222606	281263061	221443071
年末金融机构各项贷款余额	万元	87564179	90598524	355440349	232873325	168398972
三、农业、工业及投资						
粮食总产量	吨	7094371	25281388	108489571	146247394	246286650
棉花产量	吨	412463	493233	1891006	1420511	1713341
油料产量	吨	539092	1225079	5586191	9290701	11710769
肉类总产量	吨	2690045	5222569	20098029	23133100	27905554
规模以上工业企业个数	个	15429	20874	97394	65963	60080
规模以上工业总产值(现价)	万元	187611423	212297866	860556957	753523479	603326752
城镇固定资产投资完成额	万元	63156212	89309587	263859594	229786734	202772977
四、教育、卫生和社会保障						
普通中学在校学生数	人	2450213	4925251	17919300	16179588	15507269
小学在校学生数	人	3523311	6851415	23855824	20956737	20378702
医院、卫生院床位数	床	132139	227469	681906	598755	533331
各种社会福利收养性单位数	个	1441	2935	8605	7605	7856
各种社会福利收养性单位床位数	床	72993	155265	515793	519902	643403

粮食总产量达50万吨的县(市)分布

(2009年)

单位:吨

地　区	县(市)名称	粮食总产量	地　区	县(市)名称	粮食总产量
天津市	宝坻区	583372		长岭县	1062865
河北省	赵县	509333		乾安县	601000
	藁城市	557834		扶余县	1874000
	临漳县	535122		镇赉县	608182
	大名县	560366		洮南市	606841
	隆尧县	538391		大安市	500680
	宁晋县	576284	黑龙江省	呼兰区	937756
	定州市	697260		阿城区	501309
	沧县	551751		依兰县	1030656
	河间市	516000		宾县	778515
	景县	558683		巴彦县	2078052
	深州市	544657		通河县	562027
内蒙古自治区	土默特右旗	744854		延寿县	514105
	宁城县	505976		双城市	2025623
	科尔沁左翼中旗	1865102		尚志市	914812
	科尔沁左翼后旗	830000		五常市	2325260
	开鲁县	847500		龙江县	2244529
	奈曼旗	500000		依安县	929976
	达拉特旗	576736		泰来县	506925
	阿荣旗	1210500		甘南县	719691
	莫力达瓦达斡尔族自治旗	1264000		克山县	622027
	扎兰屯市	758017		拜泉县	553557
	临河区	580100		讷河市	1466914
	乌拉特前旗	515200		鸡东县	503776
	科尔沁右翼前旗	546200		虎林市	762179
	扎赉特旗	639160		密山市	753003
辽宁省	辽中县	524135		集贤县	705390
	法库县	645465		宝清县	786297
	新民市	891810		肇州县	1010012
	庄河市	581330		肇源县	1023333
	海城市	625880		林甸县	1000738
	黑山县	752245		杜尔伯特蒙古族自治县	650010
	阜新蒙古族自治县	776585		桦南县	861975
	彰武县	558856		桦川县	636134
	大洼县	608810		汤原县	615713
	昌图县	1122826		富锦市	1535610
吉林省	农安县	2065105		勃利县	525881
	九台市	799486		宁安市	795591
	榆树市	2719687		嫩江县	911388
	德惠市	1160880		望奎县	1073940
	永吉县	552157		兰西县	834675
	蛟河市	500304		青冈县	1069115
	桦甸市	554532		庆安县	1069115
	舒兰市	769130		明水县	655780
	磐石市	627680		安达市	793905
	梨树县	1828135		肇东市	2508060
	伊通满族自治县	701073		海伦市	1575995
	公主岭市	2100519	江苏省	沛县	556240
	双辽市	609000		铜山县	713725
	东丰县	525149		睢宁县	842948
	柳河县	510816		新沂市	599265
	梅河口市	501034		邳州市	737532
	前郭尔罗斯蒙古族自治县	1631048		通州区	506278

续表 1　　　　单位：吨

地　区	县(市)名称	粮食总产量	地　区	县(市)名称	粮食总产量
	海安县	624649		新建县	645672
	如东县	880764		吉水县	545165
	如皋市	676600		泰和县	500003
	赣榆县	504028		丰城市	918989
	东海县	1015937		樟树市	541042
	灌云县	857345		高安市	719152
	灌南县	604866		余干县	627401
	涟水县	881217		鄱阳县	815588
	盱眙县	908667	山东省	济阳县	516559
	盐都区	628611		商河县	744610
	响水县	518946		章丘市	659738
	滨海县	805450		即墨市	574779
	阜宁县	879672		平度市	1478791
	射阳县	936287		莱西市	628398
	建湖县	685194		滕州市	816496
	东台市	820935		广饶县	510456
	大丰市	680382		莱阳市	509160
	宝应县	819918		莱州市	633677
	高邮市	792938		诸城市	847298
	江都市	593861		寿光市	658162
	兴化市	1324979		高密市	825012
	泰兴市	659403		嘉祥县	520039
	姜堰市	508230		曲阜市	505797
	沭阳县	1207720		邹城市	586782
	泗阳县	554657		宁阳县	611785
	泗洪县	928105		东平县	675458
安徽省	长丰县	606143		肥城市	615779
	肥东县	671716		莒县	506965
	肥西县	551900		郯城县	770457
	怀远县	1208947		苍山县	657747
	五河县	775193		陵县	986482
	凤台县	587686		宁津县	580637
	濉溪县	986912		临邑县	830796
	枞阳县	515906		齐河县	1290187
	定远县	1116104		平原县	812755
	凤阳县	716424		乐陵市	766891
	天长市	689168		禹城市	782691
	明光市	537916		阳谷县	611946
	临泉县	1056996		莘县	748556
	太和县	950466		茌平县	650764
	阜南县	846920		冠县	583438
	颍上县	1043671		惠民县	539595
	萧县	696748		邹平县	739591
	灵璧县	962925		曹县	1058809
	泗县	787995		单县	666107
	庐江县	854324		郓城县	848693
	无为县	516564		东明县	516863
	寿县	1413689	河南省	杞县	585048
	霍邱县	1487916		尉氏县	510833
	涡阳县	1274167		开封县	528981
	蒙城县	1248927		叶县	583174
	利辛县	1102437		安阳县	669615
江西省	南昌县	817062		滑县	1304867

续表 2

单位:吨

地　区	县(市)名称	粮食总产量	地　区	县(市)名称	粮食总产量
	浚县	664938		宜城市	556689
	原阳县	677488		京山县	587792
	封丘县	575925		沙洋县	756426
	长垣县	567475		钟祥市	816476
	辉县市	521657		公安县	537119
	武陟县	534129		监利县	1246651
	清丰县	529737		洪湖市	586599
	濮阳县	863291		麻城市	500596
	许昌县	648367		随县	800801
	鄢陵县	519904		仙桃市	712111
	襄城县	531954		天门市	620450
	禹州市	517053	湖南省	长沙县	575805
	长葛市	523181		宁乡县	882737
	舞阳县	501525		浏阳市	543438
	临颍县	506529		攸县	502911
	方城县	550086		湘潭县	850181
	镇平县	520021		湘乡市	539433
	社旗县	504045		衡阳县	606016
	唐河县	1134720		衡南县	643705
	邓州市	1034706		耒阳市	507163
	民权县	634884		华容县	531113
	睢县	593651		湘阴县	545657
	柘城县	626168		汨罗市	506500
	虞城县	872645		汉寿县	608148
	夏邑县	913172		澧县	519549
	永城市	1126309		桃源县	779961
	罗山县	706021		南县	571168
	光山县	580459		祁阳县	619102
	固始县	1200636		双峰县	542767
	潢川县	656265	广西壮族自治区	桂平市	526011
	淮滨县	544845	重庆市	江津区	650024
	息县	918692		合川区	704047
	扶沟县	507500		开县	575733
	西华县	616118	四川省	泸县	533322
	商水县	1009347		中江县	833096
	沈丘县	731489		三台县	793666
	郸城县	810059		资中县	537902
	淮阳县	830765		南部县	538207
	太康县	1056288		仪陇县	502116
	鹿邑县	858803		仁寿县	822786
	项城市	730242		岳池县	550018
	西平县	830628		达县	612108
	上蔡县	928348		宣汉县	583688
	平舆县	688306		大竹县	560787
	正阳县	766363		渠县	573584
	确山县	533496		安岳县	788000
	泌阳县	587051		简阳市	665925
	汝南县	660555	贵州省	遵义县	668771
	遂平县	552848	云南省	宣威市	600182
	新蔡县	748594	甘肃省	凉州区	609134
湖北省	襄阳区	1150004	新疆维吾尔自治区	奇台县	684001
	枣阳市	1200185		莎车县	555572

主要类型区域县（市）名单

丘陵县(市)

北京市

平谷区

天津市

蓟县

河北省

行唐县	元氏县	鹿泉市	丰润区
遵化市	抚宁县	卢龙县	邯郸县
磁县	临城县	内丘县	沙河市
满城县	顺平县	宣化县	阳原县
怀安县	万全县	怀来县	

山西省

左云县	平定县	襄垣县	屯留县
黎城县	武乡县	沁县	阳城县
高平市	右玉县	榆社县	昔阳县
寿阳县	灵石县	闻喜县	绛县
垣曲县	平陆县	五寨县	岢岚县
河曲县	保德县	偏关县	古县
安泽县	浮山县	吉县	大宁县
隰县	永和县	汾西县	霍州市
兴县	临县	柳林县	石楼县
孝义市			

内蒙古自治区

和林格尔县	固阳县	达尔罕茂明安联合旗	阿鲁科尔沁旗
巴林左旗	巴林右旗	林西县	克什克腾旗
翁牛特旗	喀喇沁旗	宁城县	敖汉旗
库伦旗	奈曼旗	扎鲁特旗	鄂托克前旗
鄂托克旗	乌审旗	伊金霍洛旗	海拉尔区
阿荣旗	莫力达瓦达斡尔族自治旗	鄂伦春自治旗	鄂温克族自治旗
陈巴尔虎旗	新巴尔虎左旗	新巴尔虎右旗	满洲里市
牙克石市	扎兰屯市	额尔古纳市	根河市
乌拉特中旗	乌拉特后旗	集宁区	卓资县
化德县	商都县	兴和县	察哈尔右翼前旗
察哈尔右翼中旗	察哈尔右翼后旗	四子王旗	丰镇市
乌兰浩特市	阿尔山市	科尔沁右翼前旗	科尔沁右翼中旗
扎赉特旗	突泉县	锡林浩特市	阿巴嘎旗
苏尼特左旗	苏尼特右旗	太仆寺旗	镶黄旗
正镶白旗	正蓝旗	多伦县	阿拉善左旗

阿拉善右旗　额济纳旗

辽宁省

长海县	瓦房店市	普兰店市	庄河市
义县	盖州市	阜新蒙古族自治县	朝阳县
建平县	喀喇沁左翼蒙古族自治县	北票市	凌源市
绥中县	建昌县	兴城市	

吉林省

九台市	永吉县	蛟河市	桦甸市
舒兰市	磐石市	伊通满族自治县	东丰县
东辽县	辉南县	柳河县	梅河口市

黑龙江省

阿城区	依兰县	方正县	宾县
巴彦县	木兰县	通河县	延寿县
五常市	克山县	克东县	拜泉县
虎林市	密山市	萝北县	集贤县
友谊县	宝清县	饶河县	桦南县
汤原县	勃利县	嫩江县	北安市
五大连池市	庆安县	明水县	绥棱县
海伦市			

江苏省

六合区	溧水县	高淳县	宜兴市
铜山县	溧阳市	金坛市	盱眙县
仪征市	丹徒区	句容市	

浙江省

象山县	宁海县	奉化市	洞头县
长兴县	兰溪市	义乌市	永康市
龙游县	江山市	岱山县	嵊泗县
玉环县	三门县		

安徽省

长丰县	肥东县	肥西县	来安县
全椒县	定远县	凤阳县	天长市
明光市	庐江县	寿县	霍邱县
舒城县			

福建省

闽侯县	平潭县	福清市	长乐市
仙游县	惠安县	晋江市	南安市
云霄县	漳浦县	诏安县	龙海市

江西省

乐平市	德安县	分宜县	余江县
贵溪市	南康市	吉安县	吉水县
峡江县	新干县	泰和县	万安县
永新县	上高县	宜丰县	南城县
崇仁县	金溪县	东乡县	上饶县
广丰县	弋阳县	万年县	

山东省

章丘市	胶州市	即墨市	平度市
莱西市	滕州市	长岛县	龙口市
莱阳市	莱州市	安丘市	曲阜市
宁阳县	东平县	肥城市	荣成市
苍山县	莒南县	临沭县	

河南省

巩义市	荥阳市	新密市	孟津县
新安县	宜阳县	伊川县	偃师市
宝丰县	郏县	舞钢市	汝州市
安阳县	禹州市	渑池县	陕县
义马市	灵宝市	方城县	镇平县
罗山县	光山县	固始县	潢川县
确山县	泌阳县		

湖北省

大冶市	当阳市	襄阳区	老河口市
枣阳市	宜城市	京山县	沙洋县
钟祥市	孝昌县	大悟县	应城市
安陆市	松滋市	团风县	浠水县
蕲春县	武穴市		

湖南省

株洲县	攸县	醴陵市	湘潭县
湘乡市	韶山市	衡阳县	衡南县
衡山县	衡东县	祁东县	耒阳市
常宁市	邵东县	新邵县	邵阳县
新宁县	武冈市	桃江县	桂阳县
宜章县	永兴县	嘉禾县	临武县
安仁县	祁阳县	东安县	道县
新田县	洪江市	双峰县	冷水江市
涟源市			

广东省

增城市	高明区	台山市	鹤山市
恩平市	电白县	化州市	高要市
四会市	惠阳区	博罗县	海丰县
陆河县	陆丰市	阳东县	清新县
揭西县	惠来县		

广西壮族自治区

隆安县	上林县	横县	柳江县
柳城县	鹿寨县	阳朔县	临桂县
灵川县	全州县	兴安县	永福县
灌阳县	平乐县	荔蒲县	恭城瑶族自治县
苍梧县	藤县	蒙山县	岑溪市
东兴市	灵山县	浦北县	平南县
桂平市	容县	陆川县	博白县
兴业县	北流市	田阳县	田东县
平果县	靖西县	八步区	钟山县
金城江区	罗城仫佬族自治县	大化瑶族自治县	宜州市
兴宾区	象州县	武宣县	合山市
江洲区	扶绥县	宁明县	大新县
凭祥市			

海南省

万宁市	东方市	屯昌县	澄迈县
昌江黎族自治县	陵水黎族自治县		

重庆市

长寿区	江津区	合川区	永川区
潼南县	铜梁县	大足县	荣昌县
璧山县	梁平县	垫江县	忠县
开县			

四川省

金堂县	蒲江县	荣县	富顺县
泸县	中江县	罗江县	三台县
盐亭县	蓬溪县	射洪县	大英县
威远县	资中县	隆昌县	犍为县
井研县	南部县	营山县	蓬安县
仪陇县	西充县	阆中市	仁寿县
洪雅县	丹棱县	青神县	宜宾县
南溪县	江安县	长宁县	岳池县
武胜县	邻水县	华蓥市	达县
宣汉县	开江县	大竹县	渠县
名山县	平昌县	安岳县	乐至县

简阳市

云南省

呈贡县	石林彝族自治县	嵩明县	陆良县
通海县	砚山县	勐海县	宾川县

西藏自治区

当雄县	曲水县	堆龙德庆县	达孜县
墨竹工卡县	乃东县	扎囊县	贡嘎县
琼结县	隆子县		

陕西省

宜君县	延长县	延川县	子长县
安塞县	志丹县	吴起县	甘泉县
富县	洛川县	宜川县	黄龙县
黄陵县	神木县	府谷县	横山县
靖边县	定边县	绥德县	米脂县
佳县	吴堡县	清涧县	子洲县

甘肃省

永登县	靖远县	古浪县	山丹县
泾川县	西峰区	庆城县	合水县
正宁县	宁县	临夏市	临夏县

新疆维吾尔自治区

温宿县

山区县(市)

北京市

怀柔区　密云县　延庆县

河北省

井陉县　灵寿县　赞皇县　平山县
迁西县　迁安市　青龙满族自治县　涉县
武安市　邢台县　涞水县　阜平县
唐县　涞源县　易县　曲阳县
蔚县　涿鹿县　赤城县　崇礼县
承德县　兴隆县　平泉县　滦平县
隆化县　丰宁满族自治县　宽城满族自治县　围场满族蒙古族自治县

山西省

阳曲县　娄烦县　古交市　天镇县
广灵县　灵丘县　浑源县　盂县
平顺县　壶关县　沁源县　沁水县
陵川县　泽州县　左权县　和顺县
五台县　代县　繁峙县　宁武县
静乐县　神池县　乡宁县　蒲县
离石区　交城县　岚县　方山县
中阳县　交口县

内蒙古自治区

清水河县　武川县　准格尔旗　凉城县

辽宁省

岫岩满族自治县　抚顺县　新宾满族自治县　清原满族自治县
本溪满族自治县　桓仁满族自治县　宽甸满族自治县　凤城市
西丰县

吉林省

通化县　集安市　江源区　抚松县
靖宇县　长白朝鲜族自治县　临江市　延吉市
图们市　敦化市　珲春市　龙井市
和龙市　汪清县　安图县

黑龙江省

尚志市　鸡东县　嘉荫县　铁力市
东宁县　林口县　绥芬河市　海林市
宁安市　穆棱市　逊克县　孙吴县
呼玛县　塔河县　漠河县

浙江省

桐庐县	淳安县	建德市	富阳市
临安市	永嘉县	文成县	泰顺县
安吉县	新昌县	嵊州市	武义县
浦江县	磐安县	东阳市	常山县
开化县	天台县	仙居县	青田县
缙云县	遂昌县	松阳县	云和县
庆元县	景宁畲族自治县	龙泉市	

安徽省

潜山县	太湖县	岳西县	歙县
休宁县	黟县	祁门县	金寨县
霍山县	东至县	石台县	青阳县
广德县	泾县	绩溪县	旌德县
宁国市			

福建省

连江县	罗源县	闽清县	永泰县
明溪县	清流县	宁化县	大田县
尤溪县	沙县	将乐县	泰宁县
建宁县	永安市	安溪县	永春县
德化县	长泰县	南靖县	平和县
华安县	顺昌县	浦城县	光泽县
松溪县	政和县	邵武市	武夷山市
建瓯市	建阳市	长汀县	永定县
上杭县	武平县	连城县	漳平市
霞浦县	古田县	屏南县	寿宁县
周宁县	柘荣县	福安市	福鼎市

江西省

浮梁县	莲花县	上栗县	芦溪县
武宁县	修水县	瑞昌市	赣县
信丰县	大余县	上犹县	崇义县
安远县	龙南县	定南县	全南县
宁都县	于都县	兴国县	会昌县
寻乌县	石城县	瑞金市	永丰县
遂川县	安福县	井冈山市	奉新县
万载县	靖安县	铜鼓县	黎川县
南丰县	乐安县	宜黄县	资溪县
广昌县	玉山县	铅山县	横峰县
婺源县	德兴市		

山东省

长清区	平阴县	胶南市	沂源县

蓬莱市 招远市 栖霞市 海阳市
临朐县 昌乐县 青州市 诸城市
泗水县 邹城市 新泰市 文登市
乳山市 五莲县 莒县 沂南县
沂水县 费县 平邑县 蒙阴县

河南省

登封市 栾川县 嵩县 汝阳县
洛宁县 鲁山县 林州市 辉县市
卢氏县 南召县 西峡县 内乡县
淅川县 桐柏县 新县 商城县
济源市

湖北省

阳新县 郧县 郧西县 竹山县
竹溪县 房县 丹江口市 夷陵区
远安县 兴山县 秭归县 长阳土家族自治县
五峰土家族自治县 宜都市 南漳县 谷城县
保康县 红安县 罗田县 英山县
麻城市 通城县 崇阳县 通山县
赤壁市 随县 广水市 恩施市
利川市 建始县 巴东县 宣恩县
咸丰县 来凤县 鹤峰县 神农架林区

湖南省

浏阳市 茶陵县 炎陵县 隆回县
洞口县 绥宁县 城步苗族自治县 平江县
石门县 慈利县 桑植县 安化县
汝城县 桂东县 资兴市 双牌县
江永县 宁远县 蓝山县 江华瑶族自治县
中方县 沅陵县 辰溪县 溆浦县
会同县 麻阳苗族自治县 新晃侗族自治县 芷江侗族自治县
靖州苗族侗族自治县 通道侗族自治县 新化县 吉首市
泸溪县 凤凰县 花垣县 保靖县
古丈县 永顺县 龙山县

广东省

从化市 曲江区 始兴县 仁化县
翁源县 乳源瑶族自治县 新丰县 乐昌市
南雄市 南澳县 高州市 信宜市
广宁县 怀集县 封开县 德庆县
惠东县 龙门县 梅县 大埔县
丰顺县 五华县 平远县 蕉岭县
兴宁市 紫金县 龙川县 连平县

和平县	东源县	阳西县	阳春市
佛冈县	阳山县	连山壮族瑶族自治县	连南瑶族自治县
英德市	连州市	饶平县	新兴县
郁南县	云安县	罗定市	

广西壮族自治区

马山县	融安县	融水苗族自治县	三江侗族自治县
龙胜各族自治县	资源县	上思县	右江区
德保县	那坡县	凌云县	乐业县
田林县	西林县	隆林各族自治县	昭平县
富川瑶族自治县	南丹县	天峨县	凤山县
东兰县	环江毛南族自治县	巴马瑶族自治县	都安瑶族自治县
忻城县	金秀瑶族自治县	龙州县	天等县

海南省

五指山市	白沙黎族自治县	乐东黎族自治县	保亭黎族苗族自治县
琼中黎族苗族自治县			

重庆市

綦江县	城口县	丰都县	武隆县
云阳县	奉节县	巫山县	巫溪县
石柱土家族自治县	秀山土家族苗族自治县	酉阳土家族苗族自治县	彭水苗族土家族自治县
南川区			

四川省

米易县	盐边县	合江县	叙永县
古蔺县	梓潼县	北川羌族自治县	平武县
旺苍县	青川县	剑阁县	苍溪县
沐川县	峨边彝族自治县	马边彝族自治县	峨眉山市
高县	珙县	筠连县	兴文县
屏山县	万源市	荥经县	汉源县
石棉县	天全县	芦山县	宝兴县
通江县	南江县	汶川县	理县
茂县	松潘县	九寨沟县	金川县
小金县	黑水县	马尔康县	壤塘县
阿坝县	若尔盖县	红原县	康定县
泸定县	丹巴县	九龙县	雅江县
道孚县	炉霍县	甘孜县	新龙县
德格县	白玉县	石渠县	色达县
理塘县	巴塘县	乡城县	稻城县
得荣县	西昌市	木里藏族自治县	盐源县
德昌县	会理县	会东县	宁南县
普格县	布拖县	金阳县	昭觉县
喜德县	冕宁县	越西县	甘洛县

美姑县	雷波县		

贵州省

开阳县	息烽县	修文县	清镇市
六枝特区	水城县	盘县	遵义县
桐梓县	绥阳县	正安县	道真仡佬族苗族自治县
务川仡佬族苗族自治县	凤冈县	湄潭县	余庆县
习水县	赤水市	仁怀市	平坝县
普定县	镇宁布依族苗族自治县	关岭布依族苗族自治县	紫云苗族布依族自治县
铜仁市	江口县	玉屏侗族自治县	石阡县
思南县	印江土家族苗族自治县	德江县	沿河土家族自治县
松桃苗族自治县	万山特区	兴义市	兴仁县
普安县	晴隆县	贞丰县	望谟县
册亨县	安龙县	毕节市	大方县
黔西县	金沙县	织金县	纳雍县
威宁彝族回族苗族自治县	赫章县	凯里市	黄平县
施秉县	三穗县	镇远县	岑巩县
天柱县	锦屏县	剑河县	台江县
黎平县	榕江县	从江县	雷山县
麻江县	丹寨县	都匀市	福泉市
荔波县	贵定县	瓮安县	独山县
平塘县	罗甸县	长顺县	龙里县
惠水县	三都水族自治县		

云南省

晋宁县	富民县	宜良县	禄劝彝族苗族自治县
寻甸回族彝族自治县	安宁市	马龙县	师宗县
罗平县	富源县	会泽县	沾益县
宣威市	江川县	澄江县	华宁县
易门县	峨山彝族自治县	新平彝族傣族自治县	元江哈尼族彝族傣族自治县
施甸县	腾冲县	龙陵县	昌宁县
昭阳区	鲁甸县	巧家县	盐津县
大关县	永善县	绥江县	镇雄县
彝良县	威信县	水富县	玉龙纳西族自治县
永胜县	华坪县	宁蒗彝族自治县	思茅区
宁洱哈尼族彝族自治县	墨江哈尼族自治县	景东彝族自治县	景谷傣族彝族自治县
镇沅彝族哈尼族拉祜族自治县	江城哈尼族彝族自治县	孟连傣族拉祜族佤族自治县	澜沧拉祜族自治县
西盟佤族自治县	临翔区	凤庆县	云县
永德县	镇康县	双江拉祜族佤族布朗族傣族自治县	耿马傣族佤族自治县
沧源佤族自治县	楚雄市	双柏县	牟定县
南华县	姚安县	大姚县	永仁县
元谋县	武定县	禄丰县	个旧市
开远市	蒙自县	屏边苗族自治县	建水县

石屏县	弥勒县	泸西县	元阳县
红河县	金平苗族瑶族傣族自治县	绿春县	河口瑶族自治县
文山县	西畴县	麻栗坡县	马关县
丘北县	广南县	富宁县	景洪市
勐腊县	大理市	漾濞彝族自治县	祥云县
弥渡县	南涧彝族自治县	巍山彝族回族自治县	永平县
云龙县	洱源县	剑川县	鹤庆县
瑞丽市	潞西市	梁河县	盈江县
陇川县	泸水县	福贡县	贡山独龙族怒族自治县
兰坪白族普米族自治县	香格里拉县	德钦县	维西傈僳族自治县

西藏自治区

林周县	尼木县	昌都县	江达县
贡觉县	类乌齐县	丁青县	察雅县
八宿县	左贡县	芒康县	洛隆县
边坝县	桑日县	曲松县	措美县
洛扎县	加查县	错那县	浪卡子县
日喀则市	南木林县	江孜县	定日县
萨迦县	拉孜县	昂仁县	谢通门县
白朗县	仁布县	康马县	定结县
仲巴县	亚东县	吉隆县	聂拉木县
萨嘎县	岗巴县	那曲县	嘉黎县
比如县	聂荣县	安多县	申扎县
索县	班戈县	巴青县	尼玛县
普兰县	札达县	噶尔县	日土县
革吉县	改则县	措勤县	林芝县
工布江达县	米林县	墨脱县	波密县
察隅县	朗县		

陕西省

凤县	太白县	宁强县	略阳县
镇巴县	留坝县	佛坪县	汉阴县
石泉县	宁陕县	紫阳县	岚皋县
平利县	镇坪县	旬阳县	白河县
商州区	洛南县	丹凤县	商南县
山阳县	镇安县	柞水县	

甘肃省

榆中县	会宁县	清水县	秦安县
甘谷县	武山县	张家川回族自治县	天祝藏族自治县
崆峒区	灵台县	崇信县	华亭县
庄浪县	静宁县	肃北蒙古族自治县	阿克塞哈萨克族自治县
环县	华池县	镇原县	安定区
通渭县	陇西县	渭源县	临洮县

漳县	岷县	武都区	成县
文县	宕昌县	康县	西和县
礼县	徽县	两当县	康乐县
永靖县	广河县	和政县	东乡族自治县
积石山保安族东乡族撒拉族自治县	合作市	临潭县	卓尼县
舟曲县	迭部县	玛曲县	碌曲县
夏河县			

青海省

大通回族土族自治县	湟中县	湟源县	平安县
民和回族土族自治县	乐都县	互助土族自治县	化隆回族自治县
循化撒拉族自治县	门源回族自治县	祁连县	海晏县
刚察县	同仁县	尖扎县	泽库县
河南蒙古族自治县	共和县	同德县	贵德县
兴海县	贵南县	玛沁县	班玛县
甘德县	达日县	久治县	玛多县
玉树县	杂多县	称多县	治多县
囊谦县	曲麻莱县	格尔木市	德令哈市
乌兰县	都兰县	天峻县	

宁夏回族自治区

盐池县	同心县	西吉县	隆德县
泾源县	彭阳县	海原县	

新疆维吾尔自治区

巴里坤哈萨克自治县	木垒哈萨克自治县	阿克陶县	阿合奇县
塔什库尔干塔吉克自治县	昭苏县	富蕴县	青河县

平原县(市)

北京市

大兴区

天津市

宝坻区	宁河县	静海县	

河北省

正定县	栾城县	高邑县	深泽县
无极县	赵县	辛集市	藁城市
晋州市	新乐市	丰南区	滦县
滦南县	乐亭县	玉田县	唐海县
昌黎县	临漳县	成安县	大名县
肥乡县	永年县	邱县	鸡泽县
广平县	馆陶县	魏县	曲周县
柏乡县	隆尧县	任县	南和县
宁晋县	巨鹿县	新河县	广宗县
平乡县	威县	清河县	临西县
南宫市	清苑县	徐水县	定兴县
高阳县	容城县	望都县	安新县
蠡县	博野县	雄县	涿州市
定州市	安国市	高碑店市	张北县
康保县	沽源县	尚义县	沧县
青县	东光县	海兴县	盐山县
肃宁县	南皮县	吴桥县	献县
孟村回族自治县	泊头市	任丘市	黄骅市
河间市	固安县	永清县	香河县
大城县	文安县	大厂回族自治县	霸州市
三河市	枣强县	武邑县	武强县
饶阳县	安平县	故城县	景县
阜城县	冀州市	深州市	

山西省

清徐县	阳高县	大同县	长治县
长子县	潞城市	山阴县	应县
怀仁县	太谷县	祁县	平遥县
介休市	临猗县	万荣县	稷山县
新绛县	夏县	芮城县	永济市
河津市	定襄县	原平市	曲沃县
翼城县	襄汾县	洪洞县	侯马市
文水县	汾阳市		

内蒙古自治区

土默特左旗	托克托县	土默特右旗	科尔沁左翼中旗
科尔沁左翼后旗	开鲁县	霍林郭勒市	东胜区
达拉特旗	杭锦旗	临河区	五原县
磴口县	乌拉特前旗	杭锦后旗	二连浩特市
东乌珠穆沁旗	西乌珠穆沁旗		

辽宁省

辽中县	康平县	法库县	新民市
台安县	海城市	东港市	黑山县
凌海市	北镇市	大石桥市	彰武县
辽阳县	灯塔市	大洼县	盘山县
铁岭县	昌图县	调兵山市	开原市

吉林省

农安县	榆树市	德惠市	梨树县
公主岭市	双辽市	前郭尔罗斯蒙古族自治县	长岭县
乾安县	扶余县	镇赉县	通榆县
洮南市	大安市		

黑龙江省

呼兰区	双城市	龙江县	依安县
泰来县	甘南县	富裕县	讷河市
绥滨县	肇州县	肇源县	林甸县
杜尔伯特蒙古族自治县	桦川县	抚远县	同江市
富锦市	望奎县	兰西县	青冈县
安达市	肇东市		

上海市

奉贤区	崇明县		

江苏省

江阴市	丰县	沛县	睢宁县
新沂市	邳州市	武进区	常熟市
张家港市	昆山市	吴江市	太仓市
通州区	海安县	如东县	启东市
如皋市	海门市	赣榆县	东海县
灌云县	灌南县	涟水县	洪泽县
金湖县	盐都区	响水县	滨海县
阜宁县	射阳县	建湖县	东台市
大丰市	宝应县	高邮市	江都市
丹阳市	扬中市	兴化市	靖江市
泰兴市	姜堰市	宿豫区	沭阳县
泗阳县	泗洪县		

浙江省

萧山区	余杭区	鄞州区	余姚市
慈溪市	平阳县	苍南县	瑞安市
乐清市	嘉善县	海盐县	海宁市
平湖市	桐乡市	德清县	绍兴县
诸暨市	上虞市	衢江区	温岭市
临海市			

安徽省

芜湖县	繁昌县	南陵县	怀远县
五河县	固镇县	凤台县	当涂县
濉溪县	铜陵县	怀宁县	枞阳县
宿松县	望江县	桐城市	临泉县
太和县	阜南县	颍上县	界首市
砀山县	萧县	灵璧县	泗县
无为县	含山县	和县	涡阳县
蒙城县	利辛县	郎溪县	

福建省

石狮市	东山县		

江西省

南昌县	新建县	安义县	进贤县
九江县	永修县	星子县	都昌县
湖口县	彭泽县	丰城市	樟树市
高安市	余干县	鄱阳县	

山东省

济阳县	商河县	桓台县	高青县
垦利县	利津县	广饶县	寿光市
高密市	昌邑市	微山县	鱼台县
金乡县	嘉祥县	汶上县	梁山县
兖州市	郯城县	陵县	宁津县
庆云县	临邑县	齐河县	平原县
夏津县	武城县	乐陵市	禹城市
阳谷县	莘县	茌平县	东阿县
冠县	高唐县	临清市	惠民县
阳信县	无棣县	沾化县	博兴县
邹平县	曹县	单县	成武县
巨野县	郓城县	鄄城县	定陶县
东明县			

河南省

中牟县	新郑市	杞县	通许县

尉氏县	开封县	兰考县	叶县
汤阴县	滑县	内黄县	浚县
淇县	新乡县	获嘉县	原阳县
延津县	封丘县	长垣县	卫辉市
修武县	博爱县	武陟县	温县
沁阳市	孟州市	清丰县	南乐县
范县	台前县	濮阳县	许昌县
鄢陵县	襄城县	长葛市	郾城区
舞阳县	临颍县	社旗县	唐河县
新野县	邓州市	民权县	睢县
宁陵县	柘城县	虞城县	夏邑县
永城市	淮滨县	息县	扶沟县
西华县	商水县	沈丘县	郸城县
淮阳县	太康县	鹿邑县	项城市
西平县	上蔡县	平舆县	正阳县
汝南县	遂平县	新蔡县	

湖北省

枝江市	云梦县	汉川市	公安县
监利县	江陵县	石首市	洪湖市
黄梅县	嘉鱼县	仙桃市	潜江市
天门市			

湖南省

长沙县	望城县	宁乡县	岳阳县
华容县	湘阴县	汨罗市	临湘市
安乡县	汉寿县	澧县	临澧县
桃源县	津市市	南县	沅江市

广东省

斗门区	潮阳区	澄海区	禅城区
南海区	顺德区	三水区	新会区
开平市	遂溪县	徐闻县	廉江市
雷州市	吴川市	潮安县	揭东县
普宁市			

广西壮族自治区

邕宁区	武鸣县	宾阳县	合浦县

海南省

琼海市	儋州市	文昌市	定安县
临高县			

四川省

新都区	温江区	双流县	郫县
大邑县	新津县	都江堰市	彭州市
邛崃市	崇州市	广汉市	什邡市
绵竹市	安县	江油市	夹江县
彭山县			

陕西省

长安区	蓝田县	周至县	户县
高陵县	耀州区	陈仓区	凤翔县
岐山县	扶风县	眉县	陇县
千阳县	麟游县	三原县	泾阳县
乾县	礼泉县	永寿县	彬县
长武县	旬邑县	淳化县	武功县
兴平市	华县	潼关县	大荔县
合阳县	澄城县	蒲城县	白水县
富平县	韩城市	华阴市	南郑县
城固县	洋县	西乡县	勉县

甘肃省

皋兰县	永昌县	景泰县	凉州区
民勤县	甘州区	肃南裕固族自治县	民乐县
临泽县	高台县	肃州区	金塔县
瓜州县	玉门市	敦煌市	

宁夏回族自治区

永宁县	贺兰县	灵武市	平罗县
青铜峡市	中宁县		

新疆维吾尔自治区

乌鲁木齐县	吐鲁番市	鄯善县	托克逊县
哈密市	伊吾县	昌吉市	阜康市
呼图壁县	玛纳斯县	奇台县	吉木萨尔县
博乐市	精河县	温泉县	库尔勒市
轮台县	尉犁县	若羌县	且末县
焉耆回族自治县	和静县	和硕县	博湖县
阿克苏市	库车县	沙雅县	新和县
拜城县	乌什县	阿瓦提县	柯坪县
阿图什市	乌恰县	喀什市	疏附县
疏勒县	英吉沙县	泽普县	莎车县
叶城县	麦盖提县	岳普湖县	伽师县
巴楚县	和田市	和田县	墨玉县
皮山县	洛浦县	策勒县	于田县
民丰县	伊宁市	奎屯市	伊宁县

察布查尔锡伯自治县	霍城县	巩留县	新源县
特克斯县	尼勒克县	塔城市	乌苏市
额敏县	沙湾县	托里县	裕民县
和布克赛尔蒙古自治县	阿勒泰市	布尔津县	福海县
哈巴河县	吉木乃县	石河子市	阿拉尔市
图木舒克市	五家渠市		

民族县(市)

河北省

青龙满族自治县	丰宁满族自治县	宽城满族自治县	围场满族蒙古族自治县
孟村回族自治县	大厂回族自治县		

内蒙古自治区

土默特左旗	托克托县	和林格尔县	清水河县
武川县	土默特右旗	固阳县	达尔罕茂明安联合旗
阿鲁科尔沁旗	巴林左旗	巴林右旗	林西县
克什克腾旗	翁牛特旗	喀喇沁旗	宁城县
敖汉旗	科尔沁左翼中旗	科尔沁左翼后旗	开鲁县
库伦旗	奈曼旗	扎鲁特旗	霍林郭勒市
东胜区	达拉特旗	准格尔旗	鄂托克前旗
鄂托克旗	杭锦旗	乌审旗	伊金霍洛旗
海拉尔区	阿荣旗	莫力达瓦达斡尔族自治旗	鄂伦春自治旗
鄂温克族自治旗	陈巴尔虎旗	新巴尔虎左旗	新巴尔虎右旗
满洲里市	牙克石市	扎兰屯市	额尔古纳市
根河市	临河区	五原县	磴口县
乌拉特前旗	乌拉特中旗	乌拉特后旗	杭锦后旗
集宁区	卓资县	化德县	商都县
兴和县	凉城县	察哈尔右翼前旗	察哈尔右翼中旗
察哈尔右翼后旗	四子王旗	丰镇市	乌兰浩特市
阿尔山市	科尔沁右翼前旗	科尔沁右翼中旗	扎赉特旗
突泉县	二连浩特市	锡林浩特市	阿巴嘎旗
苏尼特左旗	苏尼特右旗	东乌珠穆沁旗	西乌珠穆沁旗
太仆寺旗	镶黄旗	正镶白旗	正蓝旗
多伦县	阿拉善左旗	阿拉善右旗	额济纳旗

辽宁省

岫岩满族自治县	新宾满族自治县	清原满族自治县	本溪满族自治县
桓仁满族自治县	宽甸满族自治县	阜新蒙古族自治县	喀喇沁左翼蒙古族自治县

吉林省

伊通满族自治县	长白朝鲜族自治县	前郭尔罗斯蒙古族自治县	延吉市
图们市	敦化市	珲春市	龙井市
和龙市	汪清县	安图县	

黑龙江省

杜尔伯特蒙古族自治县

浙江省

景宁畲族自治县

湖北省

长阳土家族自治县	五峰土家族自治县	恩施市	利川市
建始县	巴东县	宣恩县	咸丰县
来凤县	鹤峰县		

湖南省

城步苗族自治县	江华瑶族自治县	麻阳苗族自治县	新晃侗族自治县
芷江侗族自治县	靖州苗族侗族自治县	通道侗族自治县	吉首市
泸溪县	凤凰县	花垣县	保靖县
古丈县	永顺县	龙山县	

广东省

乳源瑶族自治县	连山壮族瑶族自治县	连南瑶族自治县

广西壮族自治区

邕宁区	武鸣县	隆安县	马山县
上林县	宾阳县	横县	柳江县
柳城县	鹿寨县	融安县	融水苗族自治县
三江侗族自治县	阳朔县	临桂县	灵川县
全州县	兴安县	永福县	灌阳县
龙胜各族自治县	资源县	平乐县	荔蒲县
恭城瑶族自治县	苍梧县	藤县	蒙山县
岑溪市	合浦县	上思县	东兴市
灵山县	浦北县	平南县	桂平市
容县	陆川县	博白县	兴业县
北流市	右江区	田阳县	田东县
平果县	德保县	靖西县	那坡县
凌云县	乐业县	田林县	西林县
隆林各族自治县	八步区	昭平县	钟山县
富川瑶族自治县	金城江区	南丹县	天峨县
凤山县	东兰县	罗城仫佬族自治县	环江毛南族自治县
巴马瑶族自治县	都安瑶族自治县	大化瑶族自治县	宜州市
兴宾区	忻城县	象州县	武宣县
金秀瑶族自治县	合山市	江洲区	扶绥县
宁明县	龙州县	大新县	天等县
凭祥市			

海南省

东方市	白沙黎族自治县	昌江黎族自治县	乐东黎族自治县
陵水黎族自治县	保亭黎族苗族自治县	琼中黎族苗族自治县	

重庆市

石柱土家族自治县	秀山土家族苗族自治县	酉阳土家族苗族自治县	彭水苗族土家族自治县

四川省

峨边彝族自治县
马边彝族自治县
汶川县
理县
茂县
松潘县
九寨沟县
金川县
小金县
黑水县
马尔康县
壤塘县
阿坝县
若尔盖县
红原县
康定县
泸定县
丹巴县
九龙县
雅江县
道孚县
炉霍县
甘孜县
新龙县
德格县
白玉县
石渠县
色达县
理塘县
巴塘县
乡城县
稻城县
得荣县
西昌市
木里藏族自治县
盐源县
德昌县
会理县
会东县
宁南县
普格县
布拖县
金阳县
昭觉县
喜德县
冕宁县
越西县
甘洛县
美姑县
雷波县

贵州省

道真仡佬族苗族自治县
务川仡佬族苗族自治县
镇宁布依族苗族自治县
关岭布依族苗族自治县
紫云苗族布依族自治县
玉屏侗族自治县
印江土家族苗族自治县
沿河土家族自治县
松桃苗族自治县
兴义市
兴仁县
普安县
晴隆县
贞丰县
望谟县
册亨县
安龙县
威宁彝族回族苗族自治县
凯里市
黄平县
施秉县
三穗县
镇远县
岑巩县
天柱县
锦屏县
剑河县
台江县
黎平县
榕江县
从江县
雷山县
麻江县
丹寨县
都匀市
福泉市
荔波县
贵定县
瓮安县
独山县
平塘县
罗甸县
长顺县
龙里县
惠水县
三都水族自治县

云南省

石林彝族自治县
禄劝彝族苗族自治县
寻甸回族彝族自治县
峨山彝族自治县
新平彝族傣族自治县
元江哈尼族彝族傣族自治县
玉龙纳西族自治县
宁蒗彝族自治县
宁洱哈尼族彝族自治县
墨江哈尼族自治县
景东彝族自治县
景谷傣族彝族自治县
镇沅彝族哈尼族拉祜族自治县
江城哈尼族彝族自治县
孟连傣族拉祜族佤族自治县
澜沧拉祜族自治县
西盟佤族自治县
双江拉祜族佤族布朗族傣族自治县
耿马傣族佤族自治县
沧源佤族自治县
楚雄市
双柏县
牟定县
南华县
姚安县
大姚县
永仁县
元谋县
武定县
禄丰县
个旧市
开远市
蒙自县
屏边苗族自治县
建水县
石屏县
弥勒县
泸西县
元阳县
红河县
金平苗族瑶族傣族自治县
绿春县
河口瑶族自治县
文山县
砚山县
西畴县
麻栗坡县
马关县
丘北县
广南县
富宁县
景洪市

勐海县 勐腊县 大理市 漾濞彝族自治县
祥云县 宾川县 弥渡县 南涧彝族自治县
巍山彝族回族自治县 永平县 云龙县 洱源县
剑川县 鹤庆县 瑞丽市 潞西市
梁河县 盈江县 陇川县 泸水县
福贡县 贡山独龙族怒族自治县 兰坪白族普米族自治县 香格里拉县
德钦县 维西傈僳族自治县

西藏自治区

林周县 当雄县 尼木县 曲水县
堆龙德庆县 达孜县 墨竹工卡县 昌都县
江达县 贡觉县 类乌齐县 丁青县
察雅县 八宿县 左贡县 芒康县
洛隆县 边坝县 乃东县 扎囊县
贡嘎县 桑日县 琼结县 曲松县
措美县 洛扎县 加查县 隆子县
错那县 浪卡子县 日喀则市 南木林县
江孜县 定日县 萨迦县 拉孜县
昂仁县 谢通门县 白朗县 仁布县
康马县 定结县 仲巴县 亚东县
吉隆县 聂拉木县 萨嘎县 岗巴县
那曲县 嘉黎县 比如县 聂荣县
安多县 申扎县 索县 班戈县
巴青县 尼玛县 普兰县 札达县
噶尔县 日土县 革吉县 改则县
措勤县 林芝县 工布江达县 米林县
墨脱县 波密县 察隅县 朗县

甘肃省

张家川回族自治县 天祝藏族自治县 肃南裕固族自治县 肃北蒙古族自治县
阿克塞哈萨克族自治县 临夏市 临夏县 康乐县
永靖县 广河县 和政县 东乡族自治县
积石山保安族东乡族撒拉族自治县 合作市 临潭县 卓尼县
舟曲县 迭部县 玛曲县 碌曲县
夏河县

青海省

大通回族土族自治县 民和回族土族自治县 互助土族自治县 化隆回族自治县
循化撒拉族自治县 门源回族自治县 祁连县 海晏县
刚察县 同仁县 尖扎县 泽库县
河南蒙古族自治县 共和县 同德县 贵德县
兴海县 贵南县 玛沁县 班玛县
甘德县 达日县 久治县 玛多县
玉树县 杂多县 称多县 治多县

囊谦县	曲麻莱县	格尔木市	德令哈市
乌兰县	都兰县	天峻县	

宁夏回族自治区

永宁县	贺兰县	灵武市	平罗县
盐池县	同心县	青铜峡市	西吉县
隆德县	泾源县	彭阳县	中宁县
海原县			

新疆维吾尔自治区

乌鲁木齐县	吐鲁番市	鄯善县	托克逊县
哈密市	巴里坤哈萨克自治县	伊吾县	昌吉市
阜康市	呼图壁县	玛纳斯县	奇台县
吉木萨尔县	木垒哈萨克自治县	博乐市	精河县
温泉县	库尔勒市	轮台县	尉犁县
若羌县	且末县	焉耆回族自治县	和静县
和硕县	博湖县	阿克苏市	温宿县
库车县	沙雅县	新和县	拜城县
乌什县	阿瓦提县	柯坪县	阿图什市
阿克陶县	阿合奇县	乌恰县	喀什市
疏附县	疏勒县	英吉沙县	泽普县
莎车县	叶城县	麦盖提县	岳普湖县
伽师县	巴楚县	塔什库尔干塔吉克自治县	和田市
和田县	墨玉县	皮山县	洛浦县
策勒县	于田县	民丰县	伊宁市
奎屯市	伊宁县	察布查尔锡伯自治县	霍城县
巩留县	新源县	昭苏县	特克斯县
尼勒克县	塔城市	乌苏市	额敏县
沙湾县	托里县	裕民县	和布克赛尔蒙古自治县
阿勒泰市	布尔津县	富蕴县	福海县
哈巴河县	青河县	吉木乃县	石河子市
阿拉尔市	图木舒克市	五家渠市	

陆地边境县(市)

内蒙古自治区

达尔罕茂明安联合旗 陈巴尔虎旗 新巴尔虎左旗 新巴尔虎右旗
满洲里市 额尔古纳市 乌拉特中旗 乌拉特后旗
四子王旗 阿尔山市 科尔沁右翼前旗 二连浩特市
阿巴嘎旗 苏尼特左旗 苏尼特右旗 东乌珠穆沁旗
阿拉善左旗 阿拉善右旗 额济纳旗

辽宁省

宽甸满族自治县 东港市

吉林省

集安市 抚松县 长白朝鲜族自治县 临江市
图们市 珲春市 龙井市 和龙市
安图县

黑龙江省

鸡东县 虎林市 密山市 萝北县
绥滨县 饶河县 嘉荫县 抚远县
同江市 东宁县 绥芬河市 逊克县
孙吴县 呼玛县 塔河县 漠河县

广西壮族自治区

东兴市 靖西县 那坡县 宁明县
龙州县 大新县 凭祥市

云南省

腾冲县 龙陵县 江城哈尼族彝族自治县 孟连傣族拉祜族佤族自治县
澜沧拉祜族自治县 西盟佤族自治县 镇康县 耿马傣族佤族自治县
沧源佤族自治县 金平苗族瑶族傣族自治县 绿春县 河口瑶族自治县
麻栗坡县 马关县 富宁县 景洪市
勐海县 勐腊县 瑞丽市 潞西市
盈江县 陇川县 泸水县 福贡县
贡山独龙族怒族自治县

西藏自治区

洛扎县 错那县 浪卡子县 定日县
康马县 定结县 仲巴县 亚东县
吉隆县 聂拉木县 萨嘎县 岗巴县
普兰县 札达县 噶尔县 日土县
墨脱县 察隅县

甘肃省

肃北蒙古族自治县

新疆维吾尔自治区

哈密市	巴里坤哈萨克自治县	伊吾县	奇台县
木垒哈萨克自治县	博乐市	温泉县	温宿县
乌什县	阿图什市	阿克陶县	阿合奇县
乌恰县	叶城县	塔什库尔干塔吉克自治县	和田市
皮山县	察布查尔锡伯自治县	霍城县	昭苏县
塔城市	额敏县	托里县	裕民县
和布克赛尔蒙古自治县	阿勒泰市	布尔津县	富蕴县
福海县	哈巴河县	青河县	吉木乃县

牧区、半牧区县（市）

河北省

张北县　康保县　沽源县　尚义县
丰宁满族自治县　围场满族蒙古族自治县

山西省

右玉县

内蒙古自治区

达尔罕茂明安联合旗　阿鲁科尔沁旗　巴林左旗　巴林右旗
林西县　克什克腾旗　翁牛特旗　敖汉旗
科尔沁左翼中旗　科尔沁左翼后旗　开鲁县　库伦旗
奈曼旗　扎鲁特旗　东胜区　达拉特旗
准格尔旗　鄂托克前旗　鄂托克旗　杭锦旗
乌审旗　伊金霍洛旗　阿荣旗　莫力达瓦达斡尔族自治旗
鄂温克族自治旗　陈巴尔虎旗　新巴尔虎左旗　新巴尔虎右旗
扎兰屯市　磴口县　乌拉特前旗　乌拉特中旗
乌拉特后旗　察哈尔右翼中旗　察哈尔右翼后旗　四子王旗
科尔沁右翼前旗　科尔沁右翼中旗　扎赉特旗　突泉县
锡林浩特市　阿巴嘎旗　苏尼特左旗　苏尼特右旗
东乌珠穆沁旗　西乌珠穆沁旗　太仆寺旗　镶黄旗
正镶白旗　正蓝旗　阿拉善左旗　阿拉善右旗
额济纳旗

辽宁省

康平县　阜新蒙古族自治县　彰武县　建平县
喀喇沁左翼蒙古族自治县　北票市

吉林省

双辽市　前郭尔罗斯蒙古族自治县　长岭县　乾安县
镇赉县　通榆县　洮南市　大安市

黑龙江省

龙江县　泰来县　甘南县　富裕县
虎林市　肇州县　肇源县　林甸县
杜尔伯特蒙古族自治县　同江市　兰西县　青冈县
明水县　安达市　肇东市

四川省

汶川县　理县　茂县　松潘县
九寨沟县　金川县　小金县　黑水县
马尔康县　壤塘县　阿坝县　若尔盖县

红原县 康定县 泸定县 丹巴县
九龙县 雅江县 道孚县 炉霍县
甘孜县 新龙县 德格县 白玉县
石渠县 色达县 理塘县 巴塘县
乡城县 稻城县 得荣县 西昌市
木里藏族自治县 盐源县 德昌县 会理县
会东县 宁南县 普格县 布拖县
金阳县 昭觉县 喜德县 冕宁县
越西县 甘洛县 美姑县 雷波县

西藏自治区

林周县 当雄县 昌都县 江达县
贡觉县 类乌齐县 丁青县 察雅县
八宿县 曲松县 措美县 错那县
浪卡子县 昂仁县 谢通门县 康马县
仲巴县 亚东县 萨嘎县 岗巴县
那曲县 嘉黎县 比如县 聂荣县
安多县 申扎县 索县 班戈县
巴青县 普兰县 札达县 噶尔县
日土县 革吉县 改则县 措勤县
工布江达县

甘肃省

永登县 永昌县 靖远县 民勤县
天祝藏族自治县 肃南裕固族自治县 山丹县 瓜州县
肃北蒙古族自治县 阿克塞哈萨克族自治县 环县 华池县
漳县 岷县 合作市 卓尼县
迭部县 玛曲县 碌曲县 夏河县

青海省

门源回族自治县 祁连县 海晏县 刚察县
同仁县 尖扎县 泽库县 河南蒙古族自治县
共和县 同德县 贵德县 兴海县
贵南县 玛沁县 班玛县 甘德县
达日县 久治县 玛多县 玉树县
杂多县 称多县 治多县 囊谦县
曲麻莱县 格尔木市 德令哈市 乌兰县
都兰县 天峻县

宁夏回族自治区

盐池县 同心县 海原县

新疆维吾尔自治区

乌鲁木齐县 哈密市 巴里坤哈萨克自治县 伊吾县

奇台县
木垒哈萨克自治县
博乐市
精河县
温泉县
尉犁县
且末县
和静县
和硕县
温宿县
沙雅县
阿克陶县
阿合奇县
乌恰县
塔什库尔干塔吉克自治县
民丰县
巩留县
新源县
昭苏县
特克斯县
尼勒克县
塔城市
额敏县
托里县
裕民县
和布克赛尔蒙古自治县
阿勒泰市
布尔津县
富蕴县
福海县
哈巴河县
青河县
吉木乃县

九大农区县(市)一东北区

内蒙古自治区

阿荣旗	莫力达瓦达斡尔族自治旗	鄂伦春自治旗	牙克石市
扎兰屯市	额尔古纳市	根河市	扎赉特旗

辽宁省

辽中县	康平县	法库县	新民市
长海县	瓦房店市	普兰店市	庄河市
台安县	岫岩满族自治县	海城市	抚顺县
新宾满族自治县	清原满族自治县	本溪满族自治县	桓仁满族自治县
宽甸满族自治县	东港市	凤城市	黑山县
义县	凌海市	北镇市	盖州市
大石桥市	阜新蒙古族自治县	彰武县	辽阳县
灯塔市	大洼县	盘山县	铁岭县
西丰县	昌图县	调兵山市	开原市
绥中县	兴城市		

吉林省

农安县	九台市	榆树市	德惠市
永吉县	蛟河市	桦甸市	舒兰市
磐石市	梨树县	伊通满族自治县	公主岭市
双辽市	东丰县	东辽县	通化县
辉南县	柳河县	梅河口市	集安市
江源区	抚松县	靖宇县	长白朝鲜族自治县
临江市	前郭尔罗斯蒙古族自治县	长岭县	乾安县
扶余县	镇赉县	通榆县	洮南市
大安市	延吉市	图们市	敦化市
珲春市	龙井市	和龙市	汪清县
安图县			

黑龙江省

呼兰区	阿城区	依兰县	方正县
宾县	巴彦县	木兰县	通河县
延寿县	双城市	尚志市	五常市
龙江县	依安县	泰来县	甘南县
富裕县	克山县	克东县	拜泉县
讷河市	鸡东县	虎林市	密山市
萝北县	绥滨县	集贤县	友谊县
宝清县	饶河县	肇州县	肇源县
林甸县	杜尔伯特蒙古族自治县	嘉荫县	铁力市
桦南县	桦川县	汤原县	抚远县
同江市	富锦市	勃利县	东宁县

林口县	绥芬河市	海林市	宁安市
穆棱市	嫩江县	逊克县	孙吴县
北安市	五大连池市	望奎县	兰西县
青冈县	庆安县	明水县	绥棱县
安达市	肇东市	海伦市	呼玛县
塔河县	漠河县		

九大农区县(市)—内蒙古及长城沿线区

北京市

延庆县

河北省

青龙满族自治县	涞源县	宣化县	张北县
康保县	沽源县	尚义县	蔚县
阳原县	怀安县	万全县	怀来县
涿鹿县	赤城县	崇礼县	承德县
兴隆县	平泉县	滦平县	隆化县
丰宁满族自治县	宽城满族自治县	围场满族蒙古族自治县	

山西省

娄烦县	古交市	阳高县	天镇县
广灵县	灵丘县	浑源县	左云县
大同县	山阴县	应县	右玉县
怀仁县	繁峙县	宁武县	静乐县
神池县	五寨县	岢岚县	偏关县
岚县	方山县		

内蒙古自治区

土默特左旗	托克托县	和林格尔县	清水河县
武川县	土默特右旗	固阳县	达尔罕茂明安联合旗
阿鲁科尔沁旗	巴林左旗	巴林右旗	林西县
克什克腾旗	翁牛特旗	喀喇沁旗	宁城县
敖汉旗	科尔沁左翼中旗	科尔沁左翼后旗	开鲁县
库伦旗	奈曼旗	扎鲁特旗	霍林郭勒市
东胜区	达拉特旗	准格尔旗	伊金霍洛旗
海拉尔区	鄂温克族自治旗	陈巴尔虎旗	新巴尔虎左旗
新巴尔虎右旗	满洲里市	集宁区	卓资县
化德县	商都县	兴和县	凉城县
察哈尔右翼前旗	察哈尔右翼中旗	察哈尔右翼后旗	四子王旗
丰镇市	乌兰浩特市	阿尔山市	科尔沁右翼前旗
科尔沁右翼中旗	突泉县	二连浩特市	锡林浩特市
阿巴嘎旗	苏尼特左旗	苏尼特右旗	东乌珠穆沁旗
西乌珠穆沁旗	太仆寺旗	镶黄旗	正镶白旗
正蓝旗	多伦县		

辽宁省

朝阳县	建平县	喀喇沁左翼蒙古族自治县	北票市
凌源市	建昌县		

陕西省

神木县	府谷县	横山县	靖边县
定边县			

九大农区县(市)—黄淮海区

北京市

大兴区	怀柔区	平谷区	密云县

天津市

宝坻区	宁河县	静海县	蓟县

河北省

正定县	栾城县	行唐县	灵寿县
高邑县	深泽县	赞皇县	无极县
元氏县	赵县	辛集市	藁城市
晋州市	新乐市	鹿泉市	丰南区
丰润区	滦县	滦南县	乐亭县
迁西县	玉田县	唐海县	遵化市
迁安市	昌黎县	抚宁县	卢龙县
邯郸县	临漳县	成安县	大名县
磁县	肥乡县	永年县	邱县
鸡泽县	广平县	馆陶县	魏县
曲周县	武安市	邢台县	临城县
内丘县	柏乡县	隆尧县	任县
南和县	宁晋县	巨鹿县	新河县
广宗县	平乡县	威县	清河县
临西县	南宫市	沙河市	满城县
清苑县	涞水县	徐水县	定兴县
唐县	高阳县	容城县	望都县
安新县	易县	曲阳县	蠡县
顺平县	博野县	雄县	涿州市
定州市	安国市	高碑店市	沧县
青县	东光县	海兴县	盐山县
肃宁县	南皮县	吴桥县	献县
孟村回族自治县	泊头市	任丘市	黄骅市
河间市	固安县	永清县	香河县
大城县	文安县	大厂回族自治县	霸州市
三河市	枣强县	武邑县	武强县
饶阳县	安平县	故城县	景县
阜城县	冀州市	深州市	

江苏省

丰县	沛县	铜山县	睢宁县
新沂市	邳州市	赣榆县	东海县
灌云县	灌南县	涟水县	响水县
滨海县	宿豫区	沭阳县	泗阳县

泗洪县

安徽省

怀远县	五河县	固镇县	凤台县
濉溪县	临泉县	太和县	阜南县
颍上县	界首市	砀山县	萧县
灵璧县	泗县	涡阳县	蒙城县
利辛县			

山东省

长清区	平阴县	济阳县	商河县
章丘市	胶州市	即墨市	平度市
胶南市	莱西市	桓台县	高青县
沂源县	滕州市	垦利县	利津县
广饶县	长岛县	龙口市	莱阳市
莱州市	蓬莱市	招远市	栖霞市
海阳市	临朐县	昌乐县	青州市
诸城市	寿光市	安丘市	高密市
昌邑市	微山县	鱼台县	金乡县
嘉祥县	汶上县	泗水县	梁山县
曲阜市	兖州市	邹城市	宁阳县
东平县	新泰市	肥城市	文登市
荣成市	乳山市	五莲县	莒县
沂南县	郯城县	沂水县	苍山县
费县	平邑县	莒南县	蒙阴县
临沭县	陵县	宁津县	庆云县
临邑县	齐河县	平原县	夏津县
武城县	乐陵市	禹城市	阳谷县
莘县	茌平县	东阿县	冠县
高唐县	临清市	惠民县	阳信县
无棣县	沾化县	博兴县	邹平县
曹县	单县	成武县	巨野县
郓城县	鄄城县	定陶县	东明县

河南省

中牟县	新密市	新郑市	杞县
通许县	尉氏县	开封县	兰考县
宝丰县	叶县	郏县	舞钢市
安阳县	汤阴县	滑县	内黄县
林州市	浚县	淇县	新乡县
获嘉县	原阳县	延津县	封丘县
长垣县	卫辉市	辉县市	修武县
博爱县	武陟县	温县	沁阳市
孟州市	清丰县	南乐县	范县

台前县	濮阳县	许昌县	鄢陵县
襄城县	禹州市	长葛市	郾城区
舞阳县	临颍县	民权县	睢县
宁陵县	柘城县	虞城县	夏邑县
永城市	淮滨县	息县	扶沟县
西华县	商水县	沈丘县	郸城县
淮阳县	太康县	鹿邑县	项城市
西平县	上蔡县	平舆县	正阳县
确山县	泌阳县	汝南县	遂平县
新蔡县			

九大农区县(市)—黄土高原区

河北省

井陉县	平山县	涉县	阜平县

山西省

清徐县	阳曲县	平定县	盂县
长治县	襄垣县	屯留县	平顺县
黎城县	壶关县	长子县	武乡县
沁县	沁源县	潞城市	沁水县
阳城县	陵川县	泽州县	高平市
榆社县	左权县	和顺县	昔阳县
寿阳县	太谷县	祁县	平遥县
灵石县	介休市	临猗县	万荣县
闻喜县	稷山县	新绛县	绛县
垣曲县	夏县	平陆县	芮城县
永济市	河津市	定襄县	五台县
代县	河曲县	保德县	原平市
曲沃县	翼城县	襄汾县	洪洞县
古县	安泽县	浮山县	吉县
乡宁县	大宁县	隰县	永和县
蒲县	汾西县	侯马市	霍州市
离石区	文水县	交城县	兴县
临县	柳林县	石楼县	中阳县
交口县	孝义市	汾阳市	

河南省

巩义市	荥阳市	登封市	孟津县
新安县	栾川县	嵩县	汝阳县
宜阳县	洛宁县	伊川县	偃师市
鲁山县	汝州市	渑池县	陕县
卢氏县	义马市	灵宝市	济源市

陕西省

长安区	蓝田县	周至县	户县
高陵县	耀州区	宜君县	陈仓区
凤翔县	岐山县	扶风县	眉县
陇县	千阳县	麟游县	三原县
泾阳县	乾县	礼泉县	永寿县
彬县	长武县	旬邑县	淳化县
武功县	兴平市	华县	潼关县
大荔县	合阳县	澄城县	蒲城县
白水县	富平县	韩城市	华阴市

延长县	延川县	子长县	安塞县
志丹县	吴起县	甘泉县	富县
洛川县	宜川县	黄龙县	黄陵县
绥德县	米脂县	佳县	吴堡县
清涧县	子洲县		

甘肃省

永登县	皋兰县	榆中县	靖远县
会宁县	清水县	秦安县	甘谷县
武山县	张家川回族自治县	崆峒区	泾川县
灵台县	崇信县	华亭县	庄浪县
静宁县	西峰区	庆城县	环县
华池县	合水县	正宁县	宁县
镇原县	安定区	通渭县	陇西县
渭源县	临洮县	漳县	临夏市
临夏县	康乐县	永靖县	广河县
和政县	东乡族自治县	积石山保安族东乡族撒拉族自治县	

青海省

大通回族土族自治县	湟中县	湟源县	平安县
民和回族土族自治县	乐都县	互助土族自治县	化隆回族自治县
循化撒拉族自治县	同仁县	尖扎县	贵德县

宁夏回族自治区

盐池县	同心县	西吉县	隆德县
泾源县	彭阳县	海原县	

九大农区县(市)一长江中下游区

上海市

奉贤区	崇明县		

江苏省

六合区	溧水县	高淳县	江阴市
宜兴市	武进区	溧阳市	金坛市
常熟市	张家港市	昆山市	吴江市
太仓市	通州区	海安县	如东县
启东市	如皋市	海门市	洪泽县
盱眙县	金湖县	盐都区	阜宁县
射阳县	建湖县	东台市	大丰市
宝应县	仪征市	高邮市	江都市
丹徒区	丹阳市	扬中市	句容市
兴化市	靖江市	泰兴市	姜堰市

浙江省

萧山区	余杭区	桐庐县	淳安县
建德市	富阳市	临安市	鄞州区
象山县	宁海县	余姚市	慈溪市
奉化市	洞头县	永嘉县	平阳县
苍南县	文成县	泰顺县	瑞安市
乐清市	嘉善县	海盐县	海宁市
平湖市	桐乡市	德清县	长兴县
安吉县	绍兴县	新昌县	诸暨市
上虞市	嵊州市	武义县	浦江县
磐安县	兰溪市	义乌市	东阳市
永康市	衢江区	常山县	开化县
龙游县	江山市	岱山县	嵊泗县
玉环县	三门县	天台县	仙居县
温岭市	临海市	青田县	缙云县
遂昌县	松阳县	云和县	庆元县
景宁畲族自治县	龙泉市		

安徽省

长丰县	肥东县	肥西县	芜湖县
繁昌县	南陵县	当涂县	铜陵县
怀宁县	枞阳县	潜山县	太湖县
宿松县	望江县	岳西县	桐城市
歙县	休宁县	黟县	祁门县
来安县	全椒县	定远县	凤阳县
天长市	明光市	庐江县	无为县

含山县 和县 寿县 霍邱县
舒城县 金寨县 霍山县 东至县
石台县 青阳县 郎溪县 广德县
泾县 绩溪县 旌德县 宁国市

福建省

闽侯县 连江县 罗源县 闽清县
永泰县 明溪县 清流县 宁化县
大田县 尤溪县 沙县 将乐县
泰宁县 建宁县 永安市 永春县
德化县 顺昌县 浦城县 光泽县
松溪县 政和县 邵武市 武夷山市
建瓯市 建阳市 长汀县 永定县
上杭县 武平县 连城县 漳平市
霞浦县 古田县 屏南县 寿宁县
周宁县 柘荣县 福安市 福鼎市

江西省

南昌县 新建县 安义县 进贤县
浮梁县 乐平市 莲花县 上栗县
芦溪县 九江县 武宁县 修水县
永修县 德安县 星子县 都昌县
湖口县 彭泽县 瑞昌市 分宜县
余江县 贵溪市 赣县 信丰县
大余县 上犹县 崇义县 安远县
龙南县 定南县 全南县 宁都县
于都县 兴国县 会昌县 寻乌县
石城县 瑞金市 南康市 吉安县
吉水县 峡江县 新干县 永丰县
泰和县 遂川县 万安县 安福县
永新县 井冈山市 奉新县 万载县
上高县 宜丰县 靖安县 铜鼓县
丰城市 樟树市 高安市 南城县
黎川县 南丰县 崇仁县 乐安县
宜黄县 金溪县 资溪县 东乡县
广昌县 上饶县 广丰县 玉山县
铅山县 横峰县 弋阳县 余干县
鄱阳县 万年县 婺源县 德兴市

河南省

南召县 方城县 西峡县 镇平县
内乡县 淅川县 社旗县 唐河县
新野县 桐柏县 邓州市 罗山县
光山县 新县 商城县 固始县

潢川县

湖北省

阳新县	大冶市	宜都市	当阳市
枝江市	襄阳区	老河口市	枣阳市
宜城市	京山县	沙洋县	钟祥市
孝昌县	大悟县	云梦县	应城市
安陆市	汉川市	公安县	监利县
江陵县	石首市	洪湖市	松滋市
团风县	红安县	罗田县	英山县
浠水县	蕲春县	黄梅县	麻城市
武穴市	嘉鱼县	通城县	崇阳县
通山县	赤壁市	随县	广水市
仙桃市	潜江市	天门市	

湖南省

长沙县	望城县	宁乡县	浏阳市
株洲县	攸县	茶陵县	炎陵县
醴陵市	湘潭县	湘乡市	韶山市
衡阳县	衡南县	衡山县	衡东县
祁东县	耒阳市	常宁市	邵东县
新邵县	邵阳县	隆回县	洞口县
新宁县	武冈市	岳阳县	华容县
湘阴县	平江县	汨罗市	临湘市
安乡县	汉寿县	澧县	临澧县
桃源县	津市市	南县	桃江县
安化县	沅江市	桂阳县	宜章县
永兴县	嘉禾县	临武县	汝城县
桂东县	安仁县	资兴市	祁阳县
东安县	双牌县	道县	江永县
宁远县	蓝山县	新田县	江华瑶族自治县
双峰县	新化县	冷水江市	涟源市

广东省

曲江区	始兴县	仁化县	翁源县
乳源瑶族自治县	乐昌市	南雄市	广宁县
怀集县	封开县	梅县	大埔县
平远县	蕉岭县	兴宁市	龙川县
连平县	和平县	阳山县	连山壮族瑶族自治县
连南瑶族自治县	连州市		

广西壮族自治区

上林县	柳江县	柳城县	鹿寨县
融安县	融水苗族自治县	三江侗族自治县	阳朔县

临桂县	灵川县	全州县	兴安县
永福县	灌阳县	龙胜各族自治县	资源县
平乐县	荔蒲县	恭城瑶族自治县	蒙山县
八步区	昭平县	钟山县	富川瑶族自治县
罗城仫佬族自治县	宜州市	兴宾区	忻城县
象州县	武宣县	金秀瑶族自治县	合山市

九大农区县（市）—西南区

湖北省

郧县	郧西县	竹山县	竹溪县
房县	丹江口市	夷陵区	远安县
兴山县	秭归县	长阳土家族自治县	五峰土家族自治县
南漳县	谷城县	保康县	恩施市
利川市	建始县	巴东县	宣恩县
咸丰县	来凤县	鹤峰县	神农架林区

湖南省

绥宁县	城步苗族自治县	石门县	慈利县
桑植县	中方县	沅陵县	辰溪县
溆浦县	会同县	麻阳苗族自治县	新晃侗族自治县
芷江侗族自治县	靖州苗族侗族自治县	通道侗族自治县	洪江市
吉首市	泸溪县	凤凰县	花垣县
保靖县	古丈县	永顺县	龙山县

广西壮族自治区

马山县	凌云县	乐业县	田林县
西林县	隆林各族自治县	金城江区	南丹县
天峨县	凤山县	东兰县	环江毛南族自治县
巴马瑶族自治县	都安瑶族自治县	大化瑶族自治县	

重庆市

长寿区	江津区	合川区	永川区
南川区	綦江县	潼南县	铜梁县
大足县	荣昌县	璧山县	梁平县
城口县	丰都县	垫江县	武隆县
忠县	开县	云阳县	奉节县
巫山县	巫溪县	石柱土家族自治县	秀山土家族苗族自治县
酉阳土家族苗族自治县	彭水苗族土家族自治县		

四川省

新都区	温江区	金堂县	双流县
郫县	大邑县	蒲江县	新津县
都江堰市	彭州市	邛崃市	崇州市
荣县	富顺县	米易县	盐边县
泸县	合江县	叙永县	古蔺县
中江县	罗江县	广汉市	什邡市
绵竹市	三台县	盐亭县	安县
梓潼县	北川羌族自治县	平武县	江油市
旺苍县	青川县	剑阁县	苍溪县

蓬溪县	射洪县	大英县	威远县
资中县	隆昌县	犍为县	井研县
夹江县	沐川县	峨边彝族自治县	马边彝族自治县
峨眉山市	南部县	营山县	蓬安县
仪陇县	西充县	阆中市	仁寿县
彭山县	洪雅县	丹棱县	青神县
宜宾县	南溪县	江安县	长宁县
高县	珙县	筠连县	兴文县
屏山县	岳池县	武胜县	邻水县
华蓥市	达县	宣汉县	开江县
大竹县	渠县	万源市	名山县
荥经县	汉源县	石棉县	天全县
芦山县	宝兴县	通江县	南江县
平昌县	安岳县	乐至县	简阳市
泸定县	西昌市	木里藏族自治县	盐源县
德昌县	会理县	会东县	宁南县
普格县	布拖县	金阳县	昭觉县
喜德县	冕宁县	越西县	甘洛县
美姑县	雷波县		

贵州省

开阳县	息烽县	修文县	清镇市
六枝特区	水城县	盘县	遵义县
桐梓县	绥阳县	正安县	道真仡佬族苗族自治县
务川仡佬族苗族自治县	凤冈县	湄潭县	余庆县
习水县	赤水市	仁怀市	平坝县
普定县	镇宁布依族苗族自治县	关岭布依族苗族自治县	紫云苗族布依族自治县
铜仁市	江口县	玉屏侗族自治县	石阡县
思南县	印江土家族苗族自治县	德江县	沿河土家族自治县
松桃苗族自治县	万山特区	兴义市	兴仁县
普安县	晴隆县	贞丰县	望谟县
册亨县	安龙县	毕节市	大方县
黔西县	金沙县	织金县	纳雍县
威宁彝族回族苗族自治县	赫章县	凯里市	黄平县
施秉县	三穗县	镇远县	岑巩县
天柱县	锦屏县	剑河县	台江县
黎平县	榕江县	从江县	雷山县
麻江县	丹寨县	都匀市	福泉市
荔波县	贵定县	瓮安县	独山县
平塘县	罗甸县	长顺县	龙里县
惠水县	三都水族自治县		

云南省

呈贡县	晋宁县	富民县	宜良县

石林彝族自治县	嵩明县	禄劝彝族苗族自治县	寻甸回族彝族自治县
安宁市	马龙县	陆良县	师宗县
罗平县	富源县	会泽县	沾益县
宣威市	江川县	澄江县	通海县
华宁县	易门县	峨山彝族自治县	腾冲县
昭阳区	鲁甸县	巧家县	盐津县
大关县	永善县	绥江县	镇雄县
彝良县	威信县	水富县	玉龙纳西族自治县
永胜县	华坪县	宁蒗彝族自治县	景东彝族自治县
楚雄市	双柏县	牟定县	南华县
姚安县	大姚县	永仁县	元谋县
武定县	禄丰县	弥勒县	泸西县
文山县	砚山县	丘北县	大理市
漾濞彝族自治县	祥云县	宾川县	弥渡县
南涧彝族自治县	巍山彝族回族自治县	永平县	云龙县
洱源县	剑川县	鹤庆县	泸水县
兰坪白族普米族自治县			

陕西省

凤县	太白县	南郑县	城固县
洋县	西乡县	勉县	宁强县
略阳县	镇巴县	留坝县	佛坪县
汉阴县	石泉县	宁陕县	紫阳县
岚皋县	平利县	镇坪县	旬阳县
白河县	商州区	洛南县	丹凤县
商南县	山阳县	镇安县	柞水县

甘肃省

岷县	武都区	成县	文县
宕昌县	康县	西和县	礼县
徽县	两当县	舟曲县	

九大农区县(市)一华南区

福建省

平潭县	福清市	长乐市	仙游县
惠安县	安溪县	金门县	石狮市
晋江市	南安市	云霄县	漳浦县
诏安县	长泰县	东山县	南靖县
平和县	华安县	龙海市	

广东省

增城市	从化市	新丰县	斗门区
潮阳区	澄海区	南澳县	禅城区
南海区	顺德区	三水区	高明区
新会区	台山市	开平市	鹤山市
恩平市	遂溪县	徐闻县	廉江市
雷州市	吴川市	电白县	高州市
化州市	信宜市	德庆县	高要市
四会市	惠阳区	博罗县	惠东县
龙门县	丰顺县	五华县	海丰县
陆河县	陆丰市	紫金县	东源县
阳西县	阳东县	阳春市	佛冈县
清新县	英德市	潮安县	饶平县
揭东县	揭西县	惠来县	普宁市
新兴县	郁南县	云安县	罗定市

广西壮族自治区

邕宁区	武鸣县	隆安县	宾阳县
横县	苍梧县	藤县	岑溪市
合浦县	上思县	东兴市	灵山县
浦北县	平南县	桂平市	容县
陆川县	博白县	兴业县	北流市
右江区	田阳县	田东县	平果县
德保县	靖西县	那坡县	江洲区
扶绥县	宁明县	龙州县	大新县
天等县	凭祥市		

海南省

五指山市	琼海市	儋州市	文昌市
万宁市	东方市	定安县	屯昌县
澄迈县	临高县	白沙黎族自治县	昌江黎族自治县
乐东黎族自治县	陵水黎族自治县	保亭黎族苗族自治县	琼中黎族苗族自治县

云南省

新平彝族傣族自治县 元江哈尼族彝族傣族自治县 施甸县 龙陵县
昌宁县 思茅区 宁洱哈尼族彝族自治县 墨江哈尼族自治县
景谷傣族彝族自治县 镇沅彝族哈尼族拉祜族自治县 江城哈尼族彝族自治县 孟连傣族拉祜族佤族自治县
澜沧拉祜族自治县 西盟佤族自治县 临翔区 凤庆县
云县 永德县 镇康县 双江拉祜族佤族布朗族傣族自治县
耿马傣族佤族自治县 沧源佤族自治县 个旧市 开远市
蒙自县 屏边苗族自治县 建水县 石屏县
元阳县 红河县 金平苗族瑶族傣族自治县 绿春县
河口瑶族自治县 西畴县 麻栗坡县 马关县
广南县 富宁县 景洪市 勐海县
勐腊县 瑞丽市 潞西市 梁河县
盈江县 陇川县

九大农区县(市)—甘新区

内蒙古自治区

鄂托克前旗	鄂托克旗	杭锦旗	乌审旗
临河区	五原县	磴口县	乌拉特前旗
乌拉特中旗	乌拉特后旗	杭锦后旗	阿拉善左旗
阿拉善右旗	额济纳旗		

甘肃省

永昌县	景泰县	凉州区	民勤县
古浪县	甘州区	民乐县	临泽县
高台县	山丹县	肃州区	金塔县
瓜州县	肃北蒙古族自治县	阿克塞哈萨克族自治县	玉门市
敦煌市			

宁夏回族自治区

永宁县	贺兰县	灵武市	平罗县
青铜峡市	中宁县		

新疆维吾尔自治区

乌鲁木齐县	吐鲁番市	鄯善县	托克逊县
哈密市	巴里坤哈萨克自治县	伊吾县	昌吉市
阜康市	呼图壁县	玛纳斯县	奇台县
吉木萨尔县	木垒哈萨克自治县	博乐市	精河县
温泉县	库尔勒市	轮台县	尉犁县
若羌县	且末县	焉耆回族自治县	和静县
和硕县	博湖县	阿克苏市	温宿县
库车县	沙雅县	新和县	拜城县
乌什县	阿瓦提县	柯坪县	阿图什市
阿克陶县	阿合奇县	乌恰县	喀什市
疏附县	疏勒县	英吉沙县	泽普县
莎车县	叶城县	麦盖提县	岳普湖县
伽师县	巴楚县	塔什库尔干塔吉克自治县	和田市
和田县	墨玉县	皮山县	洛浦县
策勒县	于田县	民丰县	伊宁市
奎屯市	伊宁县	察布查尔锡伯自治县	霍城县
巩留县	新源县	昭苏县	特克斯县
尼勒克县	塔城市	乌苏市	额敏县
沙湾县	托里县	裕民县	和布克赛尔蒙古自治县
阿勒泰市	布尔津县	富蕴县	福海县
哈巴河县	青河县	吉木乃县	石河子市
阿拉尔市	图木舒克市	五家渠市	

九大农区县（市）—青藏高原区

四川省

汶川县	理县	茂县	松潘县
九寨沟县	金川县	小金县	黑水县
马尔康县	壤塘县	阿坝县	若尔盖县
红原县	康定县	丹巴县	九龙县
雅江县	道孚县	炉霍县	甘孜县
新龙县	德格县	白玉县	石渠县
色达县	理塘县	巴塘县	乡城县
稻城县	得荣县		

云南省

福贡县	贡山独龙族怒族自治县	香格里拉县	德钦县
维西傈僳族自治县			

西藏自治区

林周县	当雄县	尼木县	曲水县
堆龙德庆县	达孜县	墨竹工卡县	昌都县
江达县	贡觉县	类乌齐县	丁青县
察雅县	八宿县	左贡县	芒康县
洛隆县	边坝县	乃东县	扎囊县
贡嘎县	桑日县	琼结县	曲松县
措美县	洛扎县	加查县	隆子县
错那县	浪卡子县	日喀则市	南木林县
江孜县	定日县	萨迦县	拉孜县
昂仁县	谢通门县	白朗县	仁布县
康马县	定结县	仲巴县	亚东县
吉隆县	聂拉木县	萨嘎县	岗巴县
那曲县	嘉黎县	比如县	聂荣县
安多县	申扎县	索县	班戈县
巴青县	尼玛县	普兰县	札达县
噶尔县	日土县	革吉县	改则县
措勤县	林芝县	工布江达县	米林县
墨脱县	波密县	察隅县	朗县

甘肃省

天祝藏族自治县	肃南裕固族自治县	合作市	临潭县
卓尼县	迭部县	玛曲县	碌曲县
夏河县			

青海省

门源回族自治县	祁连县	海晏县	刚察县

泽库县	河南蒙古族自治县	共和县	同德县
兴海县	贵南县	玛沁县	班玛县
甘德县	达日县	久治县	玛多县
玉树县	杂多县	称多县	治多县
囊谦县	曲麻莱县	格尔木市	德令哈市
乌兰县	都兰县	天峻县	

沿海开放县(市)

天津市

宝坻区	宁河县	静海县	蓟县

河北省

丰南区	滦县	滦南县	乐亭县
唐海县	昌黎县	抚宁县	卢龙县
沧县	青县	海兴县	黄骅市

辽宁省

瓦房店市	普兰店市	庄河市	海城市
东港市	凤城市	凌海市	盖州市
大石桥市	辽阳县	灯塔市	大洼县
盘山县	绥中县	兴城市	

上海市

奉贤区	崇明县		

江苏省

六合区	江阴市	宜兴市	武进区
溧阳市	金坛市	常熟市	张家港市
昆山市	吴江市	太仓市	通州区
海安县	如东县	启东市	如皋市
海门市	赣榆县	东海县	灌云县
响水县	滨海县	射阳县	东台市
大丰市	仪征市	江都市	丹徒区
丹阳市	扬中市	句容市	靖江市
泰兴市	姜堰市		

浙江省

萧山区	余杭区	桐庐县	富阳市
临安市	鄞州区	象山县	宁海县
余姚市	慈溪市	奉化市	永嘉县
平阳县	苍南县	瑞安市	乐清市
嘉善县	海盐县	海宁市	平湖市
桐乡市	德清县	长兴县	绍兴县
上虞市	嵊州市	临海市	

福建省

闽侯县	连江县	罗源县	闽清县
永泰县	平潭县	福清市	长乐市
仙游县	惠安县	安溪县	永春县

德化县	晋江市	南安市	云霄县
漳浦县	诏安县	长泰县	东山县
南靖县	平和县	华安县	龙海市
霞浦县			

山东省

胶州市	即墨市	平度市	胶南市
莱西市	桓台县	龙口市	莱阳市
莱州市	蓬莱市	招远市	栖霞市
海阳市	昌乐县	青州市	诸城市
寿光市	安丘市	高密市	昌邑市
文登市	荣成市	乳山市	五莲县

广东省

增城市	从化市	斗门区	潮阳区
澄海区	南澳县	禅城区	南海区
顺德区	三水区	高明区	新会区
台山市	开平市	鹤山市	恩平市
遂溪县	徐闻县	廉江市	雷州市
吴川市	电白县	广宁县	高要市
四会市	惠阳区	博罗县	惠东县
海丰县	陆丰市	阳东县	清新县
饶平县	揭东县	惠来县	普宁市

广西壮族自治区

苍梧县	合浦县		

海南省

五指山市	琼海市	儋州市	文昌市
万宁市	东方市	定安县	屯昌县
澄迈县	临高县	白沙黎族自治县	昌江黎族自治县
乐东黎族自治县	陵水黎族自治县	保亭黎族苗族自治县	琼中黎族苗族自治县

粮食生产大县(市)

北京市

大兴区	延庆县		

天津市

宝坻区	宁河县	蓟县	

河北省

正定县	栾城县	无极县	元氏县
赵县	藁城市	晋州市	新乐市
鹿泉市	丰润区	滦县	乐亭县
玉田县	遵化市	昌黎县	抚宁县
卢龙县	临漳县	永年县	邢台县
宁晋县	沙河市	清苑县	徐水县
涿州市	定州市	宣化县	涿鹿县
平泉县	泊头市	固安县	文安县
三河市	深州市		

山西省

应县	原平市	洪洞县	

内蒙古自治区

科尔沁左翼中旗	科尔沁左翼后旗	开鲁县	奈曼旗
扎鲁特旗	阿荣旗	莫力达瓦达斡尔族自治旗	牙克石市
扎兰屯市	额尔古纳市	临河区	五原县
乌拉特前旗	杭锦后旗	扎赉特旗	

辽宁省

辽中县	康平县	法库县	新民市
普兰店市	台安县	海城市	东港市
黑山县	义县	凌海市	北镇市
盖州市	大石桥市	阜新蒙古族自治县	彰武县
灯塔市	大洼县	盘山县	铁岭县
西丰县	昌图县	开原市	建平县
凌源市	绥中县	兴城市	

吉林省

农安县	九台市	榆树市	德惠市
永吉县	蛟河市	桦甸市	舒兰市
磐石市	梨树县	伊通满族自治县	公主岭市
双辽市	东丰县	东辽县	辉南县
柳河县	梅河口市	前郭尔罗斯蒙古族自治县	长岭县

乾安县	镇赉县	通榆县	洮南市
大安市	敦化市		

黑龙江省

呼兰区	阿城区	依兰县	宾县
巴彦县	双城市	五常市	龙江县
依安县	甘南县	克山县	克东县
拜泉县	讷河市	密山市	绥滨县
集贤县	肇州县	肇源县	桦南县
汤原县	同江市	富锦市	宁安市
嫩江县	逊克县	望奎县	兰西县
青冈县	庆安县	绥棱县	安达市
肇东市	海伦市		

江苏省

六合区	溧水县	高淳县	江阴市
宜兴市	丰县	沛县	睢宁县
新沂市	武进区	溧阳市	金坛市
昆山市	吴江市	赣榆县	东海县
涟水县	洪泽县	盱眙县	金湖县
盐都区	阜宁县	建湖县	宝应县
仪征市	江都市	丹徒区	丹阳市
句容市	靖江市	泰兴市	姜堰市
宿豫区	沭阳县	泗阳县	泗洪县

浙江省

萧山区	余杭区	建德市	鄞州区
余姚市	嘉善县	海盐县	海宁市
平湖市	桐乡市	德清县	长兴县
安吉县	绍兴县	诸暨市	上虞市
嵊州市	龙游县		

安徽省

长丰县	肥东县	肥西县	南陵县
怀远县	五河县	固镇县	凤台县
当涂县	怀宁县	枞阳县	潜山县
太湖县	桐城市	来安县	全椒县
定远县	凤阳县	天长市	明光市
临泉县	太和县	阜南县	颍上县
砀山县	萧县	庐江县	含山县
和县	寿县	霍邱县	舒城县
涡阳县	利辛县		

福建省

龙海市	浦城县	邵武市	建瓯市
建阳市			

江西省

南昌县	新建县	进贤县	乐平市
余江县	贵溪市	宁都县	瑞金市
吉安县	吉水县	新干县	泰和县
安福县	永新县	奉新县	万载县
上高县	宜丰县	丰城市	樟树市
南城县	黎川县	崇仁县	弋阳县
余干县	鄱阳县	万年县	

山东省

长清区	章丘市	胶州市	即墨市
平度市	胶南市	莱西市	桓台县
滕州市	广饶县	龙口市	莱阳市
莱州市	蓬莱市	青州市	诸城市
寿光市	曲阜市	宁阳县	新泰市
肥城市	莒县	郯城县	苍山县
平邑县	莒南县	平原县	乐陵市
禹城市	东阿县		

河南省

开封县	偃师市	叶县	浚县
淇县	新乡县	原阳县	卫辉市
温县	清丰县	濮阳县	许昌县
禹州市	郾城区	舞阳县	方城县
镇平县	内乡县	虞城县	夏邑县
罗山县	光山县	固始县	潢川县
商水县	沈丘县	项城市	西平县
上蔡县	平舆县	正阳县	泌阳县
汝南县	遂平县	新蔡县	

湖北省

大冶市	夷陵区	当阳市	南漳县
谷城县	孝昌县	云梦县	应城市
安陆市	监利县	江陵县	团风县
浠水县	蕲春县	麻城市	武穴市
广水市			

湖南省

长沙县	望城县	宁乡县	浏阳市
株洲县	攸县	醴陵市	湘潭县

湘乡市	衡阳县	衡南县	衡东县
耒阳市	邵阳县	洞口县	岳阳县
湘阴县	汨罗市	临湘市	桃源县
沅江市	祁阳县	双峰县	

广东省

南雄市	南海区	三水区	台山市
开平市	遂溪县	雷州市	高州市
惠东县	海丰县	陆丰市	英德市
连州市	罗定市		

广西壮族自治区

邕宁区	武鸣县	宾阳县	横县
临桂县	浦北县	桂平市	博白县
北流市			

海南省

琼海市

重庆市

长寿区	江津区	合川区	永川区
綦江县	潼南县	铜梁县	大足县
梁平县	垫江县	忠县	

四川省

新都区	双流县	郫县	彭州市
邛崃市	崇州市	荣县	富顺县
中江县	广汉市	江油市	剑阁县
苍溪县	蓬溪县	资中县	蓬安县
仪陇县	岳池县	武胜县	安岳县
乐至县			

贵州省

遵义县	松桃苗族自治县

陕西省

长安区	周至县	户县	陈仓区
凤翔县	岐山县	扶风县	三原县
泾阳县	乾县	礼泉县	武功县
兴平市	蒲城县	富平县	南郑县
城固县			

甘肃省

凉州区	甘州区	临泽县	高台县

肃州区

青海省
大通回族土族自治县

宁夏回族自治区
永宁县

新疆维吾尔自治区
奇台县 伊宁县

棉花生产大县(市)

河北省

辛集市	大名县	肥乡县	邱县
魏县	威县	南宫市	吴桥县

山西省

临猗县	永济市

江苏省

铜山县	邳州市	常熟市	张家港市
太仓市	通州区	如东县	启东市
如皋市	海门市	灌云县	滨海县
射阳县	东台市	大丰市	高邮市
兴化市			

浙江省

慈溪市

安徽省

濉溪县	宿松县	望江县	灵璧县
泗县	无为县	蒙城县	

江西省

九江县	永修县	都昌县	彭泽县
高安市			

山东省

济阳县	商河县	高青县	安丘市
高密市	昌邑市	鱼台县	金乡县
嘉祥县	汶上县	梁山县	宁津县
齐河县	夏津县	武城县	阳谷县
莘县	冠县	高唐县	临清市
无棣县	邹平县	曹县	单县
成武县	巨野县	郓城县	定陶县

河南省

杞县	通许县	尉氏县	兰考县
滑县	内黄县	鄢陵县	社旗县
唐河县	邓州市	民权县	睢县
柘城县	永城市	扶沟县	西华县
郸城县	淮阳县	太康县	鹿邑县

湖北省

枝江市	襄阳区	枣阳市	宜城市
京山县	沙洋县	钟祥市	汉川市
公安县	石首市	洪湖市	松滋市
黄梅县	仙桃市	潜江市	天门市

湖南省

华容县	安乡县	汉寿县	澧县
南县			

四川省

三台县	射洪县	南部县	仁寿县
简阳市			

陕西省

大荔县

新疆维吾尔自治区

阿克苏市	库车县	沙雅县	阿瓦提县
疏附县	疏勒县	泽普县	莎车县
叶城县	麦盖提县	岳普湖县	伽师县
巴楚县	乌苏市	沙湾县	

长江三角洲经济区县(市)

上海市

奉贤区	崇明县		

江苏省

六合区	溧水县	高淳县	江阴市
宜兴市	武进区	溧阳市	金坛市
常熟市	张家港市	昆山市	吴江市
太仓市	通州区	海安县	如东县
启东市	如皋市	海门市	东台市
大丰市	宝应县	仪征市	高邮市
江都市	丹徒区	丹阳市	扬中市
句容市	兴化市	靖江市	泰兴市
姜堰市			

浙江省

萧山区	余杭区	富阳市	临安市
鄞州区	宁海县	余姚市	慈溪市
奉化市	永嘉县	瑞安市	乐清市
嘉善县	海盐县	海宁市	平湖市
桐乡市	德清县	长兴县	绍兴县
新昌县	诸暨市	上虞市	嵊州市
武义县	浦江县	磐安县	兰溪市
义乌市	东阳市	永康市	岱山县
嵊泗县	玉环县	三门县	天台县
仙居县	温岭市	临海市	

环渤海经济区县(市)

北京市

大兴区	怀柔区	平谷区	密云县
延庆县			

天津市

宝坻区	宁河县	静海县	蓟县

河北省

丰润区	滦县	迁西县	玉田县
唐海县	遵化市	迁安市	昌黎县
抚宁县	卢龙县	雄县	青县
任丘市	黄骅市	固安县	永清县
香河县	大城县	文安县	大厂回族自治县
霸州市	三河市		

辽宁省

辽中县	新民市	长海县	瓦房店市
普兰店市	庄河市	台安县	岫岩满族自治县
海城市	宽甸满族自治县	东港市	凤城市
黑山县	义县	凌海市	北镇市
盖州市	大石桥市	辽阳县	灯塔市
大洼县	盘山县	绥中县	兴城市

山东省

胶州市	即墨市	平度市	胶南市
莱西市	桓台县	沂源县	长岛县
龙口市	莱阳市	莱州市	蓬莱市
招远市	栖霞市	海阳市	临朐县
昌乐县	青州市	诸城市	寿光市
安丘市	高密市	昌邑市	文登市
荣成市	乳山市	五莲县	

南部沿海经济区县(市)

福建省

闽侯县 连江县 罗源县 闽清县
永泰县 平潭县 福清市 长乐市
仙游县 惠安县 安溪县 德化县
金门县 石狮市 晋江市 南安市
云霄县 漳浦县 诏安县 长泰县
东山县 南靖县 平和县 华安县
龙海市

广东省

增城市 从化市 新丰县 斗门区
潮阳区 澄海区 南澳县 禅城区
南海区 顺德区 三水区 高明区
新会区 台山市 开平市 鹤山市
恩平市 遂溪县 徐闻县 廉江市
雷州市 吴川市 电白县 高州市
化州市 信宜市 德庆县 高要市
四会市 惠阳区 博罗县 惠东县
龙门县 梅县 大埔县 丰顺县
五华县 平远县 蕉岭县 兴宁市
海丰县 陆河县 陆丰市 紫金县
东源县 阳西县 阳东县 阳春市
佛冈县 清新县 英德市 潮安县
饶平县 揭东县 揭西县 惠来县
普宁市 新兴县 郁南县 罗定市

广西壮族自治区

合浦县

海南省

五指山市 琼海市 儋州市 文昌市
万宁市 东方市 定安县 屯昌县
澄迈县 临高县 白沙黎族自治县 昌江黎族自治县
乐东黎族自治县 陵水黎族自治县 保亭黎族苗族自治县 琼中黎族苗族自治县

国家扶贫工作重点县(市)

河北省

灵寿县 赞皇县 平山县 青龙满族自治县
大名县 涉县 广平县 魏县
临城县 巨鹿县 广宗县 阜平县
唐县 涞源县 顺平县 张北县
康保县 沽源县 尚义县 蔚县
阳原县 怀安县 万全县 赤城县
崇礼县 平泉县 滦平县 隆化县
丰宁满族自治县 宽城满族自治县 围场满族蒙古族自治县 东光县
海兴县 盐山县 南皮县 献县
孟村回族自治县 武邑县 武强县

山西省

娄烦县 阳高县 天镇县 广灵县
灵丘县 浑源县 平顺县 壶关县
武乡县 右玉县 左权县 和顺县
平陆县 五台县 代县 繁峙县
宁武县 静乐县 神池县 五寨县
岢岚县 河曲县 保德县 偏关县
吉县 大宁县 隰县 永和县
汾西县 兴县 临县 石楼县
岚县 方山县 中阳县

内蒙古自治区

托克托县 和林格尔县 清水河县 武川县
固阳县 达尔罕茂明安联合旗 巴林左旗 巴林右旗
林西县 克什克腾旗 翁牛特旗 喀喇沁旗
宁城县 敖汉旗 库伦旗 奈曼旗
准格尔旗 鄂托克前旗 杭锦旗 乌审旗
伊金霍洛旗 化德县 商都县 察哈尔右翼前旗
察哈尔右翼中旗 察哈尔右翼后旗 四子王旗 科尔沁右翼中旗
扎赉特旗 太仆寺旗 多伦县

吉林省

靖宇县 镇赉县 通榆县 大安市
龙井市 和龙市 汪清县 安图县

黑龙江省

延寿县 泰来县 甘南县 拜泉县
绥滨县 饶河县 林甸县 杜尔伯特蒙古族自治县
桦南县 桦川县 汤原县 抚远县

同江市 兰西县

安徽省

长丰县 枞阳县 潜山县 太湖县
宿松县 岳西县 临泉县 阜南县
颍上县 无为县 寿县 霍邱县
舒城县 金寨县 霍山县 利辛县
石台县 泾县

江西省

莲花县 修水县 赣县 上犹县
安远县 宁都县 于都县 兴国县
会昌县 寻乌县 吉安县 遂川县
万安县 永新县 井冈山市 乐安县
广昌县 上饶县 横峰县 余干县
鄱阳县

河南省

兰考县 栾川县 嵩县 汝阳县
宜阳县 洛宁县 鲁山县 滑县
封丘县 范县 台前县 卢氏县
南召县 淅川县 社旗县 桐柏县
民权县 睢县 宁陵县 虞城县
光山县 新县 商城县 固始县
淮滨县 沈丘县 淮阳县 上蔡县
平舆县 确山县 新蔡县

湖北省

阳新县 郧县 郧西县 竹山县
竹溪县 房县 丹江口市 秭归县
长阳土家族自治县 孝昌县 大悟县 红安县
罗田县 英山县 蕲春县 麻城市
恩施市 利川市 建始县 巴东县
宣恩县 咸丰县 来凤县 鹤峰县
神农架林区

湖南省

邵阳县 隆回县 城步苗族自治县 平江县
桑植县 安化县 汝城县 桂东县
新田县 江华瑶族自治县 沅陵县 通道侗族自治县
新化县 泸溪县 凤凰县 花垣县
保靖县 古丈县 永顺县 龙山县

广西壮族自治区

隆安县	马山县	融水苗族自治县	三江侗族自治县
龙胜各族自治县	田东县	平果县	德保县
靖西县	那坡县	凌云县	乐业县
田林县	西林县	隆林各族自治县	南丹县
天峨县	凤山县	东兰县	罗城仫佬族自治县
环江毛南族自治县	巴马瑶族自治县	都安瑶族自治县	大化瑶族自治县
忻城县	金秀瑶族自治县	龙州县	天等县

海南省

五指山市	白沙黎族自治县	陵水黎族自治县	保亭黎族苗族自治县
琼中黎族苗族自治县			

重庆市

城口县	丰都县	武隆县	开县
云阳县	奉节县	巫山县	巫溪县
石柱土家族自治县	秀山土家族苗族自治县	酉阳土家族苗族自治县	彭水苗族土家族自治县

四川省

叙永县	古蔺县	旺苍县	苍溪县
马边彝族自治县	南部县	仪陇县	阆中市
屏山县	宣汉县	万源市	通江县
南江县	平昌县	小金县	黑水县
壤塘县	雅江县	新龙县	石渠县
色达县	理塘县	木里藏族自治县	盐源县
普格县	布拖县	金阳县	昭觉县
喜德县	越西县	甘洛县	美姑县
雷波县			

贵州省

六枝特区	水城县	盘县	正安县
道真仡佬族苗族自治县	务川仡佬族苗族自治县	习水县	普定县
镇宁布依族苗族自治县	关岭布依族苗族自治县	紫云苗族布依族自治县	江口县
石阡县	思南县	印江土家族苗族自治县	德江县
沿河土家族自治县	松桃苗族自治县	兴仁县	普安县
晴隆县	贞丰县	望谟县	册亨县
安龙县	大方县	织金县	纳雍县
威宁彝族回族苗族自治县	赫章县	黄平县	施秉县
三穗县	岑巩县	天柱县	锦屏县
剑河县	台江县	黎平县	榕江县
从江县	雷山县	麻江县	丹寨县
荔波县	独山县	平塘县	罗甸县
长顺县	三都水族自治县		

云南省

禄劝彝族苗族自治县	寻甸回族彝族自治县	富源县	会泽县
施甸县	龙陵县	昌宁县	昭阳区
鲁甸县	巧家县	盐津县	大关县
永善县	绥江县	镇雄县	彝良县
威信县	永胜县	宁蒗彝族自治县	宁洱哈尼族彝族自治县
墨江哈尼族自治县	景东彝族自治县	镇沅彝族哈尼族拉祜族自治县	江城哈尼族彝族自治县
孟连傣族拉祜族佤族自治县	澜沧拉祜族自治县	西盟佤族自治县	临翔区
凤庆县	云县	永德县	镇康县
双江拉祜族佤族布朗族傣族自治县	沧源佤族自治县	双柏县	南华县
姚安县	大姚县	永仁县	武定县
屏边苗族自治县	泸西县	元阳县	红河县
金平苗族瑶族傣族自治县	绿春县	文山县	砚山县
西畴县	麻栗坡县	马关县	丘北县
广南县	富宁县	勐腊县	漾濞彝族自治县
弥渡县	南涧彝族自治县	巍山彝族回族自治县	永平县
云龙县	洱源县	剑川县	鹤庆县
梁河县	泸水县	福贡县	贡山独龙族怒族自治县
兰坪白族普米族自治县	香格里拉县	德钦县	维西傈僳族自治县

陕西省

耀州区	宜君县	陇县	麟游县
太白县	永寿县	彬县	长武县
旬邑县	淳化县	合阳县	蒲城县
白水县	延长县	延川县	子长县
安塞县	吴起县	宜川县	洋县
西乡县	宁强县	略阳县	镇巴县
府谷县	横山县	靖边县	定边县
绥德县	米脂县	佳县	吴堡县
清涧县	子洲县	汉阴县	宁陕县
紫阳县	岚皋县	镇坪县	旬阳县
白河县	商州区	洛南县	丹凤县
商南县	山阳县	镇安县	柞水县

甘肃省

榆中县	会宁县	清水县	秦安县
甘谷县	武山县	张家川回族自治县	古浪县
天祝藏族自治县	庄浪县	静宁县	环县
华池县	合水县	宁县	镇原县
安定区	通渭县	陇西县	渭源县
临洮县	漳县	岷县	武都区
文县	宕昌县	康县	西和县

礼县	两当县	临夏县	康乐县
永靖县	广河县	和政县	东乡族自治县
积石山保安族东乡族撒拉族自治县	合作市	临潭县	卓尼县
舟曲县	夏河县		

青海省

大通回族土族自治县	湟中县	平安县	民和回族土族自治县
乐都县	化隆回族自治县	循化撒拉族自治县	尖扎县
泽库县	甘德县	达日县	玉树县
杂多县	治多县	囊谦县	

宁夏回族自治区

盐池县	同心县	西吉县	隆德县
泾源县	彭阳县	海原县	

新疆维吾尔自治区

巴里坤哈萨克自治县	乌什县	柯坪县	阿图什市
阿克陶县	阿合奇县	乌恰县	疏附县
疏勒县	英吉沙县	莎车县	叶城县
岳普湖县	伽师县	塔什库尔干塔吉克自治县	和田县
墨玉县	皮山县	洛浦县	策勒县
于田县	民丰县	察布查尔锡伯自治县	尼勒克县
托里县	青河县	吉木乃县	

附录：主要指标解释

主要指标解释

行政区域土地面积：是指辖区内的全部陆地面积和水域面积。包括耕地、荒山、荒地、山林、草原、滩涂、道路和建筑物占地等陆地面积，以及河流、湖泊、水库等水域面积。

乡镇个数：指农村中经省、自治区、直辖市人民政府批准成立的乡一级行政区划的数量。包括城关镇，但不包括城市街道办事处、工矿区。

村委会个数：指农村中经上级政府批准，按居住地区设立的基层群众性自治组织的个数。含城关镇中的村。

年末总户数：指户口在当地的常住户数，包括地区内的国有经济的机关、团体、学校、企业、事业单位的集体户。在统计户数时按公安部门常住户进行统计，集体户口无论其人数多少，都以一户进行统计。

乡村户数：指长期(一年以上)居住在乡镇(不包括城关镇)行政管理区域内的住户，还包括居住在城关镇所辖行政村范围内的农村住户。户口不在本地而在本地居住一年及以上的住户也包括在本地农村住户内；有本地户口，但举家外出谋生一年以上的住户，无论是否保留承包耕地都不包括在本地农村住户范围内。不包括乡村地区内的国有经济的机关、团体、学校、企业、事业单位的集体户。

年末总人口：在县(市)范围内，按年末时点统计的所有人口数量的总和。不包括虽居住在当地，但未取得我国国籍的外国公民。

乡村人口数：指乡村地区常住居民户数中的常住人口数，即经常在家或在家居住6个月以上，而且经济和生活与本户连成一体的人口。外出从业人员在外居住时间虽然在6个月以上，但收入主要带回家中，经济与本户连为一体，仍视为家庭常住人口；在家居住，生活和本户连成一体的国家职工、退休人员也为家庭常住人口。但是现役军人、中专及以上(走读生除外)的在校学生、以及常年在外(不包括探亲、看病等)且已有稳定的职业与居住场所的外出从业人员，不应当作家庭常住人口。

年末单位从业人员：指在各级国家机关、政党机关、社会团体及企业、事业单位中工作，并取得劳动报酬的全部人员。包括在岗职工、再就业的离退休人员、民办教师以及在各单位中工作的外方工作人员和港、澳、台人员、兼职人员、借用的外单位人员和第二职业者。不包括离开本单位仍保留劳动关系的职工。

乡村从业人员：指乡村人口中16岁以上实际参加生产经营活动并取得实物或货币收入的人员，既包括劳动年龄内经常参加劳动的人员，也包括超过劳动年龄但经常参加劳动的人员。但不包括户口在家的在外学生、现役军人和丧失劳动能力的人，也不包括待业人员和家务劳动者。从业人员年龄为16岁以上。从业人员按从事主业时间最长(时间相同按收入)分为农业从业人员、工业从业人员、建筑业从业人员、交运仓储及邮电通讯业从业人员、批零贸易及餐饮业从业人员、其它从业人员。

农业机械总动力：指主要用于农、林、牧、渔业的各种动力机械的动力总和，包括耕作机械、农用排灌机械、收获机械、植保机械、林业机械、畜牧机械、渔业机械、农产品加工机械、农用运输机械、其他农业机械。按能源又分为柴油、汽油、电力和其他动力。总动力按法定计算单位千瓦计算。(注：1马力=735.5瓦特=0.735千瓦)

本地电话用户：以用户所在区域分为：城市电话用户数和乡村电话用户。

(1)城市电话用户：县级市的市区、市郊区及县城(包括县人民政府所在地的县城关区或行政建制相当于县人民政府所在地的镇)范围内接入局用交换机的电话用户数，包括分布在农村地区的独立工矿区、林区、驻军等接入局用交换机的电话用户数。

(2)农村电话用户：指县城关区以下的集镇和农村接入局用交换机的电话用户。

地区生产总值：是按市场价格计算的地区生产总值的简称。是指县、市范围内所有常住单位在一定时期内生产活动的最终成果。

第一产业：农业、林业、牧业和渔业。

第二产业：工业(包括采掘工业、制造业、自来水、电力、蒸气、热水、煤气)和建筑业。

地方财政一般预算收入：地方财政一般预算收入包括：增值税25%、营业税、企业所得税与个人所得税地方分享部分、资源税、城市维护建设税、房产税、印花税、城镇土地使用税、土地增值税、车船使用和牌照税、耕地占用税、契税、其他各项税收、国有资产经营收益、国有企业计划亏损补贴、行政性收费收入、罚没收入、专项收入、其他各项收入。不含基金收入。

地方财政一般预算支出：包括地方行政管理和各项事业费、地方统筹的基本建设、企业挖潜改造资金、农业支出、科技、文化、教育、卫生等方面的支出、社会保障补助支出、城市维护费、政策性补贴支出等财政预算支出。

年末城乡居民储蓄存款余额：年末城乡居民存入银行或其他信用机构保管并取得一定利息的货币总量。

年末各项贷款余额：年终时银行或其他信用机构根据必须归还的原则，按一定利率，为企业、个人等提供资金贷款的总额。

粮食总产量：指全社会的产量。包括国有经济经营的、集体统一经营的和农民家庭经营的粮食产量，还包括工矿企业家属办的农场和其他生产单位的产量。包括稻谷、小麦、玉米、高粱、谷子、其他杂粮、薯类、大豆。其计算方法，豆类按去豆荚后的干豆计算；薯类按5公斤鲜薯折1公斤粮食计算。城市郊区作为蔬菜的薯类不做为粮食统计，其他粮食一律按脱粒后的原粮计算。

油料产量：指全部油料作物的生产量。包括花生、油菜籽、芝麻、向日葵籽、胡麻籽（亚麻籽）和其他油料。不包括大豆、木本油料和野生油料。花生以带壳干花生计算。

棉花产量：按皮棉计算。3公斤籽棉折1公斤皮棉。不包括木棉。

肉类总产量：指当年出栏并已屠宰的畜禽肉产量。即屠宰后除去头蹄下水后带骨肉的重量，也叫胴体重。

规模以上工业企业：是指国有及年销售收入500万元以上的非国有企业。

工业企业数：指区域内按国民经济行业划分归属于工业的企业个数和生产单位个数（分项以企业登记注册类型划分）。

工业总产值：指以货币形式表现的工业企业在报告期内生产的工业产品总量。包括成品、工业性作业和自制半成品、在产品期初期末差额。城镇固定资产投资完成额：指从本年1月1日起至本年最后一天止完成的全部投资额。

普通中学在校学生数：指学年开学后，在普通中学学习具有学籍的学生总数，包括留级生，不包括复读生和补习生。

普通小学在校学生数：指学年开学后，在普通小学学习具有学籍的学生总数，包括留级生，不包括复读生和补习生。

医院、卫生院床位数：指报告期末医院、卫生院的固定床位数。不包括产科的新生儿床、病人家属的陪侍床、病人的观察床、接产室的待产床。

各种社会福利收养性单位数：是指收养社会孤老、残、幼的机构，包括由民政部门管理的社会福利院、儿童福利院、精神病人福利院和城镇集体举办的福利院及农村集体举办的敬老院。

各种社会福利收养性单位床位数：指报告期末全部社会福利院床位数。